RENÉ A. SPITZ

Unter Mitarbeit von W. Godfrey Cobliner

Vom Säugling zum Kleinkind

Naturgeschichte der Mutter-Kind-Beziehungen im ersten Lebensjahr

KLETT-COTTA

Aus dem Englischen übersetzt von
Gudrun Theusner-Stampa
Die Originalausgabe erschien unter dem Titel
»The First Year of Life.
A Psychoanalytic Study of Normal and
Deviant Development of Object Relations«

CIP-Kurztitelaufnahme der Deutschen Bibliothek

Spitz, René A.:
Vom Säugling zum Kleinkind:
Naturgeschichte d. Mutter-Kind-Beziehungen im 1. Lebensjahr /
René A. Spitz. Unter Mitarb. von W. Godfrey Cobliner.
[Aus d. Engl. übers. von Gudrun Theusner-Stampa]
— 6. Aufl. — Stuttgart: Klett-Cotta, 1980.
Einheitssacht.: The first year of life ‹dt.›
ISBN 3-12-907131-8

Sechste Auflage 1980

Printed in Germany
Druck: Zechner, Speyer
(Vierte Aufl. Klett ISBN 3-12-90712-2, Ln.)
(Fünfte Aufl. Klett ISBN 3-12-90713-X, Kart.)

FÜR MEINE KINDER

GELEITWORT

Diese eingehende und sorgfältige Beschreibung des emotionalen Austausches zwischen Müttern und ihren Kleinkindern wendet sich an einen weiteren Leserkreis, als es Veröffentlichungen von Psychoanalytikern gewöhnlich tun. Die Sprache des Autors, begleitet von eindrucksvollen Abbildungen, ist so einfach und unmittelbar, daß Mütter und andere in der Säuglingspflege beschäftigte Menschen sie auch ohne psychologische Vorbildung verstehen können. Seine Beobachtungsweise, seine dokumentarische Arbeit mit der Kamera und seine Testverfahren sind so genau, daß sie auch denen etwas zu bieten haben, die im akademischen Bereich tätig sind. Und seine theoretischen Voraussetzungen und Schlüsse sind so streng analytisch, daß sie die Aufmerkamkeit aller jener Psychoanalytiker und Kinderanalytiker auf sich ziehen müssen, denen ein sachlicher Zugang zu dem noch immer am wenigsten erforschten Lebensabschnitt des Menschen willkommen ist.

Im Verlauf seiner Arbeit berührt Dr. Spitz eine Reihe von Themen, die in der psychoanalytischen Theorie unserer Tage umstritten sind, und er zögert nicht, bei jeder Frage entschieden Stellung zu beziehen. Zur Erforschung dessen, was im ersten Lebensjahr geschieht, empfiehlt er die direkte Beobachtung und die Anwendung der Methoden der Experimentalpsychologie, im Gegensatz zu jenen analytischen Autoren, die es vorziehen, sich nur auf die Rekonstruktion von Entwicklungsprozessen aus der Analyse späterer Stadien zu verlassen. Tatsächlich haben seine früheren Darlegungen über Hospitalismus und die anaklitische Depression ein gut Teil dazu beigetragen, den Wert der beobachtenden Methoden zu erweisen, selbst in den Augen vieler im übrigen skeptischer Psychoanalytiker.

Bei der Besprechung der kindlichen Persönlichkeit im vorsprachlichen Alter tritt Dr. Spitz all jenen analytischen Autoren entgegen, die dem Säugling gleich nach der Geburt ein kompliziertes Seelenleben zuschreiben, in dem Inhalte der Phantasie, Konflikte zwischen gegensätzlichen

Trieben, Schuldgefühle, Wiedergutmachungstendenzen usw. eine Rolle spielen. Statt dessen vertritt er die von vielen geteilte Ansicht, es gebe einen undifferenzierten Initialzustand und eine langsame und kontinuierliche Entfaltung der Funktionen, der verschiedenen Triebe, der aufeinander folgenden Strukturen, das heißt, daß die psychologischen Prozesse allmählich aus den physiologischen Prototypen hervorgehen, die ihnen zugrundeliegen.

Auch dort, wo es um das Hauptthema seines Buches, die Entwicklung der ersten Objektbeziehung, geht, folgt er der gleichen Theorie von einer langsam fortschreitenden Entwicklung von primitiven zu komplizierteren Formen. Auch hier lehnt er die von anderen analytischen Schulen vertretene Auffassung ab, es gebe von Geburt an eine Objektbeziehung zur Mutter.

Schließlich, bei der Darstellung der Störungen in der frühen Mutter-Kind-Beziehung und ihrer nachteiligen Folgen geht Dr. Spitz weiter als die meisten seiner Kollegen, wenn er bestimmte psychotoxische Störungen beim Säugling bestimmten psychischen Störungen bei der Mutter zuschreibt – eine fesselnde Hypothese, die vielleicht weniger strittig wäre, wenn bei den komplexen Persönlichkeiten der Mütter die Beurteilung des Verhaltens nicht auf beobachtenden Methoden beruhte, sondern auf ihrer Analyse.

Die Leserschaft hat sich oft beklagt, daß von Analytikern geschriebene Bücher über die Entwicklung des Kindes die Tendenz haben, skizzenhaft und unsystematisch zu sein und sich ausführlicher über pathologische Erscheinungen zu äußern als über die normalen Wachstumsprozesse. Die von Dr. Spitz vorgelegte wertvolle Untersuchung wird ihr Teil dazu beitragen, solchen Klagen zu begegnen, und sie wird eine seit langem bestehende Lücke füllen.

Anna Freud, L.L.D.

INHALT

VORWORT

Als ich 1935 mit Hilfe direkter Beobachtung meine systematische Erforschung der psychoanalytischen Psychologie des Säuglingsalters begann, war ich ein Einzelgänger. Zehn Jahre später begannen auch andere sich für dies Thema zu interessieren – und seitdem ist die Zahl derer, die auf diesem und verwandten Gebieten mit ähnlichen und mit besseren Methoden psychische Prozesse untersuchen, Jahr für Jahr in geometrischem Verhältnis gewachsen. Infolgedessen ist eine Lawine von Veröffentlichungen sowohl psychoanalytischer als auch experimentalpsychologischer Art erschienen, der selbst ein Lehrbuch schwerlich gerecht werden könnte. Die Veröffentlichungen, die in dem vorliegenden Buch etwas ausführlicher behandelt werden, sind daher willkürlich ausgewählt. Meine Wahl ist deswegen auf sie gefallen, weil ich sie für besonders geeignet hielt, meine These zu veranschaulichen. Eine weitere Schwierigkeit entstand dadurch, daß der von mir beschrittene Weg zwischen den Disziplinen verläuft. Als 1954 die erste kurze Fassung dieses Buches auf Französisch erschien, gab es ganze Zweige der Wissenschaft, die heute mein Denken beeinflussen, entweder noch gar nicht, oder sie waren gerade erst im Entstehen. Ein gutes Beispiel dafür ist die Kommunikationstheorie. Ich bitte deshalb alle Autoren um Entschuldigung, die ich dadurch gekränkt haben mag, daß ich sie nicht erwähne. Eine solche Unterlassung geht weder auf bösen Willen noch auf Unkenntnis zurück, sondern auf die Beschränkung meiner Zielsetzung. Weder habe ich die Gaben, um ein Lehrbuch zu schreiben, noch glaube ich, daß die Zeit dafür schon gekommen ist.

Infolge der außerordentlichen Erweiterung der Erkenntnisse in den seit jener Zeit vergangenen Jahren sah ich mich gezwungen, dennoch die Zielsetzung dieses Buches zu erweitern. Aus ähnlichen Gründen habe ich mich auch nicht mehr auf das erste Lebensjahr allein beschränken können. Ich werde vielerorts die Grenzen dieses Lebensabschnitts überschreiten und den Leser hier und dort weit in das zweite Lebensjahr hineinführen.

Dieses Buch ist freilich unvollständig und unzulänglich; ich war bemüht, dem Leser eine Vielfalt von Methoden vorzuführen, die meist nichts mit Psychoanalyse zu tun haben, aber es dennoch ermöglichen, dem vorsprachlichen Lebensabschnitt auch aus psychoanalytischer Sicht näherzukommen.

Die Beiträge der Forscher aus angrenzenden Bereichen der Wissenschaft boten mir manche neue Einsichten. Aber auf diesem Gebiet, das erst vor so kurzer Zeit erschlossen wurde, war es der psychoanalytische Zugang, nämlich das Bemühen um die Naturgeschichte der Objektbeziehungen im ersten Lebensjahr, das uns die entscheidenden Anhaltspunkte zum Verständnis vermittelte.

Darum möchte ich nicht versäumen, den Leser daran zu erinnern und zu unterstreichen, daß diese Studie auf den Grundlagen des gedanklichen Begriffssystems beruht, die Sigmund Freud in den „Drei Abhandlungen zur Sexualtheorie" niedergelegt hat. Die zweite dieser Abhandlungen enthält in großen Zügen den größten Teil dessen, was ich im Lauf vieler Forschungsjahre an mehreren Hunderten von Säuglingen beobachten konnte.

Der schöpferische Genius Freuds hat eine neue Wissenschaft geschaffen, in deren begrifflichem Rahmen und Gedankeninhalten, an deren Anwendung und Ausarbeitung nun schon mehrere Generationen seiner Schüler unablässig arbeiten. Es erfüllt mich mit tiefer Befriedigung, daß ich mich an dieser Arbeit beteiligen durfte, indem ich die Methode der systematischen direkten Beobachtung an einen Abschnitt des Arbeitsgebietes meines Lehrers Sigmund Freud heranbringen konnte, an ein Arbeitsgebiet, in welchem diese Methode bis dahin kaum Anwendung gefunden hatte.

Denver, Colorado, im Oktober 1963 *R. A. Spitz*

DANKSAGUNG

Die erste kurze Fassung dieses Buches wurde 1954 auf Französisch veröffentlicht. Sie bestand hauptsächlich aus einem gedrängten Bericht, einem aus der Vogelperspektive gegebenen Überblick über die Ergebnisse meiner Forschung, meiner Beobachtungen und Feststellungen an vielen Hunderten von Säuglingen. Diese Forschungsarbeit wird nun schon seit fast dreißig Jahren betrieben. Ein Unternehmen dieser Größenordnung kann nicht von einem einzelnen Menschen ausgeführt oder beschrieben werden. Ohne die Hilfe meiner zahlreichen fähigen und hingebungsvollen Mitarbeiter hätte ich weder die Beobachtungen und Experimente durchführen, noch die aus direkter Beobachtung und Filmen gesammelten Daten zusammenstellen und dann statistisch bearbeiten, noch hätte ich dieses in vielen Disziplinen verankerte Vorgehen koordinieren können. Ich möchte ihnen hier meinen Dank aussprechen, wenn ich auch weiß, daß es unmöglich ist, jedem seinen Anteil je nach seinem Beitrag zukommen zu lassen.

Als erstes jedoch ist es mir ein Bedürfnis, meinen Dank der Universität Colorado auszusprechen, ihrer psychiatrischen Abteilung, und ganz besonders dem Ordinarius und Leiter dieser Abteilung, Professor Dr. med. Herbert S. Gaskill. Sein Verständnis für meine Ziele bot mir die Möglichkeit, die gegenwärtige Studie fortzusetzen und zu beschließen. Er sorgte in großzügigster Weise für Hilfe und Mittel für meine Arbeit, für Laboratoriumsräume zur Aufbewahrung, Ordnung und Bearbeitung der Masse meiner Filme, Protokolle, Statistiken usw., auf denen dieses Buch beruht.

Mein engster Mitarbeiter bei dieser besonderen Aufgabe war in den letzten zehn Jahren W. Godfrey Cobliner, Ph. D.; ihm gebührt ein volles Maß meiner Anerkennung und Dankbarkeit. Er hat nicht nur ein abschließendes Kapitel beigesteuert, eine grundlegende Monographie über Piaget und die Genfer Schule, über ihre Beziehungen zur psychoanalytischen Lehre einerseits und zu meinen eigenen Feststellungen und Folgerungen andererseits; Dr. Cobliners Beitrag zu diesem Buch ist tiefgreifender und umfassender. Von den bescheidenen Anfängen der ersten, französischen Ausgabe an, zu der er einen Teil der bibliographischen Hinweise beitrug, und bei der er einige der Formulierungen im Gedankenaustausch mit mir ausfeilen half, erweiterte er in den folgenden zehn Jahren beide Funktionen, indem er als geduldiger, intelligenter, aber strenger Kritiker der aufeinander folgenden Auflagen des Originals und der Übersetzungen in verschiedene andere Sprachen wirkte. Ich möchte seinen sehr realen Anteil am Zustandekommen dieses Buches dankbar anerkennen.

An dieser Stelle ist es angebracht, der verstorbenen Katherine M. Wolf, Ph.D., zu gedenken, die mir während der ersten zehn Jahre meiner Arbeit assistierte. Ihr vorzeitiger Tod bedeutet einen Verlust für die Wissenschaft, besonders für die Psychologie und die Psychoanalyse. Ihre Hilfe bei der Durchführung der Beobachtungen und Experimente, ihre Intuition und ihre Brillanz waren für mich während der acht Jahre unserer Zusammenarbeit eine stete Anregung. Meine Veröffentlichungen während dieser Zeit tragen die Spuren ihrer Beiträge.

Mein Dank gilt den Leitern der Institutionen, die meine Beobachtungen und meine Arbeit dort großzügig ermöglichten, den Eltern, die mir erlaubten, die Entwicklung ihrer Kinder zu verfolgen und zu filmen, meinen Mitarbeitern und Helfern, die mir bei Beobachtungen und Experimenten zur Seite standen, beim Verarbeiten von Daten, beim Planen und Zeichnen von Diagrammen, Kurven und Profilen, beim Redigieren, Korrigieren, Fahnenlesen und Abschreiben der Manuskripte, beim Aufnehmen, Bearbeiten, Zusammenstellen, Schneiden, Texten und Katalogisieren meiner Filme. Ihre Namen sind, in chronologischer Reihenfolge:

Annemarie von Leutzendorff
Josef Bohmer
Margarete Dengler, Ph.D.
Gilbert Haak
Rose Laub Coser, Ph.D.
Anneliese Riess, Ph.D.
Lilly Bernstein, Ph.D.
Angela Yaron
Alexandra Hendee
Eva Gruening
Paul R. Polak, M.D.
Robert N. Emde, M.D.
Sally Bondy
Elisabeth Root
Laura Powell

Henrietta Additons Verständnis und ihr menschliches Mitgefühl, ihre Humanität im allerbesten Sinne eröffneten mir und meinen Mitarbeitern die Möglichkeit, viele Jahre hindurch in der von ihr geführten Anstalt frei unserer Forschung nachzugehen. Ihr möchte ich hier nochmals meinen tiefgefühlten Dank aussprechen.

Mit einem ganz besonderen Gefühl der Dankbarkeit wende ich mich der Letzten auf meiner Danksagungsliste zu: Mrs. Lottie Maury Newman. Sie ist es, die durch ihre Freundschaft, die Ermutigung in Zeiten persönlicher Schwierigkeiten und ihre klugen Ratschläge die Fertigstellung dieser Arbeit ermöglicht hat.

VORWORT ZUR DEUTSCHEN AUSGABE

Ich begrüße das Erscheinen dieser Übersetzung mit besonderer Freude. Es ist das dritte meiner Bücher, das der Ernst Klett Verlag in deutscher Sprache herausbringt. Dies ist mir ein willkommener Anlaß, dem Verleger, Herrn Ernst Klett, sowie Herrn Dr. Hubert Arbogast und Frau Dr. Hanne Lenz, seinen Mitarbeitern, für ihr immer reges Interesse an meinen Büchern sowie für ihre tätige Hilfe meinen ganz besonderen Dank auszusprechen.

Meinen Dank auch Frau Gudrun Theusner-Stampa, die die Übersetzung dieses Buches mit unermüdlichem Eifer, feinfühligem Verständnis und wissenschaftlicher Genauigkeit ausführte.

Genf, Dezember 1966 *René A. Spitz*

TEIL I

DEFINITIONEN UND METHODIK

1. KAPITEL

THEORETISCHE EINFÜHRUNG

Seit die Ich-Psychologie ein Gegenstand der psychoanalytischen Forschung wurde, trat das Objekt der Libido in den Mittelpunkt des Interesses. Freud hatte schon in seinen „Drei Abhandlungen zur Sexualtheorie" (1905) den Begriff der Objektwahl eingeführt. Aber dies ist wahrscheinlich auch der einzige Ort, an dem er eingehend über die Wechselbeziehungen zwischen Mutter und Kind, zwischen Subjekt und Objekt, spricht. In späteren Werken kommt er nur noch selten auf dieses Thema zurück (siehe jedoch: Freud, 1931). Zwar behandelt er mehrfach das Objekt der Libido, jedoch vor allem vom Standpunkt des Subjekts her gesehen. Er spricht von Objektbesetzung, von Objektwahl, von Objektfindung und nur ausnahmsweise von Objektbeziehungen.

Im weiteren Verlauf werden wir diese wechselseitigen Beziehungen untersuchen und uns um die Erfassung dessen bemühen, was zwischen Mutter und Kind vor sich geht. Bei der Darstellung unserer Untersuchungsergebnisse und Gedanken über die Objektbeziehungen – ihre Anfänge, ihre Entwicklung, ihre Stadien und gewisse Anomalien – werden wir von unseren direkten Beobachtungen und von Experimenten ausgehen, die an Säuglingen durchgeführt wurden. Ebenso werden wir versuchen, Klarheit darüber zu schaffen, wie diese Beziehungen der Selbsterhaltung dienen und wie sie zur Entfaltung der seelischen und körperlichen Bereiche der Persönlichkeit beitragen.

Von außen her gesehen, steht der größte Teil des ersten Lebensjahres im Zeichen der Selbsterhaltung, des Am-Leben-Bleibens und der Bildung und Ausformung jener Anpassungsmittel, die diesem Ziel dienen. Freud erinnert uns immer wieder daran, daß der Säugling in diesem Lebensabschnitt hilflos ist und unfähig, aus eigener Kraft weiterzuleben. Das aber, was dem Säugling fehlt, bekommt er im Ausgleich von der Mutter. Die Mutter verschafft ihm alles, was er braucht. Das Ergebnis ist eine Komplementärbeziehung, eine Dyade. In dem Maße, wie die eigenen Möglichkeiten des Säuglings während des ersten Lebensjahres entwickelt werden, wird er unabhängig von seiner Umwelt. Dieser Prozeß spielt sich offensichtlich sowohl im somatischen als auch im psychischen Bereich jedes einzelnen Säuglings ab. Wir werden uns in dieser Untersuchung vor allem mit dem letzteren beschäftigen. Wir werden zeigen, daß Reifung und Entwicklung im psychischen Bereich wesentlich von der Herstellung und fortschreitenden Entfaltung immer bedeutungserfüllterer Objektbeziehungen, das heißt sozialer Beziehungen, abhängig sind.

Der Anordnung meiner Untersuchungen und der Deutung ihrer Ergebnisse habe ich eine Reihe psychoanalytischer Begriffe und Thesen zugrunde gelegt. Bevor ich im einzelnen über diese Voraussetzungen spreche, möchte ich erklären, wie ich zu einigen umstrittenen Hypothesen über die psychische Ausstattung des Neugeborenen stehe, die bei gewissen Psychologen und Psychoanalytikern im Umlauf sind. Meinem Denken liegt die Auffassung Freuds zugrunde, der das Neugeborene als einen im psychologischen Sinn undifferenzierten Organismus ansieht, der mit einer angeborenen Ausstattung und gewissen Anlagen zur Welt kommt. Dieser Organismus hat noch kein Bewußtsein, keine Wahrnehmung *(perception)*, keine Empfindung[1] *(sensation)* und keine psychischen Funktionen, seien sie bewußt oder unbewußt. Diese Ansicht wird von den meisten Wissenschaftlern geteilt, die sich mit Hilfe von Beobachtung und Experiment mit Neugeborenen beschäftigt haben.

---

[1] Ich benütze den Begriff „Wahrnehmung" *(perception)* [ebenso „Empfindung" *(sensation)*], wie ich ihn in meinem Artikel „Diacritic and Coenesthetic Organizations" (1945 b) definiert habe. In diesem Sinn werden diese Ausdrücke auch im großen und ganzen in der Psychologie gebraucht. Hier wird „Wahrnehmung" als ein „Gewahrsein" *(awareness)* und „Empfindung" als ein Element des Bewußtseins *(element of consciousness,* siehe Warren, 1935; English and English, 1958).

Ich folge Freuds Meinung, daß es zum Zeitpunkt der Geburt kein Bewußtsein gibt; demnach kann es auch kein „Gewahrsein" und keine bewußte Erfahrung geben. Ich bin nicht geneigt, Reaktionen auf Reize an sich schon als „Elemente des Bewußtseins" anzusehen. Da von Geburt an (und schon vorher) Reize beim Säugling Reaktionen hervorrufen, geht in ihm etwas vor sich, das auf äußere Reize mit Reaktionen antwortet. Aber dieser Vorgang ist nicht psychischer Natur; ich sehe daher diese Prozesse als rezeptive Vorgänge *(reception)* an, wenigstens so lange, bis sich im Lauf der ersten Wochen nach der Geburt ein rudimentäres Bewußtsein entwickelt hat.

Deshalb habe ich mich hier jeder Hypothese enthalten, die beim Säugling zum Zeitpunkt der Geburt das Wirken intrapsychischer Prozesse postulieren würde. Im Grunde betrachte ich das Neugeborene in vieler Hinsicht als eine undifferenzierte Ganzheit. Nach und nach differenzieren sich aus dieser Ganzheit verschiedene Funktionen, Strukturen, ja, sogar die Triebe heraus. Diese Differenzierung beginnt infolge zweier deutlich unterschiedener Prozesse. Mit Hartmann, Kris und Loewenstein (1946) bezeichnen wir einen dieser Prozesse als Reifung, den anderen als Entwicklung, und definieren sie folgendermaßen:

Reifung: Die Entfaltung phylogenetisch entstandener und daher angeborener Verhaltensweisen und Funktionen der Art, die entweder im Verlauf der *Embryonalentwicklung* in Erscheinung treten oder bis nach der Geburt als Anlage weiterbestehen und erst in späteren Lebensphasen manifest werden.

Entwicklung: Die Entstehung von Funktions- und Verhaltensformen, die das Resultat eines Austauschs zwischen dem Organismus einerseits und der inneren und äußeren Umwelt andererseits sind. Dies wird oft als „Wachstum" bezeichnet; wir werden diesen Ausdruck nicht verwenden, weil er zu Mißverständnissen Anlaß geben kann.

Aus unserem Satz über die Undifferenziertheit des Neugeborenen folgt ebenfalls, daß bei der Geburt noch kein Ich existiert, wenigstens nicht im gebräuchlichen Sinn des Wortes. In „Das Ich und das Es" (Freud, 1923) weist Freud ausdrücklich auf diesen Sachverhalt hin. Natürlich kann man noch weniger vom Bestehen eines Ödipuskomplexes oder eines Über-Ichs zum Zeitpunkt der Geburt sprechen. Ebenso gibt es noch keinen Symbolismus und kein Symboldenken, und (psychoanalytische) Symboldeutungen sind noch nicht möglich. Symbole sind mehr oder weniger vom Erwerb der Sprache abhängig. Die Sprache ist jedoch während des ganzen ersten Lebensjahres noch nicht vorhanden. Auch die Abwehrmechanismen gibt es noch nicht, zumindest nicht in der Form, wie sie in der psychoanalytischen Literatur beschrieben werden. Wir können nur ihre Vorstufen in einer mehr physiologischen als psychologischen Form angedeutet finden. Solche physiologischen Vorstufen dienen gewissermaßen als ein Fundament, auf dem die Psyche später ein Gebäude ganz anderer Art errichtet (Freud, 1926a; Spitz, 1958, 1959, 1961).

Bei der folgenden Aufzählung der Begriffe, Prinzipien und Theorien erheben wir nicht den Anspruch, ein vollständiges oder auch nur zusammenhängendes System dargestellt zu haben. Ich habe sie deshalb gewählt und definiert, weil sie in diesem Buche verwendet werden. Wo die in der psychoanalytischen Literatur gebräuchlichen Definitionen mehrdeutig sind, habe ich Freud zitiert (in manchen Fällen auch andere psychoanalytisch orientierte Autoren), um den Sinn zu verdeutlichen, in dem ich diese Begriffe verwende. Die Zitate sind dem Originaltext entnommen; bei manchen Sätzen sind um der Kürze willen Satzteile weggelassen worden. Wo die [englische] *Standard Edition* auf dem irreführenden Gebrauch des Ausdrucks *instinct*[2] besteht, habe ich in Klammern den Ausdruck *drives* (Trieb) hinzugefügt.

1. *Die grundlegenden Steuerungsprinzipien der psychischen Funktionen*, aufgestellt von Freud: (a) das Nirwana-Prinzip (Konstanzprinzip), (b) das Lustprinzip (eine Modifikation des vorigen), (c) das Realitätsprinzip.

---

[2] In der gesamten *Standard Edition* benützt der Herausgeber das anglisierte lateinische Wort *instinct*, wo Freud im Original das deutsche Wort „Trieb" verwendet hat. Der Herausgeber weist darauf hin (*Standard Edition*, Bd. 14, S. 111 ff.), daß die Gründe für diese Wortwahl in der „Allgemeinen Einführung" zum demnächst erscheinenden Band Nr. 1 der *Standard Edition* auseinandergesetzt werden sollen. Bis wir Gelegenheit haben werden, seine Gründe zu prüfen, werden wir weiterhin den englischen Ausdruck *instinctual drive* statt des lateinischen *instinct* benutzen, und zwar aus folgenden Gründen: (1) Freud verwendet in seinen Schriften in erster Linie das Wort „Trieb", selten das Wort „Instinkt". (2) Ein weit verbreiteter Gebrauch des Wortes *instinct* in der Biologie, in einer von der psychoanalytischen Definition abweichenden Bedeutung, ist in der Wissenschaft allgemein akzeptiert. (3) Ein ebenso allgemeiner Gebrauch des Wortes *instinct* in einer wiederum anderen Bedeutung, die sich grundsätzlich von der psychoanalytischen Definition unterscheidet, ja, praktisch das Gegenteil besagt, ist in der Ethologie allgemein üblich. (4) Infolgedessen, wie auch Waelder (1960) betont hat, „ist das Verstehen der Psychoanalyse in englischsprechenden Ländern durch das Fehlen eines Wortes in der englischen Sprache, das dem deutschen ‚Trieb' entspricht, schon immer ernstlich gefährdet worden; das englische Wort *instinct*, das in den meisten Übersetzungen erscheint, deutet auf Inhalte hin, die der Idee vom ‚Trieb' völlig fremd sind".

2. *Die beschreibende Unterteilung des Psychischen* in Bewußtes und Unbewußtes als Anschauungsmodell (Freud, 1912).

3. *Der topische Gesichtspunkt,* das heißt die systematische Unterteilung des psychischen Apparates in die Systeme Ubw., Vbw., Bw. (Unbewußtes, Vorbewußtes, Bewußtes) (Freud, 1915 a).

4. *Der dynamische Gesichtspunkt* besagt, daß seelische Prozesse im wesentlichen aus dem Wechselspiel von Kräften hervorgehen, die „ursprünglich alle von der Natur der Triebe sind, also organischer Herkunft. Sie finden ... in affektiv besetzten Vorstellungen ihre psychische Vertretung ... Die Analyse der Beobachtung führt zur Aufstellung zweier Triebgruppen" (Freud, 1926 c). In unserer Darstellung soll von zwei Trieben die Rede sein, von Libido und Aggression, und zwar in der Bedeutung, die Freud den Begriffen in seinen späteren Veröffentlichungen verliehen hat (1920, 1923).

5. *Der ökonomische Gesichtspunkt:* „(strebt) die Schicksale der Erregungsgrößen zu verfolgen und eine wenigstens relative Schätzung derselben zu gewinnen" (Freud, 1915 a). „Die ökonomische Betrachtung nimmt an, daß die psychischen Vertretungen der Triebe mit bestimmten Quantitäten Energie besetzt sind (*Cathexis*)" (Freud, 1926c). Diese Besetzungen sind verschiebbare Energiemengen.

6. *Der metapsychologische Gesichtspunkt* wird aus folgender Äußerung Freuds deutlich: „Ich schlage vor, daß es eine metapsychologische Darstellung genannt werden soll, wenn es uns gelingt, einen psychischen Vorgang nach seinen dynamischen, topischen und ökonomischen Beziehungen zu beschreiben" (1915 a). Freud faßt eine solche Darstellung als eine dreidimensionale Sicht eines psychischen Phänomens auf. Er sagt dies an anderer Stelle (1925 b) ausdrücklich, wenn er von den drei Aspekten als den drei Koordinaten des seelischen Prozesses spricht.

7. *Der strukturelle Gesichtspunkt:* Dieser metapsychologischen Triade fügt Freud über den *strukturellen* Gesichtspunkt hinzu „auf Grund analytischer Verwertung pathologischer Tatsachen" (1925 b). Der strukturelle Gesichtspunkt besagt, daß der psychische Apparat in *Ich, Es* und *Über-Ich* unterteilt ist.

8. *Der genetische Gesichtspunkt:* Schon in seinen ersten Veröffentlichungen hat Freud postuliert, die psychischen Prozesse seien den Gesetzen des Determinismus unterworfen. Bis zu seinem Tod betrachtete er

dieses Postulat als ein wesentliches Element der psychoanalytischen Theorie und erwähnte es in der Schrift „Kurzer Abriß der Psychoanalyse" (1924 b) ausdrücklich als solches. Der genetische Gesichtspunkt besagt, daß jedes psychische Phänomen (über seine gegenwärtigen und erfahrungsmäßigen Aspekte hinaus) über seine Ontogenese bis zu seinem psychischen Ursprung zurückverfolgt werden kann. In bezug auf die Wechselfälle der Entwicklung führt uns dieser Gesichtspunkt zurück bis zur Geburt. In bezug auf die Faktoren der Reifung und die angeborenen Faktoren führt er uns durch die Ontogenese zurück bis in die Bereiche der Embryologie und der Phylogenese.

9. *Theorie der Libido und erogene Zonen:* Die Anwendung der genetischen Betrachtungsweise auf die Sexualentwicklung führte zur Entdekkung der entscheidenden Rolle der erogenen Zonen. „Befriedigung (wird) durch die adäquate Reizung der ... erogenen Zone hervorgerufen" (Freud, 1905 b). Im Lauf der Reifung werden die orale, die anale und die genitale Zone aktiviert; sie kennzeichnen die aufeinander folgenden Stufen der Libido-Entwicklung.

(a) An dieser Stelle scheint eine Definition der Triebe angezeigt. Das ist jedoch keine leichte Aufgabe. Noch 1924 bemerkte Freud: „die Libidotheorie der Psychoanalyse ist noch keineswegs abgeschlossen ... und ihr Verhältnis zu einer allgemeinen Trieblehre ist noch nicht geklärt, die Psychoanalyse ist eben eine junge, durchweg unfertige, in rascher Entwicklung begriffene Wissenschaft ..." (1924 b). Und er fährt fort, indem er Libido folgendermaßen definiert: „Libido bedeutet in der Psychoanalyse zunächst die (als quantitativ veränderlich und meßbar gedachte) Kraft der auf das Objekt gerichteten Sexualtriebe (in dem durch die analytische Theorie erweiterten Sinn)."

(b) Freud betrachtete die Aggression als den zweiten in der Psyche wirksamen Grundtrieb. Er ist weniger qualitativ bestimmt als die Libido und zeigt vor allem einen Druck an, wie auch eine Richtung in bezug auf das Objekt. Die Aggression dient dazu, sich dem Objekt zu nähern, es zu halten, es zu überwältigen oder es zu zerstören – das kann sich auch auf Dinge ausdehnen. Sie wird ausgedrückt oder nach außen getragen „durch Vermittlung eines besonderen Organs. Dies Organ wäre die Muskulatur ..." (Freud, 1923).

(c) Eriksons Theorie (1950 a) von den zonalen Eigenheiten *(zonal modes)* erweitert diese Theorie Freuds. Die Eigenart jeder Zone, ihre aufnehmende oder ausstoßende Funktion, gehört zu den Determinanten der spezifischen Qualität des jeweiligen Partialtriebes und der jeweiligen Stufe der Libido-Entwicklung. Diese Qualität wird dann auf andere Zonen, Organe und anderes Verhalten ausgeweitet und übernimmt eine adaptive Funktion. Ich habe auf die spezifische sensorische Qualität der willkürlichen und unwillkürlichen Sphinkter-Muskulatur hingewiesen sowie auf ihre Rolle in der Ökonomie und Dynamik der Triebe als Komponente von großer Bedeutung in jeder erogenen Zone, wie sie nur an wenigen anderen Stellen des menschlichen Körpers zu finden ist (Spitz, 1953 a).

10. *Die Ergänzungsreihen:* Dies ist eine Hypothese, die Freud zuerst in den „Drei Abhandlungen zur Sexualtheorie" (1905 b) entworfen und dann in der Definition der Ätiologie der Neurosen (1916—17) angewandt hat. Sie besagt, daß ein (psychischer) *Erfahrungsfaktor* mit einem *angeborenen* Faktor zusammenwirkt und so die Störung hervorruft. Meiner Ansicht nach läßt sich diese Hypothese auf alle Phänomene der Human- (und Tier-) Psychologie anwenden, denn alle psychischen Phänomene sind zweifellos das Ergebnis der wechselseitigen Beeinflussung und der Interaktion von angeborenen Faktoren mit Ereignissen aus dem Bereich des Erlebens.

11. *Der Gesichtspunkt der Anpassung:* Dieser Gedanke ist vor relativ kurzer Zeit von Hartmann (1939), Erikson (1950 a) und Spitz (1957) untersucht und ausgearbeitet worden. Ohne sich dieses spezifischen Ausdrucks zu bedienen, hat Freud seine diesbezügliche Konzeption in „Triebe und Triebschicksale" (1915 b) formuliert. Die beste Definition geben Rapaport und Gill (1959): „Der Gesichtspunkt der Anpassung macht es notwendig, daß die psychoanalytische Erklärung jedes psychischen Phänomens Aussagen über seinen Zusammenhang mit der Umwelt einbezieht."[3] Es ist hier nicht der Ort, die Annahmen im einzel-

---

[3] Ich möchte darauf hinweisen, daß ich Rapaport und Gill (1959) für gewisse Formulierungen zu Dank verpflichtet bin, die in diesem Kapitel enthalten sind, besonders für ihre Betonung der verschiedenen Gesichtspunkte in der Psychoanalyse. Ihre endgültigen Aussagen (siehe auch: Gill, 1963) wurden erst nach der Fertigstellung dieses Manuskripts veröffentlicht und konnten deshalb nicht im einzelnen berücksichtigt werden.

nen zu diskutieren, die dem Gesichtspunkt der Anpassung zugrundeliegen. Ich werde später diejenigen Annahmen besprechen, die auf die alloplastischen und autoplastischen Prozesse (Freud, 1924 a), auf Eriksons (1950 a) und auf meine eigenen Theorien (Spitz, 1957) über die Rolle und die Funktion der Affekte in der dyadischen Beziehung anzuwenden sind.

Angeborene Faktoren

Jeder von uns wird als einzigartiges Individuum geboren. Jeder von uns ist verschieden von jedem anderen Individuum, zunächst durch das, was man bei einem jeden als von Geburt an vorhanden beobachten kann; weiterhin kraft der Möglichkeiten, die als Anlagen in der Keimzelle festgelegt sind. Dasjenige, mit dem das neugeborene Kind ausgestattet ist, und wodurch es einzigartig wird, möchte ich als *kongenitale Ausrüstung* bezeichnen. Es setzt sich aus drei Teilen zusammen:

1. Ererbte Ausstattung, bestimmt durch Gene, Chromosome, DNS (= Desoxyribonukleinsäure), RNS (= Ribonukleinsäure) usw.
2. Intrauterine Einflüsse während der Schwangerschaft.
3. Einflüsse, die während des Geburtsvorgangs wirksam werden.

Wir wollen für jede dieser drei Komponenten ein einfaches Beispiel nennen. Die ererbte Ausstattung setzt sich aus so selbstverständlichen Elementen zusammen wie etwa der Tatsache, daß wir mit zwei Beinen, zwei Augen, aber nur einem Mund geboren werden. Zugleich gehören auch weniger augenscheinliche Elemente zur Erbausstattung, wie z. B. die Gesetze und die (aufeinanderfolgenden) Sequenzen und Stufen der Reifung. Diese bedeuten nicht nur die fortschreitende Entfaltung von Organen und Funktionen, sondern auch die irreversible Abfolge von Stufen, die die Organe und Funktionen durchlaufen müssen. Das gilt gleichermaßen für die physiologische wie für die psychische Reifung; denn ebenso, wie den bleibenden Zähnen die Milchzähne vorausgehen, geht die orale Phase der analen voran, und diese wiederum der phallischen Phase.

Als Beispiel für die intrauterinen Einflüsse möge hier die relativ neue Entdeckung gelten, daß eine Röteln-Infektion *(rubella),* die eine schwangere Frau durchmacht, eine schädigende Wirkung auf die Sehorgane des Fötus ausüben kann (Swan, 1949). Schließlich, was die möglichen Einflüsse während des Geburtsvorgangs betrifft, sind uns natürlich die schwerwiegenden Körperverletzungen bekannt, die das Kind während der Geburt erleiden kann. Andere, weniger auffällige Schäden sind uns durch eine Reihe von Untersuchungen bekanntgeworden, z. B. durch die von Windle (1950), der den destruktiven Einfluß der zerebralen Anoxämie während des Geburtsvorgangs nachgewiesen hat, oder die Untersuchungen von Brazelton (1962), der die Wirkung einer Prämedikation bei der Mutter auf das Verhalten des Kindes untersucht hat.

Reichweite und Komplexität der Umweltfaktoren

Der Gegenstand unserer Untersuchung ist die Entstehung der ersten Objektbeziehungen, das heißt der Beziehungen zwischen Mutter und Kind. Man könnte diese Arbeit auch als eine Untersuchung sozialer Beziehungen bezeichnen, wenn die hier in Frage stehende Beziehung nicht grundsätzlich verschieden von all denen wäre, mit denen sich die Sozialpsychologie gewöhnlich befaßt. Es ist allerdings erstaunlich, daß die Soziologen nicht bemerkt haben, daß sie in der Mutter-Kind-Beziehung eine Möglichkeit hatten, den Beginn und die Entwicklung sozialer Beziehungen gleichsam *in statu nascendi* zu beobachten.
Es gehört zu den Besonderheiten dieser Beziehung, daß sich direkt vor unseren Augen ein Zustand sozialer Unbezogenheit, eine rein biologische Verbindung, Schritt für Schritt in das verwandelt, was schließlich zur ersten sozialen Beziehung des Individuums wird. Wir werden hier Zeugen eines Übergangs vom Physiologischen zum Psychologischen und Sozialen. Im biologischen Zustand *(in utero)* sind die Beziehungen des Foetus rein parasitärer Natur. Aber im Lauf des ersten Lebensjahres durchläuft der Säugling ein Stadium der psychischen Symbiose mit der Mutter, aus dem er zum nächsten Stadium fortschreitet, in dem sich soziale, das heißt hierarchische Wechselbeziehungen entwickeln.
Ein ebenso eigenartiger und vielleicht einzigartiger Aspekt der Mutter-Kind-Beziehung liegt darin, daß sich die psychische Struktur der Mutter von der ihres Kindes grundlegend unterscheidet. Die Beziehung zwischen zwei so auffallend ungleichen Partnern muß asymmetrisch

sein, demgemäß ist auch der Beitrag ungleich, den jeder von ihnen zu der wechselseitigen Beziehung leistet. Abgesehen z. B. von der vergleichbaren Beziehung zwischen einem Menschen und einem domestizierten Tier (z. B. einem Haustier, das man zum Vergnügen hält), kommt ein so hoher Grad von Verschiedenheit bei zwei so eng miteinander verbundenen und voneinander abhängigen Wesen in unserer Gesellschaftsordnung sonst nicht vor. Ich glaube, Georg Simmel (1908) war der erste Soziologe, der auf die Möglichkeiten einer soziologischen Untersuchung der Mutter-Kind-Gruppe aufmerksam gemacht hat. Er nannte diese Gruppe eine „Dyade". Er betonte, in dieser Beziehung könne man den Keim zu allen späteren Entwicklungen von Sozialbeziehungen höherer Ordnung sehen. Unabhängig von Simmel hatte Freud schon dreizehn Jahre vorher (1895) Forschungen in dieser Richtung angeregt.

In unserer Untersuchung der Objektbeziehungen und ihrer Entstehung habe ich scharf unterschieden zwischen den Methoden der klinischen Untersuchung, die bei Säuglingen, und denen, die bei Erwachsenen anzuwenden sind. Es gibt zweierlei Gründe für diese Unterschiede; einerseits strukturelle, andererseits solche der Umwelt. Es ist leicht zu erkennen, daß die rudimentäre Persönlichkeitsstruktur des Kindes von der reifen seiner Mutter grundsätzlich verschieden ist. Im allgemeinen erkennen wir aber nicht ebenso selbstverständlich, daß auch seine Umwelt ganz anders ist als die des Erwachsenen.

Beginnen wir mit der Persönlichkeitsstruktur: Die Persönlichkeit des Erwachsenen ist eine klar definierte, hierarchisch aufgebaute Organisation; sie manifestiert sich in spezifischen individuellen Verhaltensweisen, spezifischen Arten der Initiative, die mit der Umwelt in eine Reihe zirkulärer Interaktionen eintreten. Vom Neugeborenen gilt das Gegenteil. Zum Zeitpunkt der Geburt besitzt das Kind, obwohl individuelle Unterschiede deutlich nachweisbar sind, noch keine organisierte Persönlichkeit, die der des Erwachsenen vergleichbar wäre. Es entwickelt keine persönliche Initiative und tritt noch nicht in Wechselbeziehungen mit der Umwelt, außer in physiologischer Hinsicht. Das heißt, wir haben es hier mit einem Organismus ganz anderer Art zu tun, dem infantilen Organismus, von dem wir später im einzelnen sprechen werden.

Der zweite Unterschied zwischen dem Säugling und dem Erwachsenen, die Verschiedenheit ihrer Umwelten, ist vielleicht noch eindrucksvoller, wenn wir ihn objektiv betrachten. Die Umwelt des Erwachsenen setzt sich aus zahlreichen und höchst verschiedenen Faktoren zusammen, aus einer Vielheit von Einzelwesen, von Gruppen und von leblosen Dingen. Diese und viele andere Faktoren bilden in ihrer Vielfalt, in ihrer wechselnden dynamischen Konstellation, ihrer veränderlichen Wertigkeit, Dauer, Gewichtigkeit, Bedeutung usw. bewegliche Kraftfelder, die auf die organisierte Persönlichkeit des Erwachsenen wirken und sie beeinflussen, während sie mit ihr in Interaktion treten.
Für das Neugeborene besteht die Umwelt gleichsam aus einem einzigen Individuum, der Mutter oder der Ersatzmutter. Sogar dieses einzige Individuum wird von dem Neugeborenen nicht als eine von ihm selbst gesonderte Einheit wahrgenommen. Es ist ganz einfach ein Teil in der Ganzheit seiner Bedürfnisse und ihrer Befriedigung. Offensichtlich ändert sich diese Situation im Lauf des ersten Lebensjahres. Trotzdem bildet der normal aufgezogene Säugling während dieses ganzen Lebensabschnitts mit seiner unmittelbaren Umwelt sozusagen ein „geschlossenes System“, das nur aus zwei Komponenten besteht, nämlich aus Mutter und Kind. Eine psychiatrische Untersuchung des Säuglingsalters muß daher die dynamischen Abläufe und das Gefüge dieses geschlossenen Systems erforschen.
Ich möchte schon hier betonen — und werde später darauf zurückkommen —, daß die Welt des Säuglings nichtdestoweniger in den gesamten Wirklichkeitsbezug eingebettet ist. Sie ist verknüpft mit den wechselseitig aufeinander bezogenen Rollen und Beziehungen der Familienmitglieder oder, falls das Kind in einem Heim aufwächst, der Personen seiner Heimumgebung. Diese Welt und ihre Kräfte werden dem Kind jedoch durch jene Einzelperson vermittelt, die seine Bedürfnisse befriedigt, das heißt durch die Mutter oder die Ersatzmutter. Deshalb werden wir im folgenden einerseits die Persönlichkeit der Mutter, andererseits die Persönlichkeit des Säuglings, ihre Interaktionen und ihre wechselseitige Beeinflussung in allen Einzelheiten untersuchen.

Da dieses Buch der Entstehung von Objektbeziehungen gewidmet ist, müssen ein paar Worte über den psychoanalytischen Begriff des Objekts der Libido gesagt werden. In seiner Untersuchung der „Triebe und Triebschicksale“ hat Freud (1915 b) das Objekt der Libido folgendermaßen definiert:

Das Objekt des Triebes ist dasjenige, von welchem oder durch welches der Trieb sein Ziel erreichen kann. Es ist das Variabelste am Triebe, nicht ursprünglich mit ihm verknüpft, sondern ihm nur infolge seiner Eignung zur Ermöglichung seiner Befriedigung zugeordnet. Es ist nicht notwendig ein fremder Gegenstand, sondern ebensowohl ein Teil des eigenen Körpers. Es kann im Laufe der Lebensschicksale des Triebes beliebig oft gewechselt werden; dieser Verschiebung des Triebes fallen die bedeutsamsten Rollen zu. Es kann der Fall vorkommen, daß dasselbe Objekt gleichzeitig mehreren Trieben zur Befriedigung dient ...

Gemäß dieser Definition kann das Objekt der Libido im Lauf des Lebens wechseln – genauer gesagt: es muß zwangsläufig wechseln, und zwar häufig. Diese Veränderungen sind begründet durch die fortschreitende Reifung und Differenzierung der Triebe, durch das dynamische Wechselspiel zwischen den einzelnen Trieben, durch die Struktur der Partialtriebe und durch andere Faktoren, von denen einige, wie die Abwehrmechanismen des Ichs, schon erforscht, andere bis jetzt jedoch kaum im einzelnen untersucht worden sind.

Der Umstand, daß das Objekt häufig (und manchmal sehr rasch) wechselt, unterscheidet es grundsätzlich von dem Objektbegriff in der akademischen Psychologie. Das „Objekt“ der akademischen Psychologie, das wir ein „Ding“ nennen wollen, bleibt konstant, identisch mit sich selbst, und kann durch ein raumzeitliches Koordinatensystem beschrieben werden.

Das Objekt der Libido ist ein Begriff ganz anderer Art. Es kann nicht durch räumliche und zeitliche Koordinaten bestimmt werden, denn es bleibt nicht konstant oder mit sich selbst identisch. Das gilt allerdings nicht während jener Perioden, in denen keine größere Neuverteilung jener Triebmengen erfolgt, mit denen das Objekt der Libido besetzt ist. Deshalb wird das Objekt der Libido vorwiegend in dem Begriffssystem seiner Genese beschrieben, daß heißt seiner Geschichte. In bezug auf das Objekt der Libido spielen die raumzeitlichen Koordinaten, die das Objekt der akademischen Psychologie bestimmen, nur eine untergeordnete Rolle. Stattdessen wird das Objekt der Libido durch die Struktur der Triebe und Partialtriebe sowie durch die Triebschicksale charakterisiert, die auf es gerichtet sind, und kann auch so beschrieben werden[4].

Objektbeziehungen sind Beziehungen zwischen einem Subjekt und einem Objekt. In unserem Fall ist das Neugeborene das Subjekt. Wie schon erwähnt, befindet sich das Neugeborene in einem Zustand der Undifferenziertheit; bis jetzt ist es noch nicht gelungen, bei Neugeborenen eine Psyche oder psychische Funktionen nachzuweisen. Gemäß unserer Definition gibt es in der Welt des Neugeborenen weder ein Objekt noch Objektbeziehungen. Beide entwickeln sich fortschreitend und allmählich im Lauf des ersten Lebensjahres, in dessen zweiter Hälfte sich das eigentliche libidinöse Objekt konstituiert. In dieser Entwicklung habe ich drei Stufen unterschieden; ich nenne sie:

1. die objektlose oder Vorobjekt-Stufe,
2. die Stufe des Objekt-Vorläufers,
3. die Stufe des eigentlichen libidinösen Objekts.

Bevor ich diese Entwicklungsstadien im einzelnen bespreche, werde ich im zweiten Kapitel zunächst unsere Methoden der Datengewinnung und Datenverarbeitung beschreiben, wie auch sachdienliche Angaben über unsere Versuchspersonen machen. Der Leser, der nicht an den Einzelheiten der Datengewinnung und Datenverarbeitung interessiert ist, kann dieses Kapitel überschlagen, ohne den Zusammenhang zu verlieren.

[4] Eine detaillierte Erläuterung findet sich im Anhang.

2. KAPITEL

ZUR METHODE

Ita, Domine, Deus meus, metior et quid metior, nescio.
AUGUSTINUS

Wir haben schon festgestellt, daß die psychoanalytische Methode im eigentlichen Sinn im vorsprachlichen Alter nicht angewendet werden kann. Wir haben uns deshalb zur Untersuchung unserer Versuchspersonen der direkten Beobachtung bedient und außerdem die Mittel der Experimentalpsychologie benützt. Wir haben die Kriterien der Verläßlichkeit und der Gültigkeit berücksichtigt, indem wir Tests und Beobachtungsmethoden benützten, die an einer statistisch relevanten Zahl von Kleinkindern geeicht worden waren; schließlich haben wir den möglichen Einfluß des Geschlechts ausgeschlossen, indem wir wöchentlich abwechselnd männliche und weibliche Beobachter einsetzten. Während unserer Untersuchung sind wir nach der longitudinalen Methode[1] vorgegangen, das heißt, wir haben die Säuglinge in unserer Population während relativ langer Zeiträume beobachtet, die maximal zwei bis zweieinhalb Jahre umfaßten. Während der Untersuchung wurden in monatlichen Abständen Persönlichkeitstests gegeben; zahlreiche Experimente wurden durchgeführt. Die einzelnen Säuglinge wurden im Durchschnitt pro Woche vier Stunden lang beobachtet. Diese Beobachtungen wurden protokolliert und der Fallgeschichte der Versuchsperson beigefügt. Diese Forschungsanordnung erlaubte es uns, die Vorteile der longitudinalen Methode mit denen der transversalen zu verbinden. Wir haben keine Mühe gescheut, eine genügend große Anzahl von Säuglingen in unsere Untersuchung einzubeziehen, um die Ergebnisse relevant und womöglich statistisch signifikant zu gestalten.
Im Hauptteil unserer Studie haben wir uns nicht auf die sogenannte

[1] Für den Zweck einer Untersuchung des ersten Lebensjahres haben wir „longitudinal" als einen Zeitraum definiert, der genügt, um an der Versuchsperson signifikante, durch Entwicklung bewirkte Veränderungen festzustellen. Im ersten Lebensjahr erfordern solche Untersuchungen mindestens zwei, besser aber drei Monate.

klinische Methode beschränkt, bei der ein paar ausgesuchte Versuchspersonen intensiv untersucht werden; aber in einigen Sonderfällen, wo die Komplexität des Problems es wünschenswert erscheinen ließ, haben wir einzelne Versuchspersonen sowohl extensiv als auch intensiv untersucht. Auf Fallstudien dieser Art wird in der vorliegenden Arbeit besonders hingewiesen. Anstatt im allgemeinen die klinische Methode anzuwenden, sind wir experimentell vorgegangen, haben mit einer großen Anzahl von Versuchspersonen gearbeitet und Messungen verschiedenster Art durchgeführt.

Angesichts der Art der zu untersuchenden Probleme machten wir für unsere Methode eines zur Grundregel: In jedem Fall mußte die Gesamtpopulation in einem gegebenen Milieu ohne Auslese beobachtet werden. Auf diese Weise wurde sichergestellt, daß ein Maximum an Faktoren und Bedingungen in der gegebenen Umwelt konstant blieb. Diese Arbeitsweise erlaubte uns, jeweils nur die Wirkung einer einzigen Variablen zu untersuchen. Die Konstanz der Umwelt gewährleistete für all unsere Versuchs-Personen in der gegebenen Population die größtmögliche Gleichheit der Bedingungen.

Wir erhielten unsere Populationen aus verschiedenen Milieus, die sich in so grundlegenden Aspekten unterschieden wie: Kulturzugehörigkeit, Rasse der Versuchspersonen, soziale und wirtschaftliche Stellung der Eltern und andere Faktoren, über die ich in verschiedenen früheren Veröffentlichungen berichtet habe.

Konstruktion und Validierung der Tests

Unter den Faktoren, die die Objektbeziehungen bestimmen, sind die Persönlichkeit der Mutter und die Persönlichkeit des Kindes bei weitem am wichtigsten. Die Objektbeziehungen werden jedoch auch von einer Reihe anderer Faktoren beeinflußt, wie z. B. durch kulturelle Einflüsse, wirtschaftliche und geographische Verhältnisse sowie geschichtliche Überlieferung. Diese Vielfalt machte es unumgänglich, die Objektbeziehungen in verschiedenen Populationen und Umwelten zu untersuchen, um herauszufinden, ob gewisse Erscheinungen beim Menschen universell zu finden sind und in welchem Maße ihre Formen und Inhalte durch Variable der Umwelt wie Kultur, soziale Schicht, Wohnort (Kontinent) usw. modifiziert werden. Zu diesem Zweck mußten wir für die gegebenen Erscheinungen Normen haben; wir leiteten sie aus den Ergebnissen früherer Untersuchungen ab, die unter typischen „normalen" Umweltbedingungen der westlichen Kultur durchgeführt worden waren. Zum Zweck der quantitativen Messung haben wir den Bühler-Hetzer Kleinkindertest ausgewählt, einen geeichten, extensiv verwendeten Persönlichkeits- und Entwicklungstest, der sowohl interindividuelle als auch intraindividuelle Vergleiche ermöglicht. Der Entwicklungsstand eines bestimmten Säuglings kann in Form von Quotienten oder Indices angegeben werden, und schließlich gestattet diese Methode außer einer Gesamtbeurteilung auch die quantitative Bewertung verschiedener Sektoren der Persönlichkeit. Die Validität und die Verläßlichkeit dieses Tests waren schon vorher sowohl in Europa als auch in den USA geprüft worden (Herring, 1937; Hubbard, 1931; Reichenberg, 1937; Simonsen, 1947; Wolf, 1935).

Der Bühler-Hetzer-Test, auch „Wiener Test" genannt, wurde von Charlotte Bühler und Hildegard Hetzer (1932) und ihren Mitarbeitern, der verstorbenen Katherine M. Wolf und Lieselotte Frankl (siehe: Hetzer und Wolf, 1928) entworfen, geeicht und validiert. Die Vorstufen bestanden darin, daß man 69 Säuglinge in sieben aufeinanderfolgenden Altersstufen innerhalb des ersten Lebensjahres 24 Stunden lang ständig beobachtete, um ein Inventar des zu erwartenden Durchschnittsverhaltens in diesem Lebensabschnitt aufzustellen. Auf diesem Inventar aufgebaute Tests wurden an einer Probegruppe von 20 Versuchspersonen pro Altersstufe ausprobiert und geeicht. Für die ersten acht Lebensmonate hat man je einen Monat als Abstand zwischen den Stufen gewählt; für die übrigen vier Monate des ersten Lebensjahres je zwei Monate. Auf diese Weise wurde der Test für das erste Lebensjahr an insgesamt 220 Versuchspersonen geeicht.

Diese Eichung des Tests an 20 Versuchspersonen pro Altersstufe war nicht willkürlich, wie sich bei meinen späteren Beobachtungen an Säuglingen zeigte. Gewisse Verhaltensmuster treten beim Säugling auf bestimmten Altersstufen auf, aber nicht vorher. Die Trennungslinie zwischen dem Fehlen solcher Verhaltensmuster und ihrem allgemeinen Vorhandensein ist meistens ziemlich scharf gezogen. Man findet z. B. das blickerwidernde Lächeln selten vor dem dritten Lebensmonat, aber ebenso selten sind Säuglinge, bei denen man es im dritten, vierten und fünften Monat nicht auslösen kann. Bis zum Alter von zwei Monaten zeigten von unseren 145 Versuchspersonen nur 3 das blickerwidernde Lächeln. Im Alter zwischen zwei und sechs Monaten zeigten es 142 von ihnen, nur 3 lächelten nicht. Wir stellten fest, daß wir zu einer Zeit, wenn 20 unserer Versuchspersonen ein bestimmtes Verhaltensmuster zur Schau stellten, fest damit rechnen konnten, daß die überwiegende Mehrheit all unserer Versuchspersonen es ebenfalls zeigen würde. Wenn man die Anzahl der Versuchspersonen, die man auf dieses Verhalten hin beobachtete, über 20 hinaus vermehrte, stellten diejenigen, die das Verhalten nicht an den Tag legten, einen rasch abnehmenden Prozentsatz unserer gesamten Versuchspopulation dar.

Die Psychologische Abteilung der Universität Wien wandte den geeichten Test zehn Jahre lang in großem Umfang an, und zwar von 1928 bis 1938. Er wurde systematisch bei allen Kindern durchgeführt, die der „Kinderübernahmestelle der Stadt Wien" überwiesen wurden. Die Anzahl der Kinder, die während des ersten Lebensjahres in dieser Institution untergebracht wurden, betrug durchschnittlich 400 bis 500 im Jahr. Das bedeutet, daß im Lauf dieses Jahrzehnts der Test bei ungefähr 5000 Säuglingen angewendet wurde, so daß die Fachleute die Gelegenheit hatten, Unzulänglichkeiten des Tests auszuschalten.

Man wußte aber noch nicht, was dieser Test zur psychiatrischen und klinischen Forschung beitragen konnte. Ich führte ihn deshalb im gleichen Milieu, nämlich in der „Kinderübernahmestelle der Stadt Wien", an über 100 Kindern durch, die man dort eingewiesen hatte. Ich stellte fest, daß der Test bei unserer klinischen Begutachtung ein nützlicher psychometrischer Zusatz ist. Sein besonderer Wert besteht darin, daß er den Entwicklungsstand eines bestimmten Kindes sowohl insgesamt als auch in besonderen Teilgebieten der Persönlichkeit in Zahlen angibt, in Beziehung zu dem durchschnittlichen Entwicklungsgrad anderer Kinder ähnlicher Herkunft.

Zum Zweck der Validierung dieses Tests in der westlichen Welt wählten wir zwei Populationen im Staat New York aus. Die erste Gruppe bestand aus Kindern von Intellektuellen, meist Akademikern, die in ihren Familien aufwuchsen. Sie wurden im Milieu ihrer Familien beobachtet und erscheinen in der Tabelle II (Spalte: Familien). Von die-

sen wurden insgesamt 18 untersucht, in den meisten Fällen während des ganzen ersten Lebensjahres und länger. Diese Kinder wurden von den eigenen Eltern unter für meine Begriffe optimalen Bedingungen aufgezogen, meistens in bescheidenen, aber komfortablen Wohnungen. Die Testergebnisse dieser Kinder stimmen im allgemeinen mit den Normen des Bühler-Hetzer-Tests überein, obwohl, wie man erwähnen sollte, ihre Entwicklungsquotienten (E. Q.) alle etwas über dem in Wien festgestellten Durchschnitt lagen.
Die zweite Population, die wir zur Gewinnung normativer Daten benützten, stammte aus einer Agentur für Pflegestellenvermittlung. Kinder, die die Agentur untergebracht hatte, wurden in Abständen von vier Wochen vorgestellt und kontrolliert. Bei dieser Gelegenheit wurden 23 Kinder jeweils von uns getestet und beobachtet. Diese Kinder waren verschiedener Herkunft; meist stammten sie aus niederen wirtschaftlichen und sozialen Schichten, wie es bei so einer Agentur in einer großen Stadt nicht anders zu erwarten ist. Diese Kinder erreichten durchgehend auf allen Altersstufen innerhalb des ersten Lebensjahres niedrigere Werte als die der ersten Population, der Kinder, die in ihren eigenen Familien aufwuchsen. Sie näherten sich dem Niveau der Durchschnittswerte, die in der für gesunde Kinder eingerichteten Institution in Wien aufgestellt worden waren, wo ich meine Arbeit begonnen hatte und wo der Test entwickelt worden war. Die zunehmende Unerreichbarkeit der Versuchspersonen hinderte uns daran, unsere geplante Forschungsarbeit über diese Kinder zu Ende zu führen. Die Ergebnisse legten mir den Schluß nahe, daß die Normen des Bühler-Hetzer-Kleinkindertests bei meiner eigenen Forschung als praktischer Anhalt und als Richtschnur für die psychometrische Persönlichkeitsbeurteilung von Kindern sowohl aus der wirtschaftlichen Mittel- wie auch Unterschicht in den USA und in der ganzen westlichen Welt dienen könnten.

Kurze Beschreibung der Tests

Die Tests erlauben die allmonatliche quantitative Bewertung von sechs Bereichen der Persönlichkeit; diese sind:
1. Entwicklung und Beherrschung der Sinneswahrnehmung.

2. Entwicklung und Beherrschung der Körperbewegungen.
3. Entwicklung und Beherrschung der zwischenmenschlichen Beziehungen, des Sozialen.
4. Entwicklung und Beherrschung des Lernens, also des Gedächtnisses und der Nachahmung.
5. Entwicklung und Beherrschung der Handhabung von Gegenständen, der Betätigung am Material.
6. Intellektuelle Entwicklung und geistige Produktion.

Die quantitative Auswertung der Tests liefert eine Reihe von Entwicklungsquotienten. Aus diesen wird ein Entwicklungsprofil für den gegebenen Lebensabschnitt erstellt – mit anderen Worten: Wir bekommen eine Querschnitts-Darstellung der „Leistungen" des Säuglings in einem gegebenen Entwicklungsstadium, in Beziehung gesetzt zur normalen oder Durchschnittsentwicklung.

Stellung und Grenzen der Tests in unserer Forschungsanordnung

Es wurde schon erwähnt, daß unsere Testergebnisse nicht als Maßstab für die Begutachtung oder die Diagnose der einzelnen Säuglinge und ihrer Entwicklung betrachtet werden sollten. Bei der Beurteilung der Gesamtpersönlichkeit unserer Versuchspersonen stützten wir uns in erster Linie auf klinische Beobachtung während eines längeren Zeitraums und auf die Fallgeschichte des einzelnen Kindes. Die Tests stellten uns jedoch folgende Zusatzinformationen zur Verfügung:

1. In bezug auf das einzelne Kind erfuhren wir aus dem monatlichen Testergebnis, ob und inwieweit es in seiner Entwicklung vorangekommen war oder ob sich in der Entwicklung ein Stillstand oder ein Rückschritt ereignet hatte. Anders ausgedrückt: das Testergebnis zeigte die allgemeine Tendenz, den Grad und die Richtung der Entwicklung an.
2. Das Ergebnis gab ebenfalls Aufschluß über Ungleichmäßigkeiten in Grad und Richtung der Entwicklung in verschiedenen Persönlichkeitsbereichen ein und desselben Kindes.
3. Der Test ermöglichte ferner Vergleiche zwischen und innerhalb von Gruppen aus einer Vielzahl von Kindern. Solche Vergleiche ergaben Hinweise auf Gleichförmigkeiten, die in den Profildiagrammen ganzer Gruppen oder Untergruppen zutage traten.

4. Außerdem lieferte der Test Beweismaterial zur Untermauerung unserer klinischen Resultate.
5. Schließlich bildeten die Profildiagramme eine graphische Darstellung für unsere Beschreibungen.

Andererseits war der Test nicht imstande, klinische Auskunft über Vorhandensein oder Fehlen von Emotionen und die Art dieser Emotionen zu erteilen. Er teilte uns nichts mit über Triebdynamik, über Stimmungen oder darüber, ob ein Kind nach außen gewandt oder in sich gekehrt, ängstlich oder aggressiv, munter oder träge war – mit einem Wort, er lieferte uns weder klinische Anhaltspunkte, ja nicht einmal Informationen über das Verhalten und sagte uns nur sehr wenig über die Objektbeziehungen des Kindes. Obwohl die Tests zweifellos nützlich waren, ergaben sie, wie Anna Freud in einer ihrer Vorlesungen einmal sagte, nur ein „flaches" Bild; es kann aus eigener Kraft nicht bestehen, es muß durch das klinische Bild mit Bedeutung erfüllt und zum Leben erweckt werden.

Film-Analyse und Untersuchungsmaterial

Wir waren bestrebt, eine objektive und dauerhafte Aufzeichnung unserer visuellen Beobachtungen und Eindrücke sicherzustellen, die es uns ermöglichen sollte, die Beobachtung ein und desselben Verhaltensphänomens zu wiederholen, zu vergleichen und eingehend zu analysieren. Zu diesem Zweck machten wir Filmaufzeichnungen vom Verhalten der einzelnen Säuglinge; dabei bedienten wir uns einer Methode, die ich 1933 unter der Bezeichnung „Film-Analyse" eingeführt habe. Sie besteht darin, daß unsere Aufnahmen mit einer Filmgeschwindigkeit von 24 Bildern pro Sekunde gemacht werden; dadurch wird es möglich, mit Hilfe des herkömmlichen Projektionsverfahrens unsere Beobachtungen nicht nur später jederzeit und so oft wie nötig zu wiederholen, sondern wir können auch die Bildfolge für die visuelle Beobachtung auf 8 Bildwechsel pro Sekunde verlangsamen. So erreicht man, daß der Rhythmus der Bewegungen wie auch der des Gesichtsausdrucks dreimal so langsam wird, mit anderen Worten: eine dreifache Vergrößerung des Verhaltens.

Jedes Kind wurde zunächst einmal gefilmt, wenn wir es zum ersten

Mal sahen, das heißt, so bald wie möglich nach der Geburt, in manchen Fällen schon während der Austreibungsperiode der Entbindung. Wir filmten ebenfalls jede Verhaltensweise des Säuglings, die vom Durchschnittsverhalten anderer Kinder auf der gleichen Entwicklungsstufe abwich, sowie alle Experimente, die mit Säuglingen durchgeführt wurden.

Die Fallgeschichte jedes Kindes enthält außer den Filmen die Aufzeichnung der klinischen Daten, die während der Beobachtung aufgenommenen Protokolle und einen schriftlichen Bericht über den Inhalt von Gesprächen mit den Eltern des Kindes sowie mit dem Pflegepersonal. In vielen Fällen gehören zu den Unterlagen über die einzelnen Kinder auch die Ergebnisse aus den Rorschach- und Szondi-Tests der Mütter.

In der Tabelle I ist das experimentelle Vorgehen dargestellt.

TABELLE I

Unser experimentelles Vorgehen bei der Beobachtung des Säuglings

Dauer der Beobachtung pro Kind	4 Std. pro Woche	200 Std. pro Jahr	Diese Beobachtungsprotokolle bilden die Fallgeschichte
Tests	Hetzer-Wolf-Kleinkindertests in monatlichen Abständen Entwicklungsquotienten und -profile		
Interviewer-Validität	wöchentliche Abwechslung männlich-weiblich		
Exploration der Umwelt des Kindes	Interviews mit Eltern- und Pflegepersonal	Rorschach- und Szondi-Tests einer großen Anzahl der Mütter	
Filmprotokolle zu 24 Bildern pro sek. zwecks Bildschirmanalyse Jedes Kind gefilmt:	Bei der ersten Begegnung	Wenn es ungewöhnliches Verhalten zeigt	während der Experimente

Die Population der Untersuchung

1. In der Tabelle II wird die Verteilung unserer Populationen dargestellt. Von den in den Spalten „Familie“ und „Pflegestelle“ aufge-

führten Kindern ist schon die Rede gewesen; diese Gruppen haben uns am Anfang zur Validierung des Bühler-Hetzer-Tests in der westlichen Welt gedient.

2. Eines unserer wichtigsten Probleme war die Untersuchung einiger weitverbreiteter Ansichten über die Art der „Persönlichkeit" des Neugeborenen zum Zeitpunkt der Geburt und unmittelbar danach, wie z. B. die Darlegungen Otto Ranks (1924) über das Geburtstrauma oder die Behauptung Watsons (1928), das Gefühlsverhalten des Neugeborenen bestehe aus Liebe, Furcht, Zorn usw. Wir werden diese Punkte in späteren Kapiteln besprechen.

Wir haben insgesamt 35 Entbindungen eingehend studiert, und zwar in einem halbstaatlichen, einer Universität angeschlossenen, kleinen Entbindungskrankenhaus der westlichen Welt, das von Müttern in bescheidener finanzieller Lage aufgesucht wurde. Wir haben diese Anstalt ausgewählt, weil die Entbindungen dort mit natürlichen Methoden durchgeführt wurden, ohne Betäubungsmittel (außer in den seltenen Fällen, wo chirurgische Eingriffe notwendig wurden) und unter der Aufsicht ausgezeichneter Geburtshelfer, denen vollausgebildete Schwestern zur Seite standen. Von diesen 35 Neugeborenen wurden 29 innerhalb der ersten fünf Minuten nach der Geburt gefilmt, in 2 Fällen wurden die Filmaufnahmen noch während der Entbindung begonnen. Im Prinzip wurden diese Neugeborenen und ihre Mütter nach 10 Tagen nach Hause entlassen. Ich hatte jedoch die Gelegenheit, 29 von ihnen anläßlich ihrer periodischen Besuche in der Klinik nach der Geburt etwa 3 Monate lang zu verfolgen.

3. Im Hinblick auf die Häufigkeit der Kontroversen über kulturelle, rassische und andere Einflüsse auf die Persönlichkeit des Menschen wollten wir prüfen, wie weit solche Unterschiede überhaupt bestehen oder im Lauf des ersten Lebensjahres die Persönlichkeit beeinflussen könnten. Mit Rücksicht auf dieses Problem versuchten wir, in unsere Populationen Säuglinge aus verschiedenen Kulturen und Rassen einzubeziehen. Wir konnten Säuglinge weißer, schwarzer und indianischer Rassenzugehörigkeit studieren. Diese letzteren wurden in einem Indianerdorf in Lateinamerika beobachtet, wo wir die Möglichkeit hatten, Kleinkinder während der ersten drei Monate ihres Lebens zu untersuchen. Die erste Beobachtung fand statt, wenn sie zur Taufe in

die Kirche gebracht wurden; wir sahen sie in der Sakristei. Später gelang es uns, sie zu Hause in ihrem Dorf wieder zu besuchen. Diese 23 Säuglinge wurden weniger als 3 Monate lang beobachtet; dementsprechend ist dieser Teil der Studie transversaler Art. Das an ihnen beobachtete Verhalten unterschied sich nicht von dem in den anderen Umwelten beobachteter Kinder der gleichen Altersstufe.

4. Schließlich erforderte unsere Methode die Untersuchung großer Gruppen von Säuglingen unter Bedingungen, die ein möglichst hohes Maß an Konstanz der Umwelt gewährleisteten. Zu diesem Zweck wählten wir in erster Linie zwei Anstalten, deren eine wir als „Säuglingsheim", die andere als „Findelhaus" bezeichnen wollen.

Beschreibung der Institutionen

Die beiden Anstalten waren einander in gewissen wichtigen Aspekten ähnlich. Beide lagen außerhalb der Stadt, in großen, geräumigen Gärten. In beiden wurden die Gebote der Hygiene und der Asepsis sorgfältig eingehalten. In beiden wurden die Neugeborenen von Geburt an von den älteren Säuglingen (und diese wiederum von den Kleinkindern) getrennt und in einer besonderen Neugeborenen-Abteilung untergebracht, in die Besucher nur eingelassen wurden, nachdem sie sich die Hände gewaschen und frisch sterilisierte Kittel angezogen hatten. Nach zwei oder drei Monaten wurden die Neugeborenen in die Abteilung der älteren Säuglinge verlegt und in einem großen Raum untergebracht, der in eine Anzahl von Einzelzellen unterteilt war. Im Säuglingsheim waren diese rundherum verglast, im Findelhaus waren sie an drei Seiten verglast, an der vierten offen. Im Säuglingsheim wurden die Kinder nach sechs Monaten in Zimmer mit je vier bis fünf Bettchen verlegt; im Findelhaus blieben sie bis zum Alter von 15 oder 18 Monaten oder sogar noch länger in den „Einzelzellen". Im Findelhaus war etwa die Hälfte der Station etwas schwächer beleuchtet als die andere, obwohl beide reichlich Licht hatten; im Säuglingsheim hatten alle Kinder gut beleuchtete Schlafplätze. Das Säuglingsheim war zwar die reichere Anstalt, aber auch für das Findelhaus wurde ausreichend gesorgt, außer in einem Punkt, von dem später noch die Rede

TABELLE II

Gesamtpopulation der beobachteten Kinder

Länge der Beobachtung	Säuglings-heim	Familie	Pflege-stelle	Findel-haus	Entbindungs-abteilung	Indianer-dorf	Säuglings-heim	Insgesamt
mehr als 6 Monate	185	9	–	62	–	–	Mehrere hundert Säuglinge, jeder 3 Wochen lang beobachtet	256
Mindestens 3 Monate	18	3	–	–	29	–		50
Weniger als 3 Monate	–	6	23	2	6	23		60
Gestorben im 1. Lebensj.	–	–	–	27	–	–		27
Insgesamt	203	18	23	91	35	23		393
Filmaufnahmen	138	14	10	25	29	3	27	246

sein wird. Im Säuglingsheim waren die Wände in hellen neutralen Farben gestrichen und machten einen heiteren Eindruck, während das Findelhaus mit seinen grüngrau gestrichenen Wänden und seinen „Zellen“ trostlos wirkte. Ob der letztere Eindruck auf meine subjektive Reaktion zurückgeht oder nicht, vermag ich nicht zu entscheiden.
In beiden Anstalten wurde die Nahrung gut zubereitet, war ausreichend und wurde den Bedürfnissen der einzelnen Kinder in jedem Alter angepaßt; die Flaschen und Geräte wurden sterilisiert. In beiden Anstalten wurde ein hoher Prozentsatz der kleineren Kinder gestillt, aber im Säuglingsheim schien dieser Prozentsatz zurückzugehen, und Flaschennahrung wurde zugesetzt, was bald zum Abstillen führte. Im Findelhaus wurde die große Mehrzahl der Kinder bis zum dritten Lebensmonat gestillt. In beiden Anstalten waren Kleidung und Temperatur angemessen.
Die ärztliche Versorgung sah so aus: das Findelhaus wurde mindestens einmal am Tag vom Chefarzt und dem Ärztepersonal besucht, die auf ihrer Visite jedes Kind und sein Kurvenblatt kontrollierten. Außerdem machten noch ein Hals-Nasen-Ohren-Arzt und andere Fachärzte tägliche Visiten. Im Säuglingsheim gab es keine täglichen Visiten, aber der Kinderarzt der Anstalt kam zu den Kindern, wenn er gerufen wurde.
Im ganzen hatte das Findelhaus in bezug auf die Auswahl der aufgenommenen Kinder einen geringen Vorteil vor dem Säuglingsheim. Das Säuglingsheim war eine Anstalt des Strafvollzugs, in der straffällige Mädchen, die bei der Einlieferung schwanger waren, abgesondert wurden. Sie brachten ihre Kinder in einem nahe gelegenen geburtshilflichen Krankenhaus zur Welt. Nach dem Wochenbett wurden ihre Kinder von der Geburt an bis zum Ende des ersten Lebensjahres in dem Säuglingsheim versorgt. Angesichts der Tatsache, daß die Mütter meistens straffällige Minderjährige waren, in gewissem Maß sozial fehlangepaßt, manchmal debil, manchmal psychisch geschädigt, psychopathisch oder kriminell, stellten Erbanlagen und Herkunft, von den Kindern her gesehen, eine negative Auslese dar.
Im Findelhaus gab es diese negative Auslese nicht. Die Kinder stellten einen Querschnitt der von der Fürsorge abhängigen Kinder in einer Großstadt dar; ein Teil von ihnen unterschied sich in der Herkunft

nicht sehr von den Kindern im Säuglingsheim, aber ein wesentlicher Teil der Kinder stammte von sozial gut angepaßten, normalen Müttern, die nur nicht in der Lage waren, sich und ihre Kinder zu erhalten.

Der grundlegende Unterschied zwischen dem Säuglingsheim und dem Findelhaus liegt im Bereich der Sorge für die Kinder. Das Säuglingsheim, in dem ständig vierzig bis sechzig Kinder zugleich untergebracht sind, wurde von einer Oberschwester und ihren Helferinnen betrieben; ihre Pflichten bestanden darin, die Mütter in einfacher und wirksamer Hygiene und Kinderpflege zu unterweisen und sie zu beaufsichtigen und zu beraten. Jedes Kind wurde von seiner eigenen Mutter gefüttert, gepflegt und versorgt. Wenn aus irgendeinem Grund eine Mutter von ihrem Kind getrennt werden mußte, trat die Mutter eines anderen Kindes an ihre Stelle oder aber ein schwangeres Mädchen, das auf diese Weise die für die Pflege ihres eigenen zukünftigen Kindes nötige Erfahrung erwerben konnte. Jedes Kind in dem Säuglingsheim hatte auf diese Weise die ganze Zeit die Fürsorge seiner eigenen Mutter oder wenigstens einer Ersatzmutter, ausgewählt von der sehr fähigen Oberschwester, die versuchte, eine Stellvertreterin zu finden, die das Kind gern hatte.

Die Kinder in dem Säuglingsheim hatten immer mindestens ein Spielzeug, meistens sogar mehrere. In ihrem Blickfeld lag nicht nur die freundliche Landschaft vor den Fenstern; man hatte außerdem die Zwischenwände so niedrig gehalten, daß jedes Kind durch die Glasscheiben in mehrere Nachbarabteile schauen konnte. Die älteren Kinder beobachteten diese mit begierigem Interesse, versuchten an dem teilzunehmen, was sich außerhalb ihrer Abteile abspielte und waren auch sichtlich fasziniert von der eiligen Geschäftigkeit der Mütter, die ihre Kinder in dem Gang herumtrugen oder sie in den Abteilen versorgten, fütterten, mit ihnen spielten und mit den Kindern auf dem Arm miteinander schwatzten.

Das Findelhaus war eine Einrichtung, wie sie vor etwa fünfzig Jahren allgemein für Waisenkinder üblich war. Seine Mittel waren unzureichend, aber es besaß ein weiträumiges, hübsch gelegenes Gebäude. Die dort untergebrachten Kleinkinder gehörten zwei Kategorien an: Die einen waren Kinder verheirateter Frauen, die aus dem einen oder anderen Grund nicht in der Lage waren, für den Unterhalt ihrer Familie zu sorgen und die für die Pflege ihrer Kinder einen bescheidenen Betrag zahlten. Die andere Kategorie bestand aus Kindern lediger Mütter. Diese Mütter wurden unter der Bedingung aufgenommen, daß sie während der ersten drei Monate ihres Aufenthaltes ihr eigenes und ein fremdes Kind nähren und beim Zubereiten und Verteilen der Nahrung für die älteren Kinder helfen würden.

Wie schon erwähnt, wurde das Findelhaus von einer Oberschwester und fünf Hilfsschwestern betrieben. Nach dem dritten Monat wurde jedes Kind in ein Einzelabteil der allgemeinen Station verlegt, wo es seinen Anteil an den Pflegediensten der fünf Schwestern bekam. Rein rechnerisch ausgedrückt würde das bedeuten, daß jede Schwester für etwas mehr als sieben Kinder zu sorgen hatte. In der Praxis funktionierte es aber nicht so, weil die Schwestern die Zubereitung der Nahrung für die Kinder zu überwachen, sie einzuteilen und zu verteilen hatten, außerdem mußten sie die Säuglinge waschen, säubern und wikkeln. Es war unvermeidlich, daß man zum „Flaschenlegen" (mechanische Fütterung vermittels befestigter Flaschen) überging, ebenso unvermeidlich war es, daß während der Fütterungs- oder Wiegezeit usw. mindestens eine Schwester aus dem Verkehr gezogen wurde. Infolgedessen hatte jedes Kind bestenfalls ein Zehntel der Zeit einer Schwester zur Verfügung, ein Zehntel des Ersatzes für mütterliche Pflege, ein Zehntel einer Mutter. Als ich zum ersten Mal in das Findelhaus kam, gab es im ganzen Haus kaum ein Spielzeug. Nach ein paar Monaten, vielleicht infolge meiner Tätigkeit und der meiner Mitarbeiter, tauchte immer mehr Spielzeug auf, und als ich das Findelhaus verließ, hatte fast die Hälfte der Kinder ein Spielzeug.

Ein weiterer beachtenswerter Aspekt der Behandlung der Kinder in dem Findelhaus war der des Gesichtskreises. Das Findelhaus war immer trostlos und verlassen, außer zu den Zeiten, wenn die Schwestern und ihre Helferinnen aus den Reihen der stillenden Mütter zur Fütterungszeit hereinkamen, um die Kinder zu versorgen. Dies Bild muß durch die Schilderung eines Brauchs ergänzt werden, der bezeichnend war für das Findelhaus wie für viele Kinderheime und -Krankenhäuser: Um zu erreichen, daß die Kinder sich still verhielten, hängten die Schwestern Bettücher oder Decken über die Gitter am Fußende und an den Seiten der Bettchen, so daß die Kinder wirksam von der Welt und allen anderen Abteilen abgeschirmt waren, in Einzelhaft versetzt, mit der Zimmerdecke als einzigem Anblick. Infolgedessen lagen die Säuglinge viele Monate lang auf dem Rücken, so daß sich in ihren Matratzen eine Vertiefung bildete, aus der sie sich mit sechs oder sieben Monaten, wenn normale Kinder sich aus der Rückenlage auf die Seite drehen, nicht auf die Seite drehen konnten.

TEIL II

DIE KONSTITUIERUNG DES OBJEKTS DER LIBIDO

3. KAPITEL

DIE OBJEKTLOSE STUFE

Im ersten Kapitel habe ich den psychoanalytischen Begriff des Objekts definiert und darauf hingewiesen, daß es in der Welt des Neugeborenen weder ein Objekt gibt noch eine Objektbeziehung. Ich habe diese erste Stufe die vorobjektale oder objektlose Stufe genannt. Dieses Kapitel wie auch das folgende sind einer Besprechung dieser frühesten Stufe gewidmet. Ich werde hier mein Hauptaugenmerk auf die Reaktionsbereitschaft des Säuglings richten und einige Betrachtungen über die Art der Wahrnehmung des Neugeborenen und ihre Rolle in der psychoanalytischen Theorie vorlegen.

Die objektlose Stufe fällt mehr oder weniger mit der des primären Narzißmus zusammen. Hartmann (1939) nennt diese Stufe die undifferenzierte Phase[1]. Ich ziehe es vor, von dieser Stufe als von der Nichtdifferenziertheit zu sprechen, weil Wahrnehmung, Aktivität und Funktionen des Neugeborenen noch unzureichend zu Einheiten zusammengefaßt sind, außer in gewissem Maß auf solchen Gebieten, die zum Weiterleben unentbehrlich sind, wie Stoffwechsel, Nahrungsaufnahme, Kreislauf, Atmungsfunktionen und dergleichen.

---

[1] Hartmanns Begriff der undifferenzierten Phase bezieht sich auf einen Mangel an Differenzierung zwischen Es und Ich, Bewußtem und Unbewußtem in der Persönlichkeit des Neugeborenen. Innerhalb dieser undifferenzierten Persönlichkeit werden sich Bewußtes und Unbewußtes und später Ich und Es voneinander scheiden. Hartmanns Begriff bietet also im wesentlichen Daten an, denen wir in Praxis und Theorie der Psychoanalyse begegnen; es ist ein deskriptiver Begriff.

Meine Auffassung von der „Nichtdifferenziertheit" schließt die Postulate Hartmanns mit ein; sie ist der übergeordnete Begriff, denn sie bezieht sowohl die Beschreibung ein als auch nicht-psychoanalytische, beobachtbare Aspekte, wie z. B. neuromuskuläre, physiologische und Verhaltensaspekte, so etwa Wahrnehmung und Handeln. Auf der Stufe der Nichtdifferenziertheit gibt es keine klare Unterscheidung zwischen Psyche und Soma, zwischen Innen und Außen, zwischen Trieb und Objekt, zwischen „Ich" und „Nicht-Ich", ja nicht einmal zwischen verschiedenen Regionen des Körpers.

Auf dieser Stufe kann das Neugeborene ein „Ding“ nicht von einem anderen unterscheiden; es kann ein (äußeres) Ding nicht von seinem eigenen Körper unterscheiden und es erlebt die Umgebung nicht als etwas, was von ihm getrennt ist. Darum nimmt es auch die bedürfnisbefriedigende, nahrungspendende Brust, wenn überhaupt, als einen Teil seiner selbst wahr[2]. Außerdem ist das Neugeborene auch *in* sich noch nicht differenziert und organisiert – nicht einmal in so grundlegender Hinsicht wie der Beziehung zwischen spezialisierten Nervenzentren einerseits und ihren muskulären Erfolgsorganen andererseits; nur sehr wenige bevorzugte Gebiete scheinen zu eigenen Funktionseinheiten zusammengefaßt zu sein (Tilney und Kubie, 1931).

Zahlreiche Beobachtungen, darunter auch unsere eigenen, bestätigen, daß der Wahrnehmungsapparat des Neugeborenen gegen die Außenwelt durch eine außerordentlich hohe Reizschranke geschützt ist. Sie bewahrt den Säugling während der ersten Lebenswochen und -monate vor der Wahrnehmung von Umweltreizen. Infolgedessen glauben wir mit Recht behaupten zu können, daß ganz sicher während der ersten Tage und in abnehmendem Maß auch noch während des ersten Monats die Außenwelt für den Säugling praktisch nicht existiert. Während dieser Zeit sind alle Wahrnehmungen auf das enterozeptive und das propriozeptive System beschränkt; die Reaktionen des Säuglings sind Antworten auf die Wahrnehmung von Bedürfnissen, die vermittels dieser Systeme weitergeleitet werden. Von außen kommende Reize werden nur dann wahrgenommen, wenn der Grad ihrer Intensität höher liegt als die Reizschwelle. Dann durchbrechen sie die Reizschwelle, stören den Ruhezustand des Neugeborenen, worauf es mit heftiger Unlust reagiert. Unlustreaktionen kann man von Geburt an beobachten.

Ich möchte jedoch kategorisch betonen, daß ich mich von den Spekulationen mancher Autoren distanziere, die behaupten, das ungeborene Kind bringe schon *in utero* Unlust zum Ausdruck. Wir können nicht wissen, was das Verhalten des Foetus „ausdrückt“. Ebenso unannehmbar erscheinen mir die Spekulationen über sensorische Wahrnehmun-

---

[2] „Der Säugling [an der Mutterbrust] sondert noch nicht sein Ich von einer Außenwelt als Quelle der auf in einströmenden Empfindungen“. (Freud, 1930, Bd. 14, S. 424)

gen des Kindes während der Geburt oder über psychische Aktivität im Neugeborenen und das Erwachen geistig-seelischer Funktionen in den ersten Wochen und Monaten nach der Geburt. Solche Spekulationen stehen auf der gleichen Stufe wie die Behauptung von Autoritäten früherer Jahrhunderte über den sogenannten „Geburtsschrei" des Neugeborenen, der angeblich seine Verzweiflung bei der ersten Begegnung mit unserer traurigen Welt ausdrücken sollte. Alle diese naiven Vorstellungen sprechen für die Phantasie ihrer Urheber, aber man kann sie weder beweisen noch entkräften. Freud formulierte es scharf: „Die Unwissenheit ist die Unwissenheit; kein Recht, etwas zu glauben, leitet sich aus ihr ab" (1927, Bd. 14, S. 355).

Primitive Prototypen affektiver Reaktionen

Ich bin auch nicht geneigt, mich „wissenschaftlicher" formulierten Deutungen des Geburtstraumas anzuschließen, die es als die erste Manifestation von wirklicher Angst und letztlich als Determinante des individuellen menschlichen Schicksals ansehen (z. I. Rank, 1924). Man hat auf der durchschlagenden Wirkung dieses „Traumas" eine ganze psychologische Lehre gegründet; man hat ihm eine übermäßig wichtige Rolle zugeschrieben und es zu dem Schurken gemacht, der für alle späteren psychischen Störungen verantwortlich ist.

Freud betont mit charakteristischer wissenschaftlicher Zurückhaltung, daß es bei der Geburt kein Bewußtsein gibt, daß von dem sogenannten Geburtstrauma keine Erinnerung zurückbleibt und daß „die Gefahr der Geburt noch keinen psychischen Inhalt hat" (Freud, 1926 a, Bd. 14, S. 165).

Im Hinblick auf das periodische Wiederaufleben dieser Kontroverse habe ich beschlossen, eine Reihe von direkten Beobachtungen durchzuführen, um objektive Daten über jede Einzelheit des kindlichen Verhaltens bei der Geburt zu bekommen. Zu diesem Zweck habe ich 35 Entbindungen beigewohnt, die ohne Betäubungs- und Beruhigungsmittel vor sich gingen, und habe sorgfältige Aufzeichnungen über sie angefertigt. In 29 dieser Fälle wurde das Verhalten des Neugeborenen während der Austreibungsperiode oder unmittelbar nach der Entbindung gefilmt. Wir haben die Beobachtung der Neugeborenen während der folgenden zwei Wochen fortgesetzt und sowohl wiederholt ihr Verhalten beim Stillen als auch ihre Reaktionen auf eine Reihe standardisierter Reize gefilmt.

Diese Aufzeichnungen zeigen, daß man die Reaktion des Neugeborenen auf das Geborenwerden kaum als traumatisch bezeichnen kann. Bei Säuglingen, die normal auf die Welt kommen – das ist die große Mehrheit aller Säuglinge, denn nur Bruchteile eines Prozents werden nicht so geboren – ist die Reaktion ungemein flüchtig, keineswegs heftig und dauert nur ein paar Sekunden. Unmittelbar nach der Geburt zeigt das Kind kurze Atemnot und Manifestationen einer negativ getönten Erregung. Wenn man das Kind in Ruhe läßt, klingt diese buchstäblich innerhalb von *Sekunden* ab und weicht einem vollkommenen Ruhezustand. Das sogenannte Geburtstrauma, von dem Fehlinterpreten Freuds so viel hergemacht haben, zeichnet sich dadurch aus, daß es so kurze Zeit dauert und so wenig eindrucksvoll ist. Was man beobachten kann, ist ein kurzer Erregungszustand, der unlustgetönt zu sein scheint (siehe Spitz, 1947 a)[8]. Im Gegensatz dazu ruft das Eintropfen von Silbernitrat in die Augen des Neugeborenen (das unmittelbar nach dem Durchschneiden der Nabelschnur vorgenommen wird) eine viel stärkere und längere stimmliche Unlustreaktion hervor, die bis zu einer halben Minute dauern kann.

Diese Beobachtungen zeigten außerdem, daß während der ersten Stunden, ja Tage des Lebens nur eine einzige Manifestation zu entdecken war, die etwa einer Emotion ähnlich sah. Es war ein Erregungszustand anscheinend negativer Art. Diese negative Erregung trat auf, wenn das Neugeborene Reizen ausgesetzt wurde, die stark genug waren, seine hohe Wahrnehmungsschranke zu durchbrechen (z. B. den in der vorigen Fußnote erwähnten Klapsen). Eine Erregung dieser Art wird auch auf einer späteren Altersstufe als unlustvoll empfunden. Um der

[8] Die verschiedenen stimmlichen Äußerungen des Kindes unmittelbar nach der Geburt, wie sie vorkommen, sind zum Teil auf mechanische Gründe, wie das beginnende Atmen, zurückzuführen, zu einem noch kleineren Teil auf tatsächliche Unlust. Zum größten Teil sind sie die Folgen der wohlmeinenden Anstrengungen des Geburtshelfers und der Hebamme, den Beginn der Atmung durch kräftige Klapse auf das Hinterteil des Kindes zu beschleunigen.

Einfachheit willen wollen wir den Begriff Unlust auch zur Bezeichnung einer negativen Erregung des Säuglings benützen. Das Gegenteil von Unlustäußerungen des Neugeborenen sind jedoch nicht Äußerungen der Lust, die in diesem Alter nicht zu beobachten sind. Das Gegenteil der Unlust-Manifestation beim Neugeborenen ist der *Ruhezustand.* Die negative Erregung beim Neugeborenen als Reaktion auf übermäßige Reizung sollte als ein Abfuhrprozeß betrachtet werden, wie ihn Freud beschrieben hat (1895). Er ist als solcher ein spezifisch physiologischer Prozeß; er veranschaulicht die Herrschaft des Nirwana-Prinzips, nach dem die Erregung auf einem gleichbleibenden Niveau gehalten wird und jede Spannung, die dieses Niveau übersteigt, unverzüglich abgeführt werden muß. Aus diesen Anfängen müssen sich zu gegebener Zeit die psychischen Funktionen entwickeln und verfestigen. Wenn sie einmal ausgebildet worden sind, werden sie eine Zeitlang von dem Lust-Unlust-Prinzip bestimmt werden, bis das Lustprinzip seinerseits, wenn auch nie vollkommen, durch die Regulierungsmechanismen des Realitätsprinzips abgelöst wird.

Es ist von großem Interesse, daß der Organismus am Anfang sowohl physiologisch als auch psychisch in der Art eines binären Systems funktioniert, nach dem Prinzip des ausgeschlossenen Dritten (Satz vom Widerspruch) einem der sogenannten drei Gesetze des Denkens (Baldwin, 1940). Wir haben gute Gründe, uns zu fragen, ob die physiologischen Anfänge, auf denen später die psychischen Funktionen und schließlich die Denkprozesse sich gründen, nicht unvermutete, weitreichende und dauernde Wirkungen haben, und ob sie nicht zugleich die spätere Struktur der Gesetze der Logik bestimmen.

Bis jetzt haben wir uns damit beschäftigt, wie das Neugeborene auf Reize reagiert. Wie nimmt sich nun diese Reaktion aus, wenn wir sie im Hinblick auf Wahrnehmung und Verhalten betrachten?

Primitive kognitive Reaktionen

Man darf nun wohl fragen, wie das Neugeborene überhaupt die Reize wahrnimmt, die von außen kommen und für seine Funktionen notwendig sind. Um diese Frage auch nur versuchsweise zu beantworten, müssen wir ein paar Worte über die Natur der Wahrnehmung sagen. Es ist nämlich schwierig zu verstehen, wie man überhaupt beim Neugeborenen von Wahrnehmung sprechen kann; sei es auf der Grundlage dessen, was wir heute aus der experimentellen Physiologie und der Experimentalpsychologie wissen – geschweige denn in Form der Auffassung Freuds vom seelischen Apparat. Ich werde hier das riesige Gebiet der Wahrnehmung und seine Verzweigungen weder vom einen noch vom anderen Gesichtspunkt her diskutieren. Ebenso ist es mir unmöglich, auf die zahlreichen Experimente der jüngsten Zeit über die Wahrnehmung auch nur hinzuweisen (wie sie z. B. George Klein, E. von Holst, W. Rosenblith, Selig Hecht, Riley Gardner und viele andere unternommen haben), besonders da bei keinem von ihnen mit Kindern gearbeitet worden ist, und schon gar nicht mit Säuglingen.

Ich finde es zweckmäßig, mich hier willkürlich auf die Besprechung der Forschungen von M. von Senden (1932) zu beschränken, denen die experimentellen Feststellungen von Riesen (1947) entsprechen, die dieser bei Schimpansen machen konnte; beide haben weite, bisher vernachlässigte Gebiet der Wahrnehmung erschlossen.

Um es kurz zu sagen, von Senden berichtet über Untersuchungen an 63 Versuchspersonen, die blind zur Welt gekommen und im Alter zwischen neun und dreiundvierzig Jahren an ihrem angeborenen grauen Star operiert worden waren. Wie von Senden schreibt, war ihre Reaktion auf den „Segen“, den man ihnen zuteil werden ließ, nämlich auf die Gabe des Sehens, zumindest unerwartet. Keiner von ihnen empfand den Gewinn als einen Segen. Es stellte sich heraus, daß sie zwar das *Sehvermögen* hatten, aber nichts *sehen* konnten. Sie mußten buchstäblich sehen lernen, in einem langen, sich hinschleppenden, mühevollen und schmerzlichen Prozeß, der ihnen unendliche Seelenqualen verursachte. Wenn wir von einem „langen, sich hinschleppenden Prozeß“ sprechen, meinen wir Monate und Jahre; ja, viele lernten das Sehen überhaupt nicht – einige von ihnen sprachen sogar den Wunsch aus, wieder blind zu sein.

Was bedeuten diese Erfahrungen? Es wurde klar, daß es diesen Patienten gelungen war, ihr Leben ohne den Gebrauch des Augenlichts zu führen. Sie stellten die Beziehung zu ihrer belebten und unbelebten Umwelt mit Hilfe der nicht-visuellen Empfindungsweisen her, die ihnen zur Verfügung standen – Fühlen, Hören, Riechen und andere, weniger gebräuchliche Erkenntnismöglichkeiten. Durch den Gebrauch dieser nicht-visuellen sensorischen Modalitäten hatten sie einen reichhaltigen Kode bedeutungserfüllter Sinneseindrücke erworben, das heißt bedeutungserfüllter Zeichen und Signale. Diese Zeichen und Signale waren zueinander in Beziehung gesetzt worden und hatten ein verschlungenes Gewebe von Erinnerungsspuren hervorgebracht, aus denen sich das „Weltbild" dieser Patienten zusammensetzte. Mit Hilfe dieses „Bildes" orientierten sie sich, vollführten sie Denkprozesse, steuerten sie sich durch Hindernisse ans Ziel, traten sie in Kommunikation und stellten sie Beziehungen her.

Das plötzliche, massive Hereinströmen zahlloser optischer Reize, die sie weder zu regulieren noch in Schach zu halten vermochten, konnte nicht in sinnvolle Anhaltspunkte umgewandelt werden. Im Gegenteil, die optischen Reize waren vollkommen sinnlos; ja, sie störten beim Gebrauch des bestehenden sinnvollen Signalkodes, der bis dahin ihre Welt bedeutet hatte. In der Sprache der Kommunikationstheorie ausgedrückt: Diese unverständlichen optischen Reize wurden als verwirrender, unerträglicher „Lärm" empfunden.

Die „perzeptive" Erfahrung des Blindgeborenen, dem im Erwachsenen- oder Heranwachsendenalter die Sehfähigkeit geschenkt wird, kann *mutatis mutandis* auf das Neugeborene übertragen werden, oder vielmehr auf die ersten sechs Lebensmonate des Säuglings. Natürlich besteht zwischen den beiden Situationen ein grundlegender Unterschied. Das Weltbild des operierten Blindgeborenen besteht aus einem schon kohärenten, organisierten Signalsystem, das er aus allen Arten der Sinneswahrnehmung außer der visuellen abgeleitet hat. Nach der Staroperation bricht ein Hagel von fremden, noch nie erfahrenen, bedeutungsleeren optischen Reizen in dieses kohärente System ein und überlädt, verwirrt und zerrüttet es. Der unglückliche Blindgeborene sieht sich einer ungeheuren Aufgabe der Reorganisation, der Verarbeitung gegenüber. Seine geistigen und seelischen Fähigkeiten sind unerträglich überlastet, er hat das Gefühl, desorientiert und hilflos zu sein.

Im Gegensatz dazu hat das Neugeborene überhaupt kein Weltbild, keine Reize aus irgendeinem Bereich der Sinne, die es als Signale erkennen könnte; selbst wenn das Kind schon sechs Monate alt ist, sind erst sehr wenige solche Signale entstanden und als Erinnerungsspuren niedergelegt worden. Darum sind Reize, die das Sensorium des Säuglings treffen, ihm im visuellen Bereich ebenso fremd wie in allen anderen sensorischen Bereichen. Jeder Reiz muß erst in eine bedeutungsvolle Erfahrung verwandelt werden, erst dann kann er ein Signal werden, dem sich allmählich andere Signale zugesellen, um das kohärente Bild der Welt des Kindes aufzubauen.

Eine Vielfalt von Bedingungen befähigt das Neugeborene, diese außergewöhnliche Leistung zu vollbringen:

1. Eine der Bedingungen ist die Reizschwelle, die das Kind vor den meisten Reizen schützt, denen wir gewöhnlich ausgesetzt sind. Dieser Schutz besteht aus mehreren Faktoren. Erstens sind die Rezeptoren unmittelbar nach der Geburt noch nicht mit sinnesspezifischer Energie versorgt (Spitz, 1955 b, 1957). Zweitens wird der größte Teil des Tages im Schlaf oder im Dämmerzustand zugebracht (Bühler, 1928). Schließlich entwickelt sich die geistige Verarbeitung der ankommenden Reize allmählich während vieler Monate in direktem Verhältnis zu der heranreifenden Fähigkeit des Säuglings zu Willenshandlungen.

2. Ein zweiter Faktor ist *implicite* in dem vorerwähnten enthalten: Infolge dieser Filterung findet der Vorgang, durch den die einzelnen Reize einen Sinn erhalten und bedeutungsvoll werden, ebenfalls nur schrittweise statt.

3. Ein dritter Faktor ist die einzigartige Umgebung, eine in sich geschlossene Welt, mit der die Mutter das Kind umgibt und welche sie nach und nach in viele Richtungen erweitert. Zunächst beschützt die Mutter den Säugling buchstäblich physisch vor der Überflutung mit Reizen jeder Art. Viele der bei der Kinderaufzucht üblichen Verfahren, das Gitterbettchen, die Wiege, die Wärme, die Babykleidung usw. dienen dazu, den Säugling vor Reizen zu schützen, die von außen kommen.

4. Sie hilft dem Säugling, Reize zu verarbeiten, die von innen kommen, indem sie ihm eine Spannungsabfuhr ermöglicht. Das Füttern des Säuglings, wenn er hungrig ist, das Trockenlegen, wenn er naß ist, das Zudecken, wenn er friert usw., modifiziert diese Bedingungen und hebt unlustgetönte Spannungszustände auf.

5. Der bei weitem wichtigste Faktor, der das Kind in die Lage versetzt, allmählich ein kohärentes begriffliches Bild seiner Welt aufzubauen, stammt aus der Wechselbeziehung zwischen Mutter und Kind. Dies ist jener Teil der Objektbeziehungen, den ich den „Dialog“ (Spitz, 1963 b) genannt habe. Der Dialog ist der sequenziell ablaufende Zyklus von Aktion, Reaktion und wieder Aktion innerhalb der Mutter-Kind-Beziehungen. Diese sehr spezielle Form der Interaktion schafft für das Kleinkind eine einzigartige eigene Welt, mit ihrem spezifischen affektiven Klima. Dieser Zyklus Aktion-Reaktion-Aktion ist es, der das Kleinkind befähigt, Schritt für Schritt bedeutungslose Reize in bedeutungserfüllte Signale umzuwandeln.

Unsere Betonung der beherrschenden Bedeutung der Objektbeziehungen für die Entstehung von Affekten und für die Organisierung der Wahrnehmung stimmt mit von Sendens Feststellungen gut überein. Seine Ergebnisse zeigen, daß die Wahrnehmung gelernt, koordiniert, integriert und synthetisiert werden muß, indem die unaufhörlich wechselnden Gezeiten, das stille Fließen und die Stromschnellen der Objektbeziehungen durchlebt werden.

Demgemäß sind wir auch nicht geneigt, beim Säugling von Wahrnehmung zu sprechen, so lange die Reize, die das Sensorium treffen und zentral verarbeitet werden, durch das Erleben des Säuglings noch nicht mit Bedeutung erfüllt worden sind. In diesem Sinn nimmt das Neugeborene nicht wahr; in diesem Sinn ist die eigentliche Wahrnehmung auf Apperzeption gegründet. Das besagt aber nicht, daß keine Erinnerungsspuren entstehen, während das Kind sich die Wahrnehmung zu eigen macht.

Neurophysiologische Gegebenheiten, die dem Verhalten zugrundeliegen

Jedoch selbst in dieser frühen Zeit, in der Periode unmittelbar nach der Geburt, zeigt der Säugling eine ganze Reihe von Verhaltensweisen, die den Anschein von Reaktionen und Aktionen geben; manche von ihnen erscheinen ganz strukturiert und kompliziert. Dies scheinen angeborene Reaktionen zu sein, wie die Verhaltensweisen rund um das Suchverhalten *(rooting)*. Dieses umfaßt die Abfolge von Orientierungsbewegungen, auf die das Erfassen der Brustwarze und das Saugen folgen und die mit dem Schlucken enden, so daß die ganze Reihe einen fest umschriebenen, kohärenten Verhaltenskomplex bildet. Ja, man sollte sogar die sogenannten „Nuckelbewegungen" des Säuglings in diesen Verhaltenskomplex mit einbeziehen. Das sind die jeder Mutter bekannten rhythmischen Finger- und Handbewegungen des Säuglings beim Stillen. Sie haben einen vorwiegend pressenden, handschließenden Charakter, etwa wie beim Melken. Diese Bewegungen sind von Arm- und Beinbewegungen begleitet, deren Intensität nachweisbar mit dem Grad der Füllung des Magens in Zusammenhang steht. Andere, ähnlich in der Phylogenese erworbene Verhaltensweisen dieser Art sind weniger auffallend, und man ist noch dabei, sie zu erforschen (z. B. das Schlafverhalten).

Wie nimmt das Neugeborene nun die Reize wahr, die diese Verhaltensweisen auslösen? Einige der Leitungsbahnen der Wahrnehmungsvorgänge, auf denen sie ausgelöst werden, scheinen eingebaut, das heißt angeboren zu sein, wie es die Untersuchungen von Tilney und Kubie (1931) beweisen.

Ich bin jedoch der Meinung, daß ein großer Teil der betreffenden „Bahnungen" einem „Empfindungssystem" angehört, das sich von dem Wahrnehmungssystem, das in einem späteren Alter wirksam wird und das uns vertraut ist, grundlegend unterscheidet. Ich habe die Art dieser zwei Systeme und die zwischen ihnen bestehenden Unterschiede an anderem Ort besprochen (Spitz, 1945 b) und habe das bei der Geburt vorhandene die *coenästhetische Organisation* genannt. Hier ist die Empfindung extensiv, sie ist in erster Linie visceral; sie hat ihr Zentrum im autonomen Nervensystem und manifestiert sich in Form von Affekten. Darum ziehe ich es vor, diese Form der „Wahrnehmung", die sich so fundamental von der Sinneswahrnehmung unterscheidet, als rezeptive Vorgänge[4] zu bezeichnen. Sie sind ein Alles-oder-Nichts-Phänomen, das als binäres System funktioniert.

Im Gegensatz dazu steht die spätere Entwicklung dessen, was ich die *diakritische Organisation* genannt habe, in der die Wahrnehmung ver-

[4] Siehe 1. Kapitel, Fußnote 1.

mittels peripherer Sinnesorgane stattfindet und lokalisiert, fest umschrieben und intensiv ist; ihre Zentren liegen in der Hirnrinde; sie manifestiert sich in kognitiven Prozessen, zu denen auch die bewußten Denkprozesse gehören.

Bei der Besprechung einer Reihe von Aspekten der psychischen Organisation auf dem coenästhetischen Niveau (Spitz, 1955 b) haben wir betont, daß schon von Geburt an die Tiefensensibilität mit einigen der peripheren Sinnesorgane, wie z. B. der Hautoberfläche, in Verbindung steht. Darüber hinaus scheinen in dem menschlichen Säugling bei der Geburt gewisse Zonen und Sinnesorgane zu existieren, die ich für Übergangszonen und -organe halte, die zwischen peripheren und visceralen Sinnesorganen, zwischen Innen und Außen eine Mittlerrolle spielen. Als eines dieser Organe habe ich die orale Region bezeichnet, die sich einerseits auf den Nasenrachenraum, den weichen Gaumen, die Zunge und die Innenseiten der Wangen erstreckt, andererseits die Lippen, das Kinn, die Nase und die Außenflächen der Wangen umfaßt – mit einem Wort, die „Schnauze" (siehe auch Rangell, 1954). Hier ist der Übergang tatsächlich in den aufeinanderfolgenden Veränderungen der Oberfläche dieser Organe anatomisch nachweisbar, die von der *cutis* bis zur Schleimhaut gehen. Ein anderes Übergangsorgan dieser Art liegt im inneren Ohr.

Es ist bemerkenswert, daß diejenigen Übergangsorgane, die zwischen der inneren *Rezeption* und der äußeren Wahrnehmung, der *Perzeption*, vermitteln, alle in dem zentral auf die Lebenserhaltung gerichteten Prozeß der Nahrungsaufnahme eine wichtige Funktion haben; Freud sagt: sie haben eine anaklitische Funktion. Diesem Umstand ist es zu verdanken, daß sie wirklich geeignet sind, die Brücke zwischen coenästhetischer Rezeption und diakritischem Wahrnehmen zu bilden.

Zur gleichen Zeit sollten wir die Tatsache nicht aus den Augen verlieren, daß die coenästhetische und die diakritische Organisation, so verschieden sie auch voneinander sein mögen, beide in ein und demselben Organismus enthalten sind. Im siebten Kapitel werden wir zeigen, daß die coenästhetische Organisation, so sehr sie auch im Bewußtsein des westlichen Menschen zum Schweigen gebracht worden ist, insgeheim weiter funktioniert; ja, mehr noch, daß sie in unserem Fühlen, Denken und Handeln eine folgenschwere, entscheidende Rolle spielt – obwohl wir versuchen, sie im Verborgenen zu halten.

Dies alles ist dem psychoanalytisch erfahrenen Leser vertraut; schließlich sind wir es gewöhnt, die Merkmale der coenästhetischen Organisation als das Unbewußte zu sehen. Aber hinsichtlich der Entwicklung ist ihre Rolle in der Gesamtökonomie des Systems „Person“ aus zwei Gründen von zwingender Beweiskraft:

1. Wie schon erwähnt, ist die diakritische Organisation aus der coenästhetischen hervorgegangen. Sie trägt nicht nur die Spuren ihrer Herkunft an sich, sondern die Bahnungen, die die beiden Organisationen miteinander verbinden, werden nie ganz verschüttet – nicht einmal neurologisch.

2. Die coenästhetische Organisation funktioniert das ganze Leben lang weiter, man darf wohl sagen, in machtvoller Weise, als Quelle des Lebens selbst, obwohl unsere westliche Zivilisation ihren Kundgebungen einen Dämpfer aufgesetzt hat. In Notsituationen, unter Druck, schwemmen die archaischen Kräfte den Dämpfer hinweg und brechen sich mit erschreckender Gewalt ihre Bahn, denn sie unterstehen nicht der Herrschaft des rationalen Bewußtseins. Dann sehen wir uns der mehr oder weniger ungerichteten explosiven Entladung ursprünglicher Affekte, bösartigen psychosomatischen Erkrankungen oder gewissen Formen psychotischer Ausbrüche gegenüber.

Wenn wir im Vorübergehen das erschreckende Schauspiel der nackten Emotion beim Erwachsenen berührt haben, dann sollte das dazu dienen, dem Leser klarzumachen, daß die „normalen“ Affektregungen beim Neugeborenen nicht so unbedeutend sind, wie wir gewöhnlich glauben möchten. Wir empfinden sie als geringfügig, weil der Säugling klein und machtlos ist. Darum sind diese Kundgebungen weder so laut noch so auffallend, wie sie beim Erwachsenen sein würden. Wir haben gelernt, zu akzeptieren, daß ein Säugling eben so ist, und daß das vollkommen „normal“ ist.

Das ist wohl wahr. Aber wir sollten daran denken, was diese „Normalität“ sonst noch alles beinhaltet. Wir sollten daran denken, daß beim Säugling nicht nur die Affekte chaotisch und undifferenziert sind, sondern auch die „Wahrnehmung“; daß die diakritische Wahrnehmung fehlt; daß das Neugeborene ein Ding nicht von einem anderen unterscheiden kann, geschweige denn das Objekt der Libido, und daß es in erster Linie auf enterozeptive Reize reagiert. Um den achten Lebenstag herum tritt eine gewisse Spezifizierung der Reaktionen ein; offenbar muß nach der Geburt eine gewisse Zeit vergehen, bevor das Lernen beginnen kann.

Veränderung des Verhaltens durch Erfahrung

Gegen Ende der ersten Lebenswoche fängt das Kind an, auf Signale zu reagieren. Die ersten Spuren eines zielgerichteten Verhaltens tauchen auf, in der Form einer Aktivität (vermutlich im Verein mit psychischen Prozessen), die sich in der Art des bedingten Reflexes abzuspielen scheint.

Es beginnt damit, daß gewisse Signale die Tiefensensibilität auslösen. Das erste solche Signal, das eine Reaktion auslöst, ist eine Veränderung des Gleichgewichts. Wenn man nach dem achten Lebenstag ein Brustkind aus dem Bettchen und in Stillage auf den Arm nimmt (das heißt in horizontaler Lage), dann dreht der Säugling seinen Kopf in Richtung auf die Brust der Person, die ihn aufgenommen hat, ganz gleich, ob diese ein Mann oder eine Frau ist (Bühler, 1928). Im Gegensatz dazu dreht dasselbe Kind, wenn man es in vertikaler Lage aus dem Bettchen nimmt, seinen Kopf nicht (siehe Abb. 1)[5].

Das Erkennen solcher Signale und die entsprechende Reaktion werden im Lauf der nächsten acht Wochen immer spezifischer. Volkelt (1929) und Ripin und Hetzer (1930) haben die aufeinanderfolgenden Stadien der Wahrnehmung solcher Signale im Verlauf der ersten zwei Lebensmonate sehr eingehend untersucht. Auf ihre Studie folgten die Untersuchungen von Rubinow und Frankl (1934), die in einer Reihe von Experimenten die Stufen zeigen konnten, die am Ende zum Erkennen des Nahrungsobjekts an sich führen.

---

[5] Mead und McGregor (1951) berichten, daß die Balinesinnen ihre Kinder in vertikaler Position stillen. Man darf daher annehmen, daß die Gleichgewichtsreaktion des balinesischen Säuglings der des westlichen Säuglings entgegengesetzt ist.

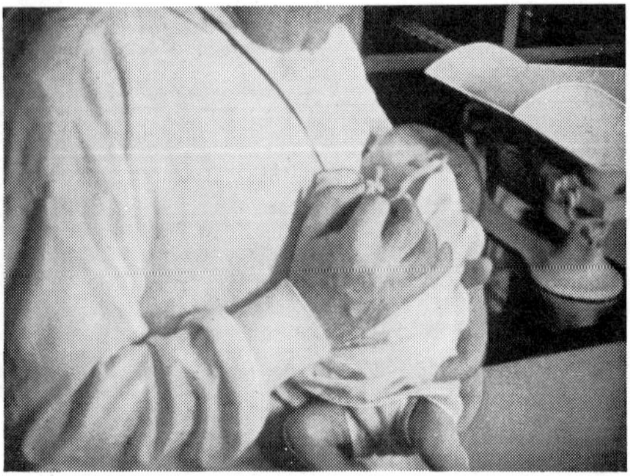

Abb. 1. Reaktion des Neugeborenen, wenn es in Stillage gebracht wird.

Rubinow und Frankl haben gezeigt, daß bis zum Beginn des zweiten Lebensmonats der Säugling das Signal der Nahrung nur dann erkennt, wenn er hungrig ist. Er erkennt in Wirklichkeit weder die Milch an sich, noch die Flasche, noch den Gummisauger, noch die Brust, noch irgendetwas anderes. Er „erkennt", wenn man so sagen kann, die Brustwarze, wenn sie in seinen Mund eingeführt wird, und in Beantwortung dieses Reizes fängt er gewöhnlich an zu saugen. Sogar diese elementare Form der Wahrnehmung muß näher bestimmt werden. Wenn der Säugling zufällig mit etwas anderem beschäftigt ist[6], wenn er z. B. schreit, weil sein Nahrungsbedürfnis nicht sofort befriedigt worden ist, reagiert er nicht auf die Brustwarze, selbst wenn sie in seinen Mund eingeführt wird, sondern schreit weiter. Länger andauernde orale Reizung ist notwendig, um den Säugling zu veranlassen, seine Aufmerksamkeit wieder der Nahrung zuzuwenden, nach der er schreit, und die ihm schon die ganze Zeit zur Verfügung gestanden hätte. Um noch einmal zu rekapitulieren: Wir haben es hier mit zwei Verhaltenssequenzen zu tun.

[6] Escalona (1962) stellt ausgezeichnet dar, in welchem Grad der Zustand des Säuglings seine Reaktionsbereitschaft beeinflußt und wie notwendig es ist, diesen wesentlichen Faktor beim Entwurf und bei der Auswertung experimenteller Untersuchungen an Säuglingen zu berücksichtigen.

1. In diesem Lebensabschnitt erkennt der Säugling das Signal der Nahrung *nur, wenn er hungrig ist.*
2. Wenn er nach Nahrung schreit, erkennt er die Brustwarze in seinem Mund *nicht* und schreit weiter (siehe Abb. 2).

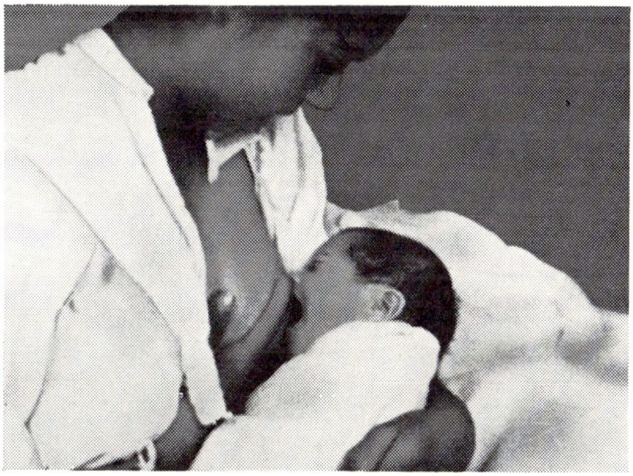

Abb. 2. Das vor Hunger schreiende Neugeborene bemerkt die in seinen Mund eingeführte Brustwarze nicht.

Was ist diesen beiden Verhaltenssequenzen gemeinsam? Obwohl die beiden Situationen unähnlich zu sein scheinen, ist die ihnen zugrundeliegende Ursache die gleiche. Damit der Säugling auf dieser Altersstufe (zwischen der zweiten und sechsten Lebenswoche) in der Lage ist, einen äußeren Reiz wahrzunehmen, müssen zwei Faktoren *zugleich* vorhanden sein und zusammenwirken. Der erste ist ein äußerer Reiz, der Reiz, den der Säugling gelernt hat, mit bevorstehender Bedürfnisbefriedigung zu assoziieren; der zweite Reiz ist propriozeptiven Ursprungs, es ist der Hungerzustand des Säuglings, sein Bedürfnis nach Nahrung.
Das Einführen der Brustwarze in den Mund des Kindes ist die notwendige, aber nicht zureichende Bedingung dafür, daß es sie bemerkt. Den Beweis für diese These liefert das zweite Experiment. Hier wird das propriozeptive System des Säuglings durch das Erlebnis der Unlust in Anspruch genommen, infolgedessen ist der Säugling unfähig, den bedürfnisbefriedigenden Reiz in seinem Mund zu bemerken.

Umgekehrt wird der Säugling in diesem Alter den Reiz der Brustwarze in seinem Mund dann bemerken, wenn folgende Bedingungen erfüllt sind: (1) wenn der propriozeptive Apparat nicht außer Betrieb gesetzt, „überflutet" ist durch die massive Unlustspannung, und (2) wenn der Säugling hungrig ist, wodurch der Apparat für äußere Wahrnehmung bereitgestellt wird.

Das zweite Experiment – das, bei dem die Brustwarze im Mund nicht bemerkt wird, wenn das Kind vor Hunger schreit – illustriert das Wirken des Nirwanaprinzips; sobald Unlust (Spannung) entsteht, muß sie durch Abfuhr (motorische, stimmliche usw.) beseitigt werden. So lange diese andauert, funktioniert die Außenwahrnehmung nicht. Wenn der Säugling wahrnehmen soll, müssen Unlust und Abfuhr aufhören; das heißt, das sich selbst fortsetzende Wirken des Nirwanaprinzips muß durch einen Eingriff von außen her angehalten werden. Nur wenn dies geschieht, kann die Außenwahrnehmung wieder aufgenommen und der bedürfnisbefriedigende Reiz wahrgenommen werden.

Vor langer Zeit hat Wolfgang Köhler (1925) in einem Experiment ein ausgezeichnetes Beispiel für das unerbittliche Wirken des Nirwanaprinzips vorgelegt. Einem Hund wurde ein Stück Fleisch angeboten, von dem er durch einen langen, hohen Drahtzaun getrennt war, der an beiden Enden offen war. Unter normalen Umständen war der Hund fähig, das Problem ohne Schwierigkeiten dadurch zu lösen, daß er um den Zaun herumlief und das Fleisch packte. Wenn der Hund jedoch mehrere Tage lang gehungert hatte, konnte er sich aus der unmittelbaren Nähe des Fleisches nicht losreißen. Einerseits wollte er sich von dem Fleisch fort bewegen, um um den Zaun herumzulaufen, andererseits mußte er zurückrasen, um dem Fleisch nahe zu sein – ein Konflikt, der nach verzweifelten und vergeblichen Versuchen, über den Zaun zu klettern, mit Erschöpfung endete.

Die Unfähigkeit des Säuglings, seine Umgebung wahrzunehmen, dauert ein paar Wochen lang. Um das Ende des ersten Lebensmonats aber beginnt „der Mensch, der sich nähert" unter den „Dingen" der Umwelt des Säuglings eine einzigartige Stellung einzunehmen. In diesem Stadium beginnt der Säugling, den herankommenden Menschen optisch wahrzunehmen. Wenn man an den hungrig schreienden Säugling zur Stillzeit herantritt, beruhigt er sich, öffnet den Mund oder macht Saugbewegungen. Kein anderes „Ding“ ruft in diesem Alter eine solche Reaktion hervor, ausgenommen die intraorale, taktile Wahrnehmung der Nahrung. Diese Reaktion findet jedoch nur zur Stillzeit statt, wenn der Säugling hungrig ist. Hinsichtlich der Wahrnehmung reagiert der Säugling im zweiten Lebensmonat nur dann reizspezifisch auf den äußeren Reiz, wenn er mit seiner inneren Wahrnehmung von Hunger zeitlich zusammenfällt. In diesem Stadium ist die Umweltwahrnehmung also auf die von einem unbefriedigten Triebanspruch erzeugte Spannung gegründet.

Zwei oder drei Wochen später bemerken wir einen weiteren Fortschritt: wenn der Säugling ein menschliches Gesicht wahrnimmt, folgt er seinen Bewegungen mit konzentrierter Aufmerksamkeit (siehe Abb. 3).

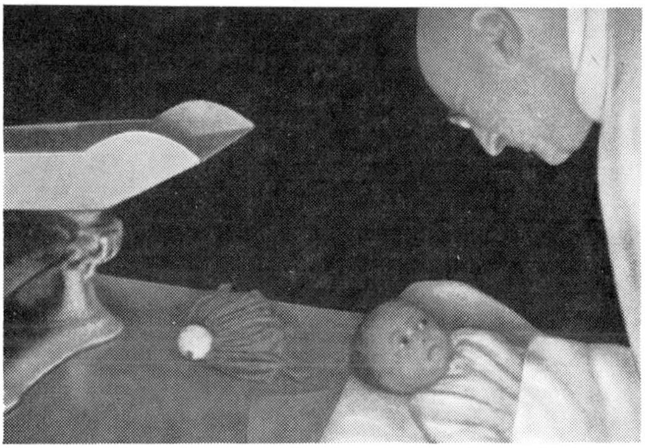

Abb. 3. Im zweiten Lebensmonat folgt der Säugling mit dem Blick dem Gesicht des Erwachsenen, wenn es sich bewegt.

Kein anderes „Ding“ kann auf dieser Altersstufe ein solches Verhalten des Kindes hervorrufen. Gesell und Ilg (1937) erklären, dies geschehe, weil das menschliche Gesicht in unzähligen Erwartungssituationen vor dem Säugling auftaucht. Das menschliche Gesicht erscheint ja wirklich im ersten Lebensmonat jedesmal im Gesichtsfeld des Säuglings, wenn eines seiner Bedürfnisse befriedigt wird. So verknüpft sich der Anblick des menschlichen Gesichts mit der Befreiung von Unlust ebenso wie mit dem Erleben von Lust.

Bei unseren eigenen Untersuchungen haben wir der Annahme Gesells ein wichtiges Element hinzufügen können. Wir haben beobachtet, daß in den allermeisten Fällen das Brustkind während des Stillens unausgesetzt das Gesicht der Mutter fixiert, ohne den Blick abzuwenden, bis es an der Brust einschläft (siehe Abb. 4). Bei Flaschenkindern ist dieses Phänomen weder verläßlich noch regelmäßig zu beobachten.

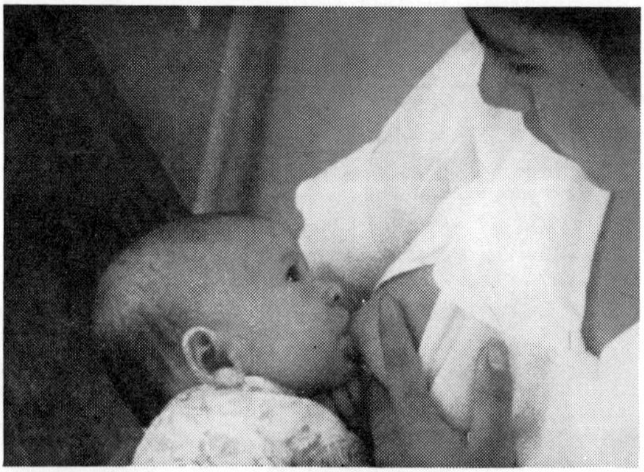

Abb. 4. Beim Stillen fixiert das Brustkind unausgesetzt das Gesicht der Mutter.

Natürlich ist das Stillen nicht die einzige „Dienstleistung" der Mutter, bei der das Kind ihr Gesicht fixieren kann. Man ist sich selten klar darüber, daß, was immer man mit dem Kind tun mag, ob man es aufnimmt, wäscht, wickelt usw., man ihm das Gesicht von vorn zum Ansehen darbietet, es mit dem Blick fixiert, den Kopf bewegt und meistens zu ihm spricht. Daraus folgt, daß das Gesicht an sich derjenige optische Reiz ist, der dem Säugling während der ersten Lebensmonate am häufigsten geboten wird. Im Lauf der ersten sechs Lebenswochen wird im Gedächtnis des Säuglings eine mnemonische Spur des menschlichen Gesichts als erstes Signal für die Gegenwart dessen niedergelegt, der seine Bedürfnisse befriedigt; der Säugling folgt allen Bewegungen dieses Signals mit seinen Blicken.

4. KAPITEL

DIE WIEGE DER WAHRNEHMUNG

> „Die Wahrnehmung spielt für das Ich die Rolle, welche im Es dem Trieb zufällt."
> FREUD (1923, Bd. 13, S. 253)

Im 3. Kapitel habe ich einen experimentellen Zugang zu dem Problem der Genese der Wahrnehmung beschrieben. Unter Verwendung objektiver Daten wie z. B. direkter Beobachtung von Verhalten, von Experimenten und neurophysiologischen Daten haben wir stufenweise den Fortschritt des Säuglings im Erkennen und Wiedererkennen eines Sinneseindrucks verfolgt. Es stellte sich heraus, daß Bedürfnisbefriedigung (das heißt das Lust-Unlust-Erlebnis) beim Wiedererkennen dieses ersten Sinneseindrucks eine Hauptrolle spielt.
Der genetische Gesichtspunkt ist in der Methode dieser Untersuchung das leitende Prinzip. Wir werden daher auf eine Periode zurückgehen, die meiner Meinung nach den Ereignissen vorausgeht, die wir im vorigen Kapitel dargestellt haben. Das ist jener Lebensabschnitt, in dem das coenästhetische System die Existenz des Säuglings unumschränkt beherrscht. Es ist das Alter der tiefsten Nichtdifferenziertheit, in dem Affekt und Sinneseindruck sozusagen noch eins sind. Hier kann uns jedoch die experimentelle Methode nicht ausreichend weiterhelfen, so daß wir gezwungen sind, rekonstruktiv vorzugehen, in der Hoffnung, daß künftige Beobachter sich ermutigt fühlen werden, die Situation und die Gegebenheiten in dieser frühesten Dämmerung des Menschen systematisch zu erforschen. Denn wenn es gelingt, solche Daten zu beschaffen, dann werden wir die Rolle, die die Affekte auf späteren Lebensstufen in der Wahrnehmung spielen, viel besser verstehen lernen. Im allgemeinen bin ich nicht sehr für die Anwendung der rekonstruktiven, introspektiven Deutungsmethode zum Zweck der Erklärung des Verhaltens von Versuchspersonen, die der Sprache nicht mächtig und darum unfähig sind, Angaben zu machen, die unsere Schlüsse bestätigen oder widerlegen können. Im Falle des Kindes im vorsprachlichen Alter haben wir die Möglichkeiten zu direkter Beobachtung wie auch zu Experimenten. Keine dieser Methoden erbringt

beim Neugeborenen viel Information, denn sein Verhalten ist ungerichtet, unstrukturiert, und seine Reaktionen sind noch widerspruchsvoll und unvoraussagbar.

Wir haben deshalb ein ziemlich kompliziertes Verfahren gewählt. Zuerst versetzen wir uns in die subjektive Lage des Säuglings und versuchen zu erraten, wie und was er empfindet. Dann setzen wir diese Annahmen in Beziehung zu den verfügbaren beobachtbaren Gegebenheiten und zu den neurophysiologischen Daten. Zweitens prüfen wir unser Konstrukt im Licht gewisser regressiver Erscheinungen beim Erwachsenen, besonders solcher, die gelegentlich beim Einschlafen oder beim Aufwachen, im Traum oder bei Psychosen vorkommen. Schließlich können auch Beobachtungen, wie sie von Senden (1932) an operierten Blindgeborenen gemacht hat, zu unserem Verstehen der ganz archaischen Wahrnehmungserfahrungen beitragen, von denen wir annehmen können, daß sie denen entsprechen, die der Säugling in seinen ersten Lebenswochen macht. Bis ich Zugang zu anderen objektiven Daten bekomme, werde ich die Konvergenz der durch diese verschiedenen Arten des Vorgehens erhaltenen Daten (wenn wirklich so eine Konvergenz erwiesen werden kann) als Äquivalent für eine Validierung unserer rekonstruktiv erlangten Urteile ansehen. Damit mich niemand mißversteht: Dieses Verfahren ist keinesfalls mit dem zu verwechseln, das E. Bibring (1947) „Retrojektion“ genannt hat – ein gut gewählter, wenn auch etwas geringschätziger Ausdruck, der den Vorgang beschreibt, in dem erwachsene Phantasien und Wünsche dem Säugling zugeschrieben werden.

Wir wollen nun mit einem Versuch der Rekonstruktion beginnen und uns fragen: wie sieht die Wahrnehmungswelt des Säuglings aus, bevor die Differenzierung angefangen hat? Wenn wir an unsere eigene Kindheit zurückdenken, bekommen wir eine erste Ahnung; erinnern wir uns: wie breit sahen die Straßen aus – wie groß war das Haus – wie riesig der Garten? Und wenn wir alles zwanzig Jahre später wiedersehen, wie überraschend ist alles zusammengeschrumpft. Das Schrumpfen ist die Folge unseres eigenen Größerwerdens. „Der Mensch ist das Maß aller Dinge“, sagte Protagoras.

Freud kannte diese apperzeptiven Verzerrungen sehr gut; in „Die Traumdeutung“ (1900) hat er schon erwähnt, daß Swift diese Verzerrung in „Gullivers Reisen“ veranschaulicht. Lewin (1953 a) hat später auf die Verzerrung in der Wahrnehmung des Neugeborenen hingewiesen und ihren neurophysiologischen Aspekt spezifisch beschrieben, als er von dem „schwachsichtigen, unscharf sehenden Baby mit seiner schwachen Akkomodationsfähigkeit und seinen wirren Tiefen- und Farbwahrnehmungen“ (Lewin, 1953 a, S. 183) sprach.

M. von Sendens Arbeit über das Erlernen der Wahrnehmung und einige andere experimentelle Feststellungen

„Seht nur, sehet, und erkennet nimmer.“ JESAJA 6, 9

Natürlich wissen wir heute noch nicht, ob das Neugeborene irgendetwas wahrnimmt. Was es wahrnimmt – *falls* es wirklich etwas wahrnimmt – muß abgeleitet werden. Wir haben eine vielversprechende Quelle für solche Ableitungen, nämlich das schon zitierte Werk von Sendens (1932); er hat den Beginn und die Entwicklung der optischen Wahrnehmung bei Personen untersucht, die infolge eines angeborenen grauen Stars blind zur Welt gekommen waren und deren grauer Star später operativ entfernt wurde.

Die Art, wie diese Patienten ihr erstes Erlebnis der optischen Wahrnehmung beschreiben, ist außerordentlich aufschlußreich. Fall Nr. 65, ein achtzehnjähriges Mädchen, „sah zwar, aber das bedeutete lediglich eine Masse von verschiedenen Helligkeiten. *Sie war ihrer Sache nicht mal sicher, daß diese seltsamen neuen Empfindungen ihren Weg durch die Augen nahmen,* bis sie den Beweis dadurch hatte, daß das Schließen der Augenlider diese Empfindungen aufhören ließ“. (Hervorhebungen vom Referenten.)

Diese Beschreibung, die für die meisten der untersuchten vergleichbaren Fälle typisch ist, erscheint uns als ein äußerst vielsagendes Dokument für das Verstehen dessen, was das Neugeborene erleben mag, wenn es zum erstenmal das Tageslicht sieht – oder vielmehr, wenn es zum erstenmal die Augen öffnet. Nicht nur werden keine *Formen* gesehen – die Empfindung selbst wurde nicht als von den Augen ausgehend erkannt; ja sie hätte von der Versuchsperson auch jedem anderen Sinneswerkzeug zugeschrieben werden können. Die Aussage des Falles Nr. 65 liefert uns einige sehr wesentliche Informationen:

1. Die Wahrnehmung scheint als eine Ganzheit zu beginnen, und die verschiedenen Wahrnehmungsarten müssen im Lauf der Entwicklung voneinander getrennt werden. Vielleicht spielt bei diesem Prozeß sogar die Reifung eine Rolle.

2. Die Wahrnehmung im Sinn der Wahrnehmung Erwachsener ist nicht von Anfang an vorhanden; sie muß erworben, sie muß erlernt werden.

Diese Annahme wird unterstützt durch das folgende Zitat über den Patienten Nr. 17, den achtzehnjährigen Sohn eines Arztes, von dem der Chirurg berichtet: „Als der Patient am dritten Tage nach der Operation zum ersten Male die Augen öffnete, fragte ich ihn, was er sähe; er antwortete, daß er ein ausgedehntes Feld von Licht sähe, in dem Alles verdreht, durcheinander und in Bewegung erscheine. Gegenstände konnte er nicht unterscheiden.“

Auch Tiefenwahrnehmung und Lokalisierungsvermögen fehlen; vom Patienten Nr. 49, einem fünfzehnjährigen Jungen, berichtet der Chirurg: „Ursprünglich lokalisieren die Neuoperierten ihre Gesichtseindrücke nicht, sie bringen sie nirgendwo in Beziehung, weder zu ihrem Auge noch zu irgendeiner Fläche, eben oder sphärisch . . .“. Die Desorientierung zwischen den verschiedenen Sinnesarten läßt sich kaum besser beschreiben als durch folgende Feststellung des gleichen Chirurgen: „Sie sehen Farben etwa so, wie wir den Geruch von Torf oder Lack riechen, der uns einhüllt und auf uns eindringt, ohne jedoch genauer bestimmbar irgendeine Form von bestimmter Ausdehnung auszufüllen.“

Die Beispiele, die von Sendens Buch uns liefert, lenken unser Augenmerk immer wieder auf den Umstand, daß der Mensch die optische Wahrnehmung durch einen Lernvorgang erwirbt. Das Verhalten der operierten Patienten und der Inhalt der von ihnen berichteten Eindrücke sind im wesentlichen gleich, unabhängig vom Alter. Ein Beispiel für viele: Verschiedenfarbige und verschieden geformte Pappstücke wurden nacheinander einem frischoperierten siebenjährigen Jungen gezeigt. Man forderte ihn auf, sie auseinanderzuhalten. Diese Übung wurde täglich wiederholt, mit folgendem Ergebnis: „ . . . so wenig hatte er in den dreizehn Tagen dazugelernt, daß er ihre Gestalt nicht angeben konnte, ohne daß er die Ecken eine nach der anderen zählte.

Das tat er allerdings sehr rasch, indem sein Auge ganz rasch an der Außenlinie entlanglief, so daß er also offenbar immer noch beim Lernen war, genau wie ein Kind lesen lernt."

Hier zeigt sich eine gute Übereinstimmung mit den direkten Beobachtungen an Säuglingen. Bei einer Aufgabe des Bühler-Tests wird ein gelb und rot gestreifter Gummiball von 12 cm Durchmesser dem Säugling dargeboten und dabei werden seine Augenbewegungen beobachtet. Etwa im vierten Lebensmonat tastet das Kind den Umriß des Balles sorgfältig mit den Augen ab (Bühler und Hetzer, 1932).

In den ersten Tagen nach der Operation sind die Verhältnisse nicht so einfach: „Jedenfalls sind gerade auch bei den ersten Sehübungen mehrere Beispiele gegeben, wo Operierte trotz des Nystagmus bei *simultaner* Darbietung von zwei oder mehr Figuren *die Gestaltunterschiede einwandfrei konstatieren*, wenn sie auch von keiner der dargebotenen Figuren die Gestalt angeben können." Oder nehmen wir den Fall Nr. 17, den achtzehnjährigen Sohn eines Arztes, der am fünften Tag nach der Operation „nun zum ersten Male imstande war ... einen Unterschied, *aber auch nur einen Unterschied* an den Gegenständen seiner Umgebung wahrzunehmen." (Hervorhebung vom Referenten.)

In jüngerer Zeit hat Fantz (1957, 1958a, 1958b) einige der durch diese klinischen Berichte aufgeworfenen Probleme experimentell untersucht. Er hat mit frisch ausgeschlüpften Küken und mit Säuglingen von ein bis fünfzehn Wochen eine Reihe von Beobachtungen und Versuchen durchgeführt. Seine Beobachtungen sind im Gegensatz zu denen von Sendens im Querschnitt gemacht, wie das bei *ad hoc* durchgeführten Versuchen gewöhnlich der Fall ist. Im wesentlichen hat er seine Experimente durchgeführt, um die These zu beweisen oder zu widerlegen, die Formwahrnehmung bei Mensch und Tier sei schon von Geburt an vorhanden, daher also angeboren und ererbt. Im Fall der Küken hat er diese These bestätigen können. Von seiner ersten Lebenssekunde an hat das Küken, ohne zu lernen, die angeborene Fähigkeit, Form, Dreidimensionalität und Größe wahrzunehmen. Diese Fähigkeit hat offensichtlich lebenserhaltenden Wert; da das Küken ein nestflüchtender (*precocial*[1]) Vogel ist, muß es von Anfang an selbst für seine Nahrung

---

[1] *Nesthocker* (englisch *altricials* von lat. *altrix*=Nährerin, im Englischen auch

sorgen und muß daher von Geburt an mit einer angeborenen, ungelernten Fähigkeit versehen sein, das Nahrungsobjekt wahrzunehmen.

Der Mensch ist jedoch in erster Linie ein Nesthocker, er kommt unreif und hilflos auf die Welt. Er ist nicht fähig, sich fortzubewegen, noch zu irgendeinem gerichteten, willensmäßigen Verhalten, das zur Selbsterhaltung unerläßlich ist. Zu seiner Selbsterhaltung sind visuelle Orientierung und Diskrimination überflüssig, denn das Weiterleben des Menschen nach der Geburt hängt ab von hingebungsvoller elterlicher Pflege, wie bei anderen Nesthockern (z. B. Kätzchen, jungen Hunden usw.). In der Evolution des Menschen bestand also kein selektiver Druck in Richtung auf eine phylogenetische Übertragung der Fähigkeit, schon von Geburt an visuell zu unterscheiden. Es ist daher unwahrscheinlich, daß beim Menschen diese Fähigkeit jemals ein Bestandteil seiner angeborenen Erbausstattung gewesen ist.

Aus diesem Grund ist es überraschend zu erfahren, daß Fantz, als er dreißig Säuglinge im Alter zwischen einer und fünfzehn Wochen in wöchentlichen Abständen untersuchte, herausfand, daß sie, wie die frisch ausgeschlüpften Küken, eine angeborene Formwahrnehmung hatten. Das scheint den an von Sendens operierten Blindgeborenen gemachten Beobachtungen diametral zu widersprechen. Wenn man von Sendens Material aber näher betrachtet, stellt sich heraus, daß dieser Widerspruch nur ein scheinbarer ist. Die Patienten, die von Senden untersuchte, konnten keine Formen sehen, sie sahen keine Gestalten, sie konnten Größen nicht unterscheiden – aber von Anfang an konnten sie *Unterschiede* visuell auseinanderhalten, und sie konnten feststellen, daß zwei Gegenstände sich voneinander unterschieden. Es scheint daher, daß die von Fantz durchgeführten Experimente nicht beweisen, daß das Kind von Geburt an oder selbst während der ersten Lebenswochen Formen unterscheidet oder auch Muster; sie zeigen lediglich, daß es *Unterschiede* bemerkt.

---

nidicolous genannt) ist der zoologische Ausdruck für jene Spezies, deren Junge in unreifem und hilflosem Zustand geboren werden, so daß sie nach der Geburt eine Zeitlang Pflege und Fütterung brauchen; als Nestflüchter (englisch *precocials,* von lat. praecox = frühreif, im Engl. auch *nidifugous* genannt) bezeichnet man Tiere, deren Junge bei der Geburt ein Daunenkleid tragen und herumlaufen können.

Die Diskrepanz zwischen den Behauptungen, die Fantz aufstellt, und meinen eigenen (wie auch von Sendens) Feststellungen geht auf einen Unterschied in der Begriffsbestimmung zurück. Was von Senden und ich als „sehen" bezeichnen, bezieht sich auf einen Wahrnehmungsakt, an dem ein apperzeptiver Prozeß beteiligt ist, ohne den ein „Sehen" (in dem Sinne, in dem der Erwachsene optisch wahrnimmt) nicht zustandekommen kann. Das ist etwas ganz anderes als das, was Fantz als „sehen" bezeichnet. Dies ist keine willkürliche Behauptung; sie beruht auf neuroanatomischen und physiologischen Gegebenheiten; sie wird gestützt durch die experimentellen Arbeiten von Holsts (1950) auf dem Gebiet des Sehens und die Arbeiten Rosenbliths (1961) auf dem des Hörens. Dank diesem apperzeptiven Prozeß hat der Mensch unter anderem die Fähigkeit, mnemonische Spuren niederzulegen, die geeignet sind, als Vorstellungen reaktiviert zu werden, das heißt als Erinnerungen und als Bilder; ebenso kann der Mensch solche Spuren ohne den Reiz einer entsprechenden äußeren Wahrnehmung aktivieren. Das oben zitierte Werk von Fantz läßt die Apperzeption außer acht.

Wenn Fantz behauptet, er habe die „weitverbreitete Ansicht widerlegt, daß sehr junge Säuglinge *anatomisch* unfähig seien, etwas anderes zu sehen als helle und dunkle Flecken" (Hervorhebung vom Referenten), dann hat er vollkommen recht. *Anatomisch* sind sie wirklich in der Lage, mehr zu sehen als nur Flecken. Das Auge ist da, bereit und willig; neuroanatomisch und physiologisch funktioniert es. Aber diese Funktion erstreckt sich nicht auf zentrale Prozesse, besonders nicht auf Denkprozesse. Die *apperzeptive* Funktion ist noch nicht vorhanden. Sie wird erst durch Erfahrungen erworben, die das Kind im Verlauf affektiver Wechselbeziehungen mit einer anderen Person bei der Bildung von Objektbeziehungen macht.

Die Berichte von Sendens bestätigen diese Ansicht; in allen seinen Fallgeschichten finden wir Aussagen, die bezeugen, daß die operierten Patienten beim Sehenlernen affektiv beteiligt sein müssen. Man muß sich natürlich darüber klar sein, daß von Sendens Begriffssystem sich von dem unseren grundlegend unterscheidet. Er beschreibt seine Feststellungen als Phänomene; er legt seine starke Voreingenommenheit gegen introspektive Psychologie an den Tag, wie es seine Worte bezeugen: „... die Ausführungen von Steinberg und Petzelt mußten mir als zu stark *reflexionspsychologisch* erscheinen, so daß ich mir von einer Auseinandersetzung mit ihnen keinen großen Gewinn versprechen konnte ...“ (Hervorhebung vom Referenten). Ich glaube, wir können von Senden zutrauen, daß er sein Bestes getan hat, um die Objektivität um jeden Preis zu wahren. Aber indirekt spricht er von Emotionen als von dem „Willen zum Sehen“, von „Mut und Freude“ und er stellt fest: „... in dieser Richtung wird dann sein *Wollen* (des Patienten) noch möglichst stark anzureizen sein ... Eine Beeinflussung in dieser Richtung wird sich meistens viel eher erreichen lassen durch Umgestaltung der *Befriedigung seiner alltäglichen Lebensbedürfnisse* ...“ (Hervorhebung vom Referenten). Oder in seiner Schlußbemerkung: „...das Einleben der Operierten in ihre neue Welt gestaltet sich oft sehr dramatisch und führt zu heftigen Konflikten.“ Und dann wieder: „...denn der Patient braucht diese Aktivität und affektive Spannfähigkeit.“

Von Sendens Arbeit hat eine interessante Reihe von Untersuchungen über die Folgen des „Seh-Entzugs“ *(visual deprivation)* beim Menschen und beim Schimpansen[2] durch Riesen (1947) angeregt. Bei den Beobachtungen und Versuchen von Riesen und Fantz wird die Rolle der Affektivität in der Wahrnehmung außer acht gelassen. Der Leser wird sich erinnern, daß wir unsererseits die Affektivität im Rahmen der Objektbeziehungen als den wirksamsten Anreiz für das Lernen ansehen. Es ist z. B. offensichtlich, daß in den bei von Senden zitierten Fällen die Sehfähigkeit durch einen Lernprozeß in einem Milieu affektiver Erfahrungen langsam erworben werden mußte, die durch Objektbeziehungen zur Verfügung gestellt wurden.

Die verschiedenen Experimente und Beobachtungen über die Anfänge der Wahrnehmung, über die ich gesprochen habe (einschließlich der Arbeit von Sendens und unserer eigenen), beziehen sich auf die Vereinigung archaischer geistiger Prozesse mit nur einem der Sinne, nämlich dem Sehen. Wie verhält es sich mit den anderen Sinnen? Bei

[2] Diese faszinierenden Versuche haben noch viele andere höchst wichtige und interessante Ergebnisse erbracht. Es wurde z. B. gezeigt, daß Affen, die ein paar Wochen lang nichts gesehen hatten, an gemusterten Gegenständen weniger Interesse bezeigten als die Jungen der gleichen Art kurz nach der Geburt (Riesen 1947). Eine Besprechung dieser Feststellungen im Zusammenhang mit den „kritischen Perioden“ findet sich bei Spitz (1959).

von Sendens Fällen haben wir schon bemerkt, daß auch andere Sinne eine Rolle spielten. Ja, in den ersten Tagen nach der Operation waren die Patienten nicht in der Lage, optische Eindrücke von Eindrücken aus anderen Bereichen des Sensoriums zu unterscheiden. Aber wenn das so ist, wo beginnt die eigentliche Wahrnehmung wirklich?

Die Urhöhle: Psychoanalytische Erwägungen

Auf den vorhergehenden Seiten haben wir postuliert, daß der Säugling von Geburt an in Wirklichkeit nur auf Empfindungen innerhalb seines eigenen Körpers reagiert (das heißt auf propriozeptive coenästhetische Empfindungen), daß er vor dem Eindringen äußerer Reize durch die Reizschranke geschützt ist. Von Sendens Studie zeigt, daß Reize, wenn sie das Auge treffen, *bevor* es *sehen* gelernt hat, ohne Bedeutung sind. Außerdem ist die Empfindung so generalisiert, extensiv und unlokalisiert wie die coenästhetischen inneren Wahrnehmungen und wird auch in Wirklichkeit nicht von ihnen unterschieden.

Es gibt jedoch eine Zone der Wahrnehmung, die von Geburt an sehr spezifisch funktioniert. In dieser Zone treffen sich sensorische Organe für Reize, die von außen kommen, mit sensorischen Rezeptoren für Reize, die von innen kommen. Diese Zone ist der Mund und die Mundhöhle. Schon von Geburt an und sogar beim Foetus (Minkowski, 1922, 1924–1925, 1928; Hooker, 1939, 1942, 1943, 1952) kann eine Reaktion auf Reize im Mund und um den Mund herum nachgewiesen werden. Eine Reizung des äußeren Teils der Mundregion ruft regelmäßig ein spezifisches Verhalten hervor, das aus einer Drehung des Kopfes auf den Reiz zu besteht, gefolgt von einer schnappenden Bewegung des Mundes. Bei dem Kind, das gestillt wird, endet diese Reaktion damit, daß es die Brustwarze in den Mund nimmt. Ich habe dieses Verhalten als Suchverhalten *(rooting)* bezeichnet und es in verschiedenen meiner Veröffentlichungen diskutiert; ich habe die Annahme geäußert, dieses Verhalten sei auf einen angeborenen Auslösemechanismus von lebenserhaltender Bedeutung gegründet.

Kein Reflex ist von Geburt an völlig verläßlich. Das Suchverhalten ist jedoch weniger unzuverlässig als die anderen, es steht darin nur dem

Klammerreflex nach, der darin besteht, daß bei einer Reizung der Handfläche die Hand geschlossen wird. Es ist bemerkenswert, daß das Suchverhalten zusammen mit dem Saugen das einzige *gerichtete* Verhalten ist, das das Kind von Geburt an zeigt. Dazu gehört auch das Saugen an den Fingern, was für die Annahmen Hoffers (1949, 1950) über die Beziehung zwischen Hand und Mund spricht. Vielleicht sind alle wohlbekannten Reflexe (einschließlich des Suchverhaltens und des Klammerreflexes) kurz nach der Geburt so unzuverlässig, weil sie durch von außen kommende Reize hervorgerufen werden, gegen die die Reizschranke noch wirksam ist (siehe 3. Kapitel). Aber wenn die Brustwarze den Mund des Neugeborenen füllt und Milch durch den Schlund fließt, werden sensorische Rezeptoren für das Äußere ebenso wie Rezeptoren für das Innere gleichzeitig gereizt. Diese (Reiz-)summative und kombinierte Reizung scheint eine sehr viel konsequentere und verläßlichere Reaktion herbeizuführen: Das Kind beginnt zu saugen und hinunterzuschlucken, was es herausgesaugt hat.

Hinsichtlich der Wahrnehmung stellt die Mundhöhle einschließlich des Schlundes sowohl ein Außen als auch ein Innen dar; sie ist als Enterozeptor ebenso wie als Exterozeptor ausgestattet und funktioniert dementsprechend. Weil von Geburt an die in der Mundhöhle lokalisierten Reflexe am spezifischsten und am verläßlichsten von allen sind, und weil diese Reflexe das einzige gerichtete, wenn auch nicht intentionale, Verhalten beim Menschen auslösen, habe ich die Behauptung aufgestellt, daß alle Wahrnehmung in der Mundhöhle beginnt, die als die ursprünglichste Brücke von der inneren Rezeption zur äußeren Wahrnehmung dient.

Diese Annahmen haben auf dem Wege der Konvergenz eine Bestätigung durch bestimmte von Lewin (1946, 1948, 1950, 1953a, 1953b) und Isakower (1938, 1954) vorgebrachte Thesen gefunden. Isakower (1938) hat die Psychopathologie des Einschlafens studiert. Auf Grund seiner klinischen Beobachtungen an Erwachsenen kam er zu dem Schluß, daß die Kombination der Mundhöhle mit der Hand wahrscheinlich das Modell für die früheste postnatale Ich-Struktur darstellt. Er nahm ferner an, daß die Empfindungen der Mundhöhle möglicherweise mit denen der Außenhaut zusammenfließen. Ich bin der Ansicht, daß dieser dreifache Ursprung von Empfindungen und Erleben einen

Ich-Kern gemäß dem glücklich formulierten Begriff konstituiert, den Glover (1930, 1932, 1933, 1943) eingeführt hat.

Lewin (1953 a) zitiert einen anderen Autor, nach dem „die Urhöhle wohl die Innenseite des Mundes sein könnte, wie sie der Finger des Säuglings entdeckt und wahrnimmt" (S. 188). Ich stimme dieser Formulierung zu, insoweit sie eine Empfindung betrifft, die durch das Mundinnere vermittelt wird. Lewins Meinung, daß der Finger des Säuglings zu dieser Zeit imstande sei, etwas zu entdecken oder wahrzunehmen, kann ich jedoch nicht teilen. Wie oben gesagt, das einzige Organ, in dem während der ersten Lebenswochen Wahrnehmung wirksam ist (und selbst hier ist es zweifelhaft, ob wir es wirklich mit Wahrnehmung *im eigentlichen Sinn* zu tun haben, oder ob es sich um Rezeption, das heißt einen Vorläufer der Wahrnehmung, handelt), ist die Mundhöhle. Wenn etwas in die Mundhöhle eingeführt wird, sei es die Brustwarze, die Nahrung oder der Finger, reagiert der Säugling mit einer spezifischen Verhaltenssequenz. Dies stimmt überein mit Isakowers klinischen Beobachtungen über die Empfindungen von Erwachsenen, die beim Einschlafen einer Regression des Ichs unterworfen sind. Die Annahme ist sehr überzeugend, daß Empfindungen wie von etwas Sandigem, Trockenem im Mund (die beim Einschlafen erlebt werden) archaische Erinnerungsspuren eines ursprünglichen Beginns der Wahrnehmung darstellen. Die Empfindungen sind der ungewissen Verschwommenheit und unangemessenen Qualität der visuellen Empfindungen analog, die von Sendens operierte Blindgeborene beschrieben haben. Man kann erwarten, daß die ersten im taktilen Bereich erlebten äußeren Empfindungen ebenso unrichtig sind wie die Empfindungen der Blindgeborenen von Sendens im visuellen Bereich. Es ist ebenso überzeugend, wenn Isakowers Versuchspersonen orale Empfindungen als „kiesig oder sandig" beschreiben, wie wenn man hört, daß von Sendens operierte Versuchspersonen visuelle Empfindungen „dem Geruch von Torf oder Lack vergleichbar"[3] nennen.

---

[3] Ich glaube, daß einige der Thesen in meinem Artikel „Derailment of Dialogue" (1964) ein gewisses Verständnis für diese Empfindungen vermitteln können. Wir könnten z. B. darüber nachdenken, ob das „sandige Gefühl im Mund" (Isakower, 1938), das Sehen von Farben „etwa als wenn man einen

Unsere Behauptung besagt, daß die Mundhöhle mit ihrer Ausrüstung der Zunge, den Lippen, den Wangen und dem Nasenrachenraum die erste Oberfläche im Leben ist, die zur taktilen Wahrnehmung und Erforschung benützt wird. Sie ist für diesen Zweck gut geeignet, denn in ihr sind Berührungs-, Temperatur-, Geruchs- und Schmerzsinn vertreten, und sogar die Tiefensensibilität, die beim Schluckakt beteiligt ist. Man muß betonen, daß alle Wahrnehmung, die vermittels der Mundhöhle stattfindet, noch eine Tastwahrnehmung ist und sich als solche grundsätzlich von der Fernwahrnehmung (wie Sehen und Hören) unterscheidet.

Torf- oder Lackgeruch wahrnimmt" (von Senden, 1932) nicht die Wahrnehmung einer Reizüberlastung in zwei verschiedenen sensorischen Bereichen, dem taktilen und dem visuellen, bedeuten könnten. Das sandige Gefühl, der Lackgeruch schließen eine Andeutung des Unangenehmen in sich. In extremer Form kommt dies bei dem Patienten Nr. 17 zum Ausdruck, der noch vier Tage nach der Operation die Augen nicht offen halten kann, weil er das Licht nicht zu ertragen vermag.

Personen, die geräuschempfindlich sind, werden die unangenehmen Empfindungen (nicht musikalischer Art) leicht erkennen, die mit einem zu großen musikalischen Klangvolumen einhergehen, wie z. B. bei einem großen Chor in einem geschlossenen Raum. Zugleich mit der Musik hören sie etwas wie das Rasseln von Kieselsteinen oder das zischende Geräusch der ablaufenden Wellen am Strand. Dieses Phänomen gehört zu der Kategorie dessen, was man in der Neurologie „vikariierende Mitbeteiligung" nennt. Ich habe den Verdacht, daß auch die Photomata in der Migräne, die leuchtenden gezackten Linien, die die Migränekranken im Anfall erleben, zum gleichen Phänomenkreis gehören. Können diese Photomata als eine Reaktion auf eine Überlastung mit sensorischen Reizen aufgefaßt werden? Ist es möglich, daß der sensorische Prozeß als eine optische Erscheinung ohne begrifflichen oder Vorstellungsinhalt auftauchen kann, wie das Geräusch von rasselnden Steinen und das Gefühl von Sand im Mund bei den beiden vorigen Beispielen? In allen drei Fällen, bei dem taktilen, dem akustischen und dem optischen Beispiel entsprechen die Empfindungen nicht einer natürlichen Wirklichkeit; die tatsächliche sensorische Qualität wird verzerrt und als etwas Unangenehmes, an Parästhesie Grenzendes empfunden. Diese wiederum erinnert an das Kribbeln, das man in einem „eingeschlafenen" Glied spürt, in dem die Nervenleitung durch Druck unterbrochen gewesen ist. Das Glied fühlt sich kalt und taub an. Das Kribbeln ist der Vorbote des wiederkehrenden Gefühls. Es bedeutet, daß die Nervenleitung noch nicht ganz wiederhergestellt ist und darum mit den Reizen, die sie unter normalen Umständen weiterleiten würde, nicht angemessen fertigwerden kann; wegen der unterbrochenen Leitung führen sonst normale Reize zu einer Überlastung.

Offenbar ist ein Übergang von der Tastwahrnehmung zur Fernwahrnehmung, von der taktilen zur optischen Wahrnehmung von überragender Bedeutung für die Entwicklung des Säuglings. Dieser Übergang wird durch die Objektbeziehungen vermittelt. Wir haben schon erwähnt, wie das Kind *während des Stillens*[4] das Gesicht der Mutter mit dem Blick fixiert.

Wenn das Kind also an der Brust trinkt, *fühlt* es die Brustwarze im Mund, während es zur gleichen Zeit das Gesicht der Mutter *sieht*. Hier vermischt sich Tastwahrnehmung mit Fernwahrnehmung. Beide werden Bestandteile ein und derselben Erfahrung. Diese Vermischung macht den Weg frei für einen allmählichen Übergang von der Orientierung durch Berührung zur Orientierung durch Fernwahrnehmung. Der Erlebnisfaktor in diesem Übergang liegt darin, daß während des Stillvorgangs, z. B. wenn das Kind die Brustwarze verliert und wieder erfaßt, der Kontakt mit dem bedürfnisbefriedigenden Sinneseindruck verloren und wiedergewonnen wird, und zwar immer wieder. In der Pause zwischen Verlust und Wiedergewinn des *Kontakts* bleibt das andere Element der gesamten Wahrnehmungseinheit, die *Fern*wahrnehmung des Gesichts, unverändert bestehen. Im Lauf dieser sich wiederholenden Erlebnisse kommt es dazu, daß das Kind sich allmählich auf die optische Wahrnehmung verläßt, denn sie geht nicht verloren; sie erweist sich als die konstantere und darum lohnendere von beiden[5].

---

[4] Kurz nach der Geburt und in den folgenden Wochen sichert das Trinken an der Brust die Lebenserhaltung und ist die am besten integrierte aller gerichteten Handlungen – ja, wir können es sogar als die *einzige* gerichtete, integrierte Handlung bezeichnen, obwohl es keine Willenshandlung ist. Wir glauben, daß die Verknüpfung zwischen dem bedeutendsten lebenserhaltenden *Akt* des Trinkens an der Brust und der ersten Lernsituation des Menschen für die optische Wahrnehmung von überragender Bedeutung ist.

[5] Erikson würde das Erlebnis des oralen Kontakts als einen zonalen Funktionsmodus bezeichnen, dessen wesentliches Merkmal das Aufnehmen ist. Es ist also bemerkenswert, daß diese zonale Eigenschaft das Kennzeichen jeder Funktion in der oralen Phase wird. Ich habe diesen Aspekt in gewissem Umfang diskutiert (1955 b) und ihn Höhlenwahrnehmung oder Urwahrnehmung genannt. Er trifft auch auf die optische Wahrnehmung zu.

Die Diskrepanz zwischen den beiden Wahrnehmungsweisen (unterbrochene orale Berührung einerseits, zuverlässige, stetige, aber nicht raumzeitlich übereinstimmende optische Wahrnehmung andererseits) hat wahrscheinlich eine sogar noch grundlegendere Bedeutung als die Bildung der optischen Wahrnehmung, der führenden Wahrnehmungsweise des Menschen. Ich glaube, daß wir hier die frühesten Anfänge der Objektkonstanz (Hartmann, 1952) und der Objektbildung haben. Aus diesen bescheidenen Anfängen entwickeln sich in den kommenden Monaten und Jahren fortschreitend sowohl bewußte als auch unbewußte Objektbeziehungen, wobei nicht nur die anderen Wahrnehmungsweisen beteiligt sind, sondern auch die große Vielfalt der psychischen Funktionen.

Die Erkenntnis, daß die verschiedenen Wahrnehmungsweisen (das, was wir gewöhnlich unsere fünf Sinne nennen) am Beginn der *Wahrnehmung im eigentlichen Sinn* weitgehend nicht in Funktion sind, eröffnet neue Wege der Untersuchung. Wir haben im Falle der optischen Wahrnehmung gesehen, daß die Wahrnehmungsweisen in genetischer Sequenz aufeinander folgen, so daß die (optische) Fernwahrnehmung sich später entwickelt als die (oral-taktile) Tastwahrnehmung. Dies könnte eine Funktion der Reifung sein (und ist es bei einigen Säugetieren tatsächlich). Beim Menschen konnten wir jedoch diese genetische Abfolge im psychischen Bereich aufzeigen. Wir gingen von der Stillsituation aus und konnten in dieser die Rolle des Lernens im Verlauf des Übergangs von der Tastwahrnehmung zur Fernwahrnehmung nachweisen; und zwar sowohl vom Gesichtspunkt der Objektbeziehungen aus, als auch von dem der Entwicklung.

Diese Feststellung hat mich veranlaßt, den heuristischen Satz zu erwägen, daß die Entwicklung (sowohl im Bereich der Wahrnehmung als auch auf anderen Gebieten psychischen Wachstums) Haeckels „biogenetischem Grundgesetz“ (formuliert von Fritz Müller, 1864) unterworfen sei, nach dem der Organismus bei seinem Wachstum vom Ei bis zum ausgewachsenen Zustand die Stufen rekapituliert, die seine Ahnen im Lauf der Phylogenese durchlaufen haben.

Es ist eine Binsenwahrheit, daß Auge und Sehfähigkeit in der Evolution eine relativ späte Entwicklung sind, und daß ihnen Tastwahrnehmung und Tastorientierung vorangegangen sind. Wenn man anerkennt, daß ein solches Prinzip auch in der psychischen Entwicklung des Menschen wirksam sein kann, kann man auch die Untersuchung von Aufeinanderfolge, Überschneidung und Verflechtung in der Entwicklung der anderen Wahrnehmungsweisen, Hören, Schmecken und auch Riechen, in Betracht ziehen. Es gibt noch viele andere Möglichkeiten, die zu untersuchen wären, z. B. könnten einige dieser sensorischen Erkenntnisweisen Unterklassen haben. Dem aufmerksamen Beobachter von Säuglingen wird dies besonders im Bereich der optischen Wahrnehmung deutlich, wo einige dieser Unterklassen auf den ersten Blick zu erkennen sind. Dazu gehören z. B. die Kategorien des Farbensehens und der Raum- oder Tiefenwahrnehmung; wahrscheinlich eine der ersten, die wirksam wird, ist das Bewegungssehen, und wahrscheinlich tritt zugleich die Wahrnehmung von Helligkeitsunterschieden auf. Beim Tier und beim erwachsenen Menschen hat man diese Unterklassen umfassend untersucht. Über ihre genetische Abfolge beim Menschen weiß man bis jetzt nur wenig.

Polak, Emde und ich (1964, 1965) haben eine Voruntersuchung über den Beginn der dreidimensionalen visuellen Unterscheidung (Tiefenwahrnehmung im Gegensatz zur Gestaltwahrnehmung) durchgeführt. Wir haben gefunden, daß nach dem dritten Lebensmonat die Tiefenwahrnehmung eine bedeutende Rolle zu spielen beginnt. Zwischen dem Alter von 0;2 + 0 und 0;2 + 20 (das sind Durchschnittswerte) reagiert der Säugling auf Reize, denen gewisse Gestaltqualitäten sowie Bewegung eigen sind, seien sie zwei- oder dreidimensional. Nach dem dritten Lebensmonat zeigt der Säugling in seinen Reaktionen, daß er nun eine dreidimensionale Gestalt von der gleichen Gestalt in zweidimensionaler Projektion (also von einer flachen Gestalt) unterscheidet.

Unsere Feststellungen legen auch den Schluß nahe, daß das Fortschreiten von einer Unterklasse der Wahrnehmung zur nächsten mit den besonderen Verhältnissen der Stillsituation von Fall zu Fall eng zusammenhängt und von ihnen abhängig ist. Die Nahrungsaufnahme ist jene Funktion, die in diesem frühen Alter die Erhaltung des Lebens sicherstellt; darum üben relativ kleine Abweichungen der Verhältnisse, unter denen diese Funktion ausgeübt wird, einen hochgradigen Anpassungsdruck aus. Dieses sehr geringfügige Beispiel gibt einen Hinweis auf die zahlreichen Untersuchungsmöglichkeiten im *visuellen* Bereich. Verschiedene dieser Aspekte werden gerade von anderen Forschern untersucht (Fantz, 1961; Gibson und Walk, 1960; Wallach, 1959; und andere).

Auch auf den Gebieten der anderen Sinne sind Untersuchungen gemacht worden. Wir wollen hier nur vom Gehörssinn sprechen. Goldfarb (1958) hat in seiner Arbeit mit schizophrenen Kindern diese einer verzögerten akustischen Rückkoppelung *(delayed auditory feedback)* ausgesetzt. Sie gerieten in einen panikartigen Zustand, der dem entspricht, was Mahler (1960) „Desintegration" *(disintegration)* genannt hat. Es sieht so aus, als ob die Kinder diese besondere Art der Reizung als eine Bedrohung der Integrität ihrer Person erleben. Man fragt sich, ob Entwicklung und Integration der Wahrnehmungsweisen bei diesen schizophrenen Kindern in einer „kritischen Periode" gestört worden sind, so daß die Integration der verschiedenen Wahrnehmungsweisen untereinander entweder nur teilweise zustandegekommen ist oder überhaupt nicht. Ich habe den Verdacht, daß bei diesen Kindern der Übergang von der Tastwahrnehmung zur Fernwahrnehmung in diesem Falle, genauer ausgedrückt: zur akustischen Wahrnehmung, im Lauf der Säuglingsentwicklung verzögert oder ernstlich gestört worden sein könnte.

Der Übergang zur Fernwahrnehmung überlagert die Rolle der Tastwahrnehmung nicht, noch weniger hebt er sie auf; er engt sie nur ein. Das Hinzukommen der Fernwahrnehmung bereichert das Spektrum der Wahrnehmungsbereiche; es erleichtert die Orientierung und die Beherrschung; es erweitert die autonomen Ich-Funktionen; schließlich trägt es wesentlich zum Primat des Realitätsprinzips bei.

Bisher haben wir erst eines der verschiedenen ursprünglichen Wahrnehmungszentren etwas eingehender untersucht, nämlich die Mundhöhle. Auf dieser Entwicklungsstufe überschattet es alle anderen Zentren dieser Art, wie z. B. Hand, Labyrinth, Hautoberfläche, weil es das einzige wirklich integrierte und deshalb funktionsfähige ist. Man könnte mit einer gewissen Berechtigung sagen, daß auch der Mensch, wie so viele andere Tiere, seinen Zugang zur Wahrnehmung der Umwelt vom „Schnabelende" her *(rostrally)* beginnt.

Man sollte nicht vergessen, daß emotionale Qualitäten, nämlich Lust und Unlust, an dieser Wahrnehmungserfahrung ihren Anteil haben. Außerdem sind auch die dynamischen Qualitäten der Aktivität und Passivität beteiligt. Sie alle treten auf als Reaktionen auf ein Bedürfnis, das Spannung hervorruft. Diese Spannung wird durch Bedürfnisbefriedigung verringert, was schließlich zum Ruhezustand führt.

Unsere Arbeit mit Neugeborenen und unsere Feststellungen über die aufeinanderfolgenden Stadien der Wahrnehmungsentwicklung haben uns veranlaßt, eine geringfügige Modifikation allgemein akzeptierter psychoanalytischer Thesen einzuführen. Man hat angenommen, das erste „Objekt" sei die Brust; Lewin (1946) hat geschlossen, der „Traum-Hintergrund" *(dream screen)* sei davon der visuelle Rest, und das gleiche nahmen viele auch bei dem Isakower-Phänomen an. Ich glaube, daß das Neugeborene nicht zur Fernwahrnehmung imstande ist, nur zur Tastwahrnehmung vermittels der Mundhöhle. Daraus folgt, daß die Brust tatsächlich der erste Sinneseindruck ist, aber nicht optischer Art, es ist ein Berührungseindruck – spezifischer ausgedrückt: es ist ein durch den oralen Kontakt vermittelter Eindruck.

Der Wahrnehmungsakt und die drei Organe primitiver Wahrnehmung

Freud (1925 a) hat von der Wahrnehmung als einer Handlung gesprochen, die in psychischer Hinsicht den oralen Prozessen analog ist, also einer Einverleibung entspricht. Er hat die These aufgestellt, daß Wahrnehmung dadurch zustande kommt, daß das Ich periodisch kleine Besetzungsmengen in das Wahrnehmungssystem schickt, mittels deren es die Umwelt *prüft.* Der Ausdruck heißt im Original „verkostet", das ist ein eindeutig orales Modell; ferner faßt Freud die Wahrnehmung als einen aktiven Vorgang auf. Wir können sie also als eine Handlung auffassen, wie ja auch das Verhalten aufgefaßt wird, und sie mittels der Begriffe beschreiben, die Craig (1918) eingeführt hat, und die Wahrnehmung in Appetenz- und vollziehendes *(consummatory)* Verhalten einteilen. Das Neugeborene macht jedoch keinen Unterschied zwischen frühester Wahrnehmung und Bedürfnisbefriedigung. Beide ereignen sich zugleich und sind Teile des gleichen Geschehens, so daß Appetenz- und Endverhalten zusammenfallen – vielleicht hauptsächlich wegen der Natur der Tastwahrnehmung. Auf einer späteren Stufe wird durch den Erwerb der Fähigkeit zur Wahrnehmung in der Ferne zwischen den Wahrnehmungsakt und den Vollzugsakt ein Zeitabstand eingeschaltet. Von diesem Zeitpunkt an ist die Wahrnehmung in erster Linie auf Appetenzfunktionen beschränkt. Sehr viel später kommen dann Abwehrfunktionen dazu. Zunächst wird jedoch die Wahrnehmung ein Hilfsmittel des Vollzugsverhaltens und bekommt lebenserhaltende Bedeutung.

Wie wirkt nun diese Beziehung zwischen dem Appetenz-Charakter der Wahrnehmung und dem Vollzugs-Charakter des Verhaltens, das der Bedürfnisbefriedigung dient, in den drei Hilfsorganen der rudimentären Wahrnehmung, die von Geburt an vorhanden sind?

Fangen wir mit der Hand an. Jeder, der einmal einen Säugling beobachtet hat, der an der Brust trinkt, weiß, wie aktiv die Hand an dem Akt der Nahrungsaufnahme beteiligt ist. Die Hand des Säuglings liegt auf der Brust, die Finger bewegen sich langsam und fortwährend, greifen, streicheln, kratzen und krallen sich ein[6]. In den folgenden Monaten wird diese Betätigung immer stärker organisiert, und es scheint fast so, als ob der Rhythmus, in dem der Säugling seine Hand um den Finger der Mutter schließt und wieder öffnet, irgendwie mit dem Saugrhythmus zusammenhängt. Es ist eindrucksvoll, zu beobachten, wie die Rhythmik dieser Handbewegungen sich im Lauf der ersten sechs Monate immer mehr organisiert.

Es kann nicht ausbleiben, daß sich hierbei auch die Eigenwahrnehmung beteiligt, obwohl ihre Rolle am Anfang nicht wesentlich sein kann. Möglicherweise sind die Handbewegungen des trinkenden Neugeborenen auf der Brust nur Reflexreaktionen auf Reizungen der Handfläche. Jedoch geht die aufnehmende Aktivität des Mundes bald auch auf die Aktivität der Hand über. Wir dürfen annehmen, daß diese Aktivität bald im Sinn der Eigenwahrnehmung erkannt wird. Wir haben schon erwähnt, daß Hoffer (1949) diese Beziehung zwischen Hand und Mund beim Säugling ausführlich erörtert hat. Sein theoretischer Gesichtspunkt wird durch die klinischen, experimentellen und neuroanalytischen Daten bestätigt, die Tilney und Kubie (1931) und Tilney und

[6] Dies entspricht beim Menschen dem, was man bei Säugetieren „Stoßbewegungen“ *(pressor movements)* (Spitz, 1957) nennt.

Casamajor (1924) gesammelt haben. Sie haben bewiesen, daß beim Menschen die Nervenbahnen, die Magen, Mund, obere Extremitäten und das Innenohr mit dem Zentralnervensystem verbinden, von Geburt an funktionieren. Infolgedessen setzt eine Reizung eines dieser Organe, unter denen der Mund an führender Stelle steht, spezifische Verhaltensmuster in Gang.

Hoffers Feststellungen beziehen sich auf ein Stadium, das jenseits der Stufe der „Höhlenwahrnehmung" liegt. In einem zweiten Artikel über dieses Thema hat Hoffer (1950) den Begriff des „Mund-Selbst" *(mouth-self)* eingeführt. Er postuliert, dies sei die früheste Organisationsform des Selbst. Nach seiner Ansicht wird diese früheste Organisation des Selbst durch die Aktivität der Hand nach und nach erweitert. Hoffer behauptet, daß die Hand auf diese Weise verschiedene Teile des Körpers mit Libido besetzt, so daß sie zum „Körper-Selbst" *(body-self)* werden. Ich teile diese Ansicht nicht. Ich halte die Hand für nur *eines* der Mittel, durch die diese Besetzung mit Libido zustandekommt. In einem späteren Kapitel werden wir einige der anderen Mittel besprechen, die der Trennung des Selbst vom Nicht-Selbst dienen.

Wir stimmen jedoch mit Hoffers These über die Funktion der ersten Koordinierung von Hand und Mund und ihren Beitrag zur Entwicklung der Ich-Funktionen und der Ich-Integrierung überein. In dieser Eigenschaft stellt sie einen der von Glover (1932) beschriebenen Ich-Kerne dar.

Auch bei den anderen Wahrnehmungsorganen, die in der Situation des Gestilltwerdens in Aktion treten, ist es nicht leichter, Appetenz- und Vollzugsverhalten zu entwirren. Im Fall des Labyrinths wissen wir z. B. aus Experimenten, daß etwa vom achten Lebenstag an eine Lageveränderung beim Neugeborenen die Such- und Saugreaktion hervorruft. Davor war diese Reaktion nur dadurch zu erreichen, daß man die Wange des Neugeborenen berührte. Wenn man das Kind aber in die Stillage bringt, geht im Labyrinth ein Prozeß vor sich, der nur durch Eigenwahrnehmung registriert werden kann. Es handelt sich in diesem frühen Stadium natürlich nicht um eine bewußte Wahrnehmung. Es ist ein Sinneseindruck, auf den der Organismus in der Art des bedingten Reflexes reagiert.

Am wenigsten weiß man über die Funktionen des dritten Wahrnehmungsorgans, der Hautoberfläche. Daß es in dem auf Lebenserhaltung gerichteten Anpassungsverhalten eine Hauptrolle spielt, erscheint im Hinblick auf die von M. F. Ashley Montagu (1950, 1953, 1963) aufgestellten Thesen wahrscheinlich. Aus einer Reihe von Beobachtungen an nichtmenschlichen Säugetieren (Reyniers, 1946, 1949; Hammett, 1922) schließt er, daß die Haut für die physiologische und psychologische Entwicklung eine unerwartete funktionale Bedeutung hat. Bei Laboratoriumsversuchen hat sich erwiesen, daß bei nicht-menschlichen Säugetieren das Lecken der Jungen durch die Mutter das genital-urethrale, das gastrointestinale und das Atmungssystem aktiviert. Bei Experimenten mit sogenannten „sterilen" Ratten (Ratten, die in einem sterilen, bakterienfreien Milieu aufgezogen wurden) starben alle Tiere, bis man entdeckte, daß die Elterntiere die Genitalien ihrer Nachkommen lekken mußten, da sonst die Jungen weder urinieren noch ihren Darm entleeren konnten. Diese Entdeckung machte es möglich, von Geburt an „sterile" Ratten aufzuziehen, indem man als Ersatz für das Lecken der Elterntiere feuchte Watte benützte. Es ist nicht untersucht worden, ob diese Feststellungen auch für die Probleme der Säuglingspflege beim Menschen relevant sind. Aber wir sollten uns an diese Beobachtungen erinnern, wenn im 13. Kapitel unsere Feststellungen über das „Säuglingsekzem" besprochen werden. Es scheint, als ob die Empfindungen in den drei Hilfsorganen der Wahrnehmung, die von Geburt an vorhanden sind (Hand, Labyrinth, Haut), dem zentralen Wahrnehmungssystem der Mundhöhle untergeordnet sind. Außerdem wirken sie beim Neugeborenen noch gemeinsam, weil die Differenzierung zwischen den verschiedenen sensorischen Wahrnehmensweisen noch nicht stattgefunden hat. Das heißt, durch sie vermittelte Empfindungen verschmelzen und vereinigen sich, so daß sie von dem Neugeborenen als ein einheitliches Situationserlebnis „gefühlt" werden, das den Charakter des „Aufnehmens", der Einverleibung hat. Jedes der erwähnten Organe hat an diesem Erlebnis teil.

Das Erlebnis der Wahrnehmung

Dieses einheitliche Erlebnis ist vollziehender (konsummatorischer) Natur. Nach einem Zeitraum unlustgetönter Erregung gewährt es Bedürf-

nisbefriedigung und Entspannung; es leitet auch einen Abschnitt der Ruhe ein, der durch das Fehlen von Unlust gekennzeichnet ist.
Außerdem ist es ein Wiederholungserlebnis, denn wir haben es hier mit einer Realität zu tun, in der diese gleiche Abfolge von Empfindungen in der gleichen Anordnung jeden Tag morgens, mittags und abends wiederkehrt, in den ersten Lebensmonaten des Kindes fünfmal und öfter; in der einen oder anderen Weise sogar bis zum Ende des ersten Jahres und darüber hinaus[7]. Man darf wohl annehmen, daß dieses Wiederholungserlebnis von Anfang an im erwachenden Geist des Kindes irgendeine Art von Spur hinterläßt, eine „Aufzeichnung". In welcher Form diese Aufzeichnung aufbewahrt, wie sie modifiziert wird, ob und wie sie die späteren Wahrnehmungserlebnisse oder -befriedigungen beeinfluß oder färbt, ist heute noch unbekannt. Aber die Tatsache, daß diese gleiche Situation für das Kind fast während des ganzen ersten Jahres immer wiederkehrt, muß notwendigerweise zu irgendeiner Form psychischer Aufzeichnung führen; wir werden im weiteren von zwei Phänomenen sprechen, die diese Annahme zu bestätigen scheinen.
Daß die ersten mnemonischen Spuren erst dann niedergelegt werden, wenn ein Erlebnis der Befriedigung die Erregung unterbricht, die aus einem inneren Bedürfnis stammt, hat Freud schon im Jahr 1900 festgestellt (siehe auch Freud, 1925 a). Dieses Befriedigungserlebnis setzt dem inneren Reiz ein Ende, der ein Ansteigen der Spannung verursacht hatte.
Beim Erwachsenen vermitteln die vier räumlich getrennten Organe, Mund, Hand, Labyrinth und Außenhaut, ungleiche Wahrnehmungsarten. Beim Neugeborenen ist das nicht der Fall. Im 3. Kapitel habe ich schon auf meine These Bezug genommen, nach der die sensorischen, effektorischen, emotionalen Organisationen und andere sich aus zwei Systemen zusammensetzen, die ich (in einer Paraphrasierung Heads, Wallons und anderer) das coenästhetische und das diakritische System genannt habe. Die Empfindungen des coenästhetischen Systems sind

[7] Der Kern dieser Argumente stammt aus Freuds Darlegungen über die anfängliche Hilflosigkeit des Säuglings als Urquelle aller moralischen Motive (Freud, 1895). Dieses Thema ist auf verschiedenen Gebieten von Bernfeld (1925), A. Balint (1954), Benedek (1952) und anderen erweitert worden.

extensiv und meistens visceral; sein Erfolgsorgan ist vor allem die glatte Muskulatur, seine Nervenversorgung umfaßt unter anderen die Systeme des Sympathicus und des Parasympathicus. Die Empfindungen des diakritischen Systems sind *intensiv* und umfassen die Sinnesorgane; seine Muskulatur ist quergestreift und seine Nervenversorgung ist dem Zentralnervensystem unterstellt. Beim Neugeborenen hat jedoch das diakritische System noch nicht angefangen, spürbar zu funktionieren. Wahrnehmung und Funktionen des Säuglings spielen sich vorwiegend auf der coenästhetischen Ebene ab.

Beim Erwachsenen ruft ein Funktionieren des coenästhetischen Systems Empfindungen protopathischer Art hervor. Der Erwachsene neigt dadazu, viele protopathische Empfindungen (aber nicht alle) als höchst unangenehm zu erleben – man denke nur an die Reizung des Labyrinths durch die Bewegungen eines Schiffes im Sturm, die zu Schwindel, Übelkeit und schließlich zum Erbrechen führen kann. Beim Säugling ist das anders; er kann viel größere vestibuläre Reizungen ertragen. Wie wir später sehen werden, kann für ihn eine vestibuläre Reizung als prägender Reiz wirken. Aber bei dem Erwachsenen, der seekrank wird, sehen wir ein eindrucksvolles Beispiel für die Verbindung zwischen Labyrinth, Magendarmtrakt, Hautoberfläche, Hand und Mund, denn die Symptome der Seekrankheit sind Erbrechen, Durchfall, Schwitzen und Blässe der Haut, „feuchte Hände" und starke Speichelabsonderung.

Beim Neugeborenen sind die gleichzeitigen Empfindungen der vier Sinnesorgane (Mundhöhle, Hand, Labyrinth, Magen) eine ganzheitliche Erfahrung der Eigenwahrnehmung. Hier werden alle vier durch Tastwahrnehmung vermittelt. Sogar die Veränderungen im Labyrinth sind nahe an der Körperoberfläche, obwohl sie im Körper stattfinden, und sie ereignen sich als Reaktionen auf einen Reiz, der der Berührung vergleichbar ist. Deshalb müssen wir sie auch als allen anderen Tastwahrnehmungen verwandt betrachten.

Im vorhergehenden Abschnitt habe ich erläutert, wie Reifung und Entwicklung sich verbinden, um den Übergang von der Tastwahrnehmung zur Fernwahrnehmung zustande zu bringen. Ich habe darauf hingewiesen, welche wichtige Rolle die Frustration (in der Stillsituation) in diesem Prozeß spielt und wie die Fernwahrnehmung des mütterlichen

Gesichts von dem einheitlichen Erlebnis der Tastwahrnehmung bei der Nahrungsaufnahme differenziert wird.

Diese These kann durch Beobachtungen erhärtet werden; von der vierten Lebenswoche an gibt es nur einen Wahrnehmungsgegenstand, dem der Säugling aus der Entfernung mit dem Blick folgt, nämlich das Gesicht des Erwachsenen. Kein anderer optischer Eindruck ruft diese Reaktion hervor. Also ist das Still-Erlebnis, die Situation der Nahrungsaufnahme, nicht nur ein Erlebnis der Befriedigung. Es steht am Beginn des Übergangs von der ausschließlichen Tastwahrnehmung zur Fernwahrnehmung. Es aktiviert das diakritische Wahrnehmungssystem, das allmählich an die Stelle der ursprünglichen und primitiven coenästhetischen Organisation tritt.

Regressive Wahrnehmungsphänomene beim Erwachsenen

Diese Beobachtungen über den Beginn der Wahrnehmungsfunktion beim Säugling zeigen eine gute Übereinstimmung mit gewissen theoretischen Schlüssen in bezug auf regressive Wahrnehmungsphänomene, die man bei Erwachsenen beobachtet hat, ja bekräftigen sie sogar, besonders die von Lewin und Isakower gemachten Entdeckungen. Lewin (1946) schlug ein Modell für die Struktur des Traums vor, das nicht nur höchst neuartig war, sondern sich auch als klinisch brauchbar erwies. Er behauptete, die visuelle Erinnerung an die Brust stelle eine „Traumleinwand" dar, auf die der Trauminhalt projiziert werde. Ich habe an anderer Stelle (1955 b) diesen bahnbrechenden Beitrag besprochen, zusammen mit Isakowers wichtiger Entdeckung der nach ihm benannten Phänomene. Lewin gründet seine These auf die wunscherfüllende Natur des Traums, auf den Wunsch, die Fortdauer des Schlafes zu gewährleisten. Er postuliert, daß die Wunscherfüllung durch eine Regression auf den emotionellen Zustand des Säuglings erreicht wird, der an der Mutterbrust einschläft, nachdem er sich sattgetrunken hat[8].

---

[8] Das sind hypothetische Rekonstruktionen. In einem neueren Artikel hält Stern (1961) es für unwahrscheinlich, daß das Isakower-Phänomen (und implizite auch Lewins „Traumleinwand") eine Regression auf eine wonnevolle Erinnerung an die Situation des Trinkens an der Mutterbrust sein könnte.

Lewin fügt hinzu, daß bei den sogenannten „Leerträumen" *(blank dreams)* die Traumleinwand-Brust tatsächlich zum Trauminhalt wird. Er stützt diese Behauptung durch zahlreiche Beispiele von Patienten-Träumen. Seine Theorie hat außerordentlich weitverbreitete klinische Bestätigung gefunden.

Die Traumleinwand ist von einem optischen Eindruck abgeleitet, von einer Fernwahrnehmung. Lewin gibt tatsächlich in mehreren Veröffentlichungen etwas dergleichen zu verstehen. Da es ihm um den Traum ging, der sich in erster Linie aus Gedächtnisspuren von optischen Eindrücken zusammensetzt, konnte man erwarten, daß auch die Traumleinwand sich einer visuellen Gedächtnisspur bedienen würde, wenn auch einer archaischen.

Isakowers Gesichtspunkt ist ein anderer. Die Erscheinungen, von denen er berichtet, sind im großen ganzen Tastwahrnehmungen; visuelle Empfindungen sind die Ausnahme. Auch damit war zu rechnen, denn Isakowers Beobachtungen beziehen sich auf das Stadium vor dem Einschlafen, wenn die Besetzung noch nicht ganz von der Vorstellung der peripheren Sinnesorgane (das heißt von der Haut, der Hand, dem Mund)

(Ich würde es vorziehen, von einem Zustand der Entspannung und der Ruhe zu sprechen.) Im Gegenteil, er stellt die Behauptung auf, daß es sich um eine Regression auf mnemonische Spuren der Versagung in der gleichen Situation handle. Das ist ein plausibler Gedanke, selbst wenn kein anderer Grund dafür spräche, als daß mit Unlust besetzte Erlebnisse mit größerer Wahrscheinlichkeit Gedächtnisspuren hinterlassen als solche, die mit lustvollen Affekten besetzt sind. Eine Regression auf solche mit Unlust besetzte Gedächtnisspuren weist jedoch auf einen Fixierungspunkt hin. Auch einer solchen Deutung würde ich nichts entgegenhalten – was mir wesentlich erscheint, ist die Regression auf die Stillsituation. Es wird schwer zu entscheiden sein, ob die Regression sich auf den wonnevollen Zustand oder auf den der Versagung richtet, aus dem einfachen Grund, weil das Isakower-Phänomen, Lewins „Traumleinwand" und die von Stern angeführten Beobachtungen sich alle auf den erwachsenen Menschen beziehen, so daß eine sekundäre Bearbeitung nach der persönlichen Geschichte der jeweils betroffenen Person schon stattgefunden hat. Unter den gegebenen Umständen ist das Vorkommen von schweren Angst- und Schreckenszuständen nicht überraschend – wir erleben das gleiche Phänomen bei Träumen, die Schuldgefühle hervorrufen, wie z. B. solche, in denen Inzest vorkommt. Außerdem, was ist eine Regression auf die Situation des Trinkens an der Mutterbrust anderes als eine in der Phantasie vollzogene Rückkehr zu der ursprünglichen Inzestsituation?

zurückgenommen worden ist, ebensowenig von den Vorstellungen der haptischen Prozesse, die durch diese Organe vermittelt werden (Spitz, 1955 b). Einige seiner Patienten berichteten, daß sie kurz vor dem Einschlafen Empfindungen hatten, an denen Mund, Hautoberfläche und die taktilen Wahrnehmungen der Hand beteiligt waren; häufig hatten sie diese Empfindungen auch, wenn sie erhöhte Temperatur hatten. Die Empfindungen waren vage und fühlten sich etwa so an, als ob etwas Faltiges oder vielleicht Trockenes und Sandiges weich den Mund füllte, zugleich trat dieses Gefühl auch an der Oberfläche der Körperhaut auf, darüber hinaus auch noch so, als ob die Finger dergleichen betasteten. Diese Empfindungen konnten manchmal optisch als ein schattenhaftes, unbestimmtes, rundes Etwas wahrgenommen werden, das sich näherte und zu ungeheurer Größe anwuchs – dann wieder zu einem Nichts zusammenschrumpfte!

Isakowers Beobachtungen weisen darauf hin, daß im Lauf des Wahrnehmungsprozesses zwei verschiedene Arten von psychischen Vorstellungen vorkommen. Eine ist die Form der Vorstellung, die wir in der Psychologie „Sinneseindruck" *(percept)* nennen. Sie wird uns von den Sinnesorganen vermittelt, hat einen objektiv beschreibbaren bildlichen Inhalt und kann die Vorstellung des empfindenden Organs selbst mit umfassen oder auch nicht.

Die andere Vorstellung ist undeutlicher und mehr von der Art einer Empfindung; vielleicht enthält sie eine Repräsentation des *Empfindungsprozesses* selbst, sowie dessen, was sich daraus herleitet. Diese zweite Kategorie der Vorstellung wird bewußt, wenn besondere Umstände die Aufmerksamkeit mehr auf den Prozeß als auf den Eindruck des Sinnesorgans lenken. Solche Prozesse werden von W. Hoffer (1949) sowie von M. B. Bender (1952) besprochen[9].

Typisch für diese Art des Erlebens sind die seltsamen Empfindungen, die bei der Zahn-Anästhesie auftreten. Der betäubte Abschnitt (z. B. die Nasolabialfalte, die Lippe, die Innenseite der Wange, der harte Gaumen) werden erlebt, als seien sie vergrößert wie ein Fremdkörper. Diese ungewohnten Empfindungen, die Parästhesien verwandt sind, rufen uns den Wahrnehmungsprozeß dadurch ins Bewußtsein, daß seine

---

[9] Siehe Piagets Erklärung der „affektiven Permanenz" im Anhang.

Funktion gestört ist. Wenn die Nasolabialfalte, der Gaumen und die Lippe taub geworden sind, und wir sie dann mit dem Finger oder der Zunge berühren, erkennen die haptischen Prozesse, die in dem nichtbetäubten Organ stattfinden, die vertraute anatomische Konfiguration der Lippen oder des Gaumens nicht wieder. Das ist deshalb so, weil das Berühren der eigenen Lippen usw. in unseren Erinnerungsspuren als eine kombinierte Erfahrung des Empfindungsprozesses sowohl des Fingers als auch der Lippe aufgezeichnet sind. Wenn die Lippe anästhetisiert ist, wird ein Element der Empfindung, nämlich dasjenige, das in der Lippengegend entstehen sollte, vermißt, oder es ist entstellt.

Ich glaube, daß die Versuche von Erich von Holst und Mittelstaedt (1950) über das Reafferenzprinzip ausgezeichnete experimentelle Beispiele für die psychische Repräsentation von Wahrnehmungsprozessen sind.

Solche Erwägungen weisen darauf hin, daß Erinnerungsspuren, zum mindesten solche von körperlichen Wahrnehmungen, in Form einer Konfiguration mit Gestaltqualitäten niedergelegt werden. Man sollte daran denken, daß nach den Regeln der Gestaltpsychologie nicht allein die sichtbare Gestalt mit solchen Eigenschaften ausgestattet ist; die Gestaltpsychologen führen z. B. die Melodie als ein Beispiel an, das diese Eigenschaften besitzt.

Wenn dieses Postulat (das ich vor dreißig Jahren in bezug auf die Natur der psychoanalytischen freien Assoziation aufgestellt habe) richtig ist, dann wird die Erinnerung an eine Sinneswahrnehmung nur dann bewußt, wenn der Gestaltkreis geschlossen wird. Wenn, wie im Fall der Anästhesie, diese Schließung durch den Ausfall eines genügend großen Teils der Gestalt verhindert wird, dann kommt kein Wiedererkennen zustande. Stattdessen wird eine neue Gedächtnisspur niedergelegt, nämlich die einer bis dahin unbekannten Erfahrung.

Dieser Prozeß hat in der psychoanalytischen freien Assoziation eine deutliche Parallele. Die Erinnerungen des Patienten bleiben so lange bedeutungslos, bis entweder analytische Rekonstruktion oder Deutung den fehlenden Teil der Gestalt liefern. Jeder Psychoanalytiker kennt das plötzliche Aufleuchten von Einsicht und Erkenntnis, das solche Deutungen begleitet. Es ist nur natürlich, daß dem Patienten innerhalb weniger Tage das Gefühl der Entdeckung abhanden kommt: Die rekonstruierte Gestalt war in Wirklichkeit immer da, ein unbewußter, aber wirksamer Teil seiner psychischen Substanz. Der „Deutungs-Abschluß“ fügt den fehlenden Anteil wieder in seinen ihm zustehenden Platz und an der perspektivisch richtigen Stelle ein, ganz, als ob er niemals gefehlt hätte. Vor der Wieder-Einordnung hat dieser Anteil seinen Einfluß außerhalb der Kontrolle und Steuerung des bewußten Ichs ausgeübt, nur der Regel des Lust-Unlust-Prinzips untertan. Wieder in den Fundus der bewußten Erinnerungen eingefügt, ist er nun den Regeln des Ichs und des Realitätsprinzips unterworfen. Diese These umfaßt zwar bei weitem nicht den gesamten therapeutischen Prozeß, scheint mir aber doch eine gültige Erklärung für die Wirksamkeit der emotional richtigen analytischen Deutung zu sein.

Außerdem nimmt die These von der Gestaltqualität der Erinnerungsspuren (darunter auch der freien Assoziationen) und von der Notwendigkeit, den Gestaltkreis zu schließen, um sie mit der Qualität der Bewußtheit auszustatten, eine alte These Freuds wieder auf, nämlich die der verschiedenartigen Registrierung des gleichen Inhalts an verschiedenen psychischen Lokalitäten (Freud, 1915 a). Freud hat diese Annahme zugunsten der dynamischen These von der Überbesetzung der Sachvorstellung wieder aufgegeben. Aber wie bei so vielen seiner halbabgelegten Annahmen scheint es mir auch hier so, als ob der Gedanke, wenn etwas neues Licht auf ihn fällt, nicht nur lebensfähig ist, sondern auch für unser Verständnis der Wahrnehmung, der Erinnerung, des Denkprozesses und der therapeutischen Wirksamkeit fruchtbar werden kann.

Ein Teil dieses neuen Lichts stammt von dem Isakower-Phänomen. Die Empfindungen, von denen seine Patienten berichten, sind denen sehr ähnlich, die ich bei der Zahn-Anästhesie beschrieben habe. Aber wenn keine Anästhesie verwendet wird, wie erklären wir dann das Verschwinden eines Teils der Erinnerungs-Gestalt während des Einschlafens? In einer Abhandlung über das Einschlafen und Aufwachen (Spitz, 1936 b) habe ich die These aufgestellt, während des Einschlafens werde allmählich die Besetzung von der Peripherie und den peripheren Sinnesorganen zurückgezogen. In jener Abhandlung habe ich einen hydrostatischen Vergleich benützt, um zu erklären, was geschieht, wenn das allgemeine Niveau der Triebbesetzung herabgesetzt wird. Gewisse Bereiche des sensorischen Apparates bleiben besetzt, denn das Niveau der Triebbesetzung ist noch hoch genug, um sie mit Libido zu versorgen. Andere haben zur gleichen Zeit ihre Besetzung schon verloren und tauchen wie trockene Inseln aus dem abfließenden Strom der Triebbesetzung auf. Also, während gewisse Bereiche des Sensoriums, wie das Sehen oder das Riechen, schon ihre Sensibilität verloren haben, bleiben andere noch eine Weile in Funktion. Ja, die letzteren können anscheinend Empfindungen anderer Art vermitteln und intensiver reagieren (das heißt auf schwächere Reize) als im Wachzustand; diese noch funktionierenden Sinnesbereiche erscheinen in ihrer Sensibilität sowohl quantitativ als auch qualitativ verändert. Ich habe diese Annahme ferner dazu benützt, die Sensibilitätszunahme auf bestimmten Gebieten der Sinneswahrnehmung zu erklären; das ist z. B. sehr charakteristisch für das Erregungsstadium bei der Vollnarkose. Die von mir damals erwähnten Gebiete waren Schmerzempfindung und Gehörsempfindung. Der Gedanke liegt nahe, daß diese Gebiete auf primitivere, archaischere Wahrnehmungsweisen bezogen waren, die im Lauf der regressiven Besetzungszurücknahme nun als letzte aufgegeben werden.

Ich möchte betonen, daß diese Diskussion über die Vorstellung von dem Wahrnehmungsprozeß in der Zeit unmittelbar vor dem Einschlafen sich nicht auf die Arbeit Silberers (1911) über Symbolik bezieht; er behauptete, die *symbolische* Darstellung seelischer Vorgänge bilde oft den manifesten Inhalt von hypnagogen Halluzinationen vor dem Einschlafen und hypnopompen Halluzinationen vor dem Aufwachen. Symbolische Darstellung spielt beim Isakower-Phänomen keine Rolle; es besteht aus Spuren von Empfindungen, die während des Trinkens an der Mutterbrust erlebt worden sind. Die unbearbeitete Empfindung selbst wiederholt sich, ohne eine Bemühung von seiten der seelischen Zensur, sie zu redigieren und eine sekundäre Bearbeitung herzustellen, die sie mit den Forderungen der Verständlichkeit und Logik und schließlich mit dem Realitätsprinzip in Einklang bringen würde. Bei Lewins „Traumleinwand“ sind solche Bemühungen zu erkennen, wenn das visuelle Erlebnis in etwas überführt wird, das vernünftig erscheint.

Meine Beobachtungen über die Entwicklung des Säuglings deuten darauf hin, daß sowohl Lewins als auch Isakowers Annahmen zu modifizieren sind. Sie sind durch Extrapolation aus der Analyse von

Träumen Erwachsener und aus Empfindungen vor dem Einschlafen *(hypnagogic sensations)* entstanden. Meiner Meinung nach sind diese Extrapolationen und die aus ihnen gezogenen Schlüsse richtig, bis auf den Grad der Regression, den diese Phänomene anzeigen. Sowohl Lewin als auch Isakower haben ihre Thesen auf Freuds Annahme gegründet, daß die Brust das erste Objekt im Leben ist. Sie schlossen, im Traum werde die Regression auf die Brust durch den Trauminhalt angezeigt. Im großen und ganzen hat der Traum visuelle Inhalte, und auch Lewins Beispiele sind, mit Ausnahme des „Leertraums", visueller Art. Die direkte Beobachtung zeigt jedoch, daß der erste strukturierte visuelle Sinneseindruck im Leben, der sich aus „den verschiedenartigen hellen Klecksen – ohne Gestalt oder Entfernung" (von Senden, 1932) herauskristallisiert, das menschliche Gesicht ist.

Wir haben schon erwähnt, daß ein Kind an der Mutterbrust bis zum dritten Lebensmonat (und länger) nicht die Brust ansieht, sondern das Gesicht der Mutter. Das ist eine Beobachtungstatsache. Es sieht die Brust nicht an, wenn die Mutter sich ihm nähert, es sieht ihr Gesicht an; es blickt weiter auf ihr Gesicht, während es die Brustwarze im Mund hat und die Brust anfaßt. Von dem Augenblick an, in dem die Mutter das Zimmer betritt, bis zum Ende der Stillzeit starrt es das Gesicht der Mutter an.

Dementsprechend würde ich auch Isakowers These folgendermaßen abwandeln: Vom *visuellen* Gesichtspunkt aus stellt das Isakower-Phänomen nicht die sich nähernde Brust dar, sondern vielmehr das *optisch* wahrgenommene menschliche Gesicht. Die *taktilen* Phänomene, von denen Isakower berichtet – daß im Mund etwas gefühlt wird, was auch an der Hautoberfläche des Körpers und von den Fingern gefühlt wird –, entspricht dem Erlebnis des Säuglings vom *taktilen* Kontakt mit der Brust vermittels seines *Mundes,* der *Mundhöhle,* der *Hand* und der *Hautoberfläche.* Das Isakower-Phänomen muß als Ganzheitserlebnis angesehen werden, als die Synästhesie mehrerer Sinnesorgane.

Am Anfang stellt also die Mundhöhle die Wiege der Wahrnehmung dar. Die unveränderten Erinnerungsspuren dieser Wahrnehmungen bilden das Wesentliche und die Hauptsache des Isakower-Phänomens. In veränderter und erweiterter Form dienen sie auch zur Vermittlung von Gedächtnisspuren, die später zur Schablone für die Lewin'sche „Traumleinwand" werden. In der „Traumleinwand" begegnet uns die schwachsichtige Wahrnehmung, die der Säugling von dem Gesicht der Mutter hat; beim Isakower-Phänomen haben wir es mit der synästhetischen Kontaktwahrnehmung des Säuglings zu tun, die in der Mundhöhle, in der Hand und auf der Haut stattfindet[10].

Während das Isakower-Phänomen eine Reaktivierung der Erinnerung an eine frühkindliche Tastwahrnehmung ist, ruft die „Traumleinwand" den Beginn der Fernwahrnehmung wieder ins Gedächtnis. Wie diese Anfänge erweitert, entwickelt und befestigt werden, wird der Gegenstand späterer Kapitel sein.

Die Affekte und das Entstehen der Wahrnehmung

Bisher habe ich versucht, den Leser vor allem mit dem häufig unverstandenen Beobachtungsmaterial aus dieser sehr frühen Entwicklungsstufe bekannt zu machen, das ich und andere Autoren im Lauf der Jahre haben sammeln können. In meiner Besprechung habe ich bis jetzt mit Bedacht die Rolle der Affekte in dieser frühen Entwicklung außer acht gelassen, obwohl beobachtbare und verschiedenartige Affekte im Inhalt dieses Buches eine augenfällige Rolle spielen.

---

[10] Diese Erklärung wandelt zwar Lewins These von der „Traumleinwand" etwas ab, hilft aber zugleich auch, Scheinargumentationen zu vermeiden. In unserem Zeitalter der automatisierten Kinderstube könnte man an sich einwenden, die meisten Kinder hätten die Brust niemals gesehen, sondern nur die Flasche. Aber Lewins Begriff der „Brust" ist in Wirklichkeit nur ein Kode-Zeichen für die Ganzheit der oralen Erfahrung, die ich oben erläutert habe. Ob das Nahrungsobjekt tatsächlich durch die Mutterbrust oder durch den Gummisauger einer Plastikflasche vermittelt wird, die wesentlichen Elemente des Höhlenerlebnisses bleiben erhalten (obwohl der Gummisauger die einmalige menschliche Wechselwirkungsreaktion nicht bieten kann). Außerdem, selbst wenn die Mutter ihrem Kind die Flasche gibt, liefert ihr Gesicht immer noch den optischen Faktor, ihre Hände und ihr Körper liefern das taktile Erlebnis, die sich in Lewins „Traumleinwand" und im Isakower-Phänomen manifestieren. Aber dem „modernen Fortschritt", unerschrocken wie er ist, ist es gelungen, diese letzten Spuren der menschlichen Beziehungen zu den eigenen Kindern durch die Erfindung des Flaschenhalters und das Anschnallen des Kindes an ein Wiegenbrett zu überwinden. Ich frage mich heute schon, was mit den Träumen einer Generation geschehen wird, deren Aufzucht in dieser Weise automatisiert worden ist.

Es ist wahr, beim Neugeborenen sind Affekte nur in ihrer einfachsten Form zu beobachten; man kann sie rechtens kaum als „Affekte“ bezeichnen, deshalb habe ich von negativ getönter Erregung und von ihrem Gegenteil, dem Ruhezustand, gesprochen – beide sind ihrer Art nach Affektvorläufer.

Der Umstand, daß diese Affektvorläufer noch so unentwickelt sind, macht sie nicht weniger wirksam. Der Druck, den diese archaischen Erfahrungen ausüben, mag brutal sein, aber im Endeffekt erzwingt er die Anpassung. Wie brutal dieser Druck sein kann, erkennt man nur in extremen Fällen. Da alle Neugeborenen den „Geburtsschrei“ ausstoßen, betrachten wir ihn als eine unwichtige und normale Nebenerscheinung der Entbindung. Wir denken selten darüber nach, daß dieser erste Laut des Neugeborenen zugleich sein erstickendes Schnappen nach Luft ist, mit dem es einzuatmen gezwungen ist.

Bei diesem Beispiel sind Bedürfnis und Bedürfnisbefriedigung so auffallend, daß man sie unmöglich übersehen kann. Als wir die Genese der ersten Wahrnehmungen des Säuglings untersuchten, ist uns klar geworden, daß sie als eine Funktion von Bedürfnis und Bedürfnisbefriedigung auftreten. In dem zirkulären Lebensrhythmus des Neugeborenen kommen in kurzen Abständen Bedürfnisse der einen oder anderen Art immer wieder vor. Ihre Befriedigung erfolgt nicht immer sofort.

Häufig sind zwischen das Verspüren eines Bedürfnisses und sein Verschwinden durch Bedürfnisbefriedigung Verzögerungen eingeschoben. Diese spielen in der Anpassungsentwicklung eine wichtige Rolle. Die Frustration (Versagung), die mit der Verzögerung einhergeht, steht am Ursprung des Anpassungsverhaltens und am Ursprung eines der wichtigsten Anpassungsmittel, nämlich der Gedächtnisspuren und des Gedächtnisses.

Bei der Diskussion der Realitätsprüfung weist Freud (1925 a, Bd. 14, S. 13) darauf hin, daß dies eine Frage dessen ist, „ob etwas im Ich als Vorstellung Vorhandenes auch in der Wahrnehmung (Realität) wiedergefunden werden kann“; ein paar Zeilen weiter fährt er fort (Bd. 14, S. 14): „Man erkennt aber als Bedingung für die Einsetzung der Realitätsprüfung, daß Objekte verloren gegangen sind, die einst reale Befriedigung gebracht hatten“.

Auf der frühesten Entwicklungsstufe der Wahrnehmung, bei dem, was

ich die früheste, durch die Mundhöhle vermittelte Wahrnehmung nennen würde, beobachten wir als Folgen der steigenden Bedürfnisse und ihrer Befriedigung einen ständigen Wechsel von Ebbe und Flut bei den beiden primären Affekten der Unlust und der Lust. Beim Neugeborenen haben die periorale Region und die Mundhöhle zwei sehr verschiedene Funktionen, beide von überragender Bedeutung für die Erhaltung des Lebens. Eine davon ist das *Aufnehmen*, das die unmittelbare physische Erhaltung des *individuellen Lebens* sichert. Die zweite Funktion ist die *Wahrnehmung*, die beim Neugeborenen auch rostral, am Kopfende, in der Mundregion und in der Mundhöhle beginnt. Von hier aus wird sich die Wahrnehmung in ihre fünf Vollzugsweisen auffächern, in Tastsinn, Geschmack, Riechen, Sehen und Hören. Darum wird die zentrale Repräsentation der oralen und der perioralen Zone zur führenden Anpassungsorganisation, die der *Arterhaltung* dient. Es wird einen daher wenig überraschen, daß sie der Schauplatz für die frühesten dynamischen Prozesse, für die früheste Triebaktivität wird – die beobachtbaren Anzeichen dieser Aktivität sind die oben erwähnten Affekte.
Die logische Folgerung daraus ist, daß auch die weitere Entwicklung der Wahrnehmung in engem Zusammenhang mit dem Affektgeschehen stehen wird. Daß es sich so verhält, wird deutlich an einer Reihe von Höhepunkten der Entwicklung beim Entstehen der Fernwahrnehmung, der diakritischen Unterscheidung, des sozialen Lächelns (Antwort-Lächelns) und ihrer Aufeinanderfolge in der Entwicklung. Wie wir im weiteren zeigen werden, bahnt der Affekt der Entwicklung den Weg; das gilt für die Entwicklung der Wahrnehmung ebenso wie für die Entwicklung aller anderen Funktionen.
Unabhängig von unseren eigenen Feststellungen haben jedoch Experimente mit Erwachsenen (Bruner und Goodman, 1947; Levine, Chein und Murphy, 1942; Sanford, 1936, 1937) gezeigt, daß das Bedürfnis (das natürlich den Affekt provoziert) in die Wahrnehmung eindringt, sie entstellt und die Realität zu etwas verzerrt, das der Wunscherfüllung nahekommt. Das ist jedoch nur ein Extrem der Skala, in die sich die Einflüsse des Affekts auf die Wahrnehmung gliedern lassen. Jeder Psychoanalytiker wird bestätigen, daß die Wahrnehmung ständig von der vorherrschenden Affektlage des Betroffenen beeinflußt wird. Das braucht nicht bis zur tatsächlichen Wunscherfüllung zu gehen. Der Af-

fekt färbt die Wahrnehmung, er macht Wahrnehmungen wichtig oder unwichtig, er verleiht verschiedenen Sinneseindrücken ihre Valenz; in einer Skotomisation (Laforgue, 1930) z. B. schließt er einige Sinneseindrücke aus, während er andere hervorhebt. Schließlich entscheiden Affekte auch über die Beziehung zwischen Wahrnehmung und Erkenntnis.

Dies ist der Grund, warum wir in der Wissenschaft die Rolle der Affekte auszuschließen versuchen und uns bemühen, die Wahrnehmung auf das Ablesen einer Skala zu reduzieren. Diese Methode, die ich für allzu vereinfachend *(reductionistic)* halte, hat in den Naturwissenschaften außerordentliche Ergebnisse hervorgebracht; ja man hat sie „*die* wissenschaftliche Methode“ genannt. Aber wenn diese Methode des Messens, des Quantifizierens wahllos auf das lebende Objekt, besonders auf den Menschen, angewendet wird, wird sie den Fortschritt der Erkenntnis schließlich zum Stillstand bringen. Wir werden an die Klage des Augustinus erinnert, die am Anfang des 2. Kapitels zitiert worden ist. Beim lebenden Subjekt, besonders beim Menschen, dienen die Affekte zuerst und zuletzt dazu, das Verhalten und die psychischen Geschehnisse genau zu erklären. Und die Affekte haben sich bis jetzt der Messung entzogen.

5. KAPITEL

DIE VORSTUFE DES OBJEKTS

Die Reaktion des Lächelns

„Incipe, parve puer,
risu cognoscere matrem!"
VIRGIL *Georgica*

Vom zweiten Lebensmonat an wird das menschliche Gesicht zu einem privilegierten optischen Eindruck, der allen anderen „Dingen" in der Umwelt des Säuglings vorgezogen wird. Jetzt ist der Säugling fähig, das menschliche Gesicht vom Hintergrund zu trennen und zu unterscheiden. Er wendet ihm seine ganze Aufmerksamkeit über längere Zeit zu. Im dritten Monat gipfelt diese „Hinwendung" als Reaktion auf den Reiz des menschlichen Gesichts in einer neuen, klar umschriebenen und artspezifischen Reaktion. Der Fortschritt des Säuglings in seiner körperlichen Reifung und in seiner psychischen Entwicklung erlaubt ihm nunmehr, zumindest einen Teil seiner somatischen Mittel zu koordinieren und zum Ausdruck eines psychischen Erlebens zu benützen: Er reagiert nun auf den Anblick des Gesichtes eines Erwachsenen mit einem Lächeln. Abgesehen davon, daß der Säugling im zweiten Monat dem menschlichen Gesicht mit dem Blick folgt, ist dieses Lächeln die erste aktive, gerichtete und intentionale Verhaltensregung, das erste Anzeichen dafür, daß der Säugling sich im Übergang von vollkommener Passivität zum Beginn eines aktiven Verhaltens befindet, das von nun an eine immer wichtigere Rolle spielen wird.

Im dritten Lebensmonat reagiert das Kind auf das Gesicht des Erwachsenen mit einem Lächeln, wenn bestimmte Bedingungen erfüllt sind. Das Gesicht muß ihm von vorn dargeboten werden, so daß der Säugling beide Augen sehen kann, und das Gesicht muß sich bewegen. Es ist dabei unwesentlich, welcher Teil des Gesichtes oder des Kopfes sich bewegt, ob diese Bewegung ein Kopfnicken, eine Bewegung des Mundes oder etwas anderes ist. Auf dieser Altersstufe ruft nichts anderes, nicht einmal die Nahrung, bei dem Kind diese Reaktion hervor. Gewiß, wenn man einem Flaschenkind eben diese Flasche voll Milch, mit Sauger und allem Zubehör darbietet, wird es häufig eine merkliche Verhaltensänderung zeigen. Säuglinge, die ihrem chronologischen Alter voraus sind, werden mit dem aufhören, was sie gerade tun, manchmal werden sie Saugbewegungen machen. Manche werden versuchen, die Arme nach der Flasche auszustrecken, aber sie lächeln die Flasche nicht an. In der Entwicklung weniger fortgeschrittene Kinder mögen nicht einmal ihr Verhalten ändern; aber auf das Gesicht eines Erwachsenen reagieren auch sie mit einem Lächeln.

Über dieses Phänomen haben wir eine eingehende experimentelle Untersuchung angestellt (Spitz und Wolf, 1946). Wir haben eine Population von 145 Kindern von Geburt an bis zum Alter von zwölf Monaten untersucht. Diese Population war verschieden nach ethnischer, sozialer und nationaler Zugehörigkeit, wie Tabelle 3 zeigt. Jedes dieser

TABELLE III

Reaktion des Lächelns je nach Umwelt und Rasse

Reaktion	Anstalt			Familie		Insges.
	Weiße	Farbige	Indianer	Weiße	Indianer	
Lächeln	53	26	23	14	26	142
Kein Lächeln	1	1	–	1	–	3
Insgesamt	54	27	23	15	26	145

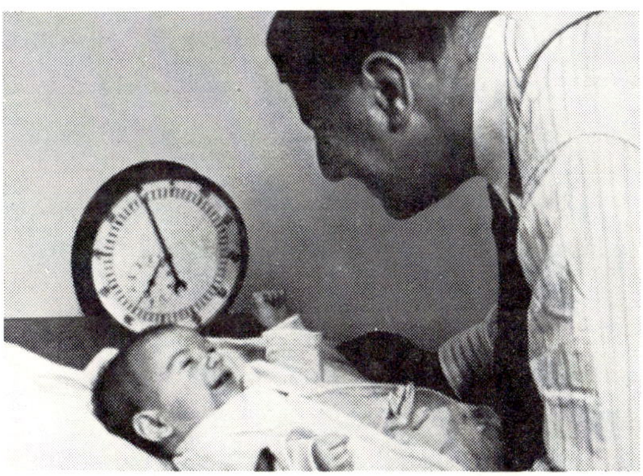

Abb. 5. Reaktion auf das lächelnde Gesicht.

Kinder wurde mit Hilfe der im 2. Kapitel beschriebenen Methode beobachtet. Außerdem wurden die Säuglinge in regelmäßigen Abständen einer Anzahl von Reizen und experimentellen Situationen ausgesetzt.
Es wurde nachgewiesen, daß die Reaktion des Lächelns vom Alter von zwei Monaten bis zum Alter von sechs Monaten als eine altersspezifische Manifestation der Entwicklung des Säuglings auftritt. Unter den oben angegebenen Bedingungen lächelten 98 % der Säuglinge während dieses Zeitraums als Reaktion auf den Anblick des Gesichtes irgendeiner Person, bekannt oder fremd, unabhängig von Geschlecht oder Hautfarbe (signifikant oberhalb des Vertrauensbereichs von 0,1 Perzentil).
Chronologisch ist diese Reaktion scharf abgegrenzt. Vor dem Alter von zwei Monaten, also zwischen der Geburt und dem Ende des zweiten Monats, haben nur 2 % unserer Säuglingspopulation auf das Angebot irgendeines Reizes überhaupt gelächelt (signifikant oberhalb des Vertrauensbereichs von 0,1 Perzentil).
Am anderen Ende des Zeitraums, nach dem Alter von sechs Monaten, lächelte die überwiegende Mehrzahl der Säuglinge unserer Population *nicht* mehr, wenn der Reiz, der zwischen dem Alter von zwei und sechs Monaten ihr Lächeln hervorgelockt hatte, ihnen von einem *Fremden* dargeboten wurde. Also hörte in der zweiten Hälfte des ersten Lebensjahres das wahllose Lächeln beim Anblick des Gesichtes eines Erwachsenen bei mehr als 95 % unserer Population auf. Bei weniger als 5 % der von uns beobachteten Säuglinge trat die Reaktion des Lächelns weiterhin auf. Mit anderen Worten: Kinder unter zwei Monaten werden nicht *mit Sicherheit* jemanden oder irgend etwas anlächeln; die gleichen Kinder reservierten, nachdem sie sechs Monate alt geworden waren, ihr blickerwiderndes Lächeln für ihre Mütter, ihre Freunde, mit einem Wort, für ihre Liebesobjekte, und waren nicht dazu zu bringen, Fremde anzulächeln.

Experimentelle Feststellungen

Wir sind den Elementen und der Bedeutung des Reizes, der zwischen dem Ende des zweiten und sechsten Monats das Lächeln des Säuglings hervorruft, nachgegangen und haben sie untersucht. Wir haben nachgeprüft, ob und wie dieses Lächeln mit den Objektbeziehungen des Säuglings zu tun hat. Es wurde nachgewiesen, daß die Reaktion des Lächelns bei dem Säugling im dritten Lebensmonat, sein Erkennen des menschlichen Gesichts, kein Anzeichen für eine echte Objektbeziehung ist. In Wirklichkeit nimmt das drei Monate alte Kind bei dieser Reaktion nicht einen menschlichen Partner, keine Person und kein Libido-Objekt wahr, sondern nur ein Signal[1].

Zwar stellt das menschliche Gesicht dieses Signal zur Verfügung, aber, wie unsere anderen Experimente gezeigt haben, es ist nicht die Ganzheit des menschlichen Gesichts mit all seinen Einzelheiten, die das Signal bildet, sondern vielmehr eine bevorzugte „Gestalt" in dem Gesicht. Diese bevorzugte Gestalt besteht aus Stirn, Augen und Nase, die sich in Bewegung befinden. Diese Feststellung ist seither durch die Untersuchungen von Rolf Ahrens (1954) bestätigt worden.

Daß der Säugling wirklich auf eine Gestalt und nicht auf eine bestimmte Person reagiert, wird dadurch bewiesen, daß sich seine Reaktion nicht auf eine Person (wie z. B. die Mutter) beschränkt, und daß die Personen, auf deren Anblick er mit einem Lächeln reagiert, beliebig auswechselbar sind. Nicht nur die Mutter des Kindes, sondern jeder Mensch, männlich oder weiblich, weiß oder farbig, kann auf dieser Stufe das blickerwidernde Lächeln hervorrufen, wenn er die Bedingungen für die bevorzugte Gestalt erfüllt, die als Auslöser für die Reaktion fungiert.

Man kann ein äußerst einfaches Experiment durchführen, um zu zeigen, daß der Auslöser für das Lächeln ein Gestaltsignal ist, das aus einem festumrissenen Teil des Gesichts besteht. Bei diesem Experiment stellt man zu einem drei Monate alten Kind dadurch Kontakt her, daß man es anlächelt und mit dem Kopf nickt; das Kind wird reagieren, indem es lächelt, aktiv wird und anfängt, zu zappeln (Abb. 5). Nun dreht man den Kopf ins Profil, während man weiter lächelt und nickt; das Kind hört auf zu lächeln, in seinem Ausdruck zeigt sich Befremden (Abb. 6). Weiter entwickelte Kinder scheinen oft ihren Blick suchend auf das Gebiet um das Ohr des Versuchsleiters zu richten, als ob sie dort das verschwundene Auge suchten; sensible Kinder scheinen mit

[1] Der Begriff „Signal" wird später definiert werden.

einer Art Schock zu reagieren, und man braucht einige Zeit, um den Kontakt wieder herzustellen. Dieser Versuch zeigt, daß der Säugling von drei Monaten noch unfähig ist, das menschliche Gesicht im Profil zu erkennen; mit anderen Worten: der Säugling hat den menschlichen Partner überhaupt noch nicht erkannt; er hat nur die Zeichengestalt von Stirn, Augen und Nase wahrgenommen. Wenn diese Gestalt durch eine Wendung ins Profil verändert wird, wird der Sinneseindruck nicht mehr erkannt; er hat seine geringfügige Objektqualität verloren.

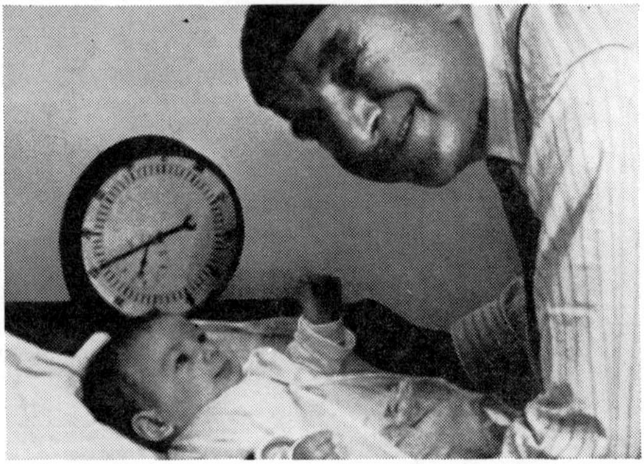

Abb. 6. Reaktion auf das Gesicht im Profil.

Wir haben die Eigenschaften der Gestalt untersucht, die wir für den Auslösereiz hielten. Das geschah, indem wir den einen oder anderen Einzelbestandteil der Gestalt entfernten (z. B. durch Verdecken eines Auges, oder indem wir dem Kind ein unbewegtes Gesicht darboten, usw.). Dann haben wir das menschliche Gesicht durch eine Attrappe ersetzt (eine Maske aus Papiermaschee). Man stellte fest, daß die Maske ebenso geeignet war, bei dem dreimonatigen Kind ein Lächeln hervorzurufen, wie das menschliche Gesicht. Sie hatte ferner den Vorteil, daß man sie viel leichter verändern konnte, so daß wir die wesentlichen Elemente isolieren konnten, aus denen die bevorzugte Gestalt bestehen muß, um eine Wirkung auszuüben („abbauender" Attrappenversuch, K. Lorenz).

Die Ergebnisse dieser Versuche führten uns zu dem Schluß, daß das

Lächeln des Säuglings von drei bis sechs Monaten nicht durch das Gesicht eines Menschen hervorgerufen wird, sondern durch ein Gestalt-Signal, eine Zeichen-Gestalt.

Wenn wir diese Feststellung zu dem System der psychoanalytischen Theorie in Beziehung setzen, tritt klar zutage, daß die Zeichen-Gestalt kein echtes Objekt ist; ich habe sie daher einen Objekt-Vorläufer *(preobject)* genannt. Was der Säugling in dieser Zeichen-Gestalt erkennt, sind nicht die wesentlichen Eigenschaften des Objekts, nicht die Attribute, die das Objekt motivieren, den Bedürfnissen des Säuglings zu dienen, ihn zu beschützen und zu befriedigen. Was er während der präobjektalen Stufe erkennt, sind sekundäre, äußere, unwesentliche Attribute. Er erkennt eine Zeichen-Gestalt, eine Konfiguration innerhalb des menschlichen Gesichts – nicht in einem spezifischen, individuellen Gesicht, sondern in jedem beliebigen Gesicht, das ihm von vorn und in Bewegung dargeboten wird.

Das Erkennen eines individuellen Gesichts gehört einer späteren Entwicklung an; es dauert noch einmal vier bis sechs Monate, ehe das Kind in der Lage ist, ein Gesicht unter vielen auszusondern, das Gesicht mit Objektqualitäten zu versehen. Mit anderen Worten: dann erst ist das Kind fähig, das, was nur eine Zeichen-Gestalt war, in sein eigenes einzigartiges Liebesobjekt zu verwandeln. Dies ist das äußerlich sichtbare Anzeichen für den innerseelischen Prozeß der Objektbildung, der beobachtbare Teil des Prozesses, in dem ein Objekt der Libido festgelegt wird.

Die Zeichen-Gestalt, die der Säugling im Alter von drei Monaten erkennt (angezeigt durch das Erscheinen der Reaktion des blickerwidernden Lächelns) ist ein Übergang von der Wahrnehmung von „Dingen" (das ist unser Begriff für das „Objekt" der Schulpsychologie) zur Bildung des Objekts der Libido. Das letztere unterscheidet sich dadurch von den „Dingen" und auch vom Objekt-Vorläufer, daß es im Lauf des wechselseitigen Austausches zwischen Mutter und Kind mit wesentlichen Qualitäten versehen worden ist. Durch diesen Austausch wird das Objekt, oder vielmehr das, was zum Objekt werden soll, allmählich mit libidinöser Besetzung versehen. Die individuelle *Geschichte* dieser Besetzung, das heißt die Genese der wesentlichen Qualitäten, die das Objekt der Libido charakterisieren, unterscheidet es von den „Dingen". Die wesentlichen Objekt-Qualitäten verdanken ihre relative Unveränderlichkeit durch alle Wechselfälle des Lebens hindurch eben dieser Genese des Objekts. Seine äußeren Attribute sind unwesentlich und können daher, wie schon erwähnt, verändert werden. Im Gegensatz dazu sind die „Dinge" *nur* durch äußere Attribute charakterisiert; die wesentlicheren historisch entwickelten Attribute fehlen ihnen. Darum muß jede Veränderung, jede Modifizierung dieser äußeren Attribute das Wiedererkennen des „Dings" problematisch oder unmöglich machen.

Zeichen-Gestalten sind in Wirklichkeit ein Kennzeichen der „Dinge", ihr integrales Attribut. Als solche sind sie von Dauer, aber diese äußerliche Beständigkeit ist mit den Eigenschaften des Objekts der Libido unvereinbar. Daraus folgt, daß die Gestalt, auf die der Säugling reagiert, nicht von Bestand ist. Weil sich jedoch diese Zeichen-Gestalt im Verlauf der Entfaltung von Objektbeziehungen zu einem Signal entwickelt, bekommt sie eine Qualität, die die „Ding"-Attribute transzendiert. So ist ihr ein Platz in der Entstehungsgeschichte des Objekts der Libido sicher, das sich aus ihr entwickelt.

Zur Unterstützung dieser Thesen kann man ebenso überzeugende und einfache Experimente wie den Profilversuch durchführen, indem man dem Säugling eine Papiermascheemaske darbietet. Filmaufnahmen (Spitz, 1948 a) von diesen Experimenten zeigen, daß das Kind mit drei Monaten der Maske ebenso bereitwillig zulächelt wie dem mensch-

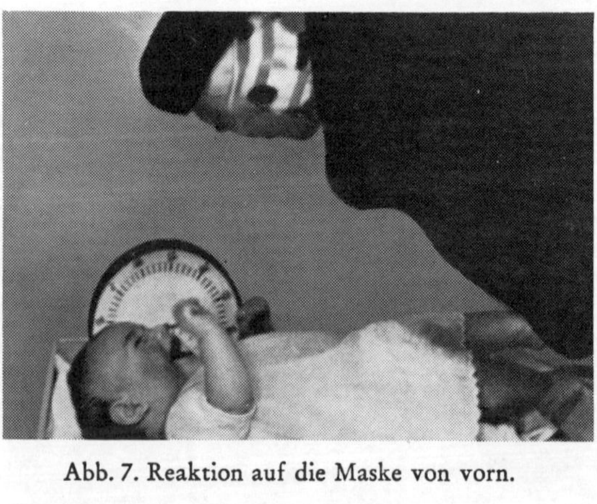

Abb. 7. Reaktion auf die Maske von vorn.

lichen Gesicht (Abb. 7), und daß es aufhört zu lächeln, wenn die Maske ihm das Profil zuwendet (Abb. 8).

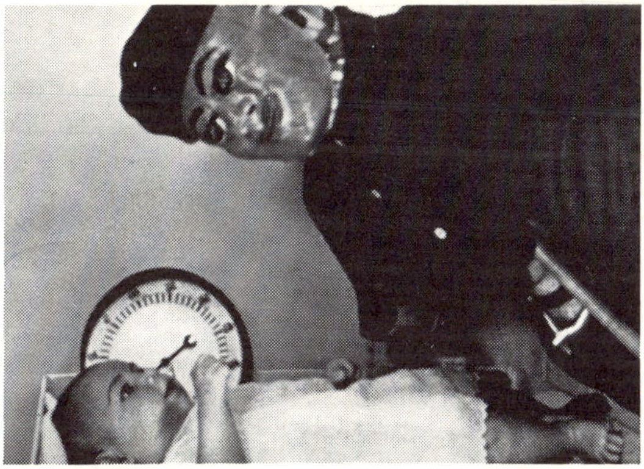

Abb. 8. Reaktion auf die Maske im Profil.

Wir haben weitere Versuche durchgeführt, in denen festgestellt werden sollte, welche Elemente in der Gesichtskonfiguration unentbehrlich sind, wenn die Reaktion des Lächelns ausgelöst werden soll.

Wir haben nacheinander verschiedene Teile des Gesichts mit einem Stück weißer Pappe verdeckt und es dann (in Bewegung) dem Kind gezeigt. Wenn der untere Teil des Gesichts bedeckt war, konnte man die Reaktion des Lächelns hervorrufen wie bisher. Wenn jedoch die obere Gesichtshälfte, einschließlich der Augen oder einschließlich eines Auges, verdeckt wurde, konnte das Lächeln nicht hervorgerufen werden. Wenn man ein Auge oder beide verdeckte, während der Säugling das nickende Gesicht des Versuchsleiters anlächelte, hörte die Reaktion des Lächelns abrupt auf[2].

---

[2] Meine Mitarbeiter und ich haben diese Versuchsreihen fortgesetzt, um weitere Einzelheiten in der Entstehungsgeschichte der Reaktion des Lächelns zu klären. Die wesentlichen Feststellungen in bezug auf die Reaktion, z. B. in welchem Alter sie einsetzt und aufhört, welcher Reiz sie auslöst, usw., wurden durch diese Versuche bestätigt. Es wurden auch zusätzliche Feststellungen gemacht, die weitere Aufschlüsse über das Entstehen und Funktionieren der kindlichen Psyche erbringen können. Durch unsere jüngsten Experimente haben wir z. B. neue Aufschlüsse über den Beginn der Tiefenwahrnehmung (siehe

Diese Experimente haben den schlüssigen Beweis erbracht, daß es nicht das individuelle menschliche Gesicht als solches oder auch nur das menschliche Gesicht als Ganzes ist, was beim Säugling die Reaktion des Lächelns auslöst, sondern eine spezifische Gestalt-Konfiguration *innerhalb* des Gesichts. Diese Konfiguration besteht aus dem Teilgebiet Stirn-Augen-Nase. Diese Zeichen-Gestalt ist um die Augen zentriert. Nach meiner Ansicht spielen die Augen in dieser Konfiguration die Rolle des Schlüsselreizes eines „angeborenen Auslösemechanismus", AAM wie schon früher definiert (Spitz, 1955 c, 1957), wahrscheinlich von lebenserhaltender Bedeutung. Diese Ansicht wird durch die Experimente bestätigt, die Ahrens (1954) mit Menschen und Harlow mit Rhesusaffen gemacht haben (1961 persönlich mitgeteilt).
Schließlich ist es nicht unwichtig, hier zu erwähnen, daß es uns im Lauf unserer Experimente gelang, einen „übernormalen" (Tinbergen, 1951) Reiz zu konstruieren. Für den menschlichen Säugling besteht der übernormale Reiz darin, das Lächeln auf dem nickenden Gesicht des Beobachters durch ein extremes Breitziehen des Mundes zu ersetzen, etwa in der Weise, wie ein Raubtier die Zähne fletscht. Dieser übernormale Reiz löst das Lächeln auf dem Gesicht des Säuglings verläßlicher aus als ein normal lächelndes Gesicht. Man darf wohl annehmen, daß es sich hier um einen zusätzlichen Reiz handelt, der dem Gesetz der Reizsummation folgt (Seitz, 1940; Tinbergen, 1951).
Man könnte fragen, warum der Auslösereiz in Bewegung sein muß. Eine eingehende Besprechung dieser Frage würde uns weit in die Phylogenese und in die Tierpsychologie hineinführen. Aber ganz allgemein möchte ich hier eine hypothetische Behauptung aufstellen. Es kommt nicht so sehr darauf an, daß der auslösende Reiz in Bewegung ist, sondern daß Bewegung ein unentbehrliches Bestandteil des Auslösereizes ist. Bewegung ist das wirksamste Hilfsmittel, um eine Figur vom Hintergrund zu trennen. Wie sich bei den berichteten Versuchen herausgestellt hat, besitzt der Auslösereiz Gestaltqualitäten; Bewegung scheint diese zu verstärken. Darum halte ich es für wahrscheinlich, daß Bewegung ein Bestandteil des angeborenen Schlüsselreizes für den ange-

---

4. Kapitel) bekommen. (Einige unserer Ergebnisse werden besprochen bei Polak, Emde und Spitz, 1964, 1965.)

borenen Auslösemechanismus (AAM) des blickerwidernden Lächelns ist und nicht von ihm getrennt werden kann.

Dies alles klingt ganz mechanisch: Zeichen-Gestalten, Auslösemechanismen, die angeborene Reaktionen auslösen. Der Leser fragt sich vielleicht: könnte nicht eine mechanische Puppe, ausgestattet mit der Zeichen-Gestalt, unsere Kinder ebensogut aufziehen wie wir selbst? Nein, das könnte sie nicht, und wir werden in den folgenden Kapiteln erklären, warum nicht[3]. Im Augenblick möge es genügen zu sagen, daß dem Kind zwar von der ersten Lebensminute an seine angeborene Ausrüstung zur Verfügung steht, daß sie aber belebt werden muß. Durch den Austausch mit einem anderen Menschen, einem Partner, mit der Mutter, muß der Ausrüstung der Odem des Lebens eingehaucht werden. Dazu ist eine Wechselbeziehung unerläßlich. Nur eine Wechselbeziehung kann für die Entwicklung des Säuglings den Erlebnisfaktor liefern, da diese aus einem fortwährenden zirkulären Austausch besteht, in dem Affekte die Hauptrolle spielen. Wenn der Säugling ein Bedürfnis spürt, ruft dieses in ihm einen Affekt hervor, der zu Verhaltensänderungen führt, die nun ihrerseits eine affektive Reaktion und die damit verbundene Haltung bei der Mutter hervorrufen; sie verhält sich, „als verstehe sie", welches besondere Bedürfnis des Säuglings dessen affektive Kundgebung verursacht hat (Spitz, 1962, 1963 a, b, c). Eine Beziehung zwischen einer mechanischen, automatischen Puppe und dem Säugling wäre einseitig. Das gegenseitige Geben und Nehmen, dessen einzelne Elemente sich ständig verändern und verschieben (obwohl die Gesamtsumme immer die dyadische Beziehung bleibt), ist das innere Wesen dessen, was wir zu beschreiben versuchen und dem Leser nahebringen möchten.

Die wechselseitige Rückkoppelung, die innerhalb der Dyade zwischen Mutter und Kind, Kind und Mutter besteht, ist ständig im Fluß. Die Dyade ist jedoch grundsätzlich unsymmetrisch. Das, was die Mutter zu der Beziehung beiträgt, ist vollkommen anders als das, was das Kind beiträgt. Jeder von beiden ist die Ergänzung des anderen, und während die Mutter das liefert, was das Kind braucht, liefert das Kind

[3] Harlow hat in einer Reihe von Versuchen mit Rhesusaffen genau dies bewiesen (Harlow, 1959, 1960 a, b, c, d, e, 1962; Spitz, 1962, 1963 a, b, c).

seinerseits (obwohl dies weniger allgemein erkannt wird) das, was die Mutter braucht.

Von der passiven Rezeption zu aktiven Objektbeziehungen

Was wir in den letzten Absätzen des vorhergehenden Abschnitts betont haben, führt zu einem zwingenden Schluß. Von Anfang an ist es die Mutter, die menschliche Partnerin des Kindes, die jede Wahrnehmung, jede Handlung, jede Einsicht, jedes Wissen vermittelt. Wir haben auf dem Gebiet der optischen Wahrnehmung einige Beweise für diesen Sachverhalt erbracht. Wenn die Augen des Kindes jeder Bewegung der Mutter folgen, wenn es ihm gelingt, im Gesicht der Mutter eine Zeichen-Gestalt abzusondern und zu etablieren – dann hat es durch die Mitwirkung der Mutter ein bedeutungsvolles Element aus dem Chaos der sinnlosen „Dinge" seiner Umwelt ausgesondert. Dank dem fortwährenden affektiven Austausch nimmt dieses Element, das Gesicht der Mutter, für das Kind eine stetig wachsende Bedeutung an.
Der Prozeß, in dem ein bedeutungsvolles Element aus dem Universum von bedeutungslosen Dingen ausgewählt und als Zeichen-Gestalt festgelegt wird, ist von der Art eines Lernprozesses. Er ist ein Übergang aus einem Zustand, in dem das Kind lediglich emotional wahrnimmt, in einen differenzierteren Zustand, in dem es unterscheidend oder, wie ich lieber sage, diakritisch wahrnimmt. Unsere Filme zeigen in eindrucksvoller Weise, wie die Brust der Mutter und ihre Finger dem Säugling eine Unzahl taktiler Reize bieten, wie diese Reize ihm Gelegenheit geben, Wahrnehmung und Orientierung zu lernen und zu üben, wie der Säugling die Oberflächenberührung, die Tiefensensibilität und das Gleichgewicht am Körper der Mutter und im Reagieren auf ihre Bewegungen erlebt, und man braucht kaum hinzuzufügen, daß es *ihre* Stimme ist, die dem Kind die lebenswichtigen akustischen Reize bietet, die für die Sprachentwicklung unerläßlich sind.
Wir wollen nebenbei bemerken, daß der Spracherwerb, der im Lauf des ersten Lebensjahres beginnt, ein komplizierter Vorgang ist. Sowohl Wahrnehmung als auch Energieabfuhr sind daran beteiligt. Die Sprachbildung als psychologisches Phänomen gibt uns auch weitere Auf-

schlüsse über den Übergang des Säuglings aus einem Zustand der Passivität (in dem die Spannungsabfuhr dem Lust-Unlust-Prinzip gehorcht) in einen Zustand der Aktivität, in dem die Abfuhr an sich zu einer Quelle der Befriedigung wird. Sobald dieser Schritt vollzogen wird, beginnt die Aktivität in der elementaren Form des Spielens an der Entwicklung mitzuwirken. Die stimmlichen Äußerungen des Säuglings, die zunächst nur zur Spannungsabfuhr dienen, werden einem fortschreitenden Wandel unterworfen, bis sie zu einem Spiel werden, in dem das Kind Laute, die es selbst hervorgebracht hat, wiederholt und nachahmt. Am Anfang kann der Säugling die Laute, die aus seiner Umwelt kommen, nicht von denen unterscheiden, die er selbst hervorbringt. Infolge der Reifung trennen sich im Verlauf der ersten zwei Lebensmonate die verschiedenen Bereiche der Wahrnehmungsorgane voneinander. An einem bestimmten Punkt dieses Prozesses, zeitlich etwa im dritten Lebensmonat, merkt das Kind, daß es den Lauten, die es selbst hervorbringt, zuhören kann, und daß die Laute, die es selbst erzeugt, sich von den Lauten aus der Umwelt unterscheiden. Es kann die Laute aus der Umwelt nicht beeinflussen, aber es steht in seiner Macht, sich dadurch zu unterhalten, daß es seine eigenen interessanten Geräusche erzeugt oder auch damit aufhört.

Meiner Ansicht nach muß dies eine der ersten Betätigungen sein, bei denen der Säugling seine Allmacht erlebt. Nun fängt das Kind an, seinen eigenen stimmlichen Äußerungen zuzuhören. Die Bildung von Lauten an sich behält ihre Eigenschaft der Abfuhr, der Spannungsminderung, der Lust. Aber eine neue Lust ist in das Leben des Kindes gekommen: die Fähigkeit, etwas zu erzeugen, das es in einem anderen Sinnesbereich als Reiz empfangen kann. Jetzt, nach dem dritten Lebensmonat, können wir beobachten, wie der Säugling in seinen Lall-Monologen mit dieser Fähigkeit Versuche anstellt. Bald bemerken wir, wie das Kind Laute hervorbringt – meist sind es Laute rhythmischer, sich wiederholender Art, Zungen- und Lippenlaute – wie es aufmerksam zuhört und sie immer von neuem wiederholt, sich sein eigenes Echo schafft, *die erste akustische Nachahmung*. Sechs Monate später wird es diese Erfahrung anwenden, wenn es Laute nachahmt, die es von seiner Mutter gehört hat.

Diese Abfolge zeigt auch ein kleines Teilstück des Übergangs von der narzißtischen Stufe, auf der das Kind sich selbst zum Objekt nimmt, zur Stufe der Objektbeziehungen im eigentlichen Sinn. Am Ende des ersten Lebensjahres, wenn das Kind Laute (und Wörter) wiederholt, die von der Mutter stammen, hat es das autistische Objekt seiner eigenen Person durch das Objekt in der Außenwelt ersetzt, nämlich durch die Person der Mutter.

Solche Spiele sind zugleich die Grundlage eines anderen Aspekts der im Entstehen begriffenen Objektbeziehungen. Die Wiederholung der zuerst vom Kind selbst und später von der Mutter ausgehenden Laute übernimmt Schritt für Schritt, für den Beobachter kaum merklich, die Rolle semantischer Signale. Aber bevor dies geschieht, müssen in der Seele des Kindes große dynamische Verwandlungen stattfinden und ganz neue Strukturen aufgebaut werden.

Die Rolle der Affekte in der Mutter-Kind-Beziehung

Wieder einmal müssen wir von vorn anfangen und davon sprechen, welche allumfassende Rolle die Mutter beim Entstehen und bei der Entfaltung des kindlichen Bewußtseins spielt und was für einen wesentlichen Anteil sie an seinem Lernprozeß hat. In diesem Zusammenhang ist die Bedeutung der Gefühle kaum zu überschätzen, die in der Mutter dadurch ausgelöst werden, daß sie ein Kind, ja ein eigenes Kind hat. Daß diese Gefühle innerhalb eines außerordentlich großen Spielraums höchst verschieden sind, ist zwar bekannt, wird aber nicht genügend beachtet, denn die allermeisten Frauen werden zärtliche, liebevolle, hingebungsvolle Mütter. Sie schaffen das, was ich das „affektive Klima" *(emotional climate)* in der Mutter-Kind-Beziehung genannt habe, das in jeder Hinsicht für die Entwicklung des Kindes günstig ist. Es sind die Gefühle der Mutter ihrem Kind gegenüber, die dieses Klima schaffen. Die Liebe und Zärtlichkeit, die sie für das Kind empfindet, machen es für sie zu einem Objekt unaufhörlichen Interesses; aus dieser nimmermüden Anteilnahme heraus bietet sich ihm eine stets sich erneuernde, reiche und mannigfaltige Skala, eine ganze Welt von lebenswichtigen Erfahrungen. Diese Erfahrungen werden dadurch so wichtig für das Kind, daß sie durch die Affekte der Mutter bereichert und gefärbt und mit ihnen verwoben sind, und auf diese Affekte reagiert das Kind ebenfalls affektiv. Das ist im Säuglingsalter wesentlich, denn zu dieser Zeit sind die Affekte von weit größerer Bedeutung als zu irgendeiner späteren Zeit im Leben. Während der ersten Lebensmonate herrschen im Erleben des Säuglings affektive Wahrnehmung und Affekte vor, und zwar so sehr, daß sie praktisch alle anderen Wahrnehmungsweisen ausschließen. Psychisch gesehen, ist das Sensorium, der Wahrnehmungsapparat, die sensorische Unterscheidungsfähigkeit noch nicht genügend entwickelt. Tatsächlich ist ein großer Teil dieses Apparates noch nicht einmal reif. Darum müssen die Gefühlshaltung der Mutter und ihre Affekte dazu dienen, den Affekten des Säuglings eine Orientierung zu geben und den Erfahrungen des Kindes die Erlebnisqualität zu verleihen.

Natürlich gibt es unter den Müttern unendlich viele Grade der Verschiedenheit. Um die Sache noch komplizierter zu machen, ist auch jede einzelne Mutter von Tag zu Tag, von Stunde zu Stunde, von einer Situation zur anderen in sich verschieden. Die individuelle Persönlichkeit des Kindes trifft nun in einem zirkulären Prozeß auf diese wechselvolle Skala des mütterlichen Verhaltens und Gefühls, und es beeinflußt durch sein Verhalten und seine Haltung die Skala der Affekte seiner Mutter. Je nach der Persönlichkeit der Mutter macht es einen großen Unterschied, ob ihr Kind frühreif oder zurückgeblieben, einfach oder schwierig zu behandeln, fügsam oder widerspenstig ist.

Das wird deutlich an der Reaktion des Lächelns, die im dritten Lebensmonat auftritt. Dieses Alter ist jedoch nur ein statistischer Durchschnitt. Die früheste Reaktion des Lächelns, die wir gefilmt haben, zeigte sich schon bei einem 26 Tage alten Säugling. Andererseits kann das Lächeln auch viel später auftreten, bei manchen Kindern erst im fünften oder sechsten Monat. Es versteht sich von selbst, daß solche Verschiedenheiten das affektive Klima der Mutter-Kind-Beziehung entscheidend beeinflussen. Das blickerwidernde Lächeln ist nur ein Beispiel, und noch dazu ein weniger wichtiges, aus der Vielfalt der Verhaltensweisen und Verhaltenskundgebungen, die die mannigfachen Beziehungen beherrschen, die sich zwischen Mutter und Kind entwickeln.

Man nehme z. B. eine andere Situation, das Verhalten des Säuglings beim Füttern. Bei der Reaktion des Lächelns gibt es im großen und ganzen nur zwei Alternativen: entweder das Kind lächelt – oder es lächelt nicht! Im Gegensatz dazu gibt es beim Verhalten des Kleinkindes während des Fütterns unzählige Varianten. Es gibt den guten Esser, der seine Mahlzeit schnell, restlos und mit Vergnügen zu sich nimmt und nach dem letzten Mundvoll sofort einschläft. Es gibt den schlechten Esser, dem man ständig zureden muß und der doch nicht soviel zu sich nimmt, wie er sollte; es gibt Kinder, die mit vier oder fünf Mahlzeiten am Tag zufrieden sind und dann die Nacht durchschlafen, und im Gegensatz dazu die Fratzen, die die letzte Abendmahlzeit verschmähen, aber dann im Lauf der Nacht mehrmals gefüttert werden wollen, und so weiter und so fort. Natürlich müssen diese Unterschiede im Verhalten der Kinder die Beziehungen in der Dyade mitbestimmen. Eine nachgiebige Mutter wird anders reagieren als eine ablehnende oder feindselige, eine Mutter, die sich sicher fühlt, reagiert anders als eine ängstliche oder mit Schuldgefühlen beladene Mutter. Es ist ebenso klar, daß Schwierigkeiten der Mutter sich im Verhalten des Kleinkindes äußern und unter gewissen Bedingungen zu einer Steigerung ihres Konflikts führen können. Ein Beispiel für die pathologischen Erscheinungen, die durch eine Störung der Mutter-Kind-Beziehung zustandekommen können, werden wir bei der Abhandlung der Dreimonatskolik bringen.

Man könnte einwenden, die Mutter sei ja nicht der einzige Mensch in der Umgebung des Kindes; sie sei nicht die einzige, die einen emotionalen Einfluß ausübt; zu seiner Umwelt gehörten doch auch der Vater, die Geschwister, Verwandte und andere Menschen, die alle für das Kind von affektiver Bedeutung sein könnten. Selbst das kulturelle Milieu und seine Sitten hätten schon während des ersten Lebensjahres ihren Einfluß auf das Kind. Dies alles ist selbstverständlich; wir denken jedoch nicht immer daran, daß in unserer westlichen Kultur alle diese Einflüsse dem Kind durch die Mutter oder ihre Stellvertreterin vermittelt werden.

Aus diesem Grunde habe ich meine Forschung vor allem auf das Problem der Beziehungen zwischen Mutter und Kind konzentriert. Außerdem ist die Mutter-Kind-Beziehung während der ersten Lebensmonate und sogar in den ersten Lebensjahren derjenige psychologische Faktor, der am ehesten einer therapeutischen und prophylaktischen Beeinflus-

sung zugänglich ist; sie verdient daher unser eifrigstes Studium und unsere besondere Aufmerksamkeit.
In der Mutter-Kind-Beziehung stellt die Mutter die Umweltgegebenheiten dar – man könnte auch sagen, die Mutter *ist* der Repräsentant der Umwelt. Die Gegebenheiten auf seiten des Kindes sind in der kongenitalen Ausrüstung des Kindes beschlossen, die aus *Anlage* und Reifung besteht.
Auf keinen Fall dürfen wir die Bedeutung der Entwicklung des Nervensystems, sowohl embryologischer wie auch epigenetischer Art, während der ersten Monate und Jahre des Lebens vernachlässigen. Ohne die Reifung des Nervensystems wären Verhaltensmuster und Handlungen unmöglich. Viele Funktionen verändern sich infolge des Zusammenwirkens der physiologischen Reifung mit der psychischen Entwicklung. Bis zu einem gewissen Grade sind diese Veränderungen von der Umwelt unabhängig, denn eine ansehnliche Zahl von Reifungsabläufen und Entwicklungsreihen ist angeboren. Wir wollen hier nicht näher darauf eingehen, da die Untersuchung dieser Probleme für die vorliegende Studie nicht unerläßlich ist.
Die für unser Vorhaben maßgeblichen Faktoren sind: auf der einen Seite die Mutter mit ihrer reifen, strukturierten Eigenpersönlichkeit, auf der anderen das Kind, dessen Individualität sich stufenweise entfaltet, entwickelt und festigt; beide stehen in einer fortwährenden zirkulären Wechselbeziehung zueinander. Weder Mutter noch Kind leben in einem Vakuum, sondern in einem sozialökonomischen Milieu, dessen primäre Bezugspersonen die unmittelbaren Familienmitglieder sind, während das weiter gefaßte Bezugssystem aus der ethnischen Gruppe, der Kultur, der technischen Entwicklung, der Nation, der geschichtlichen Epoche und der Tradition besteht. Wir werden später auf die Besprechung der beiden wirklich wesentlichen „Faktoren" zurückkommen, die das symbiotische Paar „Mutter und Kind" (Benedek, 1938, 1949; Mahler, 1952) bilden. Alle diese Erörterungen haben genügend deutlich gemacht, daß Objektbeziehungen vom Entstehen des Objekt-Vorläufers zur Ausstattung der Mutter mit den Eigenschaften des Libido-Objekts führen. Wir wollen nun untersuchen, was für Folgen die Festlegung des Objekt-Vorläufers hat. Im Verlauf der weiteren Kapitel werden wir die Art, die Zusammensetzung und die Schicksale der Objektbeziehun-

gen besprechen, welche sie beim Aufbau der psychischen Strukturen erleiden, die schließlich zur Bildung des Objekts der Libido führen.

Die theoretische Bedeutung der Bildung des Objekt-Vorläufers

Die Bildung des ersten Objekt-Vorläufers hat folgende Konsequenzen und folgende Bedeutung:

a) Auf dieser Stufe vollzieht der Säugling die Wendung von dem, was ich die *Rezeption* von Reizen aus dem Inneren genannt habe, zur *Wahrnehmung* von Reizen, die von außen kommen.

b) Die Voraussetzung für diesen Übergang ist, daß das Kind die Fähigkeit erwirbt, zeitweise das bedingungslose Funktionieren des Lust-Unlust-Prinzips aufzuheben, das für die aus dem Inneren kommenden Reize seine ungeteilte Aufmerksamkeit fordert. Es kann nun diese Forderung lange genug aufschieben, um die Repräsentanz von äußeren Reizen, die ihm durch das Sensorium übermittelt werden, libidinös zu besetzen. Kurz gesagt, das Realitätsprinzip hat angefangen zu funktionieren.

c) Der Umstand, daß der Säugling jetzt in der Lage ist, das menschliche Gesicht zu erkennen und dies dadurch zu zeigen, daß er mit dem blickerwidernden Lächeln reagiert, beweist, daß Gedächtnisspuren niedergelegt worden sind. Das weist darauf hin, daß im seelischen Apparat eine Teilung stattgefunden hat. Wir nennen seine Bestandteile *Bewußtes* (Bw.), *Vorbewußtes* (Vbw.) und *Unbewußtes* (Ubw.). Anders ausgedrückt: Wir können von nun an vom topischen Gesichtspunkt ausgehen.

d) Hier zeigt sich außerdem, daß das Kind nun fähig geworden ist, Besetzungsquantitäten von einer psychischen Funktion auf eine andere, von einer Erinnerungsspur auf die nächste zu verschieben. Das Erkennen der Zeichen-Gestalt beinhaltet eine Besetzungsverschiebung von der sensorischen Repräsentanz des Sinneseindrucks (menschliches Gesicht in der Gegenwart) auf die vergleichbare Gedächtnisspur des Sinneseindrucks (menschliches Gesicht, das in der Vergangenheit wahrgenommen worden ist).

e) Die Fähigkeit, Besetzungsquantitäten von einer Gedächtnisspur auf eine andere zu verschieben [der Vergleich dessen, „was im Ich als Vorstellung vorhanden ist, mit dem, was in der Wahrnehmung wieder gefunden werden kann“ (Freud, 1925 a, Bd. 14, S. 13)], entspricht der Freudschen Definition des Denkprozesses[4].

f) Diese ganze Entwicklung bezeichnet ebenfalls das Auftauchen eines rudimentären Ichs. In der Somato-Psyche hat eine Strukturierung stattgefunden. Ich und Es trennen sich voneinander, und das rudimentäre Ich beginnt zu funktionieren. Die ungeschickten, meist erfolglosen, aber deutlich als gerichtet und intentional erkennbaren Handlungen, die das Kind anfängt zu vollziehen, sind die Anzeichen dieses Funktionierens. Von Anfang an dienen sie der Beherrschung und der Abwehr. Die Steuerungstätigkeit des rudimentären Ichs ist an der zunehmenden Koordinierung und Zielgerichtetheit der Muskelaktivität zu erkennen. Freud (1923) hat dies rudimentäre Ich als das *Körper-Ich* bezeichnet. Es wird ein Teil dessen, was Hartmann (1939) „die konfliktfreie Sphäre des Ichs“ genannt hat.

Zugleich können wir schon bei diesem archaischen Vorläufer des Ichs eine Tendenz zur Synthese beobachten. Diese Tendenz ist von vielen Autoren unter verschiedenen Gesichtspunkten beschrieben worden. Am meisten Zustimmung hat die Beschreibung Nunbergs (1930) gefunden, der sie die synthetische Funktion des Ichs genannt hat. Hartmanns Konzept (1950) von der organisierenden Funktion des Ichs stellt, wie ich glaube, nur einen anderen Aspekt der gleichen Tendenz dar.

Die Kristallisation des Ichs

Wie schon an anderer Stelle ausgeführt (Spitz, 1959), glaube ich, daß diese Tendenz zur Synthese dem Lebendigen ganz allgemein innewohnt. Ich habe zuerst 1936 von ihr gesprochen und sie „eine integrative Tendenz“ genannt; sie führt vom Organischen, das heißt von der

[4] In seiner Arbeit: „Formulierungen über die zwei Prinzipien des psychischen Geschehens“ hat Freud (1911) das Denken folgendermaßen definiert: „Das Denken ist im wesentlichen ein Probehandeln mit Verschiebung kleinerer Besetzungsquantitäten unter geringer Verausgabung (Abfuhr) derselben.“ In der Abhandlung über den Rattenmann hat Freud (1909) das Denken definiert wie

Embryologie, zur Psychologie und in das Gebiet der Entwicklung. Meine Gedanken sind durch den von Glover (1933, 1943) vorgeschlagenen Begriff der Ich-Kerne angeregt worden. In seiner ersten Formulierung sprach er von „einem Modell oder Prototyp eines unabhängigen autonomen primitiven Ich-Kerns“ (Glover, 1932). Er brachte das Beispiel von dem oralen System, das den Instinkt an dem „Objekt“ (der mütterlichen Brustwarze) befriedigt. Diese Auffassung stimmt vollkommen mit meiner eigenen überein; ich denke an Bestandteile des Ichs, deren Prototypen angeborene, meist phylogenetisch weitergegebene physiologische Funktionen sowie angeborene Verhaltensweisen sind. Später (1943) scheint Glover seine Auffassung etwas revidiert zu haben, er vermeidet jeden Hinweis auf einen physiologischen oder andersartigen Prototyp und gibt eine Definition in rein psychischen Begriffen. Er fügt jedoch den Gedanken ein, die Psyche habe von Anfang an eine synthetische Funktion, die mit allmählich zunehmender Kraft wirksam werde.

In bezug auf die synthetische Funktion der Psyche stimme ich wieder vollkommen mit Glover überein, obwohl ich den Zeitpunkt der Bildung eines rudimentären Ichs viel früher ansetze als er, nämlich auf das Alter von drei Monaten. Und ich bin immer noch überzeugt, daß der Übergang vom Somatischen zum Psychischen ohne Unterbrechung vor sich geht, und daß darum die Prototypen der psychischen Ich-Kerne in den physiologischen Funktionen und im somatischen Verhalten zu suchen sind. Beispiele dafür sind: die AAM-ähnlichen Funktionen des Sinneseindrucks von der Zeichen-Gestalt beim Zustandekommen der Reaktion des Lächelns, das Suchverhalten und seine verschiedenen Rollen, einerseits unter dem Gesichtspunkt des Appetenzverhaltens, andererseits unter dem des (konsummatorischen) Endverhaltens (Spitz, 1957), der Rhythmus von Schlafen und Wachen (Gifford, 1960) und viele andere.

---

folgt: „... das Denken wird sonst aus ökonomischen Gründen mit kleineren Energieverschiebungen (wahrscheinlich auf höherem Niveau der libidinösen Besetzung) betrieben als das zur Abfuhr und zur Veränderung der Außenwelt bestimmte Handeln“. Freud hat diese These in seinem „Entwurf einer Psychologie“ schon eingeführt, hat sie im gleichen Buch detaillierter ausgearbeitet (1895), ebenso im 7. Kapitel von „Die Traumdeutung“ (1900).

Diese *Prototypen* der Ich-Kerne, die unmittelbar nach der Geburt mehr oder weniger autonom sind, dienen dem Neugeborenen später auf der Stufe des Objekt-Vorläufers zur Wechselbeziehung mit der Mutter. Im Verlauf solcher Interaktionen werden sie infolge der libidinösen Besetzung mit psychischem Inhalt versehen und in *psychische* Ich-Kerne umgewandelt.

Auf der Dreimonatsstufe findet ein wichtiger Integrationsschritt statt, der viele der getrennten Ich-Kerne zu einer Struktur zusammenzieht, die einen höheren Komplexitätsgrad aufweist und der zur Bildung des rudimentären Ichs führt.

Während das Ich selbst ein Produkt der Integrationskräfte ist, die in der lebendigen Materie wirksam sind, wird es seinerseits zum Gravitationszentrum für Organisation, Koordinierung und Integration. Seine Anziehungskraft wächst exponentiell als eine Funktion der wachsenden Anzahl von Ich-Kernen, die es seiner Struktur eingliedern kann.

Die isolierten Ich-Kerne, die zunächst relativ machtlos sind und verschiedene, oft unvereinbare Ziele verfolgen, werden zu einer stetig wachsenden Kraft, wenn sie gemeinsam in der gleichen Richtung wirken und sich gegenseitig ergänzen, unterstützen und verstärken.

g) Die Schutzfunktion der hohen Reizschranke wird von dem entstehenden Ich übernommen.

Bei der Geburt konstituiert die Unbesetztheit des Sensoriums eine hohe Reizschranke (Spitz, 1955 b)[5]. Daraus folgt, daß sowohl die fortschreitende Reifung der Nervenbahnen als auch die zunehmende Besetzung der zentralen Repräsentanzen der sensorischen Empfänger diese Schwelle nach und nach herabsetzen, die gegen die äußere Wahrnehmung schützt. Besetzungs-Prozesse, die durch die Aktivität der Ich-Kerne in Bewegung gesetzt worden sind, führen zugleich zu ihrer Synthese, woraus ein rudimentäres Ich hervorgeht, das heißt, ein zentrales Steuerungsorgan. Das rudimentäre Ich setzt nun an die Stelle der primitiven Verteidigung des Eingangs durch die hohe Reizschwelle die überlegene und flexiblere Verteidigung durch selektive Verarbeitung der ankommenden Reize.

---

[5] Siehe auch Freud (1917 b): „... die völlige Entleerung eines Systems macht es wenig ansprechbar für Anregungen".

Die durch eindringende Reize ausgelösten Energiemengen können nun fraktioniert, unter die verschiedenen Systeme von Erinnerungsspuren aufgeteilt und gespeichert werden. Ebenso kann es vorkommen, daß sie in Form gerichteter Handlungen zur Abfuhr kommen und nicht mehr lediglich als zufällige diffuse Erregung. Die Fähigkeit zum gerichteten Handeln führt das Kind zu einer rasch fortschreitenden Entwicklung einer Vielfalt von Systemen des Ichs; am Anfang steht das Körper-Ich, dem später andere hinzugefügt werden. Die gerichtete Handlung selbst wird nicht nur zum Ventil für die Abfuhr libidinöser und aggressiver Energien, sondern auch ein Mittel, die Fähigkeit der Meisterung und Steuerung durch die Psyche zu erwerben und auf diese Weise die Entwicklung zu fördern. In der Literatur ist diese Funktion der gerichteten Aktivität, der Handlungen im eigentlichen Sinn, bei der Entwicklungsförderung während des ersten Lebensjahres bisher nicht angemessen berücksichtigt worden. Man spricht oft genug vom Aggressionstrieb; selten wird erläutert, daß der Aggressionstrieb sich nicht auf Feindseligkeiten beschränkt. In Wirklichkeit dient bei weitem der größte und wichtigste Teil des Aggressionstriebes als Motor jeder Bewegung, aller Aktivitäten, ob groß oder klein, und letzten Endes als Antrieb für das Leben selbst (Spitz, 1953 a).

Jener Teil der Aggression, der in die Bahnen zielgerichteter Handlungen geleitet wird, muß zwar Hindernisse überwinden, ihm können aber auch Erleichterungen zuteil werden, die ihn schneller ans Ziel führen. Die Art und Weise, wie dieses Ziel erreicht wird, bestimmt die entstehenden Handlungsschemata und ihre Struktur. Nach Maßgabe ihres Erfolges werden solche Aktionsschemata der zufallsunterlegenen Aggressionsabfuhr vorgezogen; später führen sie zur Konsolidierung einer Vielfalt von Apparaten im Ich (z. B. Fortbewegung, Sprache, usw.). Eine eingehendere Untersuchung dieser frühen Formen des Handelns, ihrer Erwerbung im Rahmen der Objektbeziehungen und der Art und Weise, wie sie diese Beziehungen beeinflussen, erscheint mir wünschenswert. Das Aufzeigen der Dynamik, die der Festlegung solcher Aktionsschemata zugrundeliegt, könnte einen bedeutsamen Beitrag zu einer psychoanalytischen Lerntheorie leisten.

h) Selbst der unbefangene Beobachter, der nicht mit Theorien belastet ist, muß von dem Übergang des Säuglings aus der Passivität in die gesteigerte Aktivität beeindruckt werden, der auf der gleichen Stufe auftritt wie die Reaktion des Lächelns.

i) Schließlich leitet das Auftreten der Reaktion des Lächelns den Beginn der sozialen Beziehungen beim Menschen ein. Es ist Prototyp und Voraussetzung aller nachfolgenden sozialen Beziehungen.

Ich habe neun Aspekte eines umfassenden Phänomens aufgezählt, das man als die Stelle des Übergangs vom Stadium des primären Narzißmus zum Stadium des Objekt-Vorläufers betrachten kann. Wir wollen die Konvergenz dieser neun Aspekte des Phänomens zum Ausgangspunkt nehmen und auf den folgenden Seiten einige von ihnen im einzelnen untersuchen. Wir dürfen jedoch die Tatsache nicht aus den Augen verlieren, daß an diesem Punkt, wenn das Kind drei Monate alt ist, die psychische Struktur noch ganz am Beginn steht, daß nur ein rudimentäres Ich vorhanden ist und die Objektbeziehungen auf der Stufe des Objekt-Vorläufers stehen.

6. KAPITEL

DIE PLASTIZITÄT DER KINDLICHEN PSYCHE

Das erste Lebensjahr ist der plastischste Abschnitt in der Entwicklung des Menschen. Der Mensch kommt mit einem Minimum an vorgeformten Verhaltensweisen zur Welt und muß im Lauf seines ersten Lebensjahres unzählige Fertigkeiten der Anpassung erwerben. Der Anpassungsdruck ist mächtig, die Entwicklung schreitet rasch, manchmal stürmisch voran. In seinem ganzen Leben lernt der Mensch nie wieder so viel in so kurzer Zeit.

Während dieser Zeit durchläuft der Säugling mehrere Stadien, deren jedes gegenüber dem vorhergehenden eine wichtige Veränderung bedeutet. Das Auftreten der Reaktion des Lächelns bezeichnet das Ende der ersten solchen Stufe, des Stadiums der Nicht-Differenzierung, das zugleich das Stadium der größten Hilflosigkeit des Neugeborenen ist. Nach meiner Ansicht ist eben diese Hilflosigkeit eine der Ursachen für die Plastizität der kindlichen Psyche. Eine weitere Ursache, wenigstens in den ersten sechs Lebensmonaten, ist das Fehlen einer fest gegründeten, verläßlich funktionierenden Ich-Organisation.

Nach dem Stadium der vollkommenen Hilflosigkeit und Passivität der ersten drei Monate durchläuft der Säugling ein Stadium, in dem er das bis zu diesem Zeitpunkt eroberte Gelände erkundet, erprobt und erweitert. Diese gründliche Prüfung wird weitergeführt durch ständigen Austausch und ständige Interaktionen mit dem Vorläufer des Objekts. Dabei haben diese Interaktionen vorher auch nicht gefehlt, aber nun haben sie neue Eigenschaften angenommen, denn das Kind ist zur gerichteten Aktivität und zum strukturierten Handeln fortgeschritten. Jetzt werden zwischen dem Kind und dem zukünftigen Libido-Objekt Handlungsfolgen ausgetauscht, und in diesem Austausch erlebt und erforscht das Kind die Grenzen seiner gegenwärtigen Fähigkeiten. Schritt für Schritt erweitert es die Grenzen, innerhalb deren es den Druck seiner aggressiven und libidinösen Triebe in gesteuerte Handlungen umsetzt.

In der Chemie bezeichnet man eine Verbindung, die gerade aus der Kombination von verschiedenen Elementen entsteht, als *in statu nascendi* befindlich, denn in diesem Stadium ist die Verbindung zwischen den Komponenten labil. Es ist keine bloße Redewendung, wenn man sagt, das Kind sei im ersten Lebensjahr auch noch *in statu nascendi*, obwohl es ja schon geboren ist. Nach dem Übergang aus dem objektlosen Stadium der ungerichteten Aktivität in das Stadium der vom Ich gesteuerten strukturierten Aktivität führt ein zweiter Übergang eine weitere, höhere Integrationsstufe herbei. Der Weg von einer solchen Stufe zur nächsten besteht notwendigerweise aus Versuch und Irrtum *(trial and error)*, darum lauern auf dem Übergang allenthalben Gefahren. Während eines Übergangsstadiums haben die Erlebnisse des Kleinkindes einschneidendere Folgen als zu anderen Zeiten, wenn seine psychische Organisation gefestigter ist. Wenn das Kind in diesen Übergangsphasen ein Trauma erleidet, entstehen daraus spezifische und manchmal ernsthafte Folgen. Ich benütze das Wort „spezifisch" aus gutem Grund. In jedem Übergangsstadium ist das Kleinkind empfindlich gegen gewisse Traumata, aber nicht besonders empfindlich gegen andere. Ganz allgemein ausgedrückt, ist das so, weil in jeder Übergangsperiode Anpassungsmechanismen *(adaptive devices)*[1] entwickelt werden, die dieser Periode optimal angemessen sind. Am Anfang eines Übergangsstadiums sind jedoch die neuen Mechanismen noch nicht ganz fertig, also muß der Organismus sich mit denen behelfen, die ihm noch aus dem vorigen Stadium zur Verfügung stehen, obwohl diese den neuen Aufgaben nicht mehr gewachsen sind. Daraus ergibt sich ein Interregnum, eine Art Zwielicht, während dessen der Organismus verständlicherweise verletzlicher ist als in der vorhergehenden oder in der darauffolgenden Periode. Relativ geringfügige Mißhelligkeiten, die z. B. auf der Stufe 2 kaum bemerkt und auf Stufe 4 anstandslos bewältigt worden wären, bekommen in der Übergangsphase die Valenz eines

[1] „Anpassungsmechanismen" *(adaptive devices)* steht hier sowohl für Verhaltensweisen als auch für psychische Mechanismen, die zur Verarbeitung von Reizen dienen; selbst die Abwehrmechanismen des Ichs gehören dazu.

Traumas. Jedes (Übergangs-)Stadium in der Reihe hat offenbar seine eigene Kombination von altersspezifischen Anpassungsmechanismen. Ich werde in den folgenden Kapiteln auf das Thema der altersspezifischen Verletzlichkeit zurückkommen. Im Augenblick möchte ich den Umstand veranschaulichen, daß ein und derselbe Reiz ganz verschiedene Bedeutungen haben kann, daß ein und dieselbe Erfahrung verschieden wahrgenommen, erlebt, gedeutet und daß verschieden auf sie reagiert wird, je nachdem, in welchem Stadium das Kind ihr begegnet. Die Unterschiede zwischen den einzelnen Stadien sind oft von grundlegender Tragweite.

Veränderungen der Bedeutung und der Reaktionen

Dies ist eine Erscheinung, die dem Psychoanalytiker höchst vertraut ist. Die Beobachtung der Ur-Szene hat in der ödipalen Phase, in der Pubertät oder während des Klimakteriums eine vollkommen verschiedene Bedeutung, sowohl in bezug auf die Art, wie sie verstanden wird, als auch in bezug auf die Folgen für den Betrachter. Die Unterschiede für das Kleinkind sind ebenso groß, wenn wir ein und dasselbe Erlebnis in aufeinanderfolgenden Übergangsstadien der frühen Kindheit vergleichen.

Wir haben folgendes Experiment[2] durchgeführt. Unser Standardreiz zum Hervorrufen der Reaktion des Lächelns beim Kind von drei Monaten ist eine Papiermaschee-Maske mit grinsendem Gesicht, die in nickender Bewegung dargeboten wird. Wir haben diese Maske Jessy gezeigt, als sie drei, siebeneinhalb und vierzehn Monate alt war. Diese Altersstufen waren nicht zufällig gewählt worden: Sie bezeichnen drei aufeinanderfolgende Perioden, in denen das durchschnittliche Kind von einer Stufe der psychischen Integration zur nächsthöheren, komplexeren fortschreitet. Jessy reagierte folgendermaßen:

1. Auf der Dreimonatsstufe rief die Masken-Attrappe eine Reaktion des Lächelns hervor.

---

[2] Dieses Experiment ist in dem Film über die Reaktion des Lächelns (Spitz, 1948 a) festgehalten.

2. Als die Maske der siebeneinhalb Monate alten Jessy gezeigt wurde, lachte sie die Maske an, näherte sich ihr ohne Furcht, versuchte, die als Augen dienenden Glaskugeln von der Maske abzulösen, während sie eifrig bestrebt war, auf das Knie der Beobachterin zu klettern.
3. Mit vierzehn Monaten hatte Jessy wie gewöhnlich guten Kontakt zu der Beobachterin. Nun hielt die Beobachterin sich die Maske vor das eigene Gesicht. Der Ausdruck des Kindes wurde schreckerfüllt; es wandte sich schreiend ab und lief in eine Ecke des Zimmers. Als die Beobachterin die Maske wieder abnahm, schien das Kind beruhigt zu sein, weigerte sich aber, die Maske zu berühren. Später wurde Jessy überredet, die Maske doch zu berühren, sie nahm sie in die Hand und fing an, an den Augen der Maske herumzubeißen.

Wie sollen wir den Unterschied zwischen diesen drei Reaktionen ein und desselben normalen, gesunden Kindes im Hinblick auf Objektbeziehungen und Ich-Entwicklung interpretieren?

Im ersten Versuch sehen wir ein Kind im Übergang vom objektlosen zum präobjektalen Stadium. Bei diesem Übergang signalisiert die Zeichen-Gestalt von zwei Augen, Stirn und Nase in Bewegung das Herannahen des bedürfnisbefriedigenden „Objekts". Die Maske erfüllt die Bedingungen dieser Zeichen-Gestalt. Demgemäß ist auch die Reaktion auf den Anblick der Maske positiv: das Kind lächelt.

In dieser gleichen Übergangsperiode ist ein erstes rudimentäres Ich aus der Integration einer Reihe von zerstreuten Ich-Kernen gebildet worden[3].

Bei dem zweiten Experiment ist das Kind gerade in dem Übergangsstadium von der Reaktion auf eine Zeichen-Gestalt zu der Stufe, auf der es das eigentliche Objekt der Libido erkennt und unterscheidet. Die

---

[3] Das sind z. B. die Ich-Kerne, die auf die Nahrungsaufnahme bezogen sind und die kombinierte somato-psychische Repräsentation der Mundregion, der Hand usw. bilden, die Ich-Kerne, die in bezug auf die optische Wahrnehmung während der Bedürfnisbefriedigung durch die Nahrungsaufnahme gebildet worden sind, die Ich-Kerne mit Bezug auf die taktile Wahrnehmung, besonders um die orale Zone, aber ausgedehnt auf den ganzen Körper, bei denen auch ein Zusammenhang zu den Ich-Kernen besteht, die auf die Gleichgewichtsreize beim Lagewechsel bezogen sind, und schließlich kommen die Querverbindungen hinzu, die auf dieser Entwicklungsstufe zwischen den genannten und wahrscheinlich noch vielen anderen Ich-Kernen bestehen.

Zeichen-Gestalt hat ihre Wirkung noch nicht verloren, das eigentliche Objekt der Libido hat aber auch noch keine Exklusivität erreicht; das Kind lächelt die Zeichen-Gestalt (die Maske) an, nähert sich ihr aktiv und untersucht sie. Jessy bezieht die Beobachterin, die sie als „Freundin“ akzeptiert hat, in ihr Spiel mit der Maske ein und beginnt ein lebhaftes Wechselspiel von Handlungen.

Jessys Ich hat im Vergleich zu der Dreimonatsstufe gewaltige Fortschritte gemacht; durch ihre Erfahrungen mit den inzwischen gebildeten Objektbeziehungen hat sie ihre Grenzen ausprobiert und erweitert. Nun ist ihr Ich eine zentrale Steuerungsorganisation geworden. Ihr Körper-Ich gehorcht ihrem Willen und wirkt mit bei der Ausführung ihrer Absichten.

Aber nun ist dieses Körper-Ich nur noch ein Teil, ein Apparat in einer größeren Ich-Organisation, ein Werkzeug, das bei der Entfaltung konativer Sektoren jenes Ichs mitwirkt, die ihrerseits durch neu entwikkelte affektive Strukturen aktiviert werden. Wir erkennen, daß wir es nun mit etwas zu tun haben, das schon zu einer erstaunlich komplexen psychischen Organisation geworden ist, obwohl diese rudimentär ist, wenn man sie mit der einer reifen Persönlichkeit vergleicht. Und doch ist dies der Beginn des Ichs im eigentlichen Sinn, das dem in der Psychoanalyse gebräuchlichen Begriff entspricht.

Diese Entwicklung gewährt Jessy die Freiheit, die Maske in einem Wechselspiel mit der Beobachterin zu benützen. Wechselseitiger Aktionsaustausch dieser Art steht jetzt deutlich erkennbar im Mittelpunkt der Objektbeziehungen des Kindes.

Bei dem dritten Experiment hat sich das Bild wieder verändert, und wir werden Zeugen einer ganz neuen Entwicklung. Die Objektbeziehungen zur Mutter sind nun fest gegründet. Außerdem ist die Dyade für das Kind nicht mehr die einzige Form der sozialen Beziehung. Um den Kern der ursprünglichen „Masse zu zweit“ legen sich neue Schichten; es bilden sich untergeordnete Objektbeziehungen zu verschiedenen „Freunden“. Aber diese „Freunde“ werden immer noch an ihren äußerlichen Merkmalen erkannt; unter diesen steht an erster Stelle das vertraute Gesicht.

Wie Ferenczi (1916) es ausdrückt: Das Stadium der Allmacht der Gedanken hat seinen Einfluß noch nicht ganz verloren. Es hat seine Herrschaft noch nicht an das Stadium des Realitätssinns abgetreten. Magie ist noch die mächtigste Kraft im Universum des Kindes. Die Kausalität und das logische Vorgehen haben noch nicht die zwingende Macht, die sie später bekommen. Stattdessen geht das Denken nach den Prinzipien der Identifikation, Introjektion, Projektion und ähnlicher Mechanismen vor sich. So lange das Kind überzeugt ist, daß es die Welt ringsum durch die Allmacht der Gedanken verändern kann und das auch tut, glaubt es, alle anderen könnten das auch. Davon gibt das zweijährige kleine Mädchen Zeugnis, das sich, nachdem es die Sonne prächtig hat untergehen sehen, zu seinem Vater umdreht und sagt: „Mach' das nochmal, Vati!" Für dieses Alter ist jeder Erwachsene ein Zauberer, weil das Kind selbst ein Zauberer ist, wenn auch nicht ganz so erfolgreich wie der Erwachsene.

Als Jessy mit vierzehn Monaten die „Freundin" der Beobachterin geworden war, war es nicht mehr unwichtig, daß das Gesicht der Beobachterin sich plötzlich in die Maske eines „Entsetzen erregenden Fremden" verwandelte. Das Gesicht (ebenso die Maske) hatte schon seine Wirkung als Zeichen-Gestalt verloren. Statt dessen hatten die individuellen Gesichter „Mutter", „Vater" und „Freund" ihre Eigenbedeutung bekommen. Wenn nun das individuelle Gesicht der „Freundin" sich magisch in das eines „Fremden" verwandelt, läuft das Kind schreiend und entsetzt fort. Jessy hat ihre „Freundin" verloren, ein Fremder ist plötzlich aufgetaucht; ja, noch schlimmer, die „Freundin" hat sich in einen fremden Wechselbalg verwandelt.

Als die Maske wieder abgenommen worden und die „Freundin" wieder hergestellt ist, akzeptiert Jessy sie nach einigem Zureden wieder. Sie lehnt sich an sie an, und da sie sich in diesem körperlichen Kontakt geborgen fühlt, läßt sie es sich sogar gefallen, daß ihr die Maske in der Hand der Beobachterin vorsichtig vorgeführt wird. Aber ihre Gefühle gegen die böse Hexerei der Maske bleiben bestehen und Jessy beginnt, an den Augen der Maske herumzubeißen.

Mit einem Ausdruck Piagets hat Jessy die *Reversibilität* erst zum Teil erworben. Das stimmt mit Piagets Beobachtungen überein (Piaget, 1947); die Reversibilität, die in der Situation erforderlich wäre, wird nach seinen experimentellen Feststellungen erst sehr viel später als mit vierzehn Monaten erreicht (siehe Anhang).

Es lohnt sich, die Rolle des Ichs in diesen drei Situationen zu betrachten.

Situation Nr. 1: Auf der Dreimonatsstufe war die Leistung des rudimentären Ichs darauf beschränkt, die bedürfnisbefriedigende Zeichen-Gestalt wahrzunehmen, zu erkennen, und mit einem Lächeln auf sie zu reagieren. Das rudimentäre Ich kann nicht zwischen dem Freund und dem Fremden unterscheiden; noch weniger kann es das Kind vor Gefahr schützen. Trotz dieser Einschränkungen kann das rudimentäre Ich angemessen funktionieren, weil die Mutter als ein „Hilfs-Ich" *(auxiliary ego)* fungiert, das außerhalb des Kindes liegt (Spitz, 1951).

Situation Nr. 2: Was hat sich in Jessys Ich verändert? Im Alter von siebeneinhalb Monaten ist ihr Ich nicht mehr nur ein Rudiment, kaum wahrnehmbar, kaum fähig, eine Wahrnehmung mit ein paar Erinnerungsspuren zu koordinieren und mit einem Ausdruck positiven Affekts zu reagieren. In diesem Stadium beginnt die Struktur ihres Ichs in Erscheinung zu treten, das Ich hat die Rolle einer zentralen Steuerungsorganisation übernommen. Jetzt vermittelt es zwischen den Trieben des Kindes, die differenzierter geworden sind und in Form von affektiv getönten Bedürfnissen, Wünschen, Strebungen und Vermeidungen ausgedrückt werden. Diese werden in die Bahnen der Motorik und des affektiven Ausdrucks geleitet, denn das Ich beginnt nun die Rolle zu übernehmen, die es das ganze Leben lang behalten wird: die Rolle der Steuerung des Zugangs zur Motilität. In diesem Sinn ist das Ich im Begriff, einen Teil der Rolle der Mutter zu übernehmen, nämlich den Strebungen des Kleinkindes zum Erfolg zu verhelfen. Aber noch hat es nicht die Schutzfunktion der Mutter übernommen. Die Bestrebungen, denen Jessy in unserem kleinen Versuch folgt, sind ihre Wünsche nach Nähe und Austausch mit ihrer Freundin, ihre forschende Neugier in bezug auf das neue Spielzeug, das ihr die Freundin anbietet und das die magische Zeichen-Gestalt trägt.

Situation Nr. 3: Jessy ist nun vierzehn Monate und acht Tage alt. In ihrem Ich ist eine radikale Veränderung eingetreten. Es sind Denkprozesse zu beobachten, die weit über die einfache Wunscherfüllung hinausgehen: Die Beobachterin ist Jessys „Freundin" geblieben, der sie vertraut. Wenn die Beobachterin die Maske aufsetzt und sich in einen fremden Wechselbalg verwandelt, erleben wir das Ich in seiner neuen

Rolle, als den *Beschützer;* das Ich gibt nun das Gefahrsignal (Freud, (1926 a); Angst und Flucht sind die Folgen.
Ich glaube, diese Beobachtungsreihe veranschaulicht viele Aspekte in der Entwicklung des Ichs recht gut. Wir haben seine Entwicklung von einem rudimentären Anfang als Körper-Ich zunächst zur ausführenden, dann auf der nächsten Stufe zur beschützenden Organisation der Person des Kindes, zum „Beobachter", wie Anna Freud (1936) es nennt, mit ansehen können.

Ein grundlegender Unterschied zwischen dem Kleinkind und dem Erwachsenen

Diese Beobachtungsreihe zeigt jedoch auch die ungeheuren Unterschiede in den Reaktionen des Kleinkindes auf ein und denselben Reiz in den aufeinanderfolgenden Stadien. Es ist einleuchtend, daß ein gegebener Sinneseindruck oder ein Erlebnis im Alter von drei, acht und vierzehn Monaten jeweils eine ganz verschiedene Bedeutung hat. Jedes Stadium hat eine altersspezifische[4] Gruppe von Problemen zu lösen und Fährnisse zu bewältigen.
Das heißt nicht, daß das Kind während des ersten Lebensjahres ein furchtbar zartes, zerbrechliches Wesen ist. Aus dem vorher Gesagten wird klar, daß in bestimmten Stadien nur gewisse Reize relevant sind, keineswegs aber alle, mögen sie noch so stark sein. Dementsprechend haben auch nur bestimmte Erlebnisse in den jeweils gegebenen Stadien einen bedeutungsvollen Einfluß.
Ich versuche hier etwas zu verdeutlichen, was der erwachsene Mensch nicht leicht begreift. Das Kleinkind ist nicht mit dem Erwachsenen zu vergleichen. Es ist physiologisch anders, ebenso sind seine Empfindungen anders, seine physikalisch-chemischen Reaktionen, seine Art, die Umwelt zu erleben. Tatsächlich kann ein Vorgang, den das Kind ohne Schwierigkeiten erträgt, für den Erwachsenen lebensgefährlich sein, und umgekehrt. Wenn man einem Erwachsenen fünfzehn Minuten lang den

[4] Eigentlich sollten wir sie „stadiumsspezifisch" nennen; das Alter, in dem ein bestimmtes Stadium erreicht wird, schwankt individuell stark.

Sauerstoff entzieht, so ist das eine Katastrophe, die den Tod zur Folge hat. Für das Kind ist der gleiche Zustand während des Geburtsvorgangs normal, ja, sogar notwendig.

Die Unklarheit entsteht dadurch, daß dieser Unterschied selektiv ist; er trifft nicht gleichermaßen auf alle Gebiete des Organismus zu, er ist nicht einmal innerhalb eines Gebietes gleichförmig. Dieser Unterschied bedeutet z. B. nicht, daß das Neugeborene gegen alle Schäden und Leiden geschützt ist. Es kann nicht sagen, was es leidet, aber das bedeutet nicht, *daß* es nicht leidet. Gleichgültigkeit, Mangel an Einfühlung und Mangel an Phantasie haben zu unglaublichen Grausamkeiten an Säuglingen geführt. Man hat mir z. B. vor einigen Jahren noch berichtet, daß es Chirurgen in angesehenen Krankenhäusern gibt, die die Gewohnheit haben, an wehrlosen Säuglingen die Mastoidektomie ohne jede Betäubung auszuführen.

Wir können vermuten, obwohl wir keine Beweise dafür haben, daß eine solche gedankenlose Brutalität Folgen hat, die über ihre unmittelbare Wirkung hinausgehen. Ich glaube, es war Claude Bernard, der sagte: „La douleur tue comme l'hémorrhagie". Das mag hier nicht ganz zutreffen, denn die psychische Organisation des Kleinkindes scheint Schmerzen besser zu ertragen als die des Erwachsenen. Aber ich bin überzeugt, daß solche Traumata unerwartete psychische Narben hinterlassen können, die später im Leben spürbar werden. Man wird hier an Phyllis Greenacres Thesen erinnert, die sie in ihren Artikeln über die Prädisposition zur Angst (1941) äußert. Ich würde deshalb den Chirurgen und Kinderärzten ganz bescheiden vorschlagen, sie möchten doch wenigstens versuchen, eine physiologisch unschädliche Betäubungsmethode zu entwickeln, die mit Selbstverständlichkeit bei allen chirurgischen Eingriffen an Säuglingen angewendet werden sollte. Auf manche Erlebnisse, die für den Erwachsenen katastrophal sind, reagiert das Kleinkind sehr viel weniger heftig als dieser, ebenso kommt der umgekehrte Fall vor. Veränderungen der Umwelt, die dem Erwachsenen ganz unbedeutend erscheinen, können unter bestimmten, genau definierten Umständen (Spitz, 1950 b) auf den Säugling einen tiefgreifenden Einfluß ausüben, der manchmal sogar schwere Erkrankungen zur Folge haben kann. Die ergreifenden Szenen aus dem Film von Robertson: „Ein Zweijähriges muß ins Krankenhaus" *(A Two-Year-*

Old Goes to Hospital, 1953) geben eine Vorstellung von den leichteren Folgen, die daraus erwachsen können, daß ein Kind ins Krankenhaus gebracht wird.

Von 1944 an habe ich sowohl in Filmen als auch in Abhandlungen eine Reihe von Beobachtungen über emotionale Traumata veröffentlicht, die sogar noch schlimmer sind als die von Robertson festgehaltenen. Für den Erwachsenen scheinen solche Erlebnisse keine Bedrohung zu bedeuten, aber für das Kleinkind können sie ein Trauma sein, das das Leben des hilflosen Kindes bedroht, besonders während kritischer Übergangsstadien, wie sie gegen Ende des ersten Lebensjahres vorkommen.

Die Entwicklung im ersten Lebensjahr verläuft nicht in einer glatten, ebenmäßigen Kurve. Wir können vielmehr in bestimmten, regelmäßig wiederkehrenden spezifischen Stadien eine Richtungsänderung in dieser Kurve feststellen. Diese Änderungen entsprechen einer Reorganisation der psychischen Struktur, auf die das Hervortreten neuer Aspekte und Fähigkeiten der Persönlichkeit folgt. Jedes dieser aufeinanderfolgenden Stadien spiegelt den Übergang von einer bestimmten Entwicklungsstufe zur nächsthöheren und ist gekennzeichnet durch feinere Differenzierungen des seelischen Apparats. Das Studium dieser fundamentalen Umformung hat mich veranlaßt, einen neuen Begriff zur Bezeichnung der Faktoren einzuführen, die diesen Prozeß beherrschen. Ich habe diese Faktoren mit einem aus der Embryologie entlehnten Begriff „Organisatoren“ der Psyche genannt (Spitz, 1954, 1959).

Das Auftreten des ersten Organisators und seine Folgen

In der Embryologie bezieht sich der Begriff des Organisators auf die Konvergenz mehrerer Linien der biologischen Entwicklung an einem bestimmten Punkt im Organismus des Embryos. Diese Konvergenz führt das Auftreten einer Kombination von Wirkkräften und Regulierungselementen herbei, die man als „Organisator“ bezeichnet und die die nachfolgenden Entwicklungsprozesse beeinflußt. Needham (1931) spricht von dem embryologischen Organisator als dem Schrittmacher für eine bestimmte Entwicklungsachse; er ist ein Zentrum, das seinen Einfluß ringsum ausstrahlt. *Vor* dem Auftreten eines solchen Organisators kann ein Gewebestück von einem Teil des Körpers, z. B. aus der Augengegend, an eine vollkommen andere Stelle, z. B. auf die Rückenhaut, verpflanzt werden, wo es sich dann ebenso wie die es umgebende Haut entwickelt, das heißt, es wird ebenfalls Epidermis. Transplantiert man jedoch das gleiche Gewebestück *nach* dem Entstehen des Organisators für die Augengegend, dann entwickelt sich das verpflanzte Gewebe als Augengewebe, selbst wenn es ringsum von Rückenhaut umgeben ist.

Vor etwa dreißig Jahren habe ich die These aufgestellt, daß analoge Vorgänge mit *zugehörigen kritischen Knotenpunkten* auch in der *psychischen* Entwicklung des Kleinkindes wirksam sind. Die Feststellungen während meiner inzwischen durchgeführten Längsschnitt-Untersuchungen an mehreren hundert Kleinkindern haben meine These bestätigt, so daß ich versucht habe, sie noch genauer zu formulieren und sie auch auf nachfolgende Altersstufen anzuwenden.

Unabhängig von meinen Untersuchungen wurde die Existenz kritischer Perioden im Lauf der Entwicklung auch durch die Arbeiten von Scott und Marston (1950) mit Hilfe des Tierversuchs bestätigt. Ich glaube, unter den Psychoanalytikern war Glover der erste, der den Begriff der „kritischen Phasen" *(critical phases)* eingeführt hat. Er wandte diesen Begriff auf die Triebschicksale im Triebleben des Erwachsenen an. Später hat Bowlby (1953) dieses Prinzip auf den im Wachsen begriffenen Organismus angewandt.

Meine Beobachtungen haben ergeben, daß während dieser kritischen Perioden sowohl eine Integration der Entwicklungsströmungen untereinander in den verschiedenen Sektoren der Persönlichkeit stattfindet als auch mit den Funktionen und Fähigkeiten, die der Reifungsprozeß entstehen läßt. Das Ergebnis dieser Integration ist eine Umstrukturierung des psychischen Systems auf einer Ebene höherer Komplexität. Diese Integration ist ein heikler und verletzlicher Prozeß; wenn er gelingt, entsteht das, was ich einen „Organisator" der Psyche genannt habe.

Im vorigen Kapitel habe ich die sichtbaren Zeichen für die Konstituierung eines dieser Organisatoren geschildert; sein *Kennzeichen* ist das Auftreten der Reaktion des blickerwidernden Lächelns. Ich wiederhole, die Reaktion des Lächelns an sich ist nur das sichtbare Symptom für die Konvergenz mehrerer verschiedener Entwicklungsströme innerhalb des seelischen Apparats. Die Konstituierung der Reaktion des Lächelns zeigt an, daß diese Strömungen integriert und organisiert worden sind und von nun an als gesonderte Einheit im psychischen System wirken werden. Das Auftreten der Reaktion des Lächelns bezeichnet eine neue Ära im Lebensweg des Kindes, eine neue Seinsweise hat begonnen, grundlegend verschieden von der vorherigen. Dies ist ein Wendepunkt, der im Verhalten des Kindes deutlich zu sehen ist.

Diese Wendepunkte, diese Organisatoren der Psyche, sind für den geordneten und unbehinderten Fortgang der kindlichen Entwicklung außerordentlich wichtig. Wenn das Kind auf der richtigen Stufe mit Erfolg einen Organisator errichtet und gefestigt hat, kann seine Entwicklung in Richtung auf den nächsten Organisator weitergehen.

Wenn jedoch die Festigung des Organisators mißlingt, geht die Entwicklung nicht weiter. Die psychischen Systeme, die durch die Interaktion mit der Umwelt hätten integriert werden sollen, bleiben dann auf der unvollendeten, weniger differenzierten Entwicklungsstufe stehen, die vor der Bildung des Organisators liegt. Inzwischen geht jedoch die Reifung in stetigem Tempo und auf dem von den Erbanlagen vorgezeichneten Weg weiter. Diese sind viel weniger empfindlich gegen äußere Einflüsse und auch besser gegen sie geschützt als die Entwicklungsprozesse.

Daraus entsteht eine Störung in der Entfaltung der kindlichen Persönlichkeit, denn nun sind die Kräfte der Entwicklung und die der Reifung nicht mehr im Gleichgewicht. Diese Art von Gleichgewichtsstörung der Entwicklung ist weitgehend auf die ersten Lebensjahre beschränkt, wo sie auch am häufigsten vorkommt. Mit zunehmendem Alter tritt sie seltener auf, um nach der Pubertät vollkommen zu verschwinden. Der Mangel an Gleichgewicht zwischen Reifung und Entwicklung hat dank der Plastizität der kindlichen Psyche ein sehr viel leichteres Spiel[5].

---

[5] Eine eingehendere Besprechung dieses Themas findet sich bei Spitz (1959).

Ein weiterer Grund für die Plastizität der Persönlichkeit des Kindes im ersten Lebensjahr ist das Fehlen einer festgegründeten und deutlich differenzierten psychischen Struktur. Die psychoanalytische Theorie lehrt, daß das Ich diejenige psychische Instanz ist, die die Beziehungen zwischen Innen und Außen, die Transaktionen zwischen Innenwelt und Umwelt vermittelt. Eine Vielfalt psychischer Systeme und Apparaturen im Ich dient den Funktionen der Beherrschung und Abwehr, das heißt, sie bewirken die Abfuhr unnötiger oder sogar schädlicher Spannungen, den Ausschluß unerwünschter und die Aufnahme erwünschter Reize, die Anpassung an Reize, die Beseitigung von Reizen und zahllose andere Möglichkeiten des Austauschs mit der Umwelt.

Das Neugeborene hat jedoch noch kein Ich (Freud, 1914 b). Es kann ankommende Reize nicht bewältigen und ist quasi automatisch durch die stark erhöhte Reizschwelle gegen sie geschützt. Wenn jedoch die ankommenden Reize stark genug sind, wird diese Schranke durchbrochen; dadurch kann die noch undifferenzierte Persönlichkeit des Säuglings verändert werden.

Im weiteren Verlauf der Entwicklung entstehen im Zusammenhang mit den Uranfängen des Ichs rudimentäre Ansätze von Ich-Bestandteilen. Einerseits werden Ich-Kerne integriert, andererseits wird die Wahrnehmungsschwelle allmählich niedriger. Nun beginnen Reize, die von außen kommen, diese rudimentäre Persönlichkeitsorganisation zu verändern. Sie zwingen sie, zu reagieren und einen Formungsprozeß einzuleiten. Im Verlauf dieses Prozesses werden die Reaktionen des Säuglings nach und nach koordiniert und in eine lose zusammenhängende Struktur integriert. Dieser Vorgang geht den Anfängen des rudimentären Ichs voraus; diesem fällt dann später die Aufgabe zu, mit den von außen und von innen kommenden Reizen fertigzuwerden. Die weitere Entwicklung der Ich-Struktur, die Wirksamkeit des Ichs, seiner Kraft- und Zähigkeitsreserven geht langsam und graduell vor sich. Im Verlauf eines monate- und jahrelangen ständigen Austauschs bewältigt das Ich die ankommenden Reize und meistert sie. Struktur und Organisation eines bestimmten Ichs werden jeweils bestimmt durch die Art und Weise der Bewältigung äußerer und innerer Reize; die Erfahrungen, denen die noch plastische Persönlichkeit des Kleinkindes ausgesetzt ist, dienen dazu, eben diese Persönlichkeit zu verändern. Hier rollt sich ein unendlicher Prozeß der Umgestaltung in kleinen Schritten auf, mit dessen Erforschung wir kaum begonnen haben. Es ist jedoch nicht einfach, einen Begriff davon zu geben, wie die kindliche Persönlichkeit sich bildet. Die formenden Kräfte sind keineswegs gewaltsam; in den folgenden Kapiteln werden wir sie im einzelnen untersuchen.

7. KAPITEL

DIE ROLLE DER MUTTER-KIND-BEZIEHUNGEN IN DER ENTWICKLUNG DES KLEINKINDES

Auf den vorhergehenden Seiten haben wir die Persönlichkeit des Neugeborenen und des Säuglings von verschiedenen Gesichtspunkten aus untersucht. Diese Gesichtspunkte kann man nicht voneinander trennen; in Wirklichkeit sind sie ja nur verschiedene Aspekte eines unteilbaren Ganzen. Indem wir diese Aspekte nacheinander erforschen, betrachten wir lediglich diese Ganzheit aus verschiedenen Blickwinkeln: im Hinblick auf die Reifung, wenn wir von Übergängen und vom Fortschreiten von einem Übergang zum nächsten sprechen, im Hinblick auf die Struktur, wenn wir von einem Ich sprechen, im Hinblick auf das Fehlen einer Struktur, wenn wir von der Plastizität des Säuglings sprechen, im Hinblick auf Entwicklung oder Anpassung, wenn wir die Anfänge einer psychischen Organisation untersuchen. Was wir als „Säugling“ bezeichnen, umfaßt noch viel mehr: vor allem die kongenitale Ausrüstung, die dann dynamische Prozesse durchläuft; wir haben sie erwähnt, als wir von ihren Manifestationen in Form von Affekten sprachen – dies sind die Elemente, die der Ganzheit „Säugling“ Leben und Initiative verleihen.

Das Wechselspiel von Aktionen in der Mutter-Kind-Dyade

Die aus der Umwelt (das heißt von der Mutter) stammenden formenden Einflüsse sind auf diese lebendige, reagierende und sich entwikkelnde Ganzheit gerichtet. Wir wollen nun unser Augenmerk auf die Wechselbeziehungen und den Austausch richten, die zwischen der Ganzheit „Säugling“ auf der einen Seite und diesen formenden Kräften auf der anderen Seite wirksam werden. Zunächst wollen wir die Handlungen und Reaktionen des Säuglings betrachten, die die Mutter hervorruft. Ich benütze den Ausdruck „hervorrufen“ nicht nur in dem Sinn, daß er eine bewußte Absicht der Mutter bezeichnet, sondern vielmehr in dem Sinn, daß die Mutter ein stets sich wandelnder Reiz ist, eine Gelegenheit, ein Gefälle bietet. Schon die Existenz der Mutter, ihre bloße Gegenwart, bildet einen Reiz für die Reaktionen des Säuglings; ihre geringste Handlung – und sei sie noch so unscheinbar –, selbst wenn sie gar nicht auf das Kind bezogen ist, wirkt als Reiz. Im Rahmen der Objektbeziehungen sind jene Tätigkeiten der Mutter, die bei dem Kind eine merkbare Reaktion hervorrufen, nur die gröbsten und leichter erkennbaren Formen des Reizaustauschs innerhalb der Zweiheit. Wir werden später noch von subtileren Formen sprechen. Halten wir für den Augenblick fest, daß während des ersten Lebensjahres Erlebnisse und intentionale Handlungen wahrscheinlich den wichtigsten Einfluß in der Entwicklung der verschiedenen Persönlichkeitsbereiche des Säuglings ausüben. Der Prozeß der Triebabfuhr in Form von Handlungen bereitet dem Säugling Vergnügen. Jeder, der einen Säugling beobachtet, hat schon gesehen, welche Wonne er zeigt, wenn er von dem Zwang seiner Windeln befreit wird, und das Vergnügen des Kindes wird noch gesteigert, wenn ein Partner, die Mutter, bei seinen Späßen mitmacht. Sein Hinstreben zum Partner ist deutlich zu sehen, und im Lauf der Wochen wird es immer stärker gesteuert. Erfolg steigert das Vergnügen des Säuglings; erfolgsspezifisches Verhalten wird wiederholt und am Ende beherrscht. Andererseits wird der Säugling Handlungen wieder aufgeben, die regelmäßig zum Mißerfolg führen.

Dies ist ein Lernvorgang. Er ist dem Vorgang analog, den die Schulpsychologie „Versuch und Irrtum“ *(trial and error)* nennt, der durch „Belohnung und Strafe“ *(reward and punishment)* verstärkt wird. Ein weiterer Verstärkungsfaktor besteht darin, daß diejenigen Handlungen des Säuglings, die der Mutter angenehm sind, von ihr gefördert werden; daraus folgt, daß ihre Vorlieben auf die Entwicklung des Kindes einen lenkenden Einfluß ausüben. Ist ihre Haltung mütterlich und zärtlich, so wird sie sich praktisch über alle Aktivitäten ihres Kindes freuen. Ihre Affekte, ihr Vergnügen, ihre eigenen Handlungen, ob bewußt oder unbewußt, erleichtern dem Kind unzählige und mannigfache Handlungen. Ich bin überzeugt, daß nicht die bewußten Handlungen der Mutter das größte Maß an Erleichterung für die Handlungen des Kindes bieten, sondern vielmehr ihre unbewußte Haltung.

Diese Haltung stammt aus zwei verschiedenen Quellen. Eine könnte man mit einem gut geprägten Ausdruck der *Hampstead Nurseries* den „Steuerungsbereich“ *(sector of controls)* nennen[1]. Dieser Bereich zeigt im ganzen eine enge Affinität zu den Forderungen des Über-Ichs der Mutter. Der andere Bereich drückt weitgehend die Bestrebungen des Ich-Ideals der Mutter aus. Letztere Haltungen habe ich „Erleichterungen“ genannt, die die Mutter den Aktivitäten des Kindes und seiner Entwicklung verschafft. Der Steuerungsbereich übt, wie schon sein Name andeutet, einen einschränkenden Einfluß aus; der Bereich der Erleichterungen ist eine befreiende, ermutigende, vorwärtsdrängende Kraft.

Dies ist keineswegs eine absolute Teilung. Ohne Zweifel treiben die Forderungen des Über-Ichs die Mutter auch dazu, Leistungen zu fördern. In gleicher Weise veranlassen die Bestrebungen des Ich-Ideals sie auch, solchen Tätigkeiten die Erleichterung zu versagen, die sie mißbilligt. Aber im ganzen kann man sagen, daß Erleichterung fördert, während Steuerung hemmt. Obwohl Steuerung und Erleichterung für die Entwicklung wesentlich sind, hängt das Verhältnis ihrer Anwendung von der angeborenen Persönlichkeit des Kindes ab. Steuerung und Erleichterung, die dem Kind von außen zur Verfügung gestellt werden, ermöglichen ihm Entwicklung und Aufbau eigener Steuerungsmechanismen, von denen einige in Abwehrmechanismen münden. Ohne daß das Kind Steuer- und Abwehrmechanismen entwickelt, kann es kein Sozialwesen werden.

Trotz dieser Einschränkungen haben wir uns einer unzulässigen Vereinfachung schuldig gemacht. Keine Mutter ist „entweder-oder“; im psychischen Leben gibt es kein schwarz oder weiß. Wir haben bisher nur versucht, die gegensätzlichen Strömungen zu beschreiben, die in den Beziehungen wirksam sind, die die „gute, normale Mutter“ zu ihrem Kind herstellt.

Aber es gibt auch Mütter, deren von der Norm abweichende Persönlichkeiten einen pathogenen Einfluß auf die Entwicklung ihrer Kinder haben können. Wir werden in späteren Kapiteln Gelegenheit haben, von solchen abweichenden Charakterstrukturen bei Müttern zu sprechen, besonders von ihren pathogenen Aspekten.

---

[1] Siehe G. Bibring et. al. (1961) und Sandler (1961).

Wenn wir uns den „guten, normalen“ Mutter-Kind-Beziehungen wieder zuwenden, dürfen wir nicht übersehen, daß nicht nur von der Mutter zum Kind ein Gefälle besteht, sondern auch eins vom Kind zur Mutter. Wie bereits erwähnt, schon allein die Gegenwart, die bloße Existenz, der Mutter ruft bei dem Säugling Reaktionen hervor. Aber ebenso rufen Existenz und Gegenwart des Kindes Reaktionen der Mutter hervor.

Ein bedeutsamer Teil dieser Reaktionen paßt nicht zu dem populären Bild der Mutterschaft. Der Psychoanalytiker kennt genau die Kämpfe und Anstrengungen und den Aufruhr, die damit verbunden sind, das kindliche Verhalten, die Wünsche und Phantasien unter Kontrolle zu bringen. Das Kind muß sie besiegen, um ein akzeptiertes Mitglied seiner Gesellschaft zu werden. Für die Mutter bedeutet das Miterleben und Dulden des kindlichen Verhaltens ein Wiederaufleben aller der schuldvollen und zugleich köstlichen Phantasien, die sie selbst einmal hat überwinden müssen.

Als ich in einem Waisenhaus arbeitete, wo katholische Barmherzige Schwestern die Findelkinder versorgten, habe ich einmal amüsiert den empörten Ausruf einer der Schwestern mitangehört, die beim Wickeln eines kleinen Jungen feststellte, daß er eine Erektion hatte: „Oh, schaut das kleine Schweinchen an!“ Die Beimischung von Fröhlichkeit in dem Ton der Empörung war unverkennbar. Das Kind ist weit entfernt davon, in dem Sinne unschuldig zu sein, wie das Wort in bezug auf Erwachsene gebraucht wird; es bringt seine Triebe frei zum Ausdruck, ob das gesellschaftlich annehmbar ist oder nicht. Das gilt sowohl für die Sexualität als auch für die Aggression, für orales wie für anales Verhalten. Darum ist die scheinheilige Redensart von der „Unschuld der Kindheit“ nichts weiter als ein Leugnen von Tatsachen. Wir leugnen, daß es eine Belastung für unser Über-Ich bedeutet, wenn wir die Aktivitäten des Kleinkindes beobachten. Der Weg zurück zur Triebfreiheit der Kindheit ist für den Erwachsenen verboten und gefährlich.

Daraus folgt, daß die Mutter sich gegen alle Varianten der Verführung wehren muß, die ihr der Säugling anbietet. Ihre Beziehungen zu dem Kind mobilisieren das ganze Rüstzeug von Vorrichtungen, die die Abwehrmechanismen bieten; sie muß leugnen, verschieben, ins Gegenteil verkehren, skotomisieren und verdrängen; ihr Verhalten gegenüber den „unschuldigen“ Aktivitäten des Kleinkindes ist entsprechend wechselhaft. Im Verlauf dieses Prozesses tut die Mutter bewußt oder unbewußt der Wahrheit Gewalt an; sie sagt das eine und tut etwas anderes und am Ende gibt sie dem Schulkind die wohlbekannte Verhaltensregel: „Tu' nicht, was ich tue, tu' was ich sage!“

Eine der wirksamsten Methoden, solchen Zwang auszuüben, besteht darin, Besorgnis in bezug auf „Gefahren“ zu äußern, die dem Kind drohen. Sie kann viele Formen annehmen, verbale oder nicht-verbale, Vermeidung, Verbot, übermäßige Besorgnis *(overprotection)* und zahllose andere; die Rechtfertigung lautet: „es ist zum Besten des Kindes“. Das fängt an bei dem Kampf gegen das Daumenlutschen und erreicht seinen Höhepunkt bei der außerordentlichen Vielfalt der Sanktionen, mit denen die Masturbation belegt wird (Spitz, 1952), und den Anstrengungen, die gemacht werden, um den Beginn sexueller Beziehungen hinauszuschieben.

In meinem Film *Shaping the Personality* (Die Formung der Persönlichkeit, 1953 c) habe ich zehn Beispiele für den Einfluß der Mutter auf die Entwicklung dargestellt. Ich habe unkomplizierte und auffallende Beispiele gewählt, die sich im Film veranschaulichen ließen. Sie vermitteln uns eine Ahnung von diesem unfaßbaren Element in den Beziehungen zwischen Mutter und Kind. Sie zeigen einige Mittel und Wege, durch die solche Einflüsse die in der Entwicklung begriffene Persönlichkeit des Kindes formen und prägen.

Wir wollen nun die Elemente untersuchen, die in diesem Bildungsprozeß nicht unmittelbar deutlich werden. Ich habe diesen Prozeß „Formung“ genannt (Spitz, 1954). Er besteht aus einer Serie von Wechselwirkungen zwischen zwei Partnern, der Mutter und dem Kind, die einander wie in einem Kreislauf wechselseitig beeinflussen. Diese Wechselwirkungen werden von manchen Autoren als „Transaktionen“ im Rahmen des Paares Mutter und Kind bezeichnet. Freud (1921) nannte diese Zweiheit eine „Masse zu zweit“. Der Kürze willen werde ich den Ausdruck „Dyade“ verwenden. Die Beziehung in dieser Dyade ist von ganz besonderer Art, wie man schon an der Vielzahl der Bezeichnungen sehen kann, die die verschiedenen Forscher für sie geprägt haben. Es ist eine Beziehung, die bis zu einem gewissen Grad von der Umwelt isoliert ist und durch außerordentlich starke affektive Bande zusammengehalten wird. Wenn ein französischer Philosoph die Liebe als „einen Egoismus zu zweit" bezeichnen konnte, so trifft dies für die Mutter-Kind-Beziehung hundertfach zu.

Was sich innerhalb der Dyade abspielt, bleibt für uns ziemlich undurchsichtig. Wie kann man z. B. die fast hellsichtige Art erklären, mit der eine gute Mutter die Bedürfnisse ihres Kindes zu erraten scheint, wie sie versteht, was sein Schreien und sein Lallen bedeutet? Wir sprechen von mütterlicher Intuition, Intelligenz und Erfahrung, aber eigentlich wissen wir wenig über das, was in dieser Hinsicht in der Mutter vorgeht. Wir sehen uns einem gesteigerten Gewahrsein, einer erhöhten Sensibilität und Empfindlichkeit gegenüber; das beste Beispiel dafür ist wahrscheinlich das, was Freud (1900) als „Ammenschlaf" beschrieben hat: ein Schlaf, in dem die Mutter beim Lärm des Großstadtverkehrs ruhig weiterschläft, beim leisesten Laut ihres Kindes jedoch aufwacht. Man muß annehmen, daß hier ein weitreichender und selektiver Identifizierungsprozeß stattgefunden hat, aber mit dieser Feststellung haben wir lediglich das Phänomen selbst klassifiziert, und nur weitere Untersuchungen können möglicherweise die Einzelheiten und ihre Erklärung liefern.

Das Gegenstück zur Einfühlungsgabe der Mutter ist die Art, wie das Kind die Stimmungen der Mutter wahrnimmt, ihre bewußten ebenso wie ihre unbewußten Wünsche. Wie sollen wir uns erklären, was in dem Säugling vorgeht? Denn wenn er sich nach den Wünschen seiner Mutter formen soll, muß er sie ja erst einmal wahrnehmen. Und er nimmt sie wahr, denn es ist eine Binsenwahrheit, daß der Kommunikationsweg, der vom Kind zur Mutter geht, sein Gegenstück in einem ähnlichen Weg hat, der von der Mutter zum Kind geht. Es wird unsere Aufgabe sein, zu prüfen, worin diese Kommunikation[2] besteht.

---

[2] Was ist Kommunikation? Jede merkliche Verhaltensänderung, intentional oder nicht, gerichtet oder nichtgerichtet, mit deren Hilfe eine oder mehrere Personen die Wahrnehmung, Gefühle, Gedanken oder Handlungen einer oder mehrerer anderer Personen mit oder ohne Absicht beeinflussen können (Spitz, 1954).

Die Kommunikation innerhalb der Dyade Mutter und Kind

Hypotheses non fingo
NEWTON

In einer seiner ersten, posthum veröffentlichten Arbeiten, dem „Entwurf einer Psychologie" (1895) spricht Freud darüber, wie Kommunikation innerhalb der Dyade zustandekommt. Ich habe an anderem Ort auf diese Erläuterungen Bezug genommen (Spitz, 1957) und möchte sie hier zusammenfassen:

Freud spricht von der Bemühung, einen auf dem Weg über die motorischen Nervenbahnen ausgelösten Impuls zu entladen, und erläutert so den Abfuhrvorgang, der infolge der vom Körperinneren ausgehenden Reize notwendig wird. Zur Veranschaulichung seiner These benützt er das Beispiel des Bedürfnisses nach Nahrung. Er erklärt, daß zur Beseitigung der Hungerspannung eine Veränderung in der Außenwelt bewirkt werden muß, daß aber das Neugeborene hilflos ist und diese Veränderung nicht auslösen kann. Das Neugeborene kann die Spannung, die aus seinem Bedürfnis entsteht, nur durch diffuse, unspezifische Kundgebungen von Emotionen abführen, durch Schreien, Innervation von Blutgefäßen, usw. Diese Abfuhr kann aber die Spannung nicht auf die Dauer aufheben. Der Reiz kann nur durch eine spezifische, von außen kommende Intervention beseitigt werden, z. B. dadurch, daß das Neugeborene mit Nahrung versorgt wird. Hilfe von außen ist notwendig, und die bekommt man, indem man die Aufmerksamkeit einer Person in der Umgebung erregt; das geschieht durch die unspezifischen, zufälligen Abfuhrmanifestationen wie Schreien, Muskeltätigkeit, usw.

Hier folgt ein Satz von Freud, der in imponierender Verdichtung einen ganzen Sektor der psychoanalytischen Denkweise beleuchtet: „Diese Abfuhrbahn gewinnt so die höchst wichtige Sekundärfunktion der Verständigung[3], und die anfängliche Hilflosigkeit des Menschen ist die *Urquelle* aller *moralischen Motive*". (Kursivierung von Spitz.)

Das Verstehen des Wesens der Kommunikation zwischen Mutter und

[3] Der Begriff „Verständigung" bezieht sich in diesem Zusammenhang vor allem auf Kommunikation.

Kind im vorsprachlichen Alter ist außerordentlich wichtig, sowohl hinsichtlich der Theorie als auch hinsichtlich der Therapie und der Prophylaxe. In der psychoanalytischen Literatur ist dieses Thema bisher nicht seiner Bedeutung entsprechend gewürdigt worden. Philosophen, Psychologen und sogar einige Psychoanalytiker haben zuweilen unbestätigte Hypothesen geäußert, in denen behauptet wird, daß die Kommunikation zwischen Mutter und Kind auf außersinnlicher Wahrnehmung *(extrasensory perception)* oder Telepathie beruhe. Ich fühle mich nicht kompetent, über die außersinnliche Wahrnehmung ein Urteil abzugeben. Ich habe mich bei meinen Untersuchungen auf die Methoden des Experiments und der Beobachtung beschränkt. Demgemäß habe ich das Phänomen der Kommunikation zwischen Mutter und Kind vom Standpunkt des experimentellen Beobachters aus betrachtet. Noch viele solche Untersuchungen werden in Zukunft hinzukommen müssen. Es ist möglich, ja wahrscheinlich, daß zukünftige Studien dieses Phänomens von den in der Kommunikationstheorie aufgestellten Hypothesen erheblich profitieren werden. Immer mehr Forscher, meist Mathematiker und Physiker, neuerdings auch Neurologen und Psychiater, wenden bei ihrer Arbeit die Methoden der Kybernetik und der Kommunikationstheorie an. Meine eigene Arbeitsweise bei dieser Untersuchung ist elementarer und reicht nur gerade an die Schwelle dieser hochverfeinerten Methoden.

Kommunikation bei Tieren und Menschen

Bei meinen Versuchen, einen Einblick in die Mittel und Wege der Kommunikation zwischen Mutter und Säugling zu bekommen, haben mich Studien über die Kommunikation bei Tieren angeregt. Das Tier-Experiment genießt eine Freiheit, die wir für die Untersuchung des Menschenkindes nicht haben (und auch nicht haben wollen). Darum ist es Verhaltensforschern und Tierpsychologen gelungen, höchst bedeutsame und informative Entdeckungen zu machen, aus denen sie bestimmte allgemeine Prinzipien ableiten konnten; bis zu einem gewissen Grade können diese auch für die Untersuchung der innerhalb der Dyade stattfindenden Kommunikation brauchbar sein.

Tiere treten auf einer Stufe psychischer Integration in Kommunikation, die man ganz grob als eine affektiv-konative Stufe bezeichnen könnte. Als solche unterscheidet sie sich grundlegend von den kognitiven und begrifflichen Funktionen der verbalen Kommunikation. Die Kommunikation zwischen Mutter und Kind findet während der ersten sechs Monate und sogar bis zum Ende des ersten Lebensjahres ebenfalls auf der nichtverbalen Stufe statt und bedient sich vergleichbarer Mechanismen wie die Kommunikation im Tierreich[4]. Tiere besitzen Kommunikationsmittel, die je nach der Spezies verschieden sind. Bienen verständigen sich, wie von Frisch (1931) gezeigt hat, mit Hilfe von etwas, das er als „Tänze" bezeichnet. Verhaltensforscher wie Konrad Lorenz (1935) und Tinbergen (1951) haben an Fischen, Vögeln und einer Reihe von Säugetieren gezeigt, wie die Kommunikation mit Hilfe bestimmter Verhaltensweisen zustandekommt. Diese Verhaltensweisen bestehen aus Signalen in Form von bestimmten Körperhaltungen sowie aus bestimmten Lauten; beide haben Gestalt-Charakter. Diese Verhaltensweisen enthalten keine Botschaft des Subjekts, die spezifisch an ein anderes Individuum gerichtet wäre. Die Mitteilungen gehören zu den elementarsten Formen der Kundgebung; es sind Handlungen mit Aussagecharakter, wie Karl Bühler (1934) sie genannt hat. Die Verhaltensweisen bringen das zum Ausdruck, was ich mangels eines besseren Begriffs als einen Gemütszustand, eine Stimmung, eine affektive Einstellung bezeichnet habe, die das unmittelbare Erleben des Subjekts widerspiegelt. Es ist eine ungesteuerte, nicht gerichtete Reaktion auf einen vom Subjekt wahrgenommenen Reiz.

Die Reaktion eines zweiten Tier-Subjekts auf die Wahrnehmung dieser Verhaltensweisen mag nun so aussehen, als ob es dies Verhalten *als eine an sich gerichtete Mitteilung* verstanden hätte. Dieser Anschein trügt jedoch. In Wirklichkeit reagiert auch das zweite Tiersubjekt nur auf eine Reizwahrnehmung und *nicht* auf eine Mitteilung. Die Reizwahrnehmung als solche provoziert bei dem zweiten Subjekt ein Verhalten, das das Gegenstück, die Entsprechung oder eine Ergänzung zu dem wahrgenommenen Reiz sein kann.

---

[4] Eine eingehende Behandlung dieser Frage findet sich bei Spitz, 1963 a, b, c, d.

Diese Art von Kommunikation hat Bierens de Haan (1929) von der menschlichen Sprache unterschieden, indem er die Tiersprache egozentrisch und die Menschensprache allozentrisch nannte. Bierens de Haans Begriff „egozentrisch" hat nichts mit dem psychoanalytischen Ich-Begriff zu tun. Dieser Autor bezeichnet, wie Piaget, alles als „egozentrisch", was „sein Zentrum in dem Subjekt hat". Wenn er also die tierische Sprache „egozentrisch" nennt, will er damit sagen, sie sei nicht an ein anderes Tier gerichtet, sondern nur der Ausdruck eines inneren Vorgangs. Die gleiche Situation herrscht im Neugeborenen, in dem ein Ich noch nicht existiert. Seine stimmlichen Äußerungen sind der Ausdruck innerer Vorgänge und sind nicht an irgendjemand gerichtet.

George H. Mead (1934) hat das Eigentümliche dieser Kommunikationsform (wenn auch schon auf einer höheren Stufe) an folgendem Beispiel verdeutlicht: Wenn der Hund A bellt und in einiger Entfernung der Hund B mit Bellen antwortet, weiß der Hund B nicht, ob sein Bellen für den Hund A irgendeine Bedeutung hat, geschweige denn, *was für eine* Bedeutung es haben mag. Als Beobachter wissen wir, daß das Bellen von Hund B für A ein Reiz ist und daß Hund A reagieren wird, indem er seinen Gefühlen darüber Ausdruck verleiht, auf diese Weise gereizt worden zu sein. Aber genau das weiß der Hund B nicht, denn sein Bellen ist egozentrisch und nicht allozentrisch, wie es die menschliche Sprache sein würde.

In der menschlichen Sprachentwicklung stellt diese primitive Kommunikationsform jenen phylogenetisch bestimmten Teil dar, den wir alle schon bei der Geburt in Form einer Anlage besitzen. Später wird eine spezifisch menschliche ontogenetische Entwicklung auf diese phylogenetische Anlage aufgepfropft. Das ontogenetische Pfropfreis besteht in der allozentrischen (gerichteten) intendierten Kommunikation, die vermittels semantischer Zeichen und Signale vor sich geht. Ihre höchste Leistung besteht in der Entwicklung der Symbolfunktion[5].

---

[5] Die Rolle der Symbolfunktion ist nicht auf die allozentrische Kommunikation beschränkt. Sie wird auch innerhalb des Individuums selbst wirksam, z. B. als Intrakommunikation beim Denkprozeß (Cobliner, 1955).

Die Formen der Kommunikation innerhalb der Mutter-Kind-Dyade jedoch, die in den ersten Lebensmonaten, vor der Bildung von Objektbeziehungen festgelegt werden, basieren auf der oben beschriebenen phylogenetischen Anlage. Wie schon erwähnt, haben diese Formen der Kommunikation Aussagecharakter, das heißt, sie haben ihren Ursprung in Affekten und sind nicht gerichtet. Sie bedienen sich dessen, was man als „Organsprache" *(organ language)* bezeichnet hat (Kris, 1953; Jacobson, 1964; siehe auch Abraham, 1916).

Worin besteht der Aussagecharakter, was sind die affektiven und nichtgerichteten Aspekte dieser Kommunikationsformen? Als wir von den Kräften sprachen, die die plastische Persönlichkeit des Kindes formen, haben wir ebenfalls angenommen, daß diese Kräfte durch irgendein Kommunikationssystem übermittelt werden. Eine solche Kommunikation findet innerhalb der Dyade statt und besteht aus zirkulären Resonanzprozessen. Es ist klar, daß dies eine Art der Kommunikation ist, die sich beträchtlich von der zwischen Erwachsenen üblichen unterscheidet. In den folgenden Kapiteln werde ich versuchen zu beschreiben, wie man sich ihre Wirkungsweise vorzustellen hat. Zunächst aber ist eine kurze Definition der in dieser Besprechung der Kommunikation benützten Begriffe angezeigt.

Das Zeichen ist ein Sinneseindruck, der empirisch mit dem Erleben eines Gegenstandes oder einer Situation verknüpft wird. Es kann an die Stelle der Wahrnehmung eines Objektes oder der Situation selbst treten. Die besten Beispiele für das hier Gemeinte finden sich in der medizinischen Literatur. Das Koplik'sche Zeichen z.B. besteht aus roten Flekken mit einem weißen Zentrum auf der Wangenschleimhaut und zeigt das Prodromalstadium der Masern an. Oder das McBurney'sche Zeichen: eine empfindliche Stelle zwischen dem Nabel und dem Darmbeinkamm zeigt uns das Vorhandensein einer Blinddarmentzündung an.

Zeichen und Signale stehen in einer hierarchischen Beziehung zueinander: Zeichen ist der Gattungsbegriff, Signal ist der untergeordnete Begriff, es bedeutet den spezifischen Gebrauch eines Zeichens. Der Begriff *Signal bezeichnet deshalb eine durch Übereinkunft anerkannte Verbin-*

dung zwischen einem Zeichen und einer Erfahrung, gleichgültig, ob diese Verbindung zufällig, willkürlich oder objektiv vorhanden ist. Eisenbahnsignale und Straßenverkehrszeichen (z. B. eine Verengung der Straße wird durch Parallellinien angezeigt, die sich einander nähern oder parallel weitergehen, oder „Achtung, Hauptstraße hat Vorfahrt", angezeigt durch ein auf der Spitze stehendes Dreieck) sind gute Beispiele dafür.

Ein Symbol ist ein Zeichen, das für einen Gegenstand, eine Handlung, eine Situation, eine Idee steht; es hat eine Bedeutung, die über seine formalen Aspekte hinausgeht. Gesten und Wörter sind die elementarsten Symbole. Darum werden wir in dieser Studie die Merkmale des Symbols nicht im einzelnen besprechen.

Die Kommunikation zwischen Mutter und Kind unterscheidet sich grundsätzlich von der Kommunikation zwischen Erwachsenen, und zwar in mehreren Punkten. Der wichtigste Unterschied besteht darin, daß die in der Kommunikation zwischen zwei oder mehreren erwachsenen Partnern benützten Mittel im allgemeinen zu ein und derselben Kategorie, nämlich zur Kategorie der Wort- oder Gestensymbole gehören. Im Fall von Mutter und Kind ist das anders; hier besteht eine auffallende Ungleichheit in den Kommunikationsmitteln. Denn während die Mitteilungen des Säuglings, wenigstens in den ersten Lebensmonaten, ausschließlich Zeichen sind, sind die von dem erwachsenen Partner des Kindes ausgehenden Mitteilungen willentlich gesteuerte Signale und werden von dem Kind als solche wahrgenommen.

Die Rolle von Rezeption und Perzeption: coenästhetische und diakritische Funktionsweisen

Wenn wir von einem Kommunikationssystem sprechen, setzen wir stillschweigend voraus, daß jede übermittelte Botschaft von dem empfangenden Partner wahrgenommen wird. Diese Annahme schafft jedoch eine logische Schwierigkeit. Im Vorhergehenden habe ich postuliert, daß im Neugeborenen eine Wahrnehmung in dem Sinne, wie wir den Begriff bei Erwachsenen anwenden, nicht existiert, und daß sie erst allmählich im Lauf des erstens Lebensjahres erworben wird.

Besonders während der ersten sechs Lebensmonate, in gewissem Maß sogar noch später, befindet sich das Wahrnehmungssystem, das Sensorium des Säuglings, in einem Übergangszustand. Es verschiebt sich nach und nach von dem, was ich coenästhetische *Re*zeption genannt habe, zur diakritischen *Per*zeption hin. Die Funktion der coenästhetischen Organisation ist nicht, wie die der diakritischen, lokalisiert und diskontinuierlich – sie ist extensiv. Das Verhältnis zwischen coenästhetischer und diakritischer Organisation erinnert an das Verhältnis zwischen Primär- und Sekundärvorgang. Abkömmlinge (des Ubw), die im Sekundärvorgang erscheinen, geben uns Auskunft über den Ablauf des Primärvorgangs. In derselben Weise werden wir meist auf das stumme Wirken des coenästhetischen Systems entweder durch die Verzerrungen aufmerksam, die es in den diakritischen Funktionen hervorruft, oder durch seinen Einfluß auf den Primärvorgang. Das Sensorium spielt in der coenästhetischen Rezeption eine minimale Rolle; stattdessen geht die Wahrnehmung auf der Stufe der Tiefensensibilität und in ganzheitlicher Form vor sich, nach dem Prinzip des „alles oder nichts". Auch die Reaktionen auf den coenästhetischen „Empfang" sind ganzheitlicher Art, wie z. B. viscerale Reaktionen (Spitz, 1945 b). Diese Rezeption und die entsprechenden Reaktionen werden durch Signale und Reize hervorgerufen, die vollkommen anders sind als die in der Wahrnehmung und Kommunikation Erwachsener wirksamen Signale und Reize. Das coenästhetische System reagiert auf nichtverbale, nichtgerichtete Ausdruckssignale; daraus ergibt sich ein Kommunikationsmodus, der auf der Stufe der „egozentrischen" Kommunikation der Tiere steht.

Hier stellen sich drei Fragen:

1. Wie und warum ist das Kind fähig, coenästhetische Signale in einem Alter zu empfangen, in dem es diakritische Signale noch nicht wahrnehmen kann?
2. In welchen Verhaltenskategorien des erwachsenen Menschen sind solche Signale zu finden?
3. Warum scheinen Erwachsene gewöhnlich nicht auf sie zu reagieren?

Die Beantwortung der ersten Frage ist nicht leicht. Die elementarste Stufe der erlernten Kommunikation ist der bedingte Reflex, bei dem ein Reiz (der als Signal fungiert) eine Reaktion des vegetativen Systems hervorruft. Man hat experimentell nachgewiesen, daß sich der erste bedingte Reflex beim Säugling als Reaktion auf eine Gleichgewichtsänderung einstellt, das heißt auf eine Reizung der Tiefensensibilität. Dies ist eine Reizung des coenästhetischen Systems. Außerdem funktioniert die Wahrnehmung durch das Sensorium (diakritische Wahrnehmung) noch nicht; dieses Fehlen der diakritischen Wahrnehmung intensiviert die coenästhetische „Rezeption“, da nur coenästhetische Signale empfangen und erlebt und also wirksam werden. Schließlich muß die coenästhetische Organisation von Geburt an funktionieren, wenn das Kind am Leben bleiben soll. Daraus folgt, daß die coenästhetischen Funktionen beim Neugeborenen reifer und zuverlässiger sind als alle anderen.

Die zweite Frage ist leichter zu beantworten. Zeichen und Signale, die das Kind in den ersten Lebensmonaten erreichen und von ihm empfangen werden, gehören den folgenden Kategorien an: Gleichgewicht, Spannungen (der Muskulatur und andere), Körperhaltung, Temperatur, Vibration, Haut- und Körperkontakt, Rhythmus, Tempo, Dauer, Tonhöhe, Klangfarbe, Resonanz, Schall und wahrscheinlich noch eine Reihe anderer, die der Erwachsene kaum bemerkt, und die er gewiß nicht in Worte fassen kann.

Dies führt uns zur dritten Frage, nämlich, warum der Erwachsene so unempfindlich gegen die Signale der coenästhetischen Kommunikation zu sein scheint. Betrachtet man die oben aufgeführten Kategorien, erkennt man schnell, wie weitgehend diese sensorischen Kategorien in dem bewußten Kommunikationssystem der Erwachsenen fehlen. Die Erwachsenen haben in ihrer Kommunikation den Gebrauch von Signalen, die diesen Kategorien angehören, durch diakritisch wahrnehmbare semantische Symbole ersetzt. Diejenigen Erwachsenen, die die Fähigkeit behalten haben, sich einer oder mehrerer dieser gewöhnlich verschwundenen Wahrnehmungs- und Kommunikationskategorien zu bedienen, gehören zu den besonders Begabten. Sie sind Komponisten, Musiker, Tänzer, Akrobaten, Flieger, Maler und Dichter und vieles andere, und wir halten sie oft für „übersensible“ oder labile Persönlichkeiten. Es ist nicht zu leugnen, daß sie sich immer vom durchschnittlichen Menschen des westlichen Kulturbereichs unterscheiden. Der Durchschnittsmensch des Westens hat sich dafür entschieden, in seiner

Kultur die diakritische Wahrnehmung sowohl in bezug auf die Kommunikation mit anderen als auch auf die Kommunikation mit sich selbst in den Vordergrund zu stellen. Introspektion wird mißbilligt und als ungesund abgewertet, so daß wir uns kaum dessen bewußt sind, was in uns vorgeht, außer wenn wir krank sind. Unsere Tiefenempfindungen erreichen unsere Wahrnehmung nicht, sie werden nicht bedeutsam für uns, wir lassen ihre Botschaften außer acht und verdrängen sie. Ja, wir fürchten sie sogar und geben diese Furcht auf mancherlei Art zu erkennen. Sie kann direkt zum Ausdruck kommen: Wir finden Vorahnungen widerwärtig; wenn sie sich gar bewahrheiten, finden wir sie unheimlich[6]. Wir versuchen, sie zu leugnen oder wenigstens, sie zu rationalisieren.

Der Wahrsager, der Hypnotiseur und das Medium werden alle in einen Topf geworfen und als störend und bedrohlich für unsere rationale Welt empfunden; sie werden in eine Zone des Halbdunkels abgeschoben und gemieden. Man verdammt sogar die Intuition und spottet über sie in wissenschaftlichen Gesprächen. Und dieser Spott, der Sarkasmus, die Scherze in solchen Dingen verraten unser Unbehagen angesichts einer Erscheinung, die wir nicht erklären können.

Darum sind wir weit davon entfernt, auf autonome Veränderungen an anderen zu achten, ja, wir bemerken sie nicht einmal und können sie noch weniger deuten. Jedes Tier weiß selbstverständlich, wenn jemand sich vor ihm fürchtet, und handelt ohne Zögern auf Grund dieses Wissens. Die meisten Menschen sind unfähig, diese einfache Leistung nachzumachen. Wir halten den Psychiater für ein einzigartig begabtes Individuum, wenn er an einem Patienten Angst, Ärger, Verlangen, Vertrauen wahrnimmt, der diese Affekte nicht in Worte kleiden kann.

Die Fähigkeit zu dieser Art von Wahrnehmung und ihr Gebrauch unterliegen meist in der Latenzzeit der Verdrängung. Darum empfinden wir es als schwierig, wenn nicht unmöglich, uns die Art von Welt vor-

---

[6] Hier ist nicht der Ort, um auf die unbewußten Prozesse einzugehen, die solchen Phänomenen wie dem Unheimlichen zugrunde liegen. Ich verweise den Leser auf die zahlreichen Artikel über dieses Thema in der psychoanalytischen Literatur, beginnend mit Freuds Abhandlungen „Das Unheimliche" (1919), „Über Fausse Reconnaissance ..." (1914 a), „Traum und Telepathie" (1922) und „Die okkulte Bedeutung des Traums" (1932).

zustellen, in der ein Wesen lebt, dessen *gesamtes* Empfindungssystem, dessen Art der Beziehungsherstellung in Kategorien vor sich geht, die uns fremd geworden sind. Diese Spaltung zwischen der diakritischen Wahrnehmung und der dem Säuglingsalter eigenen Ausdrucksfähigkeit mag auch manche scheinbar übernatürlichen Fähigkeiten erklären, z. B. die sogenannte mystische Weissagung der Primitiven. In Gesellschaften, die noch keine Schrift entwickelt haben, bewahren manche Individuen bis ins Erwachsenenalter jene Sensibilität, die der westliche Mensch verdrängt, und können sich ihrer bedienen; oder zumindest können sie oft auf diesen Wahrnehmungsmodus regredieren. Es scheint sich hier um eine Regression im Dienste eines kulturell bestimmten Ich-Ideals zu handeln.

Das geht sogar noch weiter: In primitiven Gesellschaften werden großzügig Hilfsmittel angewendet, um diese Art der Regression zu erleichtern. Solche Hilfsmittel hemmen entweder die Funktion des diakritisch orientierten Ichs oder sie können auch das Funktionieren der coenästhetischen Organisation verstärken. Zu diesen Hilfsmitteln können wir Fasten, Einsamkeit, Dunkelheit und Enthaltsamkeit zählen – mit einem Wort – Reizentzug. Auch Drogen, Rhythmus, Klang, Alkohol, Atemtechniken, usw. können herangezogen werden, um eine Regression zu erreichen, die kaum noch im Dienst des Ichs steht und durchaus Teil einer kulturellen Institution sein kann. Ähnliche Bedingungen herrschen wahrscheinlich im hypnotischen Trancezustand, vielleicht bei manchen Mystikern und sicherlich bei gewissen Psychotikern.

Für den Säugling sind jedoch die aus dem affektiven Klima der Mutter-Kind-Beziehung stammenden coenästhetischen Signale offensichtlich die normalen, natürlichen Kommunikationsmittel, auf die er mit einer ganzheitlichen Reaktion antwortet. Die Mutter ihrerseits nimmt die ganzheitlichen Reaktionen des Säuglings ebenfalls ganzheitlich wahr.

Ich habe schon auf die gleichsam telepathische Sensibilität der Mutter in bezug auf ihr Kind hingewiesen. Ich bin der Meinung, daß die Mutter während der Schwangerschaft und in der unmittelbar auf die Entbindung folgenden Zeit ihre potentielle Fähigkeit zur coenästhetischen Reaktion wieder aktiviert. Zweifellos treten im Verlauf der Schwangerschaft, Entbindung und Stillzeit eine Reihe regressiver Prozesse auf (Benedek, 1952, 1956). Es ist bedauerlich, daß die Experimentalpsychologen nie den Versuch gemacht haben, die Unterschiede zwischen der coenästhetischen perzeptiven Empfindlichkeit einer Mutter, die ihr Kind stillt, und einer Frau, die nie schwanger gewesen ist, zu untersuchen. Ich bin überzeugt, daß eine stillende Mutter Signale wahrnimmt, die wir nicht bemerken (siehe auch Spitz, 1955 a, 1957).

Affekte, Wahrnehmungen und Kommunikation

Affektive Signale, die aus der Gemütsverfassung der Mutter entstehen, scheinen für den Säugling eine Form der Kommunikation zu werden. Dieser Austausch zwischen Mutter und Kind findet ständig statt, ohne daß die Mutter notwendigerweise etwas davon merkt. Diese Kommunikationsweise zwischen Mutter und Kind übt einen stetigen Druck aus, der die kindliche Psyche formt. Damit will ich nicht sagen, daß dieser Druck für den Säugling irgendetwas wie Unlust hervorbringt. Ich spreche nur darum von „Druck", weil das rechte Wort für diesen außerordentlich subtilen und unfaßbaren Austausch noch nicht erfunden worden ist. Ich versuche, einen Vorgang zu beschreiben, von dem man nur die oberflächlichsten Anzeichen wahrnehmen kann. Druck und Nachgeben wechseln ab und verbinden sich, um einmal die eine, dann wieder eine andere Funktion, die sich im Verlauf der Reifung entfalten, zu beeinflussen, wobei sie manche verzögern, andere erleichtern. Das ist es, was ich in meinem Film *Shaping the Personality* (1953c) versucht habe einzufangen. Was ich dort zeigen konnte, war nur die Oberfläche. Unter dieser Oberfläche bestimmen Ebbe und Flut der affektiven Kräfte die Gezeiten, die den Strom der Persönlichkeitsentwicklung in die eine oder die andere Richtung lenken.
Ich kann nicht genug betonen, wie gering die Rolle ist, die traumatische Ereignisse in dieser Entwicklung spielen. Was wir immer wieder sehen, sind die kumulativen Ergebnisse ständig wiederholter Erlebnisse und Reize, endlos wiederholter Reaktionsabfolgen. Das gleiche Prinzip der Kumulation gilt für die Ätiologie einer möglicherweise später eintretenden Neurose. Isolierte traumatische Ereignisse spielen bei der Entstehung von Neurosen selten eine entscheidende Rolle. Ich habe wiederholt betont, daß bei Neurosen die Kumulativwirkung der Er-

lebnisse für das pathologische Ergebnis verantwortlich ist. Zur Bezeichnung der Gesamtheit der Kräfte, die die Entwicklung des Säuglings beeinflussen, habe ich den Begriff des *affektiven Klimas* (Spitz, 1947 b) eingeführt. Das affektive Klima wirkt gemäß einem psychischen Prinzip, das ich in einer vor der Wiener Psychoanalytischen Gesellschaft vorgetragenen Abhandlung 1936 formuliert und als *Prinzip der Kumulation* bezeichnet habe.

Ich möchte an dieser Stelle nicht auf die Rolle der Affekte in psychischen Prozessen, in Empfindung, Wahrnehmung, Denken oder Handeln eingehen. Es muß jedoch darauf hingewiesen werden, daß die meisten akademisch geschulten Psychologen diese Fragen wie auch das ganze Problem der Affektivität vermeiden, indem sie von „Motivation" sprechen. Die psychoanalytische Theorie hat dagegen von Anfang an darauf bestanden, daß alle psychischen Funktionen, seien es Empfindungen, Wahrnehmungen, Denken oder Handeln, Verschiebungen von libidinösen Besetzungen zur Voraussetzung haben, die sowohl vom Einzelnen als auch von der Umwelt als Affekte und affektive Prozesse wahrgenommen werden. Mit anderen Worten, affektive Kundgebungen sind Anzeichen für Verschiebungen der Besetzung; diese liefern die Motivation zur Aktivierung der oben erwähnten psychischen Funktionen. Im Säuglingsalter spielen die Affekte für die Kommunikation die gleiche Rolle wie der Sekundärvorgang beim Erwachsenen.

Bewußt oder unbewußt nimmt jeder der beiden Partner in dem Paar Mutter und Kind die Affekte des anderen wahr und reagiert seinerseits mit Affekten, so daß ein fortwährender gegenseitiger Affektaustausch stattfindet. Dieser Austausch unterscheidet sich grundlegend von dem, den wir gelegentlich bei Erwachsenen, z. B. bei unseren Patienten, beobachten können. In der frühesten Kindheit sind die affektiven Prozesse noch nicht mit Elementen vermischt, die aus der diakritischen Wahrnehmung stammen, und sie sind auch keiner sekundären Bearbeitung durch Denkprozesse unterworfen worden. Außerdem sind die Folgen des affektiven Austauschs zwischen Mutter und Kind der direkten Beobachtung zugänglich; das ist bei Erwachsenen die Ausnahme. Beim Säugling haben wir es mit affektiven Prozessen *in statu nascendi* zu tun, die man gleichsam *in vivo* beobachten kann.

Es ist für unsere Untersuchung von besonderem Interesse, daß die Entfaltung der affektiven Wahrnehmung und des affektiven Austauschs allen anderen psychischen Funktionen vorausgeht; diese letzteren werden sich später auf der durch die affektiven Wechselwirkungen geschaffenen Grundlage entwickeln. Die Affekte scheinen diesen Vorsprung vor der übrigen Entwicklung mindestens bis zum Ende des ersten Lebensjahres zu behalten. Meiner persönlichen Ansicht nach behalten sie ihn noch erheblich länger.

Da die affektiven Erlebnisse im Rahmen der Mutter-Kind-Beziehungen im ersten Lebensjahr als Bahnbrecher für die Entwicklung in allen anderen Bereichen dienen, ist die logische Folge, daß die Entstehung des Objekt-Vorläufers auch den Beginn der Beziehungen zu den „Dingen“ einleitet. Nachdem das Kind die Fähigkeit erlangt hat, das menschliche Gesicht wahrzunehmen und verläßlich darauf zu reagieren, dauert es noch einmal zwei Monate, bis es ihm gelingt, die Flasche zu erkennen, die doch gewiß ein höchst vertrautes „Ding“ ist. Es sieht die Flasche mehrmals am Tage und handhabt sie, und außerdem erlebt es, daß sie ihm Bedürfnisbefriedigung bringt. Trotzdem erkennt es die Flasche erst viel später als das menschliche Gesicht.

Wie bei all unseren Zeitangaben über Beginn und Dauer eines Phäno mens im Säuglingsalter können wir auch hier nur einen Mittelwert angeben, von dem beträchtliche zeitliche Abweichungen möglich sind. Wesentlich ist jedoch nicht so sehr der Zeitpunkt des Auftretens oder die Dauer einer spezifischen Erscheinung während des Säuglingsalters, denn das kann verschieden sein; das Wesentliche ist die Abfolge der Entwicklungsschritte in den verschiedenen Bereichen der Persönlichkeit. Die Tatsache, daß die erste Beziehung des Säuglings zu einem menschlichen Partner hergestellt wird, ist von überragender Bedeutung, denn alle späteren sozialen Beziehungen bauen auf dieser Beziehung auf. Hier beginnt der Prozeß, der den Säugling in ein menschliches, ein soziales Wesen verwandelt, in das „Zoon politikon“ im menschlichen Sinn.

In dieser Beziehung, die auf dem affektiven Austausch beruht, besteht der Unterschied zwischen der menschlichen *Polis* und der Termitenkolonie, wo die Beziehungen auf chemischen und physikalischen Wirkstoffen, auf Geruch, Geschmack und Tastsinn beruhen.

Die Leistungen der Spezies Mensch wurden dadurch möglich, daß der aufrechte Gang seine Hand freigab und so der soziale Austausch unermeßlich erleichtert wurde, denn dadurch wurden Mund und orale Zone für die Kommunikation frei (Freud, 1930; Bell, 1833; Spitz, 1946 a).

Phylogenetisch hatten Mund, Kiefer und periorale Zone die Aufgabe der Nahrungsaufnahme. Im Lauf der Evolution wurde eine große Zahl anderer Aufgaben hinzugefügt, wie z. B. Abwehr, Aggression, Erforschen und Ergreifen, Tragen, Lautbildung, Lautgebung sowie Körperpflege. Was die Hand anlangt, war ihre ursprüngliche Funktion Stützung und Fortbewegung, so lange die Fortbewegung auf allen Vieren praktisch die einzige war. Das änderte sich, als im Verlauf der Evolution der Affen das Leben auf den Bäumen die Fortbewegungsgliedmaßen zum Greifen zwang. Infolgedessen wurden einige Funktionen des Mundes auf die Fortbewegungsglieder übertragen, besonders auf die oberen. Nun verarmten die Funktionen des Mundes sehr stark, besonders bei Allesfressern. Die stimmliche Äußerung wurde wichtiger, wie es das unaufhörliche Geschnatter der wildlebenden Affen beweist. Sowohl die Nahrungsaufnahme als auch die stimmliche Äußerung zogen in hohem Maße die mimische Muskulatur der perioralen Zone heran. Im Verlauf der Evolution von Primaten und Menschen erwiesen sich stimmliche Äußerung und mimischer Ausdruck immer stärker als nützliche, arterhaltende Instrumente für sozialen Ausdruck, sozialen Austausch und soziale Kontakte.

Zugleich übernahm die Hand, als sie von der Aufgabe befreit war, den Oberkörper zu stützen, viele Aufgaben, die bis dahin der Mund ausgeführt hatte. Darunter waren auch soziale Aufgaben, wie z. B. die Versorgung der Jungen, das Putzen und die dirigierende und helfende Funktion beim Sexualakt. Das Nähren und Bemuttern der Jungen in einer frontalen Gegenüber-Stellung wurde nicht nur möglich, sondern selbstverständlich. Jede Beobachtung von Wirbeltieren zeigt, daß die frontale Gegenüber-Stellung, Auge in Auge, beim Versorgen oder Nähren der Jungen nicht vorkommt, außer bei den Tieren, die die stimmliche Äußerung stark entwickelt haben, nämlich bei den Vögeln, den

Primaten und den Menschen. Bei den Vögeln ist jedoch die Anatomie des Gesichts mehr oder weniger starr und ungeeignet zum Ausdruck von Emotionen. Darum bleibt das Gesichtssignal, obwohl es beim Füttern der Jungen als Signal dient (und obwohl stimmliche Äußerungen, wenigstens bei den Jungen, die Fütterung begleiten), während der Ontogenese unverändert.

Bei Primaten und Menschen haben die Zonen des Gesichts, der Wangen und des Schlundes jedoch phylogenetische Wandlungen durchgemacht, die ihre neuromuskuläre Ausrüstung stark bereichert haben. Das hat nicht nur den Affektausdruck in diesem Bereich ermöglicht, noch dazu mit viel weniger Energieaufwand, es hat auch den Weg gebahnt für viel raschere Ausdrucksänderungen zur Kundgabe von Emotionen. Auf diese Weise ist die Gesichtsregion zu einem geeigneten Instrument für die Hervorbringung von affektiven Signalen geworden, und das gleiche gilt für die stimmliche Äußerung. Dies ist, wie ich glaube, der Beginn der Evolution des affektiven Gesichtsausdrucks, der stimmlichen Äußerung und ihres Gebrauchs zu semantischen Zwecken; sie sollte schließlich zur Entstehung der Sprache führen.

In der Sprache treten semantische Symbole an die Stelle der Gestalt-Signale der Körperhaltung und des Verhaltens. In der Sprache werden semantische Symbole die Hauptinstrumente des Ichs zur Vermittlung von Objektbeziehungen. Das führt allmählich zur Verkümmerung von Haltungssignalen als Kommunikationsmittel und schließlich zu ihrem Verschwinden. In unserer Kultur wird auf Körperhaltungen fast gar nicht mehr geachtet. Der Psychoanalytiker muß selbst die elementarsten Mitteilungen, die in den Haltungssignalen seiner Patienten enthalten sind, von neuem verstehen lernen und muß sie in semantische Signale übersetzen (Freud, 1921; F. Deutsch, 1947, 1949, 1952).

Die Affektentwicklung ist nicht auf lustbetonte Affekte oder auf Zeichen-Gestalten beschränkt, die, wie das Gesicht der Mutter, Bedürfnisbefriedigung versprechen. Die unlustbetonten Affekte spielen eine ebenso wichtige Rolle; aus diesem Grunde sind sie in dieser Studie ebenfalls untersucht worden.

Die lustbetonten Affekte erscheinen im Lauf der ersten drei Lebensmonate; ihre eindrucksvollste Manifestation ist die Reaktion des Lächelns. Die Entwicklung der Unlustmanifestationen verläuft nahezu parallel; sie werden im Lauf der ersten drei Lebensmonate immer spezifischer. Vom vierten Monat an äußerst das Kind Unlust, wenn der menschliche Partner es verläßt.

Um den sechsten Lebensmonat wird die Spezifizität der Reaktion des Lächelns und der Unlustreaktion ausgeprägter und dehnt sich auf eine wachsende Anzahl von Reizen aus, darunter auf solche Reize, die mit „Dingen“ verbunden sind. Nun weint das Kind nicht nur, wenn der Spielgefährte es verläßt, sondern auch, wenn man ihm sein Spielzeug wegnimmt. In der zweiten Hälfte des ersten Lebensjahres wird es fähig, sein Lieblingsspielzeug aus mehreren anderen Dingen herauszusuchen.

Unsere Beobachtungen und Experimente bestätigen die Annahme, daß affektiv besetzte Erfahrung die Bewahrung von Erinnerungsspuren bescheunigt und sichert. Wir haben die Gültigkeit dieser Annahme bei unserer Erforschung der Entstehung des sozialen Lächelns wie auch der Unlustreaktionen im ersten Lebensjahr bestätigt gefunden.

Die Affekte sind die wahrnehmbaren Endergebnisse von Abfuhrvorgängen (Freud, 1915 a). Die Reaktion des Lächelns ist die affektive Äußerung einer Spannungsabfuhr. Das Weinen beim Fortgehen des Partners ist das affektive Zeichen für die Erwartung des Spannungsanstiegs. In beiden Fällen sind die Erinnerungsspuren des Säuglings, die anläßlich des Ereignisses niedergelegt werden, auf die Gegebenheiten der äußeren Situation bezogen, verbunden mit den subjektiven Spannungsverschiebungen, das heißt Veränderungen in der Triebökonomie; mit Spannungsminderung im ersteren Fall, steigender Spannung im zweiten.

Die Erinnerungsspuren dieser beiden Erlebnisse dienen dazu, fortab die Wiederkehr ähnlicher Gegebenheiten, ähnlicher äußerer Konstellationen zu erkennen. Diese beiden Erlebnisse, das der Lust und das der Unlust, sind die beiden wichtigsten affektiven Erfahrungen in der frühen Kindheit. Alle anderen Erlebnisse des Neugeborenen sind entweder affektiv neutral, das heißt sie rufen weder positive noch negative wahrnehmbare Affektäußerungen hervor, oder sie sind nur mit ganz geringen Affektmengen ausgestattet. Die beiden oben beschriebenen Fälle sind die Ausnahmen. Aus dem Flachland der Indifferenz des Säuglings gegenüber den meisten anderen Erlebnissen ragen sie wie zwei einsame Gipfel empor.

Eines dieser hervorstechenden Erlebnisse ist das Erscheinen des Objekt-Vorläufers, der Bedürfnisbefriedigung ankündigt, und das soziale Lächeln, das darauf folgt; das andere ist die Entfernung des Partners, die eine Frustration herbeiführt, die sich im Weinen ausdrückt. Die Wirksamkeit dieser beiden Erlebnisse liegt im wesentlichen in der Wiederholung von Bedürfnisbefriedigung oder Versagung, die in genau dem gleichen Milieu äußerer Gegebenheiten jeden Tag, viele Male am Tag wiederkehrt.

Speicherung von Erinnerungen und affektiv getönte Erlebnisse

Die Annahme, daß affektiv besetzte Erlebnisse die Aufspeicherung von Erinnerungsspuren der situativen äußeren Begleiterscheinungen fördern und sichern, stimmt ausgezeichnet mit unseren Theorien über die Funktion der beiden sensorischen Organisationen im Säuglingsalter, der coenästhetischen und der diakritischen, überein. Abfuhrvorgänge und ihre Kennzeichen, die Affekte, gehören in den Bereich der coenästhetischen Funktionen. Die *extensive*, affektiv besetzte coenästhetische Wahrnehmung ist die einzige Brücke, über die sich das Neugeborene vorwärtsbewegen und die *intensive* diakritische Wahrnehmung erwerben kann.

Bei den Tieren haben die Verhaltensforscher unter den Bedingungen emotionaler Belastung *(stress)* eine enorme Beschleunigung der Erinnerungsspeicherung beobachtet. Diese Akzeleration steht in scharfem Gegensatz zu dem mühevollen, langsamen, endlos sich wiederholenden Lernprozeß des klassischen Experiments, das einen bedingten Reflex zustandebringt.

Man konnte damit rechnen, daß rasches, affektbesetztes Lernen bei Tieren überwiegen würde, denn ihre coenästhetischen Reaktionen sind viel auffälliger als beim Menschen. Das müssen sie auch sein, denn sie haben lebenserhaltende Bedeutung[7].

Tierbeobachtungen scheinen darauf hinzuweisen, daß Beschleunigung und Verstärkung *(reinforcement)* der Größe der Affektladung proportional sind; diese wiederum hängt davon ab, wie sehr die Situation, die den Affekt hervorruft, mit der Lebenserhaltung des Tieres zu tun hat.

Bei den oben besprochenen Affektphänomenen ist die Rolle der zugrunde liegenden Triebregung (deren Indikator der Affekt ist) in der Entwicklung von Denkvorgängen von großem Interesse. Freud (1911) hat postuliert, Denkprozesse stellten eine Art Probehandeln dar, begleitet von der Verschiebung relativ kleiner Besetzungsquantitäten. Die Verschiebung bewegt sich auf den Bahnen, die zu Erinnerungsspuren führen (Freud, 1895). Offensichtlich müssen also, um diese Besetzungsvorgänge zu ermöglichen, zunächst Erinnerungsspuren niedergelegt worden sein. Das soziale Lächeln, das auf dem Wiedererkennen des Objekt-Vorläufers basiert, exemplifiziert Freuds Postulat über den Zusammenhang zwischen Erinnerungsspuren und Denkvorgängen. In bezug auf dieses Phänomen habe ich die Rolle der Energieverschiebungen beim Ingangsetzen, bei der Förderung und der Organisation der Erinnerungsspeicherung einerseits, andererseits die Rolle der Triebenergie, die dem bei diesen Gelegenheiten manifestierten Affekt zugrundeliegt, besprochen. Ich betrachte das Phänomen des sozialen Lächelns ebenfalls als ein Beispiel für die Funktionsweise der frühesten Denkprozesse.

Sogar noch später, zwischen dem achten und zehnten Lebensmonat, ist es nicht schwer, die Rolle der beiden primären Affekte der Lust und der Unlust in der Entwicklung des Kindes zu erkennen. Noch später

---

[7] Das Langweilige, wenig Aufschlußreiche so vieler Tierexperimente der Vergangenheit, einschließlich der Lerntheorie, mag auf den anthropomorphen Ansatz der Tierpsychologen zurückzuführen sein. Da das coenästhetische System beim erwachsenen Menschen so wenig auffällt, übersehen sie es, wenn sie sich mit Tieren befassen. Es scheint, als ob die zunehmende Gewichtigkeit und Tragweite der von Verhaltensforschern und von der psychoanalytischen Kleinkinderbeobachtung getroffenen Feststellungen einen Umschwung herbeigeführt hat: die neue Tierpsychologie bietet lohnendere Informationen. Dieser Einfluß macht sich in der Reizforschung von Hebb bis Harlow einerseits, andererseits in den Experimenten mit Reiz-Überlastung von Calhoun (1962) bemerkbar.

jedoch wird ihre Rolle von Monat zu Monat undeutlicher, denn von dieser Zeit an scheinen die beiden Affekte in verwickelter und unerwarteter Wechselwirkung miteinander zu stehen. Dies wird besonders deutlich bei den Funktionen der Begriffsbildung, z. B. beim Urteilen, bei der Bildung von Symbolen, bei der Abstraktion und bei logischen Operationen aller Art [einschließlich der „Umstellungsfähigkeit" Piagets (*réversibilité*, 1947)].

Freuds Untersuchung der Urteilsfunktion (1925 a, S. 14) liefert ein Beispiel dafür. Hier befaßt sich Freud unter anderem mit der Wirkungsweise der beiden primären Affekte; er stellt fest: „Eine Bedingung für die Einsetzung der Realitätsprüfung ist die, daß Objekte verloren gegangen sind, die einst reale Befriedigung gebracht hatten." Daraus folgt, daß sowohl der lustbetonte Affekt, der bei der Bildung des Objekts eine der hauptsächlichsten Antriebskräfte ist, als auch der Unlustaffekt, der durch den Verlust des Objekts auf den Plan gerufen wird, erlebt werden muß, bevor sich die Urteilsfunktion herauskristallisieren kann. Und mehr noch: diese Kristallisation kann nur dann vor sich gehen, wenn die beiden Affekte nacheinander in zeitlich getrennten Perioden auftreten.

In einer Studie über den Ursprung der semantischen Geste des „Nein" (1957), von der ich noch im einzelnen berichten werde, habe ich die Rolle untersucht, die die beiden primären Affekte, Lust und Unlust, in der Entwicklung spielen. Die Schlüsse aus dieser Untersuchung sind nicht sehr verschieden von Freuds Hypothesen über die Urteilsfunktion. Es wurde deutlich, daß die beiden Affekte einander beim Erwerb der semantischen Geste des „Nein" ergänzen. Was der eine von ihnen gewährt, versagt der andere, und umgekehrt.

Die Rolle der Frustration (Versagung) beim Lernen und in der Entwicklung

Dem Kind während des ersten Lebensjahres die unlustbetonten Affekte vorzuenthalten, ist ebenso schädlich, wie ihm die lustbetonten Affekte zu entziehen. Lust und Unlust spielen in der Formung des seelischen Apparats und der Persönlichkeit eine gleich große Rolle. Inaktivierung des einen oder anderen dieser Affekte zerstört das Gleichgewicht der Entwicklung. Darum führt es auch zu so beklagenswerten Ergebnissen, wenn man versucht, Kinder nach dem Prinzip der uneingeschränkten Nachgiebigkeit aufzuziehen. Die Bedeutung der Versagung für die Fortschritte der Entwicklung kann gar nicht überschätzt werden – schließlich ist sie von der Natur selbst über uns verhängt. Sie beginnt mit der ungeheuren Versagung der Asphyxie während des Geburtsvorgangs – Rank (1924) hielt sie irrtümlich für ein Trauma – die die Umstellung der fötalen Zirkulation auf die Lungenatmung erzwingt. Ihr folgen die wiederholten und eindringlichen Frustrationen durch Durst und Hunger; sie zwingen den Säugling, aktiv zu werden, Nahrung zu suchen und sie sich einzuverleiben (statt die Nahrung passiv durch die Nabelschnur zu empfangen) und schließlich die Wahrnehmung zu aktivieren und zu entwickeln. Der nächste große Schritt ist die Entwöhnung, die eine Trennung von der Mutter und ein wachsendes Maß an Autonomie mit sich bringt, und so geht es Schritt für Schritt weiter. Wie kommen moderne Erzieher, Kinderpsychologen und Eltern auf den Gedanken, sie könnten dem Kind Frustration ersparen?

Die Versagung ist in die Entwicklung eingebaut. Sie ist der mächtigste Katalysator der Evolution, über den die Natur verfügt[8]. Dr. Samuel Johnsons Bemerkung, es sei erstaunlich, wie das Bewußtsein, daß er am nächsten Morgen gehängt werden soll, die Denkvorgänge eines Menschen beschleunigen könne, ist richtig, wenn auch brutal. Der Natur geht es nicht um Ethik, sondern um Evolution, und sie wendet den Druck der Versagung, der Unlust, unerbittlich an. In der heutigen Kindererziehung werden dem Kind gewöhnlich jene Versagungen erspart, die den Eltern, dem Erzieher, dem Psychologen Schuldgefühle verursachen. In Wirklichkeit sind sie nicht so sehr um das Wohl des Kindes besorgt, sondern wollen bewußte oder unbewußte Schuldgefühle vermeiden.

Aber das Wohl des Kindes erfordert Frustration. Die oben zitierte Aussage Freuds zeigt nur *eine* Rolle, die der Unlustaffekt beim Zustande-

---

[8] Freud war sich darüber natürlich im klaren, davon legt folgende Feststellung Zeugnis ab: „Die Empfindungen mit Lustcharakter haben nichts Drängendes an sich, dagegen in höchstem Grad die Unlustempfindungen. Diese drängen auf Veränderung ..." (Bd. 13, 1923, S. 249).

kommen der Realitätsprüfung spielt – und die Realitätsprüfung ist nur *eine* der lebenswichtigen Funktionen des Ichs. Ohne Unlust, ohne das Maß an Versagung, das ich altersangemessen nennen möchte, ist keine zufriedenstellende Ich-Entwicklung möglich.

Das wird in einem von Harlows Experimenten mit Rhesusaffen eindrucksvoll gezeigt, nämlich bei denen, die er die *together-together*-Tiere nannte (etwa: „immer zusammen"). Bei diesem Versuch machte er sich das instinktive Klammerverhalten der Affen zunutze und zog zwei Äffchen zusammen auf. So bekam er ein Paar von Affen, die niemals irgendeine Tätigkeit entwickelten, die erwachsenen Affen eigen ist, sei es auf sozialem oder auf sexuellem Gebiet. Sie verbrachten ihre Tage, indem sie sich aneinander klammerten – ein geschlossenes System, das weder zur Umwelt in Kommunikation tritt noch irgendeine Einmischung von außen duldet, sei sie lust- oder unlustvoll (Harlow, 1958). Wir haben hier ein höchst lehrreiches Beispiel dessen, was geschieht, wenn ein Kind nicht frustiert wird. Es ist klar, daß dem Rhesusbaby unter natürlichen Bedingungen, wenn es nämlich von einer Rhesusmutter aufgezogen wird, keine uneingeschränkte Befriedigung seines Klammerdrangs gewährt wird. Ähnlich sind auch für das Menschenkind im Verlauf der normalen Mutter-Kind-Beziehungen die Situationen häufig, in denen dem Kind Unlust auferlegt wird und Frustration eintritt, und sie nehmen mit dem Alter zu. Und so sollte es auch sein.

Wenn ich von Versagung spreche, will ich nicht der Prügelstrafe das Wort reden. Ich rede von den Versagungen, die beim Aufziehen eines Kindes natürlicherweise eintreten und die nur durch unvernünftige Nachgiebigkeit zu vermeiden sind. In der Auseinandersetzung mit diesen wiederholten Frustrationen erwirbt das Kind im Lauf der ersten sechs Monate immer mehr Unabhängigkeit und wird zunehmend aktiver in seinen Beziehungen zur belebten und unbelebten Umwelt.

8. KAPITEL

DIE BILDUNG DES OBJEKTS DER LIBIDO

Die Achtmonatsangst

Zwischen dem sechsten und dem achten Monat tritt im Verhalten des Kindes gegenüber anderen Menschen eine entscheidende Wandlung ein. Nun reagiert es nicht mehr mit einem Lächeln, wenn ein zufälliger Besucher lächelnd und nickend an sein Bettchen tritt. Auf dieser Altersstufe ist die diakritisch wahrnehmende Unterscheidungsfähigkeit schon gut entwickelt. Das Kind unterscheidet jetzt deutlich zwischen „Freund" und „fremd". Nähert sich dem Kind ein Fremder, so löst dies ein unverkennbares, charakteristisches und typisches Verhalten in ihm aus; es zeigt individuell verschiedene Grade der Ängstlichkeit, ja sogar Angst und lehnt den Fremden ab. Das Verhalten der einzelnen Kinder zeigt ziemlich große Verschiedenheiten; es kann „schüchtern" den Blick senken, die Augen mit den Händen zuhalten, das Gesicht mit dem hochgehobenen Kleid zudecken, sich im Bett auf den Bauch werfen und das Gesicht in der Bettdecke verstecken, es kann weinen oder schreien. Der gemeinsame Nenner ist eine Kontaktverweigerung, ein Sich-Abwenden, mehr oder weniger deutlich von Angst getönt. Dürfen wir anneh-

Abb. 9. Die Achtmonatsangst.

men, daß die Unterschiede des individuellen Verhaltens irgendwie mit dem affektiven Klima zusammenhängen, in dem das Kind aufgewachsen ist? Eine Reihe der zu beobachtenden Verhaltensformen ist in meinem Film *Anxiety: Its Phenomenology in the First Year of Life* („Die Angst und ihre Erscheinungsformen im ersten Lebensjahr", Spitz 1953b) zu sehen. Ich habe diese Phänomen mit *Achtmonatsangst* bezeichnet (siehe Abb. 9) und halte es für die früheste Manifestation von *Angst im eigentlichen Sinn.*

Was verstehen wir unter „Angst im eigentlichen Sinn"? Auf Grund unserer Beobachtungen habe ich im ersten Lebensjahr *drei Stadien in der Ontogenese der Angst* unterscheiden können. Das erste ist die Reaktion des Säuglings auf den Vorgang der Entbindung. Freud (1926a) hat von dieser Reaktion als von dem physiologischen *Prototyp* aller späteren Angstempfindungen gesprochen. Andere Autoren, vor allem Rank (1924) haben dem sogenannten „Geburtstrauma" große Bedeutung beigemessen und versucht, dieses „Trauma" für alle späteren psychiatrischen Probleme verantwortlich zu machen. Freud hat diese Hypothese nie akzeptiert.

In der unmittelbar auf die Geburt folgenden Periode, etwa während der ersten Lebenswoche, beobachten wir Unlustäußerungen in Situationen, die auf einer späteren Altersstufe Angst hervorrufen könnten. Diese Unlustmanifestationen sind kein Ausdruck von Angst in dem Sinn, wie wir den Begriff der Psychoanalyse benützen. Es ist irreführend, sie als Angst zu bezeichnen. Sie tragen zwar alle Merkmale physiologischer Spannungszustände mit diffusen körperlichen Abfuhrerscheinungen, aber sie haben keinen psychischen Inhalt.

Je älter das Kind wird, desto mehr verlieren diese Spannungszustände allmählich ihren diffusen Charakter; sie werden nun als Reaktionen auf immer spezifischere Unlustsituationen geäußert. Um die achte Lebenswoche werden die Unlustäußerungen immer stärker strukturiert und verständlich, nicht nur für die Mutter, sondern auch für den geübten Beobachter.

Ein paar Nuancen tauchen auf; sie treten an die Stelle der negativ getönten allgemeinen Erregung und verwandeln die einfachen Unlustäußerungen in etwas wie zwei oder drei „kodifizierte" Zeichen. Von der Mutter aus gesehen, ist dies schon der Beginn der einfachsten Kommunikation. Vom Kind aus gesehen, ist es immer noch lediglich ein Zeichen des Unbehagens; es ist noch kein Hilferuf; es bleibt noch auf der Stufe des Ausdrucks, obwohl diese Kundgebung nun willentlich und klar verständlich geworden ist. Nun hat die Umwelt langsam zu unterscheiden gelernt, wann das Kind hungrig ist, wann es Bauchweh hat und wann es den Wunsch ausdrückt, unterhalten zu werden.

Wie die Kundgebungen des Kindes immer besser verständlich werden, so passen sich auch die Reaktionen der Umgebung immer besser den Bedürfnissen an, die es zum Ausdruck bringt. Da das Kind jetzt bedürfnisbefriedigende Reaktionen auslösen kann, wird es fähig, einen Zusammenhang zwischen seinen Äußerungen und den Reaktionen der Umgebung herzustellen. Etwa im dritten Lebensmonat werden die Erinnerungsspuren einer Reihe von Signalen, die das Kind an die Umwelt richtet, in seinem seelischen Apparat in der Art eines Kode niedergelegt. Damit hat das Kind den Weg zu dem zurückgelegt, was Karl Bühler (1934) „den Appell“ genannt hat, zu der Fähigkeit, sich an die Umwelt zu wenden und seine Bedürfnisse zu erkennen zu geben.

Bis dahin hat das Kind in archaischer Weise, gewissermaßen mit einem Reflex, auf Empfindungen aus seinem Inneren oder auf Reize aus der Umwelt reagiert. Nun kann es willentlich und vorsätzlich Signale aussenden, auf die die Umwelt mehr oder weniger folgerichtig mit der Befriedigung seiner Bedürfnisse reagiert. Darauf, daß das Kind aktiv ein Bedürfnis zum Ausdruck bringt, folgt in geringem zeitlichem Abstand die Befriedigung durch die Umwelt. Diese Abfolge entspricht genau derjenigen beim bedingten Reflex; die Fähigkeit jedoch, einen bedingten Reflex auszubilden, ist wahrscheinlich auf angeborene neurophysiologische Gegebenheiten gegründet.

Beim bedingten Reflex wird das Signal von außen, vom anderen gegeben, und die Reaktion kommt von innen, vom Subjekt. Im Stadium des Appells ist es umgekehrt. Hier ist es das Subjekt, das Kind, das mit seinem Hungergeschrei das Signal gibt, und es sind die anderen, die Umwelt, die reagieren; die Umwelt wird also durch das Kind konditioniert.

Diese Abfolge kehrt im Leben jedes Kindes mit großer Regelmäßigkeit viele Male am Tag wieder. Deshalb verbinden sich die beiden Teile des Erlebnisses, das Hungergeschrei und die darauf folgende Befriedigung, im Gedächtnis des Kindes miteinander. Zwischen zwei „Bündeln“ *(clusters)* von Eindrücken wird eine Assoziation in Form einer Kombination von zwei Gedächtnisspuren hergestellt, die niedergelegt und durch eine affektive Verbindung verstärkt werden. Diese Entwicklung sollte man im Sinne der Hypothesen Ferenczis (1916) über das Stadium der kindlichen Allmacht verstehen. Das Hungergeschrei, dem die Befriedigung folgt, bildet die Grundlage für das Gefühl der Allmacht, das nach Ferenczi ein Frühstadium des Realitätssinnes ist.

Es mag paradox erscheinen, aber die gleiche Erfahrung legt auch das Fundament für eine gedankliche Entwicklung, die das diametrale Gegenteil der Allmacht ist. Nach meiner Überzeugung ist die Abfolge: Hungergeschrei–Befriedigung die früheste Erfahrung, auf die sich der Beginn der begrifflichen Kategorie der Kausalität zurückverfolgen läßt.

Bei dieser Leistung, daß er nämlich durch Schreien die Hilfe der Mutter für seine Bedürfnisse gewinnen kann, erlebt der Mensch zum ersten Mal das *post hoc ergo propter hoc* im Zusammenhang mit seinem eigenen Handeln. Dies ist natürlich nur ein Vorläufer des Prinzips der Kausalität im eigentlichen Sinn, und nicht dieses selbst. Das Prinzip des *post hoc ergo propter hoc* wird sich später in zwei Richtungen aufspalten. Die eine wird in ihrer primitiven Form als eine Grundfunktionsweise des Primärvorgangs erhalten bleiben. Die andere wird allmählich verfeinert, bis sie in Form des Determinismus eines der mächtigsten Denkwerkzeuge des Menschen wird. In bezug auf das Erleben des Kleinkindes kann man diese Abfolge folgendermaßen verdeutlichen: wenn B immer auf A folgt, dann geschieht das, weil A die Kraft, die Macht ist, die B hervorbringt, so daß A die Ursache von B ist.

Das Kind kann jetzt die Umwelt veranlassen, es von Unangenehmem zu befreien; in einem etwas späteren Stadium lernt es auch, die Umwelt so zu beeinflussen, daß sie ihm die gewünschte Befriedigung gewährt. Damit steht es am Übergang von der Stufe, auf der das Kind lediglich ausdrückt, *was es fühlt*, zu der Stufe des Appells, auf der es verlangt, *was es wünscht*. Dies ist der erste wichtige Schritt, mit dem die Kommunikation beginnt – am Ende dieses Weges steht die Verständigung durch semantische Signale.

Nach dem dritten Monat wird in den mnemischen Systemen des Kindes eine immer größere Zahl von Gedächtnisspuren niedergelegt. Es handelt sich meistens um Gedächtnisspuren einfachster Art, verbunden mit Affekttönungen lustvoller und manchmal unlustvoller Art. Die Erinnerungsspuren, die mit gewissen sich wiederholenden und für das Kind besonders unlustbetonten Situationen zu tun haben, werden bevorzugt. Sie sind so strukturiert, daß ihr Wiederauftauchen mit Bestimmheit einen spezifischen Unlustaffekt auslöst. Dieser Affekt äußert sich in Form des Fluchtverhaltens (z. B. bei wiederholten Schutzimpfungen). Wir nennen dieses Verhalten eine *Furchtreaktion*. Sie erscheint zwischen dem vierten und sechsten Lebensmonat und stellt den zweiten Schritt zur Entwicklung der *Angst im eigentlichen Sinn* dar.

Im ersten Stadium, dem der physiologischen Spannungszustände, tritt eine Unlustreaktion auf, wenn eine innere Spannung das Gleichgewicht stört. Im zweiten Stadium wird die *Furchtreaktion* durch einen Sinneseindruck ausgelöst, den das Kind mit einem früheren Unlusterlebnis in Verbindung setzt. Wenn das Kind diesen unlustbesetzten Sinneseindruck wiedererlebt, reagiert es darauf mit Flucht. Dies ist eine Flucht vor einer realen Gefahr und zeigt den Beginn dessen an, was Freud (1926 a) als „Realangst" bezeichnet. Wie Freud wollen wir lieber das Wort „Furcht" statt „Angst" benutzen, weil die Angst ein Objekt gefunden hat.

Die vorher beschriebene Achtmonatsangst, die in der zweiten Hälfte des ersten Lebensjahres auftritt, ist ganz anders als das Verhalten der Furcht. Wenn das Kind auf den Fremden reagiert, wendet es sich gegen etwas oder jemand, mit dem es niemals ein Unlusterlebnis gehabt hat. Wir haben eine große Zahl von Kindern von Geburt an sorgfältig beobachtet, die alle in der zweiten Hälfte des ersten Lebensjahres dieses Verhalten an den Tag legten. Sie hatten alle die üblichen Unlusterlebnisse gehabt, die bei der Kinderpflege unvermeidlich sind, aber mit ihren Müttern, nicht mit Fremden. Warum zeigen sie dann Angst oder zum mindesten Ängstlichkeit, wenn ein Fremder sich ihnen nähert?

Angesichts alles dessen, was wir im Lauf unserer direkten Beobachtungen an Säuglingen erfahren haben, ist die Hypothese höchst einleuchtend, daß das Kind auf die Abwesenheit der Mutter mit Unlust reagiert. Wir fanden ja bei der Entwicklung der unlustbetonten Reaktionen, daß das Kind schon zwischen dem dritten und sechsten Monat Unlust äußert, wenn der erwachsene Partner es verläßt. Auf der Stufe der Achtmonatsangst ist das Kind in jeder Hinsicht weiter entwickelt. Bei der Annäherung eines Fremden reagiert es darauf, daß dieser nicht die Mutter ist; die Mutter „hat es verlassen".

Dieses Verhalten steht im Gegensatz zu dem des drei Monate alten Kindes, für das ein menschliches Gesicht so gut ist wie das andere, denn in diesem Alter stellt das Gesicht nur eine Zeichen-Gestalt der Bedürfnisbefriedigung dar. Wenn jedoch ein Fremder sich dem acht Monate alten Kind nähert, wird es in seinem Wunsch enttäuscht, die Mutter wiederzuhaben. Die auftretende Angst ist also nicht eine Reaktion auf die Erinnerung an eine unangenehme Erfahrung mit einem Fremden; sie ist eine Reaktion auf die Wahrnehmung, daß das Gesicht des Fremden nicht mit den Gedächtnisspuren vom Gesicht der Mutter übereinstimmt. Dies veranschaulicht das Wirken der Apperzeption; bei diesem Vorgang wird ein gegenwärtiger Sinneseindruck mit Gedächtnisspuren aus der Vergangenheit verglichen. In der psychoanalytischen Ausdrucksweise heißt das: Dies ist eine Reaktion auf die innerseelische Wahrnehmung der reaktivierten wunschbedingten Spannung und die darauffolgende Enttäuschung. Dementsprechend habe ich diese Reaktion die erste Manifestation der *Angst im eigentlichen Sinn* genannt.

Wie die Reaktion des Lächelns im Alter von drei Monaten zeigt auch die Achtmonatsangst eine deutlich erkennbare Stufe in der Entwicklung der psychischen Organisation an. Im Fall des Lächelns wird das Gestaltsignal des von vorne gesehenen Gesichts als etwas dem menschlichen Partner Homologes erlebt. Im Fall der Achtmonatsangst wird der Sinneseindruck von dem Gesicht des Fremden *als Gesicht* (und nicht als ein Gestaltsignal!) mit den Gedächtnisspuren des Gesichtes der Mutter verglichen. Es erweist sich als anders und wird daher abgelehnt.

Wir nehmen an, daß diese Fähigkeit zur Verschiebung der Besetzung auf fest eingeprägte Gedächtnisspuren bei dem acht Monate alten Kind auf den Umstand hinweist, daß es jetzt eine echte Objektbeziehung gebildet hat und daß die Mutter zu seinem libidinösen Objekt, seinem Liebesobjekt, geworden ist.

Vor diesem Zeitpunkt können wir kaum von Liebe sprechen, denn es gibt keine Liebe, bis die geliebte Person von allen anderen unterschieden werden kann, und es gibt kein Liebesobjekt, so lange es auswech-

selbar ist. Zur gleichen Zeit verändert sich die Art und Weise, wie das Kind mit seiner Umwelt umgeht und sie meistert. Es ist nun nicht mehr auf die archaischen Formen der Abwehr angewiesen; es hat die Funktion des Urteilens und Entscheidens erworben. Das bedeutet eine Ich-Funktion auf einer höheren, verstandesmäßigen Ebene der seelischen Entwicklung und eröffnet dem Kind neue Horizonte.
Hier ist ein guter Rat angebracht: Wenn man das Phänomen der Achtmonatsangst beobachten und mit ihr Versuche anstellen will, sollte das niemals in Gegenwart der Mutter geschehen. Falls die Kundgebungen der Achtmonatsangst weniger ausgeprägt sind, genügt schon die Gegenwart der Mutter, um sie ganz unauffällig zu machen, während sie sich in ihrer Abwesenheit unverkennbar beobachten lassen.

Ein Einwand gegen unsere Erklärung der Achtmonatsangst

Eine Kritik dieser Hypothese vom „biologischen Standpunkt" aus wurde von Szekely (1954) veröffentlicht. Er gibt meinen Beobachtungen über die Reaktion des Lächelns und die Achtmonatsangst eine ungemein geschickte neue Deutung und kommt dann zu Schlüssen, die den von mir veröffentlichten diametral entgegengesetzt sind. Nach ihm ist die Augen-Stirn-Gestalt ein „Auslöse-Reiz" gemäß den Definitionen von Lorenz, Tinbergen und anderen und stellt das phylogenetische Überbleibsel des „Feind"-Schemas aus der Tierwelt dar. Szekely behauptet, das Kind reagiere in den ersten Lebensmonaten auf das Gesicht der Mutter mit Angst[1]. Diese „Angst" werde hervorgerufen durch das „Feind"-Schema von Augen und Stirn. Szekely sieht das blickerwidernde Lächeln im dritten Monat als die erste Bewältigung dieser archaischen Angst an. Der Säugling vollbringt diese Bewältigung vermittels einer libidinösen Besetzung, die die „Augen-Stirn"-Gestalt in ein Partialobjekt verwandelt. Nach Szekely würde die spätere Achtmonatsangst dann andeuten, daß dieses Partialobjekt zu seiner ursprünglichen Funktion eines archaischen, furchterregenden Reizes zu-

[1] Seinen ganzen Artikel hindurch benützt Szekely die Begriffe „Furcht" und „Angst" auswechselbar. Wie schon gesagt, machen wir eine klare Unterscheidung zwischen „Furcht" *(fear)* und „Angst" *(anxiety)* (Spitz, 1950 b, 1955 c).

rückgekehrt ist. Das sind im wesentlichen die Szekely'schen Schlußfolgerungen. Er betont wiederholt, daß es bisher keine experimentellen Beweise für diese Hypothesen gibt.

Die Ähnlichkeit zwischen der Wirkungsweise des Auslöse-Reizes (Lorenz, 1935) bei Tieren und der Zeichen-Gestalt-Funktion der „Augen-Stirn"-Konfiguration beim Säugling hatte mich seit dem Beginn meiner Arbeiten über das soziale Lächeln beeindruckt. Darum habe ich systematisch untersucht, ob der „Auslöse-Reiz" für das blickerwidernde Lächeln angeboren ist, ob er nach Art der „Prägung" durch ein paar Wahrnehmungserfahrungen im Neugeborenen aktiviert oder ob er gelernt wird. Klinische Beobachtung und Versuche haben gezeigt, daß alle drei Faktoren beteiligt sind; es ist ein komplizierter Prozeß.

Ergebnisse von eigenen Untersuchungen und solchen meiner Mitarbeiter sowie eine von Ahrens (1954) publizierte Studie lassen den Schluß zu, daß innerhalb der Gesamtkonfiguration der Zeichen-Gestalt die Augen und das Element der Bewegung angeborene Faktoren sind.

Neuere Untersuchungen (Polak, Emde und Spitz, 1964, 1965) zeigen darüber hinaus, daß ein Lernprozeß stattfindet, durch den die Ganzheitswahrnehmung des Gesichts nach und nach mit Dreidimensionalität, Größenmerkmalen und Farbeigenschaften versehen wird. Im Verlauf dieser Entwicklung fängt der Säugling allmählich an, das näherkommende Gesicht von der näherkommenden Flasche, die Person von der Nahrung zu unterscheiden. Am Anfang spielen Belohnung und Strafe in diesem Lernprozeß eine hervorragende Rolle (Spitz und Wolf, 1946; Spitz, 1955c); später, etwa nach dem dritten Monat, wird er durch gewisse spezifisch menschliche Stufenfolgen des Lernens ergänzt.

Szekelys zentrale Hypothese besagt, daß der Säugling schon während der ersten Lebenswochen und -monate auf das Gesicht der Mutter, diesen AAM (angeborenen Auslösemechanismus, der den „Feind" darstellt), mit Angst oder Furcht reagiert. Ich habe dieses Phänomen niemals entdecken können.

Bei den vielen hundert Säuglingen, denen wir von Geburt an bis zum Alter von drei Monaten den Reiz des Gesichts mindestens einmal in der Woche geboten haben, ist nichts beobachtet worden, was auf Furcht hindeuten könnte. Außerdem findet sich auch in der reichen Literatur über dieses Thema keine derartige Beobachtung.

In den seit der Veröffentlichung meiner Antwort an Szekely (Spitz, 1955 c) vergangenen Jahren habe ich die von ihm aufgeworfene Frage in drei verschiedenen Zusammenhängen weiter untersucht:

1. Ich habe alle Säuglinge, die ich später untersuchen konnte, unter Berücksichtigung der Hypothesen Szekelys beobachtet.
2. Ich habe mein reichhaltiges Filmmaterial unter diesem Gesichtspunkt durchgesehen.
3. Ich habe mit vielen Verhaltensforschern ausführlich diskutiert und ihre Experimente beobachtet.

Trotz dieser systematischen Sichtung habe ich keine Beweise für Szekelys zentrale Hypothese gefunden. Ich habe jedoch Beweise für seine Annahme gefunden, daß die Konfiguration der Augen ein angeborener Auslöser sei. Meine eigenen Beobachtungen haben erwiesen, daß die Augen des Versuchsleiters die Reaktion des Säuglings außerordentlich früh hervorrufen, manchmal schon in den ersten Lebenstagen, wodurch die These gestützt wird, daß diese Reaktion nicht erlernt wird. Diese Feststellung stimmt mit den sorgfältigen Beobachtungen und Untersuchungen von Ahrens (1954) überein.

Obwohl die Verhaltensforscher mit Szekely darin übereinstimmen, daß Augen wirklich für erwachsene Tiere ein Feind-Signal sein können, habe ich nicht erfahren können, ob dies auch für die Jungen vor der Entwöhnung gilt. Beim Säugling deutet noch eine weitere Überlegung darauf hin, daß diese Augen nicht Furcht auslösen, sondern eher das Gegenteil.

Wie im 5. Kapitel schon bemerkt, hört das Kind auf, dem Gesicht des Beobachters zuzulächeln, wenn dieser sein Gesicht ins Profil dreht. Diese Reaktion kann vom Kontaktverlust bis zur Bestürzung gehen; manchmal erfolgt sogar eine Reaktion des Zusammenzuckens, eine Art Schock. Im letzteren Fall ist es ziemlich schwierig, den Kontakt zu dem Kind wiederherzustellen, und es dauert viel länger als beim ersten Mal, bis man das Lächeln wieder hervorrufen kann. Wenn Augen (und Gesicht) wirklich ein Reiz der Furcht wären, dann müßte das Kind *Erleichterung* zeigen, wenn die Wendung ins Profil es von dem „hypnotischen" Blick des Beobachters erlöst. Aber statt Erleichterung zu zeigen, sind ziemlich viele Kinder bitter enttäuscht. Bei einigen zeigt sich der Groll im Gesichtsausdruck, und sie lehnen die Bemühungen des

Beobachters ab, den Kontakt wieder aufzunehmen. Andere wieder beachten ihn einfach nicht und machen ein finsteres Gesicht.
Ein Großteil der Beweisführung Szekelys beruht auf der fest gegründeten Tatsache, daß die Augen in der Phylogenese meistens eine Drohung, eine Gefahr, einen Feind signalisieren. Meine Kenntnisse auf dem Gebiet der Phylogenese reichen nicht aus, um dieses Argument zu bestätigen oder zu widerlegen. Es erscheint mir jedoch gewagt, die Schlüsse, die man aus den Beobachtungen des tierischen Verhaltens zieht, ohne weiteres auf das Verhalten des Menschen anzuwenden. Die moderne wissenschaftliche Methodik (Novikoff, 1945) lehnt die Übertragung von Gesetzen, die auf einer weniger differenzierten Organisationsstufe gelten, auf eine Stufe mit höher differenzierter Organisation ab. Darum bleibt Szekelys These, solange kein schlüssiger Beweis erbracht wird, eine sinnreich erdachte aber spekulative Vermutung.

Der zweite Organisator

Wenn wir die Achtmonatsangst in den bereits aufgestellten begrifflichen Rahmen stellen, zeigt sie das Erscheinen des zweiten Organisators der Psyche an. Das bedeutet zugleich, daß eine der kritischen Perioden (Scott und Marston, 1950) in der Zeit um den achten Lebensmonat liegt. Damit beginnt ein neuer Abschnitt in der Entwicklung des Säuglings, in dessen Verlauf sich sowohl die Persönlichkeit des Kindes als auch sein Verhalten grundlegend ändern werden.
Nun werden sowohl die Formen der Unlustäußerung als auch Wahrnehmung und Erkennen des Reizes, der die Unlust auslöst, immer spezifischer. Der Reiz fing nach der Geburt als ein unspezifisches inneres Bedürfnis an, das unspezifische Spannung und ihre blindlings erfolgende Abfuhr hervorrief. Drei Monate später wurde die bis dahin zufällige Äußerung der Spannung spezifischer und wurde kundgetan, wenn ein beliebiger (noch unspezifischer) menschlicher Partner das Kind verließ. Schließlich, auf der Achtmonatsstufe, nimmt die Unlust die Form einer spezifischen Angst an, die auftritt, wenn sich ein Fremder dem Kind nähert. Diese spezifische Unlust wird dadurch hervorgerufen, daß das Kind fürchtet, es habe seine Mutter (das Liebesobjekt) ver-

loren. Für den Psychoanalytiker ist es von höchstem Interesse, daß die aufeinanderfolgenden Phasen in diesem Sektor mit den Phasen in zwei anderen Entwicklungssektoren parallellaufen. Der eine Bereich ist derjenige, der zur Ich-Integration führt. Der andere ist der der fortschreitenden Entwicklung von Objektbeziehungen, der in der Konstituierung des Objekts gipfelt.

Ich möchte den Leser daran erinnern, daß diese drei Entwicklungslinien, nämlich die Kristallisation der affektiven Reaktionen, die Ich-Integration und die Konsolidierung der Objektbeziehungen, wechselseitig voneinander abhängige, wenngleich verschiedene Aspekte der Gesamtpersönlichkeit sind. Ich habe sie nur getrennt behandelt, um ihre Darstellung zu erleichtern. In Wirklichkeit sind sie voneinander abhängige Teile der Gesamtpersönlichkeit.

Wir wollen uns noch einmal die beiden wichtigsten Schritte vergegenwärtigen, die zur Konstituierung des Objekts geführt haben: (1) Der Umstand, daß die Darbietung des menschlichen Gesichts im Gedächtnis als ein Signal festgelegt worden ist, setzt uns davon in Kenntnis, daß der Objekt-Vorläufer gebildet worden ist; damit ist der erste große Schritt in der Entwicklung der Objektbeziehungen getan. (2) Drei bis vier Monate später tritt die Achtmonatsangst auf. Sie weist darauf hin, daß das Kind das Gesicht seiner Mutter ausgewählt und ihm eine einzigartige Stellung unter allen anderen Menschengesichtern verliehen hat. Von nun an wird das Kind eine Zeitlang das Gesicht der Mutter bevorzugen und alle anderen Gesichter ablehnen, die anders sind.

Nach meiner Ansicht zeigt dieses Verhalten an, daß das „Objekt“ im eigentlichen Sinn gebildet worden ist. Für den Behavioristen bedeutet zweifellos die Manifestation der Achtmonatsangst lediglich, daß im optischen Bereich ein „Ding“ konstituiert worden ist und kognitive Konstanz gewonnen hat. Sobald man aber die durch die behavioristische Methode gegebenen Grenzen überschreitet und nach dem *Sinn* des in der Achtmonatsangst gezeigten Verhaltens fragt, erkennt man, daß der Affekt, nämlich die Angst, bei dieser Erscheinung die entscheidende Rolle spielt. Es ist klar, daß das Objekt nicht nur im optischen (kognitiven) Bereich konstituiert worden ist, sondern auch – und vielleicht sollten wir sagen *vor allem* – im affektiven Bereich.

Wie schon vorher gesagt, folgt aus der Konstituierung eines „Objekts“, daß die mit Objektqualitäten ausgestattete Person nicht mehr durch irgendein anderes Individuum ersetzt werden kann. Ist das Objekt einmal konstituiert, kann es vom Kind mit nichts anderem verwechselt werden. Diese verläßliche Ausschließlichkeit befähigt das Kind, die engen Bande zu knüpfen, die dem Objekt seine einzigartigen Qualitäten verleihen. Die Achtmonatsangst ist der Beweis, daß für das Kind jeder Mensch ein Fremder ist, mit Ausnahme des einzigartigen Objekts[2]; das heißt, das Kind hat *den* Partner gefunden, zu dem es Objektbeziehungen im wahren Sinn des Wortes herstellen kann.

Lassen Sie mich einige andere Veränderungen aufzeigen, die das Entstehen des zweiten Organisators mit sich bringt.

1. Im *Bereich des Somatischen* ist nun die Myelinisation der Nervenbahnen weit genug fortgeschritten, um das diakritische Funktionieren des sensorischen Apparats zu ermöglichen, um die Koordination der Effektoren zu gestatten, um bestimmte Gruppen von Skelettmuskeln in den Dienst gerichteter Handlungsverläufe zu stellen und um die dafür als Grundlage nötige Regelung von Körperhaltung und Gleichgewicht zu erlauben.

2. Im *Denkapparat* ist eine wachsende Anzahl von Erinnerungsspuren niedergelegt worden, so daß nun Denkoperationen von zunehmender Komplexität ausgeführt werden können. Diese Denkoperationen ermöglichen ihrerseits die Durchführung einer steigenden Zahl von gerichteten *Handlungsabfolgen*, die immer vielgestaltiger werden. Das Ingangsetzen von Denkoperationen und die daraus entstehenden Handlungsreihen stellen eine der Bedingungen für das Funktionieren von Ich-Systemen dar.

3. In der *psychischen Organisation* schließlich ist es durch Reifung und Entwicklung der congenitalen Ausrüstung möglich geworden, die Effektoren in den Dienst gerichteter Handlungsfolgen zu stellen. Diese erlauben dem Kleinkind eine gerichtete, das heißt intentionale Abfuhr affektiver Spannungen. Solche gerichteten Entladungen senken das Spannungsniveau innerhalb des seelischen Apparats; in der

[2] Dies ist eine allzusehr vereinfachte Behauptung. Natürlich haben auch die anderen Familienmitglieder eine bevorrechtigte Stellung, nicht ganz so privilegiert wie die des „Objekts", aber immer noch bevorzugt vor anderen Personen.

psychischen Ökonomie kommt eine verbesserte Verteilung zustande, die Regulierungsfunktion wird erleichtert, und nicht nur eine wirksamere Bedürfnisbefriedigung, sondern auch ein willentlicher, zielgerichteter Lustgewinn wird ermöglicht. Die Organisation des Ichs wird nun aus den verschiedensten Quellen bereichert; sie wird strukturiert, und zwischen Ich und Es einerseits und dem Ich und der Außenwelt andererseits werden Schranken errichtet. Die Bereicherung des Ichs kommt dadurch zustande, daß immer mehr Ich-Systeme zu funktionsfähigen Einheiten werden. Diese Aktivierung wird ausgelöst durch einen Austausch von affektbesetzten Handlungen zwischen dem Kleinkind und dem im Entstehen begriffenen Objekt. Im Säuglingsalter spielt sich vieles, was wir, weit gefaßt, als Objektbeziehung bezeichnen, in diesem Austausch von Handlungen ab und hat mannigfache Wirkungen, wie z. B. die Abgrenzung des Ichs gegen das Es, des Ichs gegen die Realität, des Ichs gegen das Nicht-Ich, des Selbst gegen das Nicht-Selbst. Aber davon später.

Bei dieser Integration und Strukturierung des neu konstituierten Ichs, bei der Festlegung seiner Grenzen durch Handlungsaustausch, spielen die fortschreitende Differenzierung der Aggression von der Libido und die Schicksale dieser beiden Triebe eine entscheidende Rolle. Das ist in der zweiten Hälfte des ersten Lebensjahres deutlich erkennbar. Im 9. Kapitel sollen Triebdifferenzierung, Triebmischung und -entmischung untersucht werden. Im Augenblick möge es genügen, zu sagen, daß ein enger Zusammenhang und eine wechselseitige Abhängigkeit – eine Rückkoppelung – zwischen den frühen Triebschicksalen und den Wechselfällen der Objektbeziehungen bestehen, die zur Konstituierung des Objekts führen. Der ganze Prozeß geht Hand in Hand mit der fortschreitenden Entwicklung anderer Ich-Funktionen, wie z. B. der körperlichen Koordination, der Wahrnehmung und Apperzeption, des gerichteten und intentionalen Handlungsaustauschs. Der Gipfelpunkt dieses Differenzierungs- und Integrationsprozesses ist, um es noch einmal zu wiederholen, die Konstituierung des Objekts, die sich durch das Auftreten der Achtmonatsangst kundtut.

Nachdem der zweite Organisator wirksam geworden ist (und in Abhängigkeit von den oben aufgeführten Entwicklungserscheinungen), ist das Auftreten einiger Abwehrmechanismen des Ichs zu beobachten. Anfänglich dienen diese in erster Linie der Anpassung statt der Abwehr im strengen Sinn. Aber mit der Konstituierung des Objekts und dem Beginn der Begriffsbildung ändert sich ihre Funktion. Wie wir später sehen werden, treten nach vollzogener Objektfindung und nachdem die aggressiven und die libidinösen Triebe sich vermischt haben, einige der Abwehrmechanismen, besonders die Identifizierung, in die Funktionen ein, die sie auch beim Erwachsenen behalten.

Ich möchte noch einmal betonen, daß der psychische Organisator ein Konstrukt ist, eine Modellvorstellung, die mir brauchbar erscheint, um gewisse Erscheinungen der seelischen Entwicklung begreiflich zu machen (Spitz, 1959); es ist ein Modell wie das des seelischen Apparats, der unterteilt ist in Es, Ich und Über-Ich, und bei dem es sich auch nicht um eine konkrete Erscheinung handelt. Wie andere Hypothesen müssen solche Modelle sparsam angewendet werden; sie rechtfertigen sich durch ihre Nützlichkeit.

Die Einführung der Vorstellung von einem Organisator wird durch die Beobachtung gerechtfertigt, daß das reibungslose Zustandekommen der Übergänge von einer Phase zur nächsten als Katalysator für einen Vorwärtsruck in der Entwicklung des Kleinkindes wirkt. Die wechselseitige Abhängigkeit der Entwicklungsbereiche (von denen ich drei besprochen habe), die offensichtlich wirksame Rückkoppelung zwischen ihnen, läßt die Vorstellung von einem Organisator höchst geeignet erscheinen, um die Komplexität der Reifungs- und Entwicklungsabschnitte zu explizieren, die das Kleinkind erreicht hat. Diese Konstruktion erlaubt uns, die Vielfalt der Reifungs- und Entwicklungserrungenschaften des Kleinkindes zu einer Formel zu verdichten, die leicht zu handhaben ist, so daß man sie nicht jedesmal alle aufzählen muß.

Die kulturellen Determinanten der Dyade

Wie bei allen anderen Phänomenen des Säuglingsalters, die ich besprochen habe, schwankt auch bei der Achtmonatsangst das Alter, in dem sie auftritt, recht erheblich. Man könnte sogar sagen, daß es hier stärker schwankt als bei den früheren Erscheinungen. Das ist auf ihr besonderes Wesen zurückzuführen, denn sie ist das Resultat der Beziehungen zwischen *zwei* Individuen innerhalb der Welt der Dyade, und ist daher abhängig von der Fähigkeit dieser beiden Individuen, solche Beziehungen herzustellen und aufrechtzuerhalten. Sie ist abhängig von den zwei Einzelpersönlichkeiten, sowie von einer Reihe anderer Bedingungen in Umwelt und Kultur.

Die meisten unserer Untersuchungen wurden innerhalb des westlichen Kulturkreises an Versuchspersonen weißer, schwarzer und indianischer Rasse durchgeführt. Ich weise darauf besonders hin, weil ich glaube, daß kulturelle Bedingungen bei der Bildung der Persönlichkeit eine bedeutsame Rolle spielen. Sie stellen den Bereich der Möglichkeiten dar, die sowohl für die Mutter als auch für das Kind den Ausdruck intrapsychischer Vorgänge begrenzen. Eine der Einrichtungen des westlichen Kulturkreises, die Familie, gewährleistet nahen Kontakt und enge Beziehungen zwischen dem Säugling und einer einzigen Mutterfigur während des ganzen ersten Lebensjahres. In den Kapiteln über pathologische Zustände werden wir sehen, welch große Unterschiede in diesen Beziehungen bestehen können und wie diese das Wesen der Objektbeziehungen und die Konstituierung des Objekts beeinflussen.

Daraus geht hervor, daß eine kulturelle Tradition, in der der Kontakt zwischen Mutter und Kind anders geregelt ist als bei uns, erheblichen Einfluß darauf ausübt, zu welchem Zeitpunkt das Objekt gebildet wird, wie auch auf das Wesen der Objektbeziehungen selbst. Hinweise auf solche Abweichungen finden sich in anthropologischen Untersuchungen, z. B. in denen, die Margaret Mead (1928, 1935; Mead und McGregor, 1951) an Kulturen gemacht hat, deren Institutionen der Kinder-Aufzucht sich von unseren stark unterscheiden. Um nur zwei zu erwähnen: Auf Bali ersetzt der Vater dem Kind die Mutter sehr früh im Leben; bei den Samoanern steht an der Stelle der einzigen Mutter unserer Kultur eine Vielzahl von Mutterfiguren. Meines Erachtens kann dieser Umstand zu Objektbeziehungen diffuser Art führen. Anna Freud beschreibt ähnliche Abarten von Objektbeziehungen bei Kleinkindern, die von einer Reihe häufig und rasch wechselnder Kinderpflegerinnen aufgezogen wurden. Diese Kinder konnten keine enge Bindung zu *einer* mütterlichen Person eingehen – die gab es nicht; sie setzten an die Stelle der Dyade etwas nach der Art der „Banden“ (*gangs;* A. Freud und Dann, 1951).

Die Bedeutung dieser Beobachtungen und ihre Folgerungen für unsere Kultur sind kaum zu überschätzen. Die geduldige und sorgfältige Erforschung der Folgen abgewandelter Beziehungen zwischen Mutter und Kind in verschiedenen Kulturen verspricht wertvolle Aufschlüsse. Sie wird uns zu allererst sagen, was wir *nicht* tun dürfen; wir werden auf diese Weise einerseits aus den Irrtümern anderer lernen, andererseits aber auch die Folgen unserer eigenen Fehler erkennen. Sie wird uns Anregungen für Verhütungsmaßnahmen geben, das heißt, sie wird dazu beitragen, solche Bedingungen zu vermeiden, die zu Charakter- und Persönlichkeitsmißbildungen führen, und sie wird uns Hinweise auf die günstigsten Bedingungen für Kinderaufzucht und -erziehung bieten.

Das Modell der Organisatoren und die oben beschriebenen Stadien der Objektbeziehungen sind nur ein grober Entwurf, der für das Verständnis der Entwicklung im ersten Lebensjahr ein paar Anhaltspunkte geben soll. Zu dieser Darstellung sind die Einzelheiten noch nachzutragen, denn sie sind noch unbekannt und erfordern eine geduldige Erforschung sowohl von Individuen und Gruppen als auch interkulturelle Vergleiche.

9. KAPITEL

ROLLE UND ENTWICKLUNG DER TRIEBE

In den vorhergehenden Kapiteln haben wir die Phänomenologie der Objektbeziehungen hauptsächlich vom topischen und vom strukturellen Gesichtspunkt aus betrachtet, sowohl in bezug auf die Persönlichkeit des Kindes als auch auf die der Mutter. Wir wollen sie nun vom Gesichtspunkt der Dynamik aus ansehen und versuchen, die Rolle der Triebe in diesem Prozeß zu beleuchten. Wir haben festgestellt, daß die libidinösen und die aggressiven Triebe gleichermaßen an der Bildung von Objektbeziehungen beteiligt sind. Bei der Geburt und während des auf die Geburt folgenden narzißtischen Stadiums haben sich die Triebe noch nicht voneinander differenziert, dies geschieht erst in einem allmählichen Entwicklungsprozeß. Ich habe die Details dieses Vorgangs an anderer Stelle ausführlich erörtert (Spitz, 1953 a; siehe auch Jacobson, 1954); hier werde ich nur skizzieren, wie ich diese Entwicklung sehe.

Die libidinösen und die aggressiven Triebe trennen sich im Lauf der ersten drei Lebensmonate infolge der zwischen Mutter und Kind stattfindenden Wechselwirkung voneinander. Zunächst hat dieser Austausch die Form voneinander getrennter, isolierter Erlebnisse im spezifischen Bereich der beiden Triebe, die weder verschmelzen noch miteinander in Verbindung treten. Dies gilt für die Dauer des narzißtischen Stadiums bis zum Alter von drei Monaten, bis der Objektvorläufer sich bildet.

In den nächsten Monaten schreitet die Entwicklung stufenweise vom Stadium des Objektvorläufers zum Stadium der echten Objektbeziehungen fort. Sowohl während des narzißtischen Stadiums als auch während einer folgenden Übergangszeit entfalten sich die Triebe in Anlehnung an die Befriedigung der oralen Bedürfnisse des Säuglings. Freud hat das aus dieser Triebstruktur erwachsende Verhältnis als eine „anaklitische Anlehnung" (Freud, 1905 b, 1914 b) bezeichnet. Die Mutter ist diejenige Person, die die oralen Bedürfnisse des Säuglings befriedigt; sie wird zum Ziel seiner aggressiven und libidinösen Triebe. Dieses Ziel, die Mutter, wird noch nicht als eine einheitliche, feste, unveränderliche Person oder besser, als ein solches „Objekt der Libido" wahrgenommen.

Das „gute" Objekt und das „schlechte" Objekt und ihre Vereinigung

Ich schließe mich Hartmann, Kris und Loewenstein (1946) und Abraham (1916) an, wenn ich annehme, daß der Säugling in diesem Stadium *zwei* Objekte hat: das schlechte Objekt, gegen das sich die Agression richtet, und das gute Objekt, dem sich die Libido zuwendet. Man kann diese Periode auch mit Abraham (1916) das *vorambivalente Stadium* nennen.

Zu Beginn dieses Übergangsstadiums entsteht ein rudimentäres Ich, das als zentraler Steuerungsmechanismus der Koordination fungiert. So rudimentär dies Ich auch sein mag, es gestattet doch eine Triebabfuhr in Form gerichteter Handlungen. Diese gerichteten Handlungen, gerade dieses Funktionieren, führen allmählich die Differenzierung der Triebe voneinander herbei. Dank den Funktionen des sich entwickelnden Ichs lernt das Kind, zwischen dem „schlechten" Objekt, das sich weigert, seine Bedürfnisse zu befriedigen, und auf das sich seine Aggression richtet, und dem „guten" Objekt zu unterscheiden, das seine Bedürfnisse befriedigt und dem sich seine Libido zuwendet.

Um den sechsten Monat herum findet eine Synthese statt. Der wachsende Einfluß des Ichs drückt sich aus in der Integration der Erinnerungsspuren von unzählige Male wiederholten Erlebnissen und Wechselbeziehungen, die das Kind mit seiner Mutter gehabt hat. Dies endet schließlich mit der Vereinigung der Bilder der beiden Objektvorläufer, der „guten" Mutter und der „schlechten" Mutter. Eine einzige Mutter, das Liebesobjekt im eigentlichen Sinn, entsteht.

Dieser Vorgang kann auch in bezug auf die Gedächtnissysteme des Ichs dargestellt werden. Eine endlose Kette von Austauschhandlungen zwischen Mutter und Kind bildet eine wachsende Anzahl von Erinnerungsspuren, hauptsächlich Sinneseindrücke von der Mutter, die verschiedene Rollen spielt. Zugleich, vielleicht sogar infolge eben dieses Vorgangs, nimmt die Speicherfähigkeit des kindlichen Gedächtnisses zu – eine Tatsache, die sich experimentell belegen läßt (Hetzer und Wislitzky, 1930). Es kommt ein Zeitpunkt, in dem die Mutter als Einheit,

als eine „ganze" Person, nicht mehr lediglich als ein Element der spezifischen Situation wahrgenommen wird, in der sie erlebt wird. Auf Grund dieser situativen Determination des Sinneseindrucks wird ein und dieselbe Person vom Säugling zunächst als eine Anzahl getrennter Personen oder vielmehr Sinneseindrücke wahrgenommen. Einige davon empfindet das Kind als „gut", andere als „schlecht". Nach dem sechsten Monat verschmelzen die vielfältigen Sinneseindrücke von der Mutter dank der zunehmenden Speicherfähigkeit der Gedächtnisfunktion des Kleinkindes und dank der Integrationstendenz seines Ichs. Dieser Leistung liegt ein gedanklicher Prozeß zugrunde: aufeinanderfolgende Erinnerungsspuren des Objektvorläufers werden als miteinander übereinstimmend erkannt, unabhängig von der jeweiligen Situation, und die Synthese des Objekts wird vollzogen.
Ich könnte hier anfügen, was ich an anderer Stelle gesagt habe (1957), daß nämlich die sekundären, unwesentlichen Eigenschaften des Sinneseindrucks nun unberücksichtigt bleiben; er wird an seinen wesentlichen Eigenschaften erkannt. Damit wird das Perzept „Mutter" zu einem einzigen und wird nicht mehr mit irgendeiner anderen Person gleichgesetzt, die in den gleichen Situationen die Rolle der Mutter übernimmt. Von nun an steht die Mutter selbst im Brennpunkt der aggressiven und libidinösen Triebe des Kleinkindes. Das Verschmelzen der beiden Triebe und das Verschmelzen des guten und des schlechten Objekts in eins, nämlich in das Objekt der Libido, sind daher zwei Facetten ein und desselben Vorgangs. Die „guten" Aspekte der Mutter sind unermeßlich viel stärker als die „schlechten". Ebenso überwiegt der libidinöse Trieb den aggressiven, denn der libidinöse Trieb des Kindes steht zu seinen Bedürfnissen in direktem Verhältnis. Infolgedessen bekommt das gute Objekt bei dieser Verschmelzung anscheinend die Oberhand; wahrscheinlich hat man darum das Objekt der Libido auch als Liebesobjekt bezeichnet.
Nun, da die beiden Triebe auf das einzige, in höchstem Maß affektiv besetzte Objekt gerichtet sind, können wir erst von der Konstituierung des Objekts der Libido *im eigentlichen Sinn* und vom Beginn echter Objektbeziehungen sprechen. Das ist meine Auffassung vom Zusammenwirken des aggressiven und des libidinösen Triebes bei der Bildung von Objektbeziehungen.

Wenn wir diese Auffassung von der Rolle der beiden Triebe in dem Prozeß der Objektfindung akzeptieren, dann wird völlig klar: Wenn man einen der beiden nicht zum Ausdruck kommen läßt oder die Betätigung dieses Triebes zum Nachteil des anderen fördert, setzt man eine Fehlbildung der Objektbeziehungen in Gang. Im allgemeinen ist es die Mutter, die den Triebausdruck unterdrückt oder fördert; daher wird ihr Verhalten die Bildung und Gestaltung der Objektbeziehungen bestimmen. Sie hat die Wahl, ob sie das „gute Objekt" oder, im anderen Extremfall, das „schlechte Objekt" in den Vordergrund stellen will. Zwischen diesen beiden Extremen gibt es natürlich einen weiten Spielraum von Möglichkeiten. Aber es ist klar, daß Unterschiede in der Einstellung der Mütter ganz stark von kulturellen Einrichtungen und kulturellen Prozessen abhängig und sogar kulturellen „Moden" unterworfen sind. Ich gebe hier zwei Beispiele für den letzteren Fall:

In den Vereinigten Staaten wurde während der Zeit zwischen dem Ende des Ersten Weltkrieges und etwa dem Jahr 1942, wahrscheinlich unter dem Einfluß der Schule des Behaviorismus, in der Kinderaufzucht das schlechte Objekt besonders betont. In jenen Jahren stillte man die Kinder nach einem starren Zeitplan, genau nach der Uhr und mit vorgeschriebenen Trinkmengen ohne Rücksicht darauf, ob das Kind satt war oder nicht. Die Mütter wurden angewiesen, ihre Kinder nicht zu „verwöhnen", sie nicht „süßlich" und sentimental zu behandeln, sachlich, freundlich und bestimmt zu sein, sie nie zu umarmen und zu küssen und sie nie auf dem Schoß sitzen zu lassen. Ein Abschnitt bei Watson (1928) lautet: „Behandelt sie wie junge Erwachsene. Badet und kleidet sie sorgfältig und umsichtig ... Wenn Ihr müßt, küßt sie einmal auf die Stirn." Diese Einstellung machte sich auch das *United States Children's Bureau* zu eigen, das in seiner Broschüre *Infant Care* (Säuglingspflege) noch 1938 „ein Training durch Regelmäßigkeit des Fütterns, Schlafens und der Ausscheidung" praktisch von Geburt an empfahl und behauptete, durch diese Methode werde „das Kleinkind seine ersten Lektionen in Charakterertüchtigung erhalten".

Mit anderen Worten, die Mütter wurden angewiesen, ihrem natürlichen Drang, die Liebe zu ihren Kindern so auszudrücken, wie sie es wünschten, nicht zu folgen. Natürlich fuhren selbst in jenen mageren Jahren recht viele Mütter fort, „gegen ärztlichen Rat" ihre Kinder zu lieben – und wir können sie und ihre Kinder dazu nur beglückwünschen. Das Hätscheln und Liebkosen der Kinder ließ sich nicht unterdrücken.

Um das Jahr 1940 trat ein vollkommener Umschwung ein, das bezeugt die grundlegende Umarbeitung der Auflage von 1942 der Broschüre *Infant Care* des U.S. Children's Bureau. Der Text dieser Neuauflage zeigt so großes Verständnis für die Bedürfnisse des Kindes und vielleicht auch für die der Mütter, daß man ihn geradezu als menschlich bezeichnen kann. Zur gleichen Zeit war jedoch das sogenannte *self-demand schedule* (Stillen auf Verlangen) „erfunden" worden und erfreute sich allgemeiner Beliebtheit. Diese Methode besteht darin, das Kind immer dann zu stillen oder zu füttern, wenn es den „Wunsch" danach zu erkennen gibt – das heißt, immer dann, wenn es Unlust zeigt. In vielen Fällen hat dies zu erheblicher Überfütterung geführt, gleichsam zu einer Art forcierter Sondenfütterung. Dies war ein Ausschlag ins andere Extrem und ebenso schlecht beraten und unvernünftig wie das umgekehrte Verfahren.

Frustrationstoleranz und das Realitätsprinzip

Diese beiden Beispiele sprechen für sich selbst. Gleichzeitig lassen sie ahnen, wie im Verlauf der allmählichen Verschmelzung der beiden Triebe die vom „guten Objekt" gebotene Belohnung als Ausgleich für die Missetaten des „schlechten Objekts" dienen kann. Dieser Ausgleich seinerseits befähigt den Säugling, größere Versagungen zu ertragen – größer sowohl in bezug auf die Menge der zu ertragenden Versagungen als auch in bezug auf ihre Dauer. Das ist von lebenswichtiger Bedeutung, denn letztlich ist die Fähigkeit, Versagungen zu ertragen (Frustrationstoleranz) der Ursprung des Realitätsprinzips. Das Realitätsprinzip stellt eine Umwegfunktion dar: Die unmittelbare Triebbefriedigung muß aufgegeben werden, damit durch einen Aufschub später eine angemessene Befriedigung möglich wird (Freud, 1916–1917; aber siehe auch 1895, 1900, 1911). Diese Fähigkeit, die Triebbefriedigung aufzuschieben, eine Verzögerung der Spannungsabfuhr zu ertragen, ein sofort statthabendes und vielleicht ungewisses Vergnügen aufzugeben, um die Gewißheit eines späteren Lustgewinns einzutauschen, ist ein folgenschwerer Schritt in der Humanisierung des Menschen. Sie hat den Fortschritt von innerer Rezeption zu äußerer Wahrnehmung[1], von „passiver" Wahrnehmung zu motorischer Abfuhr in der Form von Handlungen ermöglicht und führt am Ende zu einer angemessenen aktiven Veränderung der Realität, das heißt, zur alloplastischen Anpassung.

Auf der nächsten Stufe liefert die Einschränkung der motorischen Abfuhr den Aufschub, der für einen so komplexen Prozeß wie Denken und Urteilen erforderlich ist. Die Denkfähigkeit gestattet eine Regulierung der Triebe dadurch, daß ihre Abfuhr die Form gerichteter intentionaler Handlungen annimmt. Daher wird auch die gerichtete Aggressionsabfuhr bei gleichzeitigem Lustgewinn möglich und dient dazu, die Herrschaft über die „Dinge" in der konkreten Umwelt zu erwerben. Man sollte nicht übersehen, daß beim Entstehen des Realitätsprinzips der Ausgleich, den das „gute" Objekt für die Missetaten des „bösen" Objekts bietet, eben den Beginn des Realitätsprinzips erleichtert und den Aufschub nicht nur erträglich, sondern lohnend erscheinen läßt. Dies macht die Gründe verständlich, warum, wie die verstorbene Katherine Wolf[2] einmal so feinfühlig gesagt hat: „normale Objektbeziehungen zur Mutter eine Voraussetzung sind für die Fähigkeit des Kindes, auch zu den Dingen eine Beziehung herzustellen und die Dinge zu beherrschen." Hier wird noch einmal deutlich, wie unerläßlich es ist, daß es dem Säugling gelingt, die aggressiven und libidinösen Triebe zu vereinigen und sie auf *einen* einzigen Partner, nämlich die Mutter, zu entladen.

---

[1] Von der coenästhetischen zur diakritischen Wahrnehmung.
[2] Persönliche Mitteilung.

10. KAPITEL

DER FORTGANG DER ENTWICKLUNG NACH DER KONSTITUIERUNG DES ZWEITEN ORGANISATORS

Die außerordentliche Bedeutung des zweiten Organisators für die weitere Entwicklung des Kleinkindes zeigt sich in der raschen Entfaltung und Strukturierung seiner Persönlichkeit. In den unmittelbar auf die ersten Anzeichen der Achtmonatsangst folgenden Wochen treten viele neue Verhaltensweisen, Leistungen und Beziehungen zum ersten Mal auf. An erster und auffallendster Stelle steht dabei das Erscheinen neuer Formen von Sozialbeziehungen, die auf einer merklich höheren Ebene der Komplexität liegen als die früher vorhandenen. Das Verständnis für die soziale Gebärde und ihr Gebrauch als Mittel der gegenseitigen Verständigung beginnt. Das äußert sich besonders eindrucksvoll am Verständnis des Kindes für Verbote und Gebote und an seinen entsprechenden Reaktionen.

Der Fortschritt im Verstehen sozialer Beziehungen wird ebenfalls deutlich in der wachsenden Teilnahme des Kindes an gemeinsamen sozialen Spielen: Wenn man ihm einen Gummiball hinrollt, wird es ihn zurückrollen, wenn man ihm die Hand hinstreckt und es begrüßt, wird

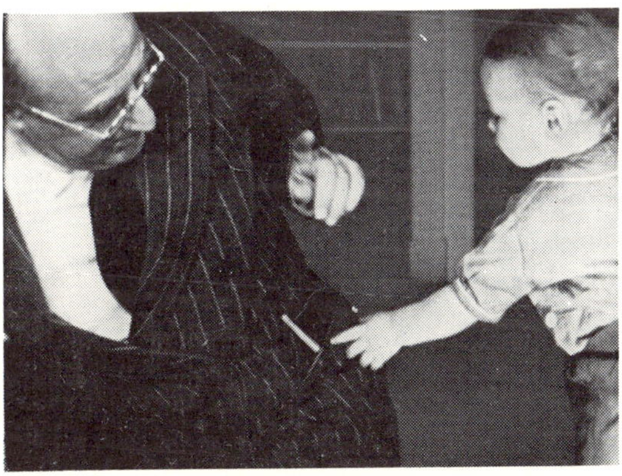

Abb. 10. Der Beobachter droht mit dem Finger und sagt: „Nein, nein" zu dem Kind, das versucht, den Bleistift zu nehmen.

es einem ebenfalls die Hand geben. Wenn man sein Spiel unterbricht, indem man mit entschiedener Stimme „nein, nein“ sagt, zugleich den Kopf schüttelt oder ihm zum Zeichen des Verbots mit dem Finger droht, so hört es plötzlich auf. Sein Gesicht kann sogar Bestürzung zeigen (siehe Abb. 10 und 11).

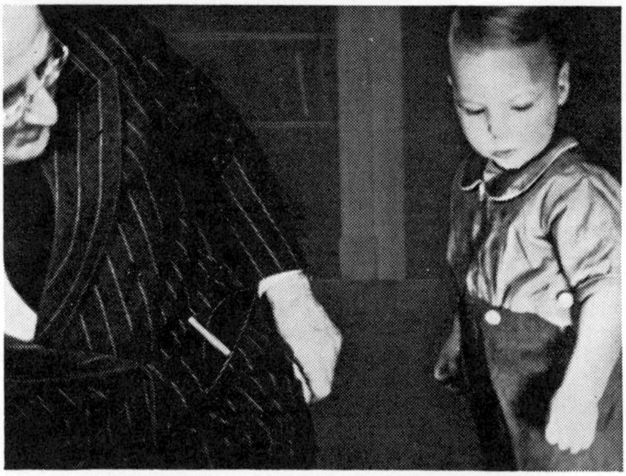

Abb. 11. Reaktion des Kindes.

Fortschritte in den Bereichen der Wahrnehmung, der Motorik und der Affektivität

Zur gleichen Zeit treten auch wichtige Veränderungen im Umgang des Kindes mit seiner dinglichen Umwelt ein. Erstens einmal verändert sich sein „Territorium“, seine Beziehung zu dem Raum, der es umgibt.

Bis zur Konstituierung des zweiten Organisators scheint die räumliche Orientierung des Kleinkindes an den Gitterstäben seines Bettchens, an der Grenze seines „Bettbereiches“, zu enden. In seinem Bett ergreift es ein Spielzeug ohne Schwierigkeiten. Wenn der gleiche Gegenstand ihm außerhalb der Gitterstäbe hingehalten wird, streckt es die Hand danach aus, hält aber vor den Stäben inne. Es setzt seine Bewegungen nicht außerhalb fort, obwohl das leicht möglich wäre, denn die Stäbe sind weit genug voneinander entfernt. Es ist, als ob der Raum am Gitter seines Bettchens zu Ende wäre (siehe Abb. 12).

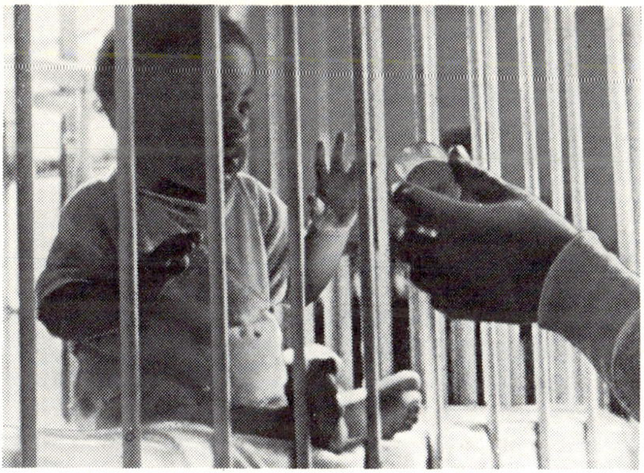

Abb. 12. Das Kind ist noch unfähig, sein Lieblingsspielzeug zu ergreifen, wenn es ihm außerhalb der Gitterstäbe seines Bettchens hingehalten wird.

Zwei oder drei Wochen nach dem achten Monat jedoch „begreift“ es plötzlich und ist imstande, seine Bewegung über die Gitterstäbe hinaus fortzuführen und das Spielzeug zu ergreifen (siehe Abb. 13). Es ist bemerkenswert, daß diese Veränderung vor Beginn der aufrechten Fortbewegung eintritt.

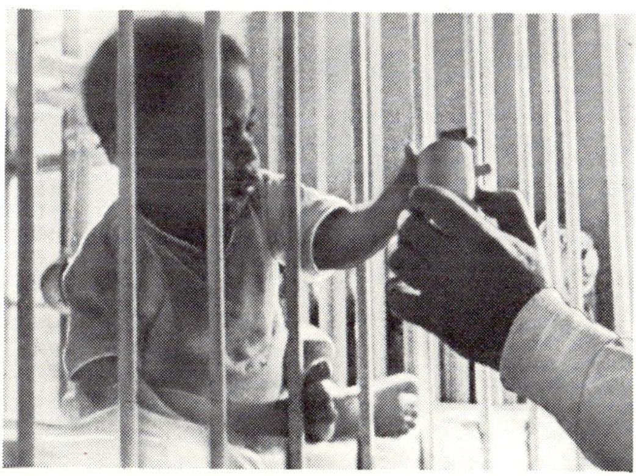

Abb. 13. Nach dem achten Monat ist das Verständnis für den Raum jenseits des Bettgitters erwacht.

Auf einem anderen Gebiet besteht der Fortschritt in der Fähigkeit, unbelebte Dinge zu unterscheiden. Wir haben schon festgestellt, daß die Unterscheidungsfähigkeit durch Austausch mit dem Objekt, dem Partner, erworben wird. Die Rolle der affektiven Beziehungen als Bahnbrecher für die Entwicklung der Wahrnehmung ist besonders deutlich bei den unbelebten Gegenständen. Erst zwei Monate, nachdem das Kind die Mutter von einem Fremden zu unterscheiden gelernt hat (das heißt *eine Person* von einer anderen), lernt es, ein Spielzeug von einem anderen zu unterscheiden. Wenn man nach dem Auftreten der Achtmonatsangst mehrere Gegenstände vor das Kind hinlegt, greift es nach seinem bevorzugten Spielzeug und nicht mehr, wie vorher, nach dem Spielzeug oder Gegenstand, das der führenden Hand am nächsten liegt.

Ein Denkfortschritt wie das beginnende Verständnis des Kindes für die Beziehungen zwischen Dingen wird an folgendem Beispiel offenkundig: Wenn man jetzt eine Schnur an eine Glocke bindet, die Schnur in das Bett des Kindes legt und die Glocke läutet, sieht das Kind sehr schnell, daß es die Glocke in sein Bett ziehen kann, indem es an der Schnur zieht. Diese Leistung zeigt, daß dem Kind zum ersten Mal der Gebrauch eines Werkzeugs gelungen ist.

Im affektiven Bereich tauchen allmählich subtile Schattierungen emotioneller Haltungen auf. Gegen Ende des ersten Lebensjahres sind Eifersucht, Ärger, Wut, Neid, Besitzgier einerseits und Liebe, Zuneigung, Anhänglichkeit, Freude, Vergnügen usw. auf der anderen Seite zu beobachten.

Die Herausdifferenzierung dieser neuen Gefühlsnuancen ergibt sich aus der Entfaltung von immer komplizierteren Objektbeziehungen, die gegen Ende des ersten Lebensjahres auch die Bildung bestimmter Abwehrmechanismen hervorrufen.

Nachahmung und Identifizierung

Auf dieser Altersstufe ist das Wirken des Identifizierungsmechanismus deutlich sichtbar und leicht zu beobachten. Wir wollen ihn darum eingehender untersuchen. Seine ersten Spuren waren bei etwa 10 % der Kinder in unserer Population schon im Alter von drei bis vier Monaten zu sehen. Diese Kinder bildeten die Ausnahme. Wenn ihnen das Gesicht eines Erwachsenen gezeigt wurde, schienen sie zu versuchen, dessen Ausdruck widerzuspiegeln. Das ist gewiß eine äußerst rudimentäre Form der Nachahmung: Wie die Wahrnehmung in diesem Stadium global ist (das heißt eine Gestaltwahrnehmung), so ist auch die Nachahmung globaler Art. Wenn man z. B. dem Säugling ein In-die-Breite-Ziehen des Mundes vormacht, wird er auch versuchen, den Mund in die Breite zu ziehen und Lippenbewegungen zu machen, die das Gegenteil von einem Spitzen des Mundes sind. Wenn man umgekehrt den Mund spitzt, als wolle man pfeifen, kann das nachahmende Kind in der gleichen Weise den Mund spitzen oder es kann auch die Zunge herausstrecken, so daß eine zugespitzte Form entsteht (Kaila, 1932).

Eine echte Nachahmung tritt erst sehr viel später auf, zwischen dem achten und zehnten Monat, das heißt nach dem Erscheinen des zweiten Organisators. Ich habe die Anfänge der Nachahmung in mehreren Filmen festgehalten: z. B. die Nachahmung, die in sozialen Spielen auftritt, wie beim Zurückrollen eines Balles. Berta Bornstein[1] hat dieses Verhalten die „Identifizierung durch die Gebärde" genannt. Wenn ich sie richtig verstehe, bedeutet dieser Ausdruck, daß das Kind die Gebärde nachahmt, ohne ihren gedanklichen Inhalt zu verstehen. Die Identifizierung durch die Gebärde ist jedoch nur ein Vorläufer des Mechanismus der Identifizierung im eigentlichen Sinn, mit dem ich mich im 11. Kapitel beschäftigen werde.

Die Einstellung der Mutter, das affektive Klima, das sie dem Säugling bietet, sind für die Entwicklung der Nachahmung von ausschlaggebender Bedeutung. Sogar noch wichtiger ist ihre Einstellung für den dynamischen Prozeß, durch den die Identifizierungsmechanismen entstehen. Der Einfluß des affektiven Klimas innerhalb der Dyade erleichtert oder erschwert die Versuche des Säuglings, so zu werden und zu handeln wie seine Mutter. Ich habe diesen Einfluß schon früher im Zusammenhang mit der Entwicklung von Aktionsmustern *(action patterns)* erwähnt.

Der Erwerb von Handlungsabläufen, die Beherrschung der Nachahmung und die Funktion der Identifizierung sind die Mittel, die es dem Kind erlauben, eine immer größere Unabhängigkeit von der Mutter zu erreichen. Indem das Kind die Handlungen der Mutter nachahmt,

[1] Persönliche Mitteilung.

wird es fähig, sich all das selbst zu beschaffen, was ihm früher die Mutter verschafft hatte.

Wir sind nun dem Kind nahezu bis ans Ende des vorsprachlichen Stadiums gefolgt. Im Verlauf der letzten Stufen, die zur Bildung des zweiten Organisators geführt haben, hat sich zwischen dem Kind und seiner Mutter eine wechselseitige, gerichtete, aktive und intentionale Kommunikation entwickelt. Obwohl das Kind in diesem Kommunikationsvorgang aktiv ist, benützt es noch keine semantischen Signale, geschweige denn Wörter. In der nun folgenden Phase werden diese gerichteten und wechselseitigen Kommunikationen allmählich zu einer Art System von semantischen Gesten geordnet, die ihrerseits später in verbale Gesten verwandelt werden. Ich spreche mit Bedacht von verbalen *Gesten.* Die Wörter, die das Kind an der Wende des ersten Lebensjahres benützt, die sogenannten „globalen" Wörter (Ein-Wort-Sätze), haben noch sehr stark den Charakter von Gesten. Sie umfassen viel mehr als irgendein spezifisches Ding, sie bezeichnen eine Richtung und ein Bedürfnis und einen Wunsch und eine Stimmung und das Ding oder Objekt, um das es jeweils geht, alles zugleich. Dies ist ein entscheidender Wendepunkt in der Evolution sowohl des Individuums als auch der Art. Ist dieser Schritt einmal getan, erfährt der Charakter der Objektbeziehungen eine grundlegende Veränderung. Von nun an werden sie immer mehr durch Worte aufrechterhalten. Bald wird die Sprache das Hauptmittel sein, mit dessen Hilfe der Austausch innerhalb der Dyade stattfindet.

11. KAPITEL

URSPRUNG UND BEGINN DER MENSCHLICHEN KOMMUNIKATION: DER DRITTE ORGANISATOR DER PSYCHE

Zu den wichtigsten Umwandlungen, die mit dem Erscheinen des zweiten Organisators einsetzen, gehört das wachsende Verständnis des Kindes für Verbote und das Auftreten der ersten Spuren von Identifizierungserscheinungen. Die beiden Entwicklungen hängen in gewisser Weise zusammen, wie wir später sehen werden.

Der Einfluß der Lokomotion auf die Beziehungen innerhalb der Dyade

Vor der Konstituierung des zweiten Organisators erreichen die Mitteilungen der Mutter das Kind in erster Linie auf dem Weg über den Körperkontakt (außer im visuellen Bereich). Nachdem das Kind die Fähigkeit erworben hat, sich fortzubewegen, strebt es nach Unabhängigkeit und es gelingt ihm, sich aus der Reichweite der Mutter zu entfernen. Es kann sich aus ihrem Sehbereich hinausschlängeln, aber es kann sich nicht leicht ihrer Stimme entziehen. Infolgedessen machen die Objektbeziehungen, die bisher auf dem Körperkontakt, dem Zugriff der Mutter beruhten, eine grundlegende Veränderung durch.

Die selbständige Lokomotion ist für das Kind ein mit Gefahren verbundener Reifungsfortschritt. Er bringt für die Umwelt viele Probleme mit sich. So lange der Säugling in seinem Bettkäfig gefangen war, war er in Sicherheit. Nun kann er gehen; er zögert nicht, seine Neugier und seinen Betätigungsdrang zu befriedigen und stürzt sich kopfüber in die gefährlichsten Situationen. Jeden Augenblick kann ein Eingreifen der Mutter notwendig werden. Jedoch bringt die Fähigkeit des Kindes zur Fortbewegung häufig einen Abstand zwischen ihm und der Mutter zustande, so daß das mütterliche Eingreifen immer mehr von Wort und Gebärde Gebrauch machen muß.

Unweigerlich muß auch die Art des Austauschs zwischen Mutter und Kind eine grundlegende Umformung erfahren. Bis jetzt hatte die Mutter die Freiheit, die Bedürfnisse und Wünsche des Kindes zu befriedigen oder nicht. Nun ist sie *gezwungen,* die Aktivitäten des Kindes zu beschneiden und zu verhindern, gerade zu einer Zeit, in der der Druck des kindlichen Tatendrangs im Wachsen begriffen ist. Der Übergang von der Passivität zur Aktivität ist wirklich ein Wendepunkt (Freud, 1931); er fällt zusammen mit dem Erscheinen des zweiten Organisators.

Dementsprechend besteht der Hauptteil des Austauschs zwischen Mutter und Kind nun in Ausbrüchen kindlicher Aktivität und mütterlichen Geboten und Verboten. Dies steht in lebhaftem Gegensatz zur vorhergehenden Periode, in der kindliche Passivität und mütterliche Liebkosungen und zugreifende Hilfe den größten Teil der Objektbeziehungen ausmachten. Ja, sogar Form und Inhalt der Kommunikationen ändern sich drastisch. Im vorsprachlichen Stadium bestanden die Mitteilungen der Mutter notwendigerweise hauptsächlich aus Handlungen, vor allem wegen der Hilflosigkeit des Kindes. Ich habe die These aufgestellt, die Mutter sei das Außenwelt-Ich *(external Ego)* des Kindes (1951). Bis das Kind selber ein organisiertes und strukturiertes Ich entwickelt, übernimmt die Mutter die Ich-Funktionen des Kindes. Sie steuert den Zugang des Kindes zur gerichteten Motilität. Sie sorgt für das Kind und beschützt es, sie sorgt für Nahrung, Körperpflege, Unterhaltung und Befriedigung der Neugier des Kindes; sie bestimmt die Wahl der Wege, die zu den verschiedenen Bereichen der Entwicklung führen; sie hat noch viele andere Funktionen. Im Lauf dieser ausgedehnten Tätigkeit, die man als Prototyp jedes Altruismus, jedes Mitleids und jeder Einfühlung bezeichnen könnte, muß die Mutter sowohl in bezug auf die Außenwelt als auch auf die Innenwelt des Kindes als seine Vertreterin handeln. In dieser Rolle vollzieht sie die Handlungen des Säuglings und führt seine Wünsche aus, so gut sie sie versteht. Ihre Handlungen wiederum teilen ihrem Kind ihre eigenen Intentionen mit.

Das soll nicht heißen, daß im vorsprachlichen Alter der akustische Austausch in den Objektbeziehungen ganz fehlt – das Gegenteil ist der Fall. Jede Mutter spricht mit ihrem Kind; ihre Handlungen sind oft von einem ständigen Monolog begleitet, und häufig antwortet das Kind plappernd und lallend.

Diese Art von Gespräch, in dem die Mutter ihrem Kind unzusammenhängende Worte vorgurrt, wobei sie neue Wörter erfindet – während das Kind lallend antwortet – findet in dem irrationalen Reich der affektiven Beziehungen statt. Solche Gespräche haben nur ganz entfernt mit dem Ausdruck körperlicher Bedürfnisse des Kindes zu tun; hier gibt es keine Verbote, keine Verhinderung, keine Verpflichtungen; aber sie schaffen eine Stimmung. Sie sind sozusagen ein Austausch von Lust-Gezwitscher.

Verneinendes Kopfschütteln: die erste semantische Geste des Kleinkindes

Sobald das Kind sich allein fortbewegen kann, ändert sich dies alles. Das Gurren wird durch Verbote, Befehle, Tadel und Schimpfen abgelöst. Jetzt heißt das Wort, das die Mutter am häufigsten gebraucht: „Nein! nein!“, und wenn sie diese Worte sagt, schüttelt sie den Kopf, während sie das Kind daran hindert, das zu tun, was es tun wollte. Zuerst wird die Mutter notwendigerweise die Verbotsgeste und das verbietende Wort durch eine körperliche Handlung begleiten, bis das Kind anfängt, verbale Verbote zu verstehen.

Das Kind versteht die Verbote der Mutter durch einen Identifizierungsprozeß. Die Details dieses Prozesses werden später dargestellt werden. Das manifeste Symptom für das Vorhandensein einer solchen Identifizierung ist die Tatsache, daß das Kind mit der Zeit das verneinende Kopfschütteln nachahmt, das gewöhnlich den Eingriff der Mutter begleitet. Für das Kind wird dieses Kopfschütteln das Symbol und die beständige Erinnerung an die Versagungshandlung der Mutter. Es übernimmt diese Gebärde und behält sie auch noch als Erwachsener. Sie wird zu einem zähen Automatismus, auf den selbst der besterzogene Erwachsene nur mühsam verzichten kann. Der Etikette gelingt es selbst mit großer Anstrengung nicht, diese Geste auszumerzen. Das ist nicht überraschend, denn sie ist während des archaischsten Bewußtseinsabschnitts erworben und verstärkt worden: am Beginn der verbalen Stufe.

Vielleicht werden einige Leser gegen meine Ansicht, daß die verneinende Geste des Kopfschüttelns und das Wort „nein" die ersten semantischen Symbole sind, die im semantischen Verständigungskode des Kindes erscheinen, Einwände erheben; tatsächlich sind sie nur vom Standpunkt des Erwachsenen aus seine ersten semantischen Symbole und Wörter. Darin unterscheidet sie sich nicht nur grundsätzlich von den Lall-Monologen, sondern auch von den ersten sogenannten „globalen" Wörtern [Einwortsätzen], die vor dem Wort „nein" erscheinen; ich meine Wörter wie „Mama", „Dada", usw. Diese Einwortsätze stellen eine Vielfalt von Wünschen und Bedürfnissen des Kindes dar, von „Mutter!" bis zu „Essen", von „ich langweile mich" bis zu „mir geht's gut". Das negative Kopfschütteln und das Wort „nein" stellt im Gegensatz dazu einen Begriff dar: den Begriff der Verneinung, der Weigerung im engen Sinn des Wortes. Es ist nicht nur ein Signal, sondern auch ein Zeichen für die bewußte oder unbewußte Einstellung des Kindes. Es ist das Minuszeichen der Mathematik, wo man solche Zeichen Algorismen nennt.

Nachahmung, Identifizierung und verneinendes Kopfschütteln: drei Hypothesen

Ferner ist das kopfschüttelnde „nein" auch, und vielleicht vor allem, der erste abstrakte Begriff, der sich im Geist des Kindes bildet. Wie erwirbt das Kind diesen Begriff? Man könnte meinen, das Kind äffe seine Mutter nach. Aber bei näherem Zusehen wird ganz deutlich, daß dies keine einfache, reine Nachahmung ist. Gewiß, das Kind ahmt die Gebärde der Mutter *als Gebärde* nach. Aber es ist das Kind, das die Umstände wählt, unter denen es diese Gebärde benützt und später auch, *wann* das *Wort* „nein" anzuwenden ist. Es verwendet die Geste zuerst, wenn es etwas ablehnt, sei es eine Forderung oder ein Angebot.
Wie schon erwähnt, ist dieses Entwicklungsstadium gekennzeichnet durch den Konflikt zwischen der Initiative des Kindes und den Befürchtungen der Mutter. Wenn das Kind seinerseits etwas ablehnt, was die Mutter wünscht oder anbietet, sieht es so aus, als ob es etwas nachahmt, als ob die verneinende Kopfschüttel-Geste der Mutter nur wegen ihrer wiederholten Verbote im Gedächtnis des Kindes festgehalten worden

wäre. Bei einer solchen Deutung müßten wir jedoch annehmen, daß das Kind, nachdem es die Assoziation von Kopfschütteln und Ablehnung seinem Gedächtnis eingeprägt hat, nun seinerseits die Geste wieder hervorbringt, wenn *es* eine Ablehnung ausdrücken will. Diese mechanische Erklärung steht in guter Übereinstimmung mit der Verstärkungshypothese der Lerntheorie. Aber sie erklärt nicht, wie das Kind, zusammen mit den Erinnerungsspuren des Zusammenhangs zwischen Sinneswahrnehmung und Erlebnis, auch ihre Bedeutung mitübernehmen kann. Wie kommt es zu der Abstraktion und Verallgemeinerung, die offenbar werden, wenn es sowohl Gewährung als auch Forderung ablehnt, Verbote ebenso wie Gebote? Die große intellektuelle Leistung, die zu solchen Abstraktionen und Verallgemeinerungen notwendig ist, kann nicht durch eine einfache Kumulativwirkung von Erinnerungsspuren erklärt werden. Quantitative Erklärungen, die die Dynamik unberücksichtigt lassen, befriedigen den Psychoanalytiker nicht. Quantitative Veränderungen allein erklären keine Denkprozesse.

Eine etwas bessere Erklärung des Phänomens bietet die Gestaltpsychologie an. In einer Reihe sehr einfacher und klarer Experimente hat Zeigarnik (1927) gezeigt, daß unerledigte Aufgaben im Gedächtnis bleiben, während erledigte Aufgaben vergessen werden. Dem entspricht: Wenn die Mutter etwas verbietet oder verweigert, hindert ihr „Nein" das Kind daran, die Handlung zu erledigen, die es unternommen hatte. Der Umstand, daß das Kind die Handlung nicht hat ausführen können, verstärkt auf diese Weise die Erinnerung an die Handlung und ihre Reproduzierbarkeit.

Eine viel umfassendere Erklärung, die zugleich die Besetzungsverschiebungen deutlich werden läßt, die der „Nein"-Geste des Kindes zugrundeliegen, kann die psychoanalytische Theorie liefern. Die sorgfältige Untersuchung der Umstände, die dazu geführt haben, daß das Kind die negative Geste des Kopfschüttelns beherrschen gelernt hat, macht offenkundig, daß dies das Ergebnis eines komplexen dynamischen Prozesses ist.

Zunächst einmal stellt jedes „Nein" der Mutter eine affektive Versagung für das Kind dar. Ob sie ihm nun irgendeine Betätigung verbietet, oder ob es daran gehindert wird, ein Ding zu erlangen, das es haben will, ob man die Art und Weise mißbilligt, wie es die Objektbeziehungen zu gestalten wünscht – es sind immer Triebe, die frustriert werden. Das Verbot, die Gesten, die Worte, durch die die Frustration auferlegt wird, werden mit einer spezifischen affektiven Besetzung versehen, die die Bedeutung von Verweigerung, von Niederlage, mit einem Wort: von *Versagung (frustration)* trägt. Ebenso ist es mit der Erinnerungsspur des Erlebnisses selbst. Diese affektive Besetzung ist es, die der Gedächtnisspur sowohl der Geste als auch des Wortes „Nein“ die Dauerhaftigkeit verleiht.

Andererseits unterbricht ein Verbot seinem Sinne nach eine Initiative, ein Handeln des Kindes und stößt es aus der Aktivität zurück in die Passivität. In dem Alter, in dem das Kind anfängt, das Verbot der Mutter zu verstehen, macht es auch in einem anderen Bereich seiner Persönlichkeit eine Metamorphose durch. Eine Welle von Aktivität erhebt sich und tritt an die Stelle der für das narzißtische Stadium charakteristischen Passivität. Diese außengeleitete Aktivität zeigt sich sehr stark in seinen Objektbeziehungen. Das Kind läßt es sich nicht ohne Widerstand gefallen, wenn man es wieder in die Passivität zurückzwingen will (Anna Freud, 1952).

Die körperlichen Anstrengungen des Kindes, um die Verbote wie auch die ihm in den Weg gelegten Hindernisse zu überwinden, geben noch kein vollständiges Bild. Es kommt noch ein weiterer psychodynamischer Faktor hinzu – die affektive Ladung von Unlust, die die Frustration begleitet und einen Aggressionsvorstoß aus dem Es hervorruft. Im Ich wird eine Erinnerungsspur des Verbots niedergelegt und wird mit dieser aggressiven Besetzung belegt.

Nun steckt das Kind in einem Konflikt zwischen der libidinösen Bindung, die es zur Mutter hinzieht und seiner Aggression, hervorgerufen durch die von der gleichen Mutter ihm auferlegte Versagung. In dieser Lage, zwischen seinem eigenen Wunsch und dem Verbot des Objekts, zwischen der Unlust, sich gegen die Mutter zu stellen und so Objektverlust und späteren Liebesverlust zu riskieren, sucht das Kind seine Zuflucht in einer Kompromißlösung. Diese besteht in einer autoplastischen Veränderung durch einen Abwehrmechanismus, nämlich den der Identifizierung, der sich in diesem Stadium gerade bildet. Das Kind benützt eine ziemlich spezielle Abart dieses Mechanismus: die „Identifizierung mit dem Angreifer“, wie sie Anna Freud (1936) beschrieben hat.

Anna Freud hat diese Form der Abwehr beim Schulkind nachgewiesen, das sich ihrer zur Bewältigung von Konflikten zwischen dem Ich und dem Objekt bedient. In ihren Fällen spielen das Über-Ich oder zum mindesten seine Vorläufer eine wichtige Rolle. Bei unserem fünfzehn Monate alten Kind spielt das Über-Ich keine Rolle, weil es noch nicht existiert. Außerdem identifiziert sich bei der Erscheinung, über die wir hier sprechen, das Kind eher mit der versagenden Person als mit dem Angreifer. Aber der Unterschied zwischen Angreifer und versagender Person ist nur ein Gradunterschied.

Der zum Erwerb der semantischen Geste des „Nein" führende dynamische Prozeß läuft also folgendermaßen ab: Die verneinende Geste des Kopfschüttelns und das vom Objekt gesprochene Wort „Nein" werden dem Ich des Kleinkindes als Erinnerungsspuren einverleibt[1]. Die affektive Unlustbesetzung wird von dieser Vorstellung getrennt; diese Trennung ruft einen Aggressionsdruck hervor, der sich dann vermittels Assoziation mit der Erinnerungsspur im Ich verknüpft.

Wenn das Kind sich mit dem Objekt identifiziert, folgt auf diese Identifizierung mit dem Angreifer, nach Anna Freud, ein Angriff gegen die

---

[1] Nach der Veröffentlichung meiner Monographie *No and Yes* (1957, Nein und Ja) ist man von verschiedenen Seiten mit Fragen zum Thema der beim Erwerb der Geste und des Wortes „Nein" wirksamen Erinnerungsspuren an mich herangetreten. Diese Fragen lassen es angezeigt erscheinen, ein paar Worte über die theoretischen Weiterungen dieses Problems zu sagen. Freud (1915 a) hat darauf hingewiesen, daß Erinnerungsspuren, die sich auf ein und dieselbe Sinneswahrnehmung (Erlebnis) beziehen, in verschiedenen psychischen „Lokalitäten" niedergelegt werden, das heißt in „topisch gesonderte[n] Niederschriften". Diese „Lokalitäten" sind die Systeme Ubw. und Bw. (oder Vbw.). Danach, wie auch nach einigen seiner späteren Äußerungen zu diesem Thema, könnte es so scheinen, als bestehe das, was beim Erwerb des „Nein"-Kopfschüttelns niedergelegt wird, aus mehreren Erinnerungsspuren, die sich in ihren Eigenschaften voneinander unterscheiden. Die Geste wird zuerst als eine „Ding-Vorstellung" niedergelegt. Letztlich gehört sie dann zum System Ubw.

Es ist jedoch wahrscheinlich – ja es stimmt mit der psychoanalytischen Theorie überein –, daß am Anfang des Prozesses, in dessen Verlauf die „Nein"-Geste erworben wird, die Erinnerungsspur beiden Systemen, Ubw. und Vbw., zur Verfügung steht. Freud nimmt an, das System Vbw. bestehe hauptsächlich aus Wortvorstellungen, die ihre (sensumotorischen) Eigenschaften von den unbewußten Ding-*Vorstellungen* herleiten. In dem Alter, in dem die „Nein"-Geste erworben wird, etwa um den fünfzehnten Lebensmonat, ist die Tren-

Außenwelt. Bei dem fünfzehn Monate alten Kleinkind nimmt dieser Angriff die Form des „Nein“ an (zuerst kommt die Gebärde, dann das Wort), die das Kind von seinem Liebesobjekt übernommen hat. Auf Grund zahlreicher Unlusterlebnisse ist das „Nein“ mit einer aggressiven Besetzung versehen. Das macht das „Nein“ geeignet, um Aggression auszudrücken, und das ist der Grund, warum das „Nein“ in dem Abwehrmechanismus der Identifizierung mit dem Angreifer benützt und gegen das Objekt gewendet wird. Sobald diese Stufe erreicht ist, kann die Trotzphase (die uns im zweiten Lebensjahr so wohlbekannt ist) beginnen.

Der dritte Organisator der Psyche

Die Beherrschung des „Nein“ (in Gebärde und Wort) ist eine Errungenschaft mit weitreichenden Folgen für die geistige und emotionelle Entwicklung des Kindes; sie setzt voraus, daß es die erste Urteils- und Verneinungsfähigkeit erworben hat. Freud (1925 a) hat diese Frage in einer meisterlichen Abhandlung von ein paar Seiten erörtert, die den Titel „Verneinung“ trägt. Ich möchte nur einige der höchst bedeutsamen Aspekte dieses Meilensteins der Entwicklung erwähnen; eine vollständigere Behandlung dieses Themas findet der Leser in meiner Monographie *No and Yes* (Nein und Ja, 1957).

Zunächst einmal ist die Identifizierung mit dem Angreifer ein selektiver Vorgang. Im Verhalten der Mutter sind drei Faktoren zu unterscheiden, wenn sie ein Verbot ausspricht. Es sind: ihre *Gebärde* (oder ihr Wort), ihr *bewußtes Denken*, und ihre *Affekte*. Offensichtlich eignet

---

nung zwischen den Systemen jedoch noch nicht so ausgeprägt wie später. Noch werden die vielfältigsten Systeme zu einem Ich zusammengeschlossen, und Ich-Systeme werden erst voneinander abgegrenzt und organisiert. Einige Monate später, wenn auch das *Wort* „Nein“ dem Gedächtnis als eine *Wortvorstellung* einverleibt wird, ist die Trennung zwischen den unbewußten *Ding-Vorstellungen* und den vorbewußten *Wortvorstellungen* schon sehr viel weiter gediehen. Nun können die sensumotorischen Eigenschaften, die zur *Ding-Vorstellung* des Verbots gehören, mit dem „Nein“ (in Gebärde und Wort) verknüpft werden und die *Wortvorstellung* im System Vbw. aktivieren.
Es scheint also, daß das Kind beim Erwerb der „Nein“-Gebärde beginnt, vom ausschließlichen Gebrauch des Primärvorgangs zum allmählich zunehmenden Gebrauch des Sekundärvorgangs überzugehen.

sich das Kind die Gebärde an. Aber wie könnte ein fünfzehn Monate altes Kind die Gründe, die die Mutter dazu bewegen, ihr Verbot auszusprechen, verstehen oder selbst wahrnehmen? Was geschieht, ist, daß sich das Kind das Denken der Mutter *nicht* aneignet. In dieser Phase ist das Kind noch unfähig, rational zu denken, und darum weiß es nicht, ob die Mutter etwas verbietet, weil sie fürchtet, daß es sich wehtut, oder ob sie ärgerlich ist, weil es böse gewesen ist.

Was ihre Affekte angeht, so versteht das Kind sie in diesem Alter lediglich auf ganz globale Weise. Man könnte etwa sagen, es unterscheidet in dem „anderen" nur zwei Affekte. Ich habe einen den Affekt „für" und das Gegenteil den Affekt „gegen" genannt. Darum ist das, was das Kind vom Affekt der Mutter versteht, etwa so: „Du bist nicht *für* mich; du bist *gegen* mich." Daraus folgt, daß das Kind bei seiner Identifizierung mit dem Angreifer mit Hilfe der negativen Geste sich nur diese Geste selbst angeeignet hat, zusammen mit dem Affekt „gegen". Trotzdem ist dies ein ungewöhnlicher Vorgang. Bisher war der Ausdruck der Affekte des Kindes in der Situation der Objektbeziehungen auf den unmittelbaren Kontakt, auf das Handeln[2] begrenzt. Mit dem Erwerb der

[2] Früher, während der Hilflosigkeitsperiode des Säuglings, jener Periode, die Ferenczi (1916) das Stadium der kindlichen Allmacht genannt hat, ersetzte Phantasie das Handeln. Diese Phantasien sind jedoch nicht mit Erwachsenen-Phantasien zu vergleichen, und noch weniger mit den ausschweifenden Phantasien der Kinder im Vorschulalter. Die Phantasien des Säuglings müssen notwendig im Bereich seiner begrenzten kognitiven Mittel bleiben. In diesem Stadium leitet sich die Erkenntnis zweifellos weit mehr aus physiologischen als aus begrifflichen Quellen her.

Diese Behauptung erfordert einige Vorbehalte. Erkenntnismäßig ist der Säugling im ersten Lebensjahr nur eines geringen Teils der physiologischen Funktionen gewahr, die dem Erwachsenen so selbstverständlich vorkommen. Wir können mit Sicherheit annehmen, daß der Säugling die Nahrungsaufnahme und die damit verbundenen Handlungen wie Kauen, Schlucken, Greifen und Schlagen registriert. Es ist fraglich, wieviel dem Kind von den Ausscheidungsvorgängen schon zur Kenntnis kommt. Meine Beobachtungen haben mich zu der Annahme geführt, daß das Kind gegen Ende des ersten Lebensjahres seine Aufmerksamkeit gerade erst den Funktionen der Ausscheidung zuwendet. Ich bin daher der Meinung, daß die meisten Phantasien im Stadium der Hilflosigkeit sich um Tätigkeiten drehen, die mit der Nahrungsaufnahme zu tun haben und in der Introjektion ihren Abschluß finden. Diese Annahme wird zum Teil gestützt durch die deutlich wahrnehmbaren Anfänge der Identifizierungshandlungen in der zweiten Hälfte des ersten Jahres. Tätigkeiten, die

Verneinungsgeste wird das Handeln durch das Wort ersetzt, und die Kommunikation auf Distanz wird eingeführt.

Dies ist vielleicht der wichtigste Wendepunkt in der Entwicklung des Individuums und der Art. Hier beginnt die Humanisierung der Art, hier beginnt das *zoon politikon,* hier beginnt die Gesellschaft. Dies ist der Anfang des wechselseitigen Austauschs von intentionalen und gerichteten Mitteilungen; mit dem Erscheinen der semantischen Symbole wird er zum Ursprung der verbalen Kommunikation. Das ist der Grund, warum ich den Erwerb des Zeichens der Verneinung und des Wortes „Nein" für den greifbaren Indikator der Bildung des dritten Organisators halte.

Das „Nein" in Geste und Wort ist der semantische Ausdruck der Verneinung und des Urteils; zugleich ist es die erste Abstraktion, die das Kind bildet, der erste abstrakte Begriff im Sinn erwachsener Geistestätigkeit. Der Begriff wird mit Hilfe einer Verschiebung aggressiver Besetzungsquantitäten erworben; ich glaube, daß Verschiebungen aggressiver Besetzung für jede Abstraktion charakteristisch sind. Eine Abstraktion ist niemals das Ergebnis einer Identifizierung an sich; sie ist das Ergebnis eines zweistufigen Vorgangs. Die erste Stufe besteht darin, daß wir aggressive Energie benützen, um gewisse Elemente dessen, was wir wahrnehmen, abzuspalten. Die zweite Stufe ist das Ergebnis der synthetischen Tätigkeit des Ichs (Nunberg, 1930), durch die die vermittels der aggressiven Energie abgespaltenen Elemente entweder zu einem Symbol oder zu einem Begriff zusammengezogen werden. Der erste solche Begriff im Leben des Kindes ist die Verneinung.

Wie schon erwähnt, drückt das Kind schon bald nach dem Ende des ersten Jahres Verneinung durch Kopfschütteln aus und teilt seine Ablehnung auf diese Weise der Umwelt durch ein semantisches Zeichen mit. Das Kopfschütteln als Zeichen der Verneinung ist auf der Welt außerordentlich weit verbreitet, es ist jedoch *keineswegs* ein universell verständliches Zeichen. In manchen Kulturen werden andere Gesten zur Verneinung benützt. Es ist jedoch sehr wahrscheinlich, daß das

---

nach dem Vorbild der Funktionen gebildet sind, die mit der Ausscheidung zu tun haben und auf die Projektionsmechanismen hindeuten, treten weniger deutlich in Erscheinung, sind jedoch schon zu bemerken. Solche Tätigkeiten kommen im Lauf des zweiten Lebensjahres mehr zum Vorschein.

Kopfschütteln auf unserer Erdkugel die am häufigsten gebrauchte Verneinungsgeste ist. Die weite Verbreitung der Geste läßt es mir wahrscheinlich erscheinen, daß man ihren motorischen Ursprung in der Ontogenese des Menschen zurückverfolgen könnte; vielleicht sogar in der Phylogenese. Ein Verhalten, das sich aus sehr archaischen und primitiven Erlebnissen herleitet, hat die Tendenz, sich über die ganze Spezies zu verbreiten, denn alle ihre Angehörigen haben teil an ihnen.

Die biologischen und neurophysiologischen Wurzeln des negativen Kopfschüttelns

Aus diesem Grund haben wir beschlossen, das früheste Verhalten der Neugeborenen zu untersuchen, um herauszufinden, ob eine Verhaltensweise darunter ist, die der Geste des verneinenden Kopfschüttelns ähnelt. Wir haben so ein Verhaltensmuster gefunden; es ist der Reflex, den die einen „Saugreflex" nennen, andere den „Orientierungsreflex". Man löst ihn aus, indem man die periorale Region mit dem Finger berührt; wie Bernfeld (1925) nenne ich dieses Gebiet gern die „Schnauze"; es ist das Gebiet, zu dem Mund, Kinn, Nase und der größte Teil der Wangen gehören. Wir wollen diesen Reflex „Suchverhalten" *(rooting)* nennen.

Dies ist ein außerordentlich archaisches Verhaltensmuster. Unsere Filmstudien zeigen, daß das in der Stillage befindliche Neugeborene den Stillakt dadurch einleitet, daß es mehrere Drehbewegungen mit dem Kopf vollführt, mit offenem Mund, bis es ihm gelingt, die Brustwarze zu erfassen. Sobald ihm dies gelungen ist, hört das Kopfkreisen auf und das Saugen beginnt. Ich habe festgestellt, daß dieses Verhalten auf der Basis des reflexartigen Suchverhaltens sehr leicht zu erklären ist. In der Stillsituation berührt eine Wange des Neugeborenen, z. B. die rechte, die Brust. Der Kopf, mit offenem Mund, wird dann nach rechts gedreht; wenn der Mund die Brustwarze nicht findet, setzt der Säugling die Bewegung fort, bis seine linke Wange die Brust berührt. Daraufhin dreht er den Kopf nach links, und so weiter, bis der offene Mund die Brustwarze gefunden hat.

Minkowski (1922) hat als erster nachgewiesen, daß beim menschlichen

Foetus schon drei Monate nach der Empfängnis das Suchverhalten zu beobachten ist. In einer großartig präzisen Studie eines anencephalen Teratoms hat Gamper (1926) demonstriert, daß dieses Verhalten selbst auf der mesencephalen Stufe in allen Einzelheiten vorhanden ist. Davenport Hooker (1939) hat diese Beobachtungen und Versuche fortgesetzt und sie in eindrucksvollen Filmen festgehalten.

Auf der phylogenetischen Stufe haben Prechtl, Klimpfinger und Schleidt (1952, 1955) das Suchverhalten bei Kindern und niederen Säugetieren als ein Beispiel für die frühkindliche Motorik untersucht. Sie fassen ihre Folgerungen folgendermaßen zusammen: asymmetrische (einseitige) Reizung an der Schnauze oder an den Lippen löst Drehbewegungen des Kopfes aus. Sobald die Reizung dadurch symmetrisch wird, daß Ober- und Unterlippe gleichzeitig berührt werden, hört die Drehbewegung auf, der Mund wird geschlossen und das Saugen beginnt. Das Drehen und das Saugen schließen einander gegenseitig aus. Tilney und Kubie (1931) haben nachgewiesen, daß schon bei neugeborenen Kätzchen die Nervenbahnen, die den Magen mit dem Gehirn, dem Maul, dem Labyrinth und den Extremitäten verbinden, genügend entwickelt sind, um diese Organe zum Zweck der Nahrungsaufnahme zu koordinieren.

Die oben genannten Untersuchungen haben den schlüssigen Beweis erbracht, daß das „Suchverhalten“ *(rooting behavior)* sowohl in der Phylogenese als auch in der Ontogenese schon auf der Stufe der Embryonalentwicklung fertig ausgebildet ist.

In den auf die Geburt des Kindes folgenden Wochen und Monaten wird die Suchbewegung immer sicherer und zielstrebiger; nach dem dritten Monat erreicht der Säugling die Brustwarze mit einer kurzen Kopfbewegung. Die Suchbewegungen, das Drehen des Kopfes, sind die sichtbaren Anzeichen der Anstrengung des Neugeborenen, sich Nahrung zu verschaffen. Biologisch gesehen, ist es ein antizipatorisches Verhalten (Craig, 1922), eine Annäherungsbewegung mit positiver „Bedeutung“; vom psychologischen Standpunkte könnte man es eine affirmative Bewegung nennen.

Die Drehbewegungen gewährleisten die taktile Orientierung des Kopfes zur Brustwarze hin. In demselben Maß, in dem die Wirksamkeit der visuellen Orientierung und der muskulären Koordination zunimmt, nehmen die Drehbewegungen des Kopfes allmählich ab. Aber nach dem sechsten Lebensmonat tauchen die Drehbewegungen in einer Situation wieder auf, die derjenigen diametral entgegengesetzt ist, in der sie ursprünglich erschienen waren. Wenn der sechs Monate alte Säugling satt ist, wenn er genug hat, dreht er den Kopf von einer Seite auf die andere, um der Brustwarze oder dem Löffel, kurz: der Nahrung, auszuweichen – mit der gleichen Drehbewegung, die ihm unmittelbar nach der Geburt dazu gedient hat, die Nahrung zu suchen. Jetzt ist diese Bewegung jedoch in ein ausweichendes Verhalten, in eine Ablehnung umgewandelt worden. Die Bewegung hat eine negative „Bedeutung" bekommen. Man sollte jedoch nicht vergessen, daß es sich hier noch um Verhalten handelt und nicht um eine semantische Geste. Eine mehr als halbjährige Entwicklung ist erforderlich, bis es dem Kind gelingt, das Vermeidungsverhalten in die semantische Ablehnungsgeste zu verwandeln.

Dies sind die Hauptstadien im Schicksal der motorischen Verhaltensweisen, die bei der Geste der Verneinung benützt werden. Ich möchte betonen, daß es während des ganzen ersten Lebensjahres *nur* das motorische Verhalten gibt; dieses Verhalten hat eine Funktion: zuerst, Nahrung zu bekommen, später, ihr auszuweichen. Erst nach dem fünfzehnten Lebensmonat wird das motorische Verhalten vom Kind mit einem begrifflichen Inhalt versehen – erst dann bekommt es den Wert einer Geste, und die Geste vermittelt einen abstrakten Gedanken.

Im Verlauf ihrer ontogenetischen Entwicklung durchläuft die motorische Verhaltensweise des verneinenden Kopfschüttelns drei deutlich unterscheidbare Stadien. Unmittelbar nach der Geburt ist sie ein bejahendes Verhalten. Das ist nicht überraschend – Freud hat (1925) betont, daß im Unbewußten kein „Nein" existiert. Das ist natürlich auf die Gesetze zurückzuführen, die den Ablauf des Primärvorgangs bestimmen. Da das Neugeborene in den ersten Wochen nach der Geburt kein Bewußtsein hat, laufen seine Funktionen nur nach dem Primärvorgang ab; seine Reaktionen, seine Betätigungen sind die Folgen einer Spannungsabfuhr, die nicht bewußt sein kann, da eine psychische Organisation nicht vorhanden ist. Daraus folgt, daß dieses Verhalten keine Verneinung ausdrücken kann.

Das zweite Stadium, in dem das sechs Monate alte Kind dadurch die Nahrung ablehnt, daß es den Kopf wegdreht, tritt ein, sobald sich die ersten Rudimente eines bewußten Ichs konstituiert haben. In diesem Stadium hat das Kind jedoch weder die Mittel noch die Fähigkeit, an den „anderen" eine Mitteilung zu richten. Von außen gesehen, drückt das Verhalten des Kopfdrehens beim Kind eine Ablehnung aus, aber sie ist nicht an eine Person gerichtet, sie ist objektlos und noch ausschließlich eine Manifestation des psychophysischen Zustands, in dem sich das Kind befindet. Im dritten Stadium, etwa im fünfzehnten Lebensmonat, wird es zulässig, ein ähnliches Verhalten des Kopfdrehens als eine an eine andere Person gerichtete Mitteilung zu deuten und festzustellen, daß die congenitale Motorik des Suchverhaltens in den Dienst des abstrakten Begriffs der Verneinung gestellt und in ein Kommunikationssystem eingeordnet worden ist.

Ein Prototyp der bejahenden Gebärde

Der Leser könnte einwenden, daß das Gegenteil der Verneinungsgeste, die bejahende, das senkrechte Nicken mit dem Kopf, wahrscheinlich auf der Welt ebenso weit verbreitet ist. Jedoch kann nichts von dem, was ich bis jetzt in bezug auf die Verneinungsgeste dargelegt habe, auf die bejahende angewendet werden. Es ist z. B. unwahrscheinlich, daß die Identifizierung mit dem Angreifer oder selbst mit dem versagenden Objekt dabei mitwirkt, das Kopfnicken als semantische Geste zu konstituieren – obwohl auch bei diesem Vorgang eine Identifizierung mit dem Objekt gewiß beteiligt ist. Man könnte sogar sagen, daß der Aggressionstrieb in der Entwicklung der Verneinung eine Hauptrolle spielt, wenn auch nicht allein. Bei der Entwicklung der Bejahung könnte man also erwarten, daß der libidinöse Trieb beteiligt ist. Aber während beim Neugeborenen und sogar schon beim Foetus ein motorisches Verhalten deutlich zu sehen ist, das dem verneinenden Kopfschütteln ganz ähnlich ist, kann man sich nur schwer vorstellen, welches von Geburt an vorhandene motorische Verhalten auch nur von Ferne mit dem Kopfnicken zu vergleichen wäre. Im Suchverhalten ist keine Spur von nikkenden Bewegungen zu finden; außerdem ist unmittelbar nach der Geburt die Nackenmuskulatur noch nicht genügend ausgebildet, um den Kopf frei zu halten, geschweige denn um intentionale Bewegungen in der Sagittalachse zu erlauben.

Aber haben wir nicht auf den Umstand hingewiesen, daß jedes Verhalten am Anfang einen bejahenden Charakter hat, der auf Bedürfnisbefriedigung ausgerichtet ist? Wo ist also der archaische Prototyp für das motorische Verhalten des Kopfnickens zu finden?

Schließlich haben wir diesen Prototyp auch unter den Verhaltensweisen entdeckt, die mit der Nahrungsaufnahme zu tun haben; er ist jedoch nicht von Geburt an vorhanden und erscheint erst drei Monate später.

Im Alter von drei bis sechs Monaten kann der Säugling sein Köpfchen schon halten und es mit Hilfe der Halsmuskulatur bewegen. Zu dieser Zeit beginnt er auch, sich visuell zu orientieren. Wenn man einem drei bis sechs Monate alten Säugling beim Stillen die Brustwarze wegzieht, führt er Annäherungsbewegungen mit dem Kopf aus, indem er ihn nickend auf die Brust zu bewegt. Diese Bewegung ist der Motorik des Kopfnickens sehr ähnlich, sie ist ihr erster Prototyp. Im Lauf der folgenden Monate wird diese Bewegung in das Annäherungsverhalten des Kindes eingefügt. Anders als das motorische Verhalten des Kopfschüttelns, das im Lauf der Entwicklung einen Funktionswandel durchmacht und zum Zeichen der Verneinung wird, behält das bejahende Kopfnicken seine affirmative Funktion. Im Lauf des zweiten Lebensjahres nimmt es seine semantische Bedeutung an und wird so zur bejahenden Geste; sehr wahrscheinlich geschieht dies mehrere Monate nach dem Erwerb der semantischen Verneinungsgeste.

Die Entwicklungsgeschichte des „Nein“ und des „Ja“ und ihrer Differenzierung in diametral entgegengesetzten Richtungen im ersten Lebensjahr ist ein schlagendes Beispiel für die grundlegende Bedeutung der seelischen Entwicklung für das spätere Schicksal archaischer Verhaltensmuster. Zugleich ist es eine Bestätigung für die Hypothese Freuds (1910) über den Ursprung der antithetischen Bedeutung von Urworten.

TEIL III

PATHOLOGIE DER OBJEKTBEZIEHUNGEN

12. KAPITEL

ABWEICHENDE UND GESTÖRTE OBJEKTBEZIEHUNGEN

In den vorhergehenden Kapiteln habe ich versucht, etwas zu konzipieren, was man als eine psychoanalytische Psychologie des ersten Lebensjahres bezeichnen könnte; in dieser Darstellung sind die Aspekte der Genese und der Entwicklung besonders hervorgehoben worden. Eine solche Darstellung muß notwendigerweise auf der Fiktion des „normalen" Kindes und seiner „normalen" Entwicklung beruhen. „Normal" ist natürlich ein Konstrukt, etwas, dem man im wirklichen Leben kaum begegnet. Ich habe trotzdem eine Art Annäherung an die Wirklichkeit zu geben versucht, die sich auf zwei Annahmen stützt. Der praktische Wert der einen ist in der Schulpsychologie bewiesen worden; die andere hat mit einem methodologischen Postulat zu tun, das in der psychoanalytischen Theorie und Praxis fest verwurzelt ist.

Die erste der beiden Annahmen besagt, daß es möglich ist, im Verlauf des ersten Lebensjahres in aufeinanderfolgenden Stadien den Entwicklungsprozeß absolut und relativ zu „messen" und die Resultate in Form numerischer Angaben vorzulegen. Wie schon zuvor erwähnt, benützen wir diese numerischen Ergebnisse nicht als wirklichen Maßstab, sondern als Angaben von Größenverhältnissen. Die logische Folge dieses Vorgehens ist die Aufstellung von Normen der durchschnittlichen Entwicklung und des durchschnittlichen Entwicklungsfortschritts. Die Einzelheiten des diesbezüglichen Vorgehens sind im 2. Kapitel erklärt worden.

Das zweite Postulat stimmt mit den Grundgedanken Freuds gut überein: nämlich, daß man aus dem Studium von Abweichungen und Störungen Rückschlüsse auf das „gesunde" Funktionieren des Organismus ziehen kann. Das entspricht den aus der Neurologie bekannten Ausfallserscheinungen, anhand derer man Funktion und Entwicklung rekonstruieren kann.

In der vorliegenden Studie stammen unsere Schlußfolgerungen aus den Daten der Objektbeziehungen. Wir haben stillschweigend postuliert,

daß ein Kind mit guten Objektbeziehungen zu seiner Mutter – wenn andere Voraussetzungen gleich sind, das heißt, wenn das Kind medizinisch gesund ist – sich in „normaler" Weise zu entwickeln pflegt.
Alles, was mit Entwicklungsfortschritten zu tun hat, untersteht diesen beiden Annahmen. Wir werden ihre Brauchbarkeit nun auf eine harte Probe stellen. Auch bei der Untersuchung pathologischer Zustände müssen diese Annahmen in der Lage sein, die von uns beobachteten Phänomene zu erklären. Wenn es möglich ist, pathologische Phänomene im Kleinkindalter – dargestellt in Form von Tabellen, graphischen Darstellungen und Indices – zu spezifischen Störungen der dyadischen Beziehung zwischen Mutter und Säugling in Beziehung zu setzen, haben Methode und Annahmen ihren Zweck erfüllt.
Bevor wir uns der Pathologie zuwenden, müssen mindestens ein paar Worte darüber gesagt werden, was wir als psychoanalytisch orientierte Kinderpsychologen für normale Objektbeziehungen halten.

Normale Objektbeziehungen

Wie schon erwähnt, besteht eine der Methoden, sich mit der Entwicklung von Säuglingen zu befassen, im Messen und im Erstellen von Indices; sie bezeichnet das als normal, was der Säugling durchschnittlich auf einer bestimmten Altersstufe leistet. Ich habe sorgfältig darauf hingewiesen, daß die Leistungen auf jeder Altersstufe innerhalb eines weiten Spielraums variieren, oft um so viel wie plus-minus zwei Monate. Im ersten Jahr des Säuglings ist dies wirklich eine große Schwankungsbreite, denn es kann soviel wie den größten Teil seines Alters ausmachen.
Innerhalb dieses statistischen Durchschnitts gibt es ein weiteres Kriterium der Normalität. Die Tests teilen die Fähigkeiten und Leistungen im ersten Lebensjahr in sechs Bereiche ein. Für die sogenannte „normale" Entwicklung des Säuglings ist es charakteristisch, daß er während des ersten Lebensjahres in jedem dieser Bereiche verschieden große Fortschritte macht. Demgemäß ist auch das Verhältnis zwischen den Leistungswerten in den verschiedenen Bereichen von Monat zu Monat verschieden.

In einer gewissen Zahl von Fällen haben wir jedoch festgestellt – ich werde später darauf zurückkommen – daß das Verhältnis zwischen den einzelnen Bereichen bei ein und demselben Kind von Monat zu Monat relativ gleich blieb. Das deutet darauf hin, daß die Entwicklung, wie sie sich in dem Verhältnis der sechs Bereiche zueinander ausdrückt (das sich normalerweise im Lauf des ersten Jahres ständig ändert), unter einem Einfluß steht, der Schwankungen hemmt (oder in manchen Fällen Schwankungen hervorruft). Diese Einflüsse haben ihren Ursprung meistens in den Mutter-Kind-Beziehungen und ihr Vorhandensein sollte in jedem Einzelfall eine Aufforderung sein, sie zu untersuchen.

Soviel über statistische Kriterien. Trotz der Leichtigkeit und Klarheit, mit der man sie erhalten und deuten kann, glaube ich, daß sie das klinische Bild nur ergänzen. Aber wie soll man dieses klinische Bild beschreiben?

Sagen wir also zunächst, daß ein normales Kind ein gesund aussehendes, aktives Individuum ist, das allgemein den Eindruck macht, es sei zufrieden, und das seinen Eltern wenig Sorgen bereitet. Es ißt gut, schläft gut, wächst gut, sein Gewicht nimmt regelmäßig zu, ebenso seine Körpergröße, von Monat zu Monat wird es aufgeweckter und aktiver und immer menschenähnlicher. Emotionell ist es immer mehr in der Lage, sich an seinen Eltern und an seiner Umwelt zu erfreuen – und umgekehrt erfreuen sie sich immer mehr an ihm.

Aus diesen einfachen Worten wird deutlich, daß nichts schwerer zu beschreiben ist als die Normalität. Der letzte Teil dieser Beschreibung hat uns jedoch einem psychoanalytischen Kriterium nähergebracht. Daß die Eltern sich ihres Kindes erfreuen und das Kind sich der Eltern, ist die volkstümliche Beschreibung von Objektbeziehungen. Diese Objektbeziehungen müssen irgendwie unter dem Aspekt der Normalität untersucht werden. Im 1. Kapitel habe ich erwähnt, daß die Beziehungen zwischen Mutter und Kind zwei einander vollkommen unähnliche Individuen betreffen und daß das, was die Mutter befriedigt, völlig verschieden ist von dem, was das Kind befriedigen mag. Aber für unsere Auffassung von normalen Objektbeziehungen gilt der Grundsatz, daß sie sowohl für die Mutter als auch für das Kind befriedigend sein müssen.

Beginnen wir mit der Mutter: Ihre Befriedigung stammt von der Rolle, die das Austragen, Zur-Welt-Bringen und Aufziehen eines Kindes für ihre spezifische Persönlichkeit spielt. Man sollte nicht vergessen, daß diese Beziehung sich von allen anderen auf der Welt dadurch unterscheidet, daß das gleiche Kind, das sie im Arm hält, noch vor ganz kurzer Zeit in ihr und ein Teil ihres eigenen Körpers war. Zu jener Zeit war ihre Verbundenheit mit dem Kind nicht von der Verbundenheit zu unterscheiden, die sie zu ihrem eigenen Körper empfand. Der Foetus war von der Schwangeren narzißtisch besetzt worden, in derselben Weise, wie sie den eigenen Körper besetzt. Als das Neugeborene durch die Entbindung von ihr getrennt wurde, mußte sie einen Ablösungs- und Objektivierungsprozeß durchmachen, sie mußte auf das Gefühl verzichten, das Kind sei noch mit ihr identisch. Das ist ein Prozeß, der sich in der Folge ganz allmählich vollzieht. Noch lange ist jede Errungenschaft des Säuglings ihre eigene, und jeder Mangel des Kindes ist ihr eigenes Versagen. Dem Psychoanalytiker, der Gelegenheit gehabt hat, schwangere oder vor kurzem entbundene Frauen zu analysieren, sind die vielfältigen und widersprüchlichen Gefühle einer Mutter äußerst wohlbekannt. Die Tatsache, daß die Schwangerschaft ihr Unbehagen verursacht hat, die Entbindung mit Schmerzen verbunden war, und das Stillen sowohl Opfer wie Freuden bedeutet, geht direkt oder indirekt in ihre Gefühle für das Kind ein. Ob irgendeiner dieser Faktoren einen Vorteil oder einen Nachteil darstellt, wird weniger durch das bestimmt, was wir als seine physische Wirklichkeit ansehen würden, sondern durch seine psychische Realität, durch das, was der Faktor jeweils in bezug auf die Dynamik ihrer eigenen Lebensgeschichte für ihre Persönlichkeit bedeutet. Es ist also nicht sehr überraschend, daß jenes Kind, das der Mutter mehr Leid und Angst verursacht hat als die anderen, leicht das am zärtlichsten geliebte wird.

Wenn man diese Gefühle der Mutter näher untersucht, entdeckt man eine ständig wachsende Anzahl komplexer Faktoren, die zu dem Bild gehören: das Geschlecht des Kindes, seine Persönlichkeit, sein Platz in der Geschwisterreihe, das Alter der Mutter, ihr Verhältnis zu ihren eigenen Eltern, *ihr* Platz in der Reihe *ihrer* Geschwister – diese Aufzählung könnte man immer weiter fortsetzen. Ich möchte es jedoch der Vorstellung der Leser überlassen, sich die unendlichen Möglichkeiten auszudenken, und möchte mich in meiner Besprechung auf einen einzigen Aspekt beschränken. Der Leser muß sich gewiß schon gefragt haben, warum ich noch nicht erwähnt habe, daß das Kind auch einen Vater und die Mutter einen Ehemann hat!

Schließlich ist der Vater des Kindes der letzte Höhepunkt der ersten Objektbeziehung der Mutter. Er ist das Endprodukt der Schicksale, die die Objektbeziehungen der Mutter auf dem Weg von den ersten Vorobjektbeziehungen zur Brust, von der Bildung des Objekts der Libido in der Person ihrer Mutter, seiner Übertragung auf den Vater in der ödipalen Phase und seiner krönenden Erfüllung in ihrem Geliebten und Mann, dem Vater ihres Kindes durchgemacht haben. Ist das Kind ihm ähnlich? Stehen die beiden im Wettstreit miteinander? Der Umstand, daß ich bisher hauptsächlich von der Art gesprochen habe, in der der Säugling den zirkulären Austausch innerhalb der Objektbeziehungen erlebt, auf ihn reagiert, von ihm geformt wird und schließlich sein Objekt der Libido findet, sollte nicht dazu führen, daß wir vergessen oder übersehen, daß das Baby für die Mutter ein Liebesobjekt ersten Ranges ist; wie alle Liebesobjekte ist es für sie vor allem eine Quelle der Befriedigung.

Diese Befriedigung ist sowohl narzißtisch als auch objektlibidinös. Wenn wir es vom Gesichtspunkt der Struktur her betrachten, können wir sagen, die Mutter bekommt von ihrem Kind Es-, Ich- und Über-Ich-Befriedigungen. Daraus geht hervor, daß die Befriedigung, die eine Mutter aus ihren Beziehungen zu ihrem Kind bekommen kann, durch eine Reihe verschiedener Elemente bestimmt ist: (a) durch die Art der Komponenten ihrer Persönlichkeit, (b) durch die Umformungen, denen diese Komponenten bis zur Geburt des Kindes unterworfen waren, (c) durch die Art und Weise, in der das Kind jeweils kraft seiner congenitalen Ausstattung fähig ist, eine Synthese dieser verschiedenen Elemente in der Persönlichkeit der Mutter zustande zu bringen, wie auch, sich den Umständen der äußeren Realität einzufügen.

Die Bedürfnisse, die die Objektbeziehungen für das Kind befriedigen sollen, sind ganz anderer Art. Zunächst ist der Organismus des Säuglings in einem Prozeß schneller Entfaltung und Entwicklung begriffen. Das innerste Wesen dessen, was das Kind befriedigt, ist daher raschem Wechsel unterworfen. Demgemäß verändern sich auch Art und Formen seiner Befriedigung fortschreitend mit jeder weiteren Entwicklungsstufe. Auf der primitivsten Stufe, auf der noch keine Ich-Funktionen vorhanden sind, bestehen zufriedenstellende Beziehungen in einer Befriedigung von Bedürfnissen, eher der Physiologie als der Psychologie zugehörig. Diese Befriedigung bietet dem Säugling Geborgenheit, sorgt für die Abfuhr der Bedürfnisspannung und, falls nötig, für Befreiung von Unlustspannung. Nach der Bildung des Ichs können die für das Kind erforderlichen Befriedigungen nur in einer Beziehung zustandekommen, die fortschreitend immer vielfältiger und komplexer wird. Um mit den Fortschritten des Kindes Schritt zu halten, müssen die Reaktionen der Mutter auf die Initiative des Kindes die Befriedigung seiner libidinösen und aggressiven Triebe in der Form zirkulärer Interaktionen ermöglichen. Diese Interaktionen gehen zwischen Mutter und Kind hin und her und verzweigen und erweitern sich mit der Zeit immer mehr. Die mütterlichen Reaktionen auf die Handlungen des Kindes ermöglichen und erleichtern die Integrierung der Reifungsprozesse des Kindes. Sie bewirken eine zunehmende Komplexität der Ich-Struktur des Kindes und führen zur Bildung zahlreicher Systeme. Zugleich erweitert diese wachsende Komplexität des kindlichen Ichs die Skala der Befriedigungen, die das Kind nun von seinen Objektbeziehungen fordert.

Ich bin mir darüber im klaren, daß mein Versuch, die normalen Objektbeziehungen zu definieren, vage, tastend und provisorisch anmutet. Es ist schwierig, wenn nicht unmöglich, eine Formel zu finden, die das vielgestaltige, ruhige Kommen und Gehen, die unhörbaren und unsichtbaren Strömungen, zugleich machtvoll und sanft, die in diesen Beziehungen leben und weben, zum Ausdruck bringen könnte. Man kann nicht genug betonen und nicht zu oft wiederholen, daß die Objektbeziehungen sich als ein ständiges Wechselspiel zwischen zwei sehr ungleichen Partnern, der Mutter und dem Kind, abspielen, daß jeder Partner die Reaktionen des anderen hervorruft, daß diese interpersonale Beziehung ein Feld von Kräften schafft, die sich ständig verändern. Vielleicht könnte man sagen, daß mit Objektbeziehungen, die Mutter und Kind befriedigen, Beziehungen gemeint sind, in denen ein Wechselspiel von Kräften in der Weise wirkt, daß sie sich ergänzen und so nicht nur beiden Partnern Befriedigung bieten, sondern daß der Umstand, daß einem der Partner Befriedigung zuteil wird, für den anderen ebenfalls eine Befriedigung bedeutet. Es wird dem aufmerksamen Leser nicht entgangen sein, daß diese letzte Aussage ebenso gut geeignet wäre, um eine Liebesbeziehung zu beschreiben, ja sogar die gegenseitigen Gefühle zwischen Mann und Frau beim Sexualakt. Aber, wie ich schon gesagt habe, was ist denn die Liebesbeziehung, wenn nicht die krönende Erfüllung der Objektbeziehungen?

Gerade die Vollkommenheit einer Beziehung zwischen zwei so gut aufeinander eingestimmten Wesen, die durch so viele faßbare und unfaßbare Bande verbunden sind, bringt jedoch die Gefahr ernsthafter Störungen mit sich, wenn sie einmal „verstimmt“ sind. Sie müssen nicht einmal die Harmonie miteinander einbüßen. Es genügt, wenn einer der Partner in der Dyade – meistens wird es die Mutter sein – nicht mit seiner Umwelt harmoniert. Ihr formender Einfluß macht es unvermeidlich, daß ihre eigene Disharmonie sich in der Entwicklung des Kindes widerspiegelt – noch dazu gewissermaßen in einem Vergrößerungsspiegel. Störungen in der Beziehung zwischen Mutter und Kind geben uns daher sehr viel Aufschluß sowohl in bezug auf Krankheitserscheinungen und ihre Ätiologie als auch in bezug auf die normale Entwicklung. Auf den folgenden Seiten werde ich einige abweichende Formen der kindlichen Entwicklung beschreiben und die Art der in solchen Fällen bestehenden Objektbeziehungen untersuchen, soweit ich sie habe studieren können.

Quantitative und qualitative Faktoren in gestörten Objektbeziehungen

In der Mutter-Kind-Beziehung ist die Mutter der dominante, aktive Partner. Das Kind ist, wengistens am Anfang, der passiv aufnehmende Partner. Das führt uns zu unserer ersten Grundannahme: *Störungen der mütterlichen Persönlichkeit spiegeln sich in den Störungen des Kindes wider.* Wenn wir die psychischen Einflüsse während des Kleinkindalters auf die Mutter-Kind-Beziehung begrenzen, erhalten wir unsere zweite Hypothese: *im Kleinkindalter sind schädliche psychische Einflüsse die Folgen unbefriedigender Beziehungen zwischen Mutter und Kind.* Solche unbefriedigenden Beziehungen wirken krankheitserzeugend; wir können sie in zwei Kategorien einteilen: (a) ungeeignete Mutter-Kind-Beziehungen, (b) unzureichende Mutter-Kind-Beziehungen. Mit anderen Worten, im ersten Fall ist die Störung der Objektbeziehungen auf einen qualitativen, im zweiten Fall dagegen auf einen quantitativen Faktor zurückzuführen.

Ungeeignete Mutter-Kind-Beziehungen

Die ungeeigneten Beziehungen können beim Kind zu den verschiedensten Störungen führen. Ich habe einige klinische Krankheitsbilder dieser Art gefunden; jedes schien mit einer spezifischen Form der ungeeigneten Mutter-Kind-Beziehung verbunden, ja, das klinische Bild schien die Folge einer jeweils gegebenen Verhaltensweise der Mutter zu sein. Einige der Krankheitsbilder sind in der pädiatrischen Literatur beschrieben worden. Ich behaupte nicht, daß die psychogene Ätiologie dieser Krankheiten durch die Tatsache ausreichend belegt ist, daß es mir gelungen ist, eine Verbindung zwischen spezifischen Störungen der Objektbeziehungen und bestimmten klinischen Krankheitsbildern festzustellen. Ja, man kann bei einigen dieser Krankheiten spezifische congenitale Elemente nachweisen, die ebenfalls eine ätiologische Rolle zu spielen scheinen. Jedoch pflegt weder der psychische Faktor *allein,* noch das congenitale Element *allein* zum Ausbruch der fraglichen Krankheit zu führen – nur die Kombination beider.

Die klinischen Krankheitsbilder, die wir bei einer statistisch relevanten Anzahl von Kindern in einem bestimmten Milieu beobachtet haben, waren zum Teil körperliche Erkrankungen, zum Teil anomale Verhaltensweisen. In der Ätiologie dieser klinischen Krankheitsbilder konnten wir psychogene, aus den Mutter-Kind-Beziehungen stammende Faktoren nachweisen. Bei diesem Vorgehen wurden wir von einer Feststellung Freuds (1911) inspiriert: „... es liegt nahe, die Form der späteren Erkrankung (die Neurosenwahl) davon abhängig zu machen, in welcher Phase der Ich- und der Libido-Entwicklung die disponierende Entwicklungshemmung eingetroffen ist. Die noch nicht studierten zeitlichen Charaktere der beiden *Entwicklungen,* deren mögliche Verschiebung gegeneinander, kommen so zu unvermuteter Bedeutung." (Bd. 8, S. 237, Hervorhebung vom Referenten.)

Unsere Arbeit hat sich besonders auf die Untersuchung der beiden oben erwähnten Entwicklungen konzentriert. Unsere Feststellungen wurden jedoch in einem bestimmten Milieu des westlichen Kulturkreises gemacht. Ihre Gültigkeit muß in anderen Milieus (und vielleicht auch in anderen Kulturen als der unseren) überprüft werden, bevor es zulässig ist, verallgemeinernde Aussagen über die Säuglingspsychologie in verschiedenen Kulturkreisen zu machen.

Wir wollen nun zu unserem Gegenstand, den ungeeigneten Mutter-Kind-Beziehungen, zurückkommen. Ich habe schon gesagt, daß, durch die Natur der Sache bedingt, die Persönlichkeit der Mutter innerhalb der Dyade dominiert. Wir können also annehmen, daß im Fall von ungeeigneten Mutter-Kind-Beziehungen die Persönlichkeit der Mutter dem Kind keine normale Beziehung bieten kann oder daß die Mutter auf Grund ihrer Persönlichkeitsstruktur gezwungen ist, die normale Beziehung zu stören, die eine Mutter gewöhnlich zu ihrem Kind haben sollte. *In jedem Fall* können wir sagen, die Persönlichkeit der Mutter wirkt als das krankheitsverursachende Agens, als ein psychisches Toxin. Deshalb habe ich diese Gruppe von Störungen der Objektbeziehungen oder vielmehr ihre Folgen *psychotoxische Erkrankungen der Kindheit* genannt. Ich habe eine Reihe schädlicher mütterlicher Verhaltensweisen unterscheiden können, von denen jede mit einer spezifischen psychotoxischen Störung des Kindes verbunden zu sein schien. Diese mütterlichen Verhaltensweisen werden untenstehend aufgeführt:

(a) Primäre unverhüllte Ablehnung
(b) Primäre ängstlich übertriebene Besorgnis
(c) Feindseligkeit in Form von Ängstlichkeit
(d) Kurzschlägiges Oszillieren zwischen Verwöhnung und Feindseligkeit
(e) Zyklische Stimmungsverschiebungen (der Mutter)
(f) Bewußt kompensierte Feindseligkeit.

Unzureichende Mutter-Kind-Beziehungen

Der Entzug der Objektbeziehungen bedeutet für Kinder im ersten Lebensjahr eine schwere Schädigung und führt zu ernsthaften Störungen des Seelenlebens. Solche Säuglinge zeigen ein auffallendes klinisches Bild; sie machen den Eindruck, als habe man ihnen ein für die Lebenserhaltung wesentliches Element entzogen. Wenn den Säuglingen die

Beziehung zu ihren Müttern ohne einen adäquaten Ersatz entzogen wird, den sie akzeptieren können, wird ihnen jegliche libidinöse Zufuhr vorenthalten. Bei partiellem Affektentzug bekommen sie eine unzureichende libidinöse Zufuhr. Die Analogie zu den Avitaminosen liegt auf der Hand. Darum habe ich diese zweite Kategorie *psychogene Mangelerkrankung* oder auch *affektive Mangelerkrankung* genannt. Die Folgen des Mangels an affektiver Zufuhr umfassen zwei Unterabteilungen, je nach dem Grad des Fehlens libidinöser Zufuhr: (a) partieller Mangel, (b) totaler Mangel. Selbstverständlich betrifft dieser Mangel nur die libidinöse Zufuhr; für Nahrung, Pflege, Wärme, usw. des Säuglings muß immer gesorgt werden, sonst stirbt er.
Tabelle 4 zeigt die Beziehung zwischen den Einstellungen der Mütter und den entsprechenden Störungen des Seelenlebens beim Säugling:

TABELLE IV

Ätiologische Klassifizierung von psychogenen Erkrankungen im Säuglingsalter entsprechend den Einstellungen der Mütter

	Ätiologischer Faktor, Einstellung der Mutter	Krankheit des Säuglings
Psychotoxizität (Qualität)	Primäre unverhüllte Ablehnung	Koma des Neugeborenen (Ribble)
	Primäre ängstlich übertriebene Besorgnis	Dreimonatskolik
	Feindseligkeit in Form von Ängstlichkeit	Neurodermatitis des Säuglings
	Kurzschlägiges Oszillieren zwischen Verwöhnung und Feindseligkeit	Hypermotilität (Schaukeln)
	Zyklische Stimmungsverschiebungen	Koprophagie
	Bewußt kompensierte Feindseligkeit	Aggressiver Hyperthymiker (Bowlby)
Mangelerscheinungen (Quantität)	Partieller Entzug affektiver Zufuhr	Anaklitische Depression
	Völliger Entzug affektiver Zufuhr	Marasmus

13. KAPITEL

PSYCHOTOXISCHE STÖRUNGEN

Primäre unverhüllte Ablehnung

Primäre aktive Ablehnung

Bei diesem Syndrom kommt die Haltung der Mutter einer totalen Ablehnung der Mutterschaft gleich; diese Ablehnung schließt die Schwangerschaft und das Kind ein, sowie wahrscheinlich viele Aspekte der genitalen Sexualität. Ich besitze einen Film von so einem Fall; Folgeuntersuchungen fehlen jedoch. Es ist schwierig, diese Fälle im Auge zu behalten, denn die Kinder sterben oft („zufällig" oder durch Kindermord), werden verlassen oder bestenfalls zur Adoption freigegeben.

Primäre passive Ablehnung

Die Reaktion des Neugeborenen auf eine Mutter, die es nicht akzeptiert, ist zuerst von Margaret Ribble (1938) beschrieben worden. In extremen Fällen werden die Neugeborenen komatös, mit Cheyne-Stokes'scher Atmung, tiefer Blässe und herabgesetzter Sensibilität. Diese Kinder scheinen in einem akuten Schockzustand zu sein, man behandelt sie mit rektalen Salzklysmen, intravenösen Glukoseinjektionen oder Bluttransfusionen. Sobald sie sich erholt haben, muß man diesen Kindern das Saugen durch wiederholte geduldige Reizung der Mundpartie beibringen. Diese Zustände sind für das Neugeborene lebensgefährdend.

Ich habe einige solcher Fälle beobachtet und einen davon gefilmt (1953c).

Fall 1: Die Mutter des Kindes ist ein sechzehn Jahre altes, ungewöhnlich hübsches Mädchen; sie ist unverheiratet. Sie war als Dienstmädchen beschäftigt und wurde vom Sohn ihres Arbeitgebers verführt. Angeblich hat nur einmal Verkehr stattgefunden, der eine Schwangerschaft zur Folge hatte. Das Kind war unerwünscht, die Schwangerschaft von schweren Schuldgefühlen begleitet, denn das Mädchen war eine fromme praktizierende Katholikin. Die Entbindung fand in einer geburtshilflichen Klinik statt und verlief normal. Das Kind wurde nach 24 Stunden ohne Erfolg angelegt; das gleiche wiederholte

sich bei den nächsten Stillversuchen. Die Mutter hatte angeblich keine Milch. Es war jedoch ohne Schwierigkeiten möglich, Milch aus der Brust herauszudrücken. Es gab auch keine Schwierigkeiten, als man dem Säugling diese Milch aus einer Flasche zu trinken gab. Während des Stillens benahm sich die Mutter so, als sei das Kind ihr vollkommen fremd und überhaupt kein lebendes Wesen. Ihr Verhalten bestand darin, daß sie sich von dem Kind zurückzog, wobei ihr Körper, ihre Hände und ihr Gesicht starr und gespannt waren. Die Brustwarzen waren zwar nicht eingezogen, aber sie standen nicht vor, und das Stillen schien keinen Turgor hervorzurufen.
Diese Situation dauerte fünf Tage lang an; während dieser Zeit wurde das Kind mit Milch, die man aus der Brust der Mutter herausgedrückt hatte, am Leben erhalten. Bei einem der letzten Versuche des Anlegens (der gefilmt wurde) konnte man sehen, wie das Kind in eine Art präkomatösen Stupors verfiel, wie ihn Ribble beschrieben hat. Man mußte energische Methoden anwenden, darunter Sondenfütterung und Kochsalzzufuhr, um das Kind wieder zum Leben zu erwecken.
Zugleich versuchte man, die Mutter zu unterweisen; man zeigte ihr, wie sie ihre Brustwarzen zu behandeln hatte, um einen Turgor hervorzurufen, wodurch das Stillen erst möglich wurde. Nach dieser Belehrung verlief vom fünften Tag an das Stillen relativ erfolgreich; das Kind erholte sich, wenigstens während der folgenden sechs Tage, so lange ich es beobachten konnte.

Man kann sich fragen, wie sich ein Kind entwickeln wird, wenn es von Geburt an eine derart unverhüllte Ablehnung erfährt. Meiner Ansicht nach ist es bei diesen archaischen Reaktionen höchst wahrscheinlich, daß selbst nach Überwindung der akuten Lebensgefahr andere, vielleicht weniger ernste psychosomatische Folgeerscheinungen auftreten.
Der folgende Fall von Säuglingserbrechen zeigt eine dieser Folgeerscheinungen, obwohl hier bei der Mutter wahrscheinlich eine Mischform zwischen passiver Ablehnung der Mutterschaft und aktiver Ablehnung des Kindes vorlag.

Fall 2: Dieses Kind wurde zunächst von seiner Mutter gestillt. Später weigerte sie sich, es weiter zu nähren, und man ging zur Flaschenkost über. Sowohl beim Stillen als auch bei der Flaschenfütterung beklagte sich die Mutter ständig über das Kind. Sie sagte, das Stillen sei unbefriedigend, weil das Kind erbreche, aber auch die Flasche war nicht das Richtige, weil das Kind weiter erbrach. Nach drei Wochen erkrankte die Mutter an Grippe, kam ins Krankenhaus und wurde von ihrem Kind getrennt. Sofort hörte das Erbrechen des Kindes auf. Nach sechs Wochen kam die Mutter zurück; innerhalb von 48 Stunden danach fing das Kind wieder an zu erbrechen.

Solche Fälle sind bis heute noch nicht ausreichend untersucht worden. Ich bin der Meinung, daß sich die passive mütterliche Ablehnung nicht gegen das Kind als Individuum richtet, sondern gegen die Tatsache, überhaupt ein Kind zu *haben*. Das heißt, es handelt sich um eine Ablehnung der Mutterschaft, die objektlos ist. Diese Haltung kann nur während der ersten Wochen nach der Entbindung, höchstens jedoch während der ersten Lebensmonate bestehen. Später, wenn das Kind anfängt, seine spezifische Individualität zu entwickeln, macht sich seine Persönlichkeit stärker bemerkbar; die mütterliche Feindseligkeit wird ebenfalls spezifischer und richtet sich mehr gegen das, was ihr Kind ist: ein von allen anderen verschiedenes Individuum.

Je mehr das Kind im Lauf der Wochen und Monate körperlich wächst, desto mehr verbindet sich seine wachsende Selbständigkeit mit einer immer komplexeren Persönlichkeitsstruktur; wenn eine Feindseligkeit der Mutter besteht, wird durch die Veränderungen des Kindes der Konflikt mit der Mutter spezifischer. Als Ergebnis sehen wir eine große Vielfalt der Möglichkeiten und Varianten mütterlicher Feindseligkeit.

Die objektlose, ungerichtete, totale mütterliche Ablehnung, sowohl passiver als auch aktiver Art, ist etwas grundlegend anderes; die Haltung dieser Mütter, ihre verallgemeinerte Feindseligkeit gegen die Mutterschaft, haben ihren Ursprung in ihrer individuellen Lebensgeschichte, in ihren Beziehungen zum Vater des Kindes, in der Art und Weise, wie sie mit der Lösung ihres Ödipuskonflikts und ihrer Kastrationsangst fertiggeworden sind oder nicht. Im Lauf der folgenden Monate macht sich die Einwirkung der späteren Beziehungen zu ihren Kindern bemerkbar; eine sekundäre Verarbeitung findet statt, die aus der verallgemeinerten Feindseligkeit zu spezifischeren Formen führt.

Die obigen Erwägungen haben hauptsächlich die Reaktionen der feindseligen Mutter auf ihr Kind in Betracht gezogen; wenn man an die Reaktionen eines solchen Säuglings auf eine feindselige Mutter denkt, muß man sich klarmachen, daß das Neugeborene ganz am Beginn seines Lebens noch nicht einmal angefangen hat, die ersten Spuren von Anpassung zu entwickeln, geschweige denn Andeutungen von Abwehr. Das Kind wird, wie Freud gesagt hat, hilflos geboren; es befindet sich im Stadium des primären Narzißmus, der archaischsten Existenzform, die der Mensch kennt. Diese archaische Existenzweise entfaltet sich langsam zu den Frühformen oralen Verhaltens, die später allmählich in Verhaltensweisen integriert werden, die dem zugehören, was man in der Psychoanalyse die orale Phase nennt. In dieser frühen Periode ist der Kontakt des Säuglings zu seiner Umwelt gerade erst von der Nabelschnur auf den Mund übergegangen und hat sich von der Transfusion zur Einverleibung gewandelt. Es ist nur folgerichtig, daß sich die manifesten Symptome der Störung des Kindes in den oben beschriebenen Fällen durch orale Symptome äußern: in den ersten Lebenstagen als eine Lähmung der Einverleibung; in einem etwas weiter fortgeschrittenen Stadium als Erbrechen.

Primäre ängstlich übertriebene Besorgnis
(Die Dreimonatskolik)

Die mütterliche Einstellung der primären ängstlich übertriebenen Besorgnis kann als Sonderform dessen betrachtet werden, was Levy (1943) *maternal overprotection* (mütterliche Über-Besorgtheit) genannt hat. Unglücklicherweise ist dieser Ausdruck zu einem Sammelbegriff geworden, den Autoren der verschiedensten Wissenschaftsdisziplinen willkürlich gebrauchen, um eine ganze Stufenleiter von Verhaltensweisen und Einstellungen zu beschreiben, ohne Rücksicht auf die Vielfalt der zugrundeliegenden Motive. In den folgenden Kapiteln will ich versuchen, eine Reihe verschiedener Formen dieser „mütterlichen Über-Besorgtheit“ herauszustellen. Ich werde versuchen, die Motive zu erhellen, die zu diesen verschiedenen Formen führen, und diese Formen zu den spezifischen klinischen Bildern, die die Kinder bieten, in Beziehung zu setzen.

Ich glaube, daß zwischen der ängstlich übertriebenen Besorgnis der Mutter und der von Spock als „Dreimonatskolik“[1] bezeichneten Störung ein Zusammenhang besteht. Die „Dreimonatskolik“ ist ein den Kinderärzten wohlbekanntes klinisches Bild: Nach dem Ende der dritten Lebenswoche – und bis zum Ende des dritten Monats – beginnt das Kind nachmittags zu schreien. Vorübergehend kann man es mit Nah-

[1] Persönliche Mitteilung.

rungszufuhr beruhigen. Innerhalb relativ kurzer Zeit zeigt das Kind wieder Symptome kolikartiker Leibschmerzen. Es ist einerlei, ob man das Kind von der Brust auf die Flasche oder von der Flasche auf die Brust umstellt, ob man die Zusammensetzung der Flaschennahrung ändert oder so läßt, wie sie ist – nichts scheint zu helfen. Man hat auch Medikamente ausprobiert, unter anderem Atropin, meistens ohne Erfolg. Die Stühle dieser Säuglinge sind nicht pathologisch, obwohl in manchen Fällen leichte Durchfälle auftreten können. Die Schmerzen der Kinder halten einige Stunden lang an, dann hören sie auf, um am folgenden Nachmittag wieder anzufangen. Gegen Ende des dritten Monats verschwindet die Störung gewöhnlich ebenso unerklärlich, wie sie angefangen hat – zur großen Erleichterung der Mutter und des Kinderarztes.

Die Arbeiten von Weil, Finkelstein, Alarcon und Spock

Schon Weil und Pehu (1900) und Finkelstein (1938) hatten diesen Zustand unter der Bezeichnung „spastische Diathese" beschrieben. Sie führten ihn auf eine Unfähigkeit zur Verdauung der Muttermilch zurück. Spanische und südamerikanische Kinderärzte haben eine interessante Beobachtung gemacht, die mir auffiel. Zuerst bemerkte Alarcon (1929, 1943), später Soto (1937), daß die Dreimonatskolik bei Säuglingen, die in Heimen aufgezogen werden, unbekannt ist. Sie haben die Dreimonatskolik *dyspepsia transitoria del lactante* genannt und haben sie gründlich erforscht.

Ich kann die Feststellung Alarcons und Sotos aus eigener Beobachtung in vollem Umfang bestätigen. In den verschiedenen Heimen, in denen ich Kinder beobachtet habe, stellte die Dreimonatskolik kein Problem dar. In den Heimen, in denen die Kinder ganz ohne mütterliche Pflege aufgezogen wurden, kam die Kolik überhaupt nicht vor. In dem von mir als „Säuglingsheim" (Nursery) bezeichneten Heim, wo die Mutter-Kind-Beziehungen noch relativ am besten waren, kam die Kolik gelegentlich vor. Bei den Kindern, die in ihren eigenen Familien aufwuchsen, kam die Dreimonatskolik häufig vor.

Soto erklärt das Fehlen der Dreimonatskolik in Institutionen damit, daß die Kinder dort nicht „verwöhnt" werden. Er hat eine beträchtliche Anzahl von Säuglingen in einem Waisenhaus beobachtet und beschreibt die Art, in der sie versorgt wurden, folgendermaßen: „Die Schwester nimmt das Kind nur zum Füttern auf den Arm, und sie tut das mit der Gleichgültigkeit, die für jemand charakteristisch ist, der ein Kind versorgt, das nicht sein eigenes ist." Nur eins der vielen Kinder, die Soto in diesem Heim beobachtet hat, bekam die Dreimonatskolik.

Diese einzige Ausnahme ist wirklich sehr lehrreich. Es war ein Kind, das im Alter von sechs Wochen von einer Dame adoptiert wurde, die Soto als äußerst besorgt und liebevoll im Umgang mit dem Kind schildert. Sie trug es oft auf dem Arm, spielte unentwegt mit ihm und erreichte damit im Lauf von wenigen Tagen, daß das Kind weinerlich wurde und an Koliken zu leiden begann. Nach Sotos Meinung war dies eine Folge ihrer „übertriebenen Besorgnis" und ihrer Nichtbeachtung des regelmäßigen Zeitplans für die Fütterung, das heißt, sie hielt sich nicht daran, das Kind systematisch nach der Uhr zu füttern, wie das vorher geschehen war, sondern sie fütterte es, wenn es danach verlangte.

Nach Sotos Ansicht ist das streng nach der Uhr geregelte Fütterungssystem, das in diesem Waisenhaus herrschte, ebenso wie das völlige Fehlen mütterlicher Besorgnis, die Ursache für das Ausbleiben der Dreimonatskolik in dieser Anstalt.

Diese Ansicht wird durch eine Bemerkung von Spock gestützt, der ebenfalls glaubt, die überängstliche Besorgnis der Mutter müsse etwas mit der Ätiologie der Dreimonatskolik zu tun haben[2]. Spocks Bemerkung gab mir zu denken, und ich fragte mich, welche der vielen Formen von ängstlicher Über-Besorgtheit für diese Reaktion des Säuglings verantwortlich sein könnte.

Die experimentellen Feststellungen von Levine und Bell

Einige Jahre später veröffentlichten Milton Levine und Anita Bell (1950) in einer Studie über 28 Säuglinge, die an Dreimonatskolik lit-

---

[2] Persönliche Mitteilung.

ten, eine interessante Feststellung. Alle Kinder wurden zuhause von ihren Müttern nach dem „self-demand"-System (Stillen auf Verlangen) aufgezogen. Das erinnerte mich daran, daß auch Spock mir berichtet hatte, daß er die Dreimonatskolik meistens bei Kindern vorgefunden hatte, die zuhause aufgezogen wurden. Auch Sotos Beobachtung, daß Anstaltkinder *nicht* an der Dreimonatskolik leiden, stützt die Daten von Levine und Bell und von Spock.

Diese Beobachtungen öffnen das Tor zum Verständnis dieses bisher unverständlichen klinischen Bildes. Das Prinzip des Fütterns auf Verlangen fordert, daß die Mutter dem Kind jedesmal, wenn es gefüttert werden möchte, Nahrung anbietet, sei es die Flasche oder die Brust. Zu welchen Extremen die übermäßige Begeisterung für diese Idee führen kann, wird aus einem Bericht sehr deutlich, den ein Geburtshelfer bei einer wissenschaftlichen Tagung vorlegte: Er begeisterte sich für das Prinzip des Stillens auf Verlangen, führte es an seiner Klinik ein und berichtete, daß nach dem ersten Tag manche Kinder bis zu achtundzwanzigmal in 24 Stunden gestillt wurden. Angesichts solcher Extravaganzen glaube ich sagen zu können, daß eine Mutter, die das Prinzip des Stillens auf Verlangen auf sich nimmt, recht viel Besorgnis für ihr Kind an den Tag legt – und daß diese Besorgnis in manchen Fällen zu ängstlich übertriebener Besorgnis werden kann.

Levine und Bell weisen auf einen zweiten Faktor in dem klinischen Bild hin, den Spock nicht erwähnt, obwohl Finkelstein und auch Alarcon ihn anscheinend vermutet haben. Es ist die Tatsache, daß die 28 von ihnen beobachteten Säuglinge von Geburt an einen erhöhten Muskeltonus zeigten, der an der gesamten Muskulatur wahrnehmbar war, besonders aber an den Bauchmuskeln und an der verstärkten Peristaltik. Finkelstein spricht sogar von *spastischer Diathese*, was darauf hinweist, daß er die Krampfneigung bemerkt hatte, während Alarcon Atropin verschreibt, vermutlich, um diese zu dämpfen. Levine und Bell griffen zu einer sehr viel einfacheren und altmodischeren Therapie: Sie gaben den Kindern einen Schnuller, und plötzlich waren die Koliken, die den eifrigsten Bemühungen der Kinderärzte widerstanden hatten, verschwunden. Wie läßt sich diese überraschende Wirkung des Schnullers erklären? Kann man eine Hypothese über die bei dieser Therapie wirksame Dynamik formulieren?

Aus den Feststellungen der verschiedenen Beobachter gehen zwei Faktoren hervor, die mir für die Ätiologie der Dreimonatskolik bedeutsam erscheinen: einerseits die übertriebene Besorgnis der Mutter, andererseits die angeborene Hypertonie des Säuglings. Ich habe daher die Hypothese einer Zwei-Faktoren-Ätiologie aufgestellt: *Wenn ein Neugeborenes mit angeborener Hypertonie von einer ängstlich und übertrieben besorgten Mutter aufgezogen wird, dann kann es sein, daß es eine Dreimonatskolik entwickelt.*

Diese Hypothese stimmt überein mit dem in unseren Einführungsbemerkungen erwähnten Postulat Freuds über die Ergänzungsreihen in der Ätiologie der Neurosen. Der ererbte konstitutionelle Faktor (Freud, 1916–1917), der diese Fälle für die Dreimonatskolik prädisponiert, ist ein körperliches Entgegenkommen (Freud, 1905 a), nämlich die Hypertonie.

Anders als beim Erwachsenen sind die Bedingungen beim Säugling ziemlich einfach; es gibt keinen Konflikt zwischen Ich und Über-Ich, da weder das eine noch das andere beim Neugeborenen vorhanden ist. Stattdessen bildet sich ein circulus vitiosus zwischen der Hypertonie des Säuglings und der übertriebenen Besorgnis der Mutter, besonders dann, wenn das „self-demand"-Prinzip angewendet wird. Man darf mit Sicherheit annehmen, daß eine übertrieben besorgte Mutter dazu neigt, auf *jede* Unlustäußerung des Säuglings damit zu reagieren, daß sie ihn füttert oder stillt. Man kann sogar annehmen, daß manche Mütter Schuldgefühle, die aus einer unbewußten Feindseligkeit gegen das Kind entstehen, auf diese Weise überkompensieren. Dank dieser Tendenz zum Überkompensieren sind sie bereit, das „self-demand"-Prinzip auf sich zu nehmen, ja, sie bestehen sogar darauf. Vom klinischen Standpunkt sieht dies so aus, als wollten sie dafür büßen, daß sie ihrem Kind gar nichts geben wollen – am allerwenigsten die Brust.

Es ist relativ leicht, im Verhalten dieser Mütter den psychischen Faktor der Ergänzungsreihe und seine dynamischen Aspekte zu erkennen. Viel schwieriger ist es, diese Faktoren in der undifferenzierten Persönlichkeit des drei Wochen alten Säuglings aufzufinden. Hier kommt uns jedoch die Physiologie zu Hilfe. Spannung muß zur Abfuhr gebracht werden; ein Säugling mit Hypertonie muß viel größere Spannungsmengen in viel kleineren Zeitabständen zur Abfuhr bringen als ein ruhiges, gelassenes Kind. In der frühen Kindheit ist der Mund das wichtigste Abfuhrorgan. David Levy (1934) hat das Bedürfnis für diese Abfuhr durch eine Reihe von Versuchen mit Welpen und durch Beobachtung von Kindern gezeigt. Wenn diese Hündchen und diese Kinder nicht lange genug an den Mamillen saugen konnten (weil die Muttermilch zu rasch lief), zeigten sie die Neigung, diesen Mangel an Gelegenheit zur Abfuhr durch viel häufigeres Saugen an erreichbaren Teilen ihres eigenen Körpers auszugleichen. Bei den Kindern waren dies die eigenen Finger, bei den Welpen ihre eigenen Pfoten oder die von anderen Welpen, sowie deren Ohren und Schwänzchen. Aus diesen Feststellungen geht hervor, daß wir bei der Nahrungsaufnahme zwei Funktionen unterscheiden müssen: 1. die Nahrungsaufnahme selbst, die gleichzeitig Hunger- und Durstgefühl befriedigt und lindert, und 2. die Spannungsabfuhr, man könnte auch sagen: die Befriedigung der Mundschleimhaut durch die Tätigkeit von Lippen, Zunge, Gaumen und Nasenrachenraum beim Saugen. Ich habe an anderer Stelle ausgeführt (1955 b, 1957), welche weitreichenden Folgen diese letztere Form der Spannungsabfuhr für die Entwicklung im allgemeinen und für die Organisation der Psyche im besonderen mit sich bringt. Selbstverständlich hat die durch die orale Aktivität abgeführte Spannung ihren Ursprung nicht in der oralen Zone, sondern in der allgemeinen libidinösen Spannung, in der sich das Neugeborene befindet.

Ähnliche Schlußfolgerungen wie bei Levy finden sich auch in den psychologischen Untersuchungen von Jensen (1932). In einer Reihe von Versuchen mit mehreren hundert Neugeborenen konnte sie nachweisen, daß unmittelbar nach der Geburt jede Reizung an jeder beliebigen Stelle des Körpers die Reaktion des Saugreflexes auslöst. Die gebotenen Reize gingen vom Neutralen bis zum Schmerzhaften; zu den letzteren gehörten Ziehen an den Haaren, Kneifen und sogar das Fallenlassen aus einer Höhe von 30 cm. Auf alle diese Reize reagierten die Neugeborenen in einer relevanten Mehrzahl der Fälle mit dem Saugreflex. Man darf daher schließen, daß während der ersten Lebenswochen ein Ansteigen der Spannung durch orale Aktivität zur Abfuhr gebracht wird.

Diese Beobachtungen liefern einen Hinweis zu den Feststellungen von Levine und Bell, die wir nun deuten dürfen wie folgt: Die 28 Säuglinge ihrer Population waren hyptertonisch. Deshalb hatten sie ein gesteigertes Bedürfnis nach Spannungsabfuhr. Dieses Bedürfnis rief Unlust hervor; in diesem Alter (in den ersten Lebenswochen) wird jede Art von Unlust durch oralen Protest ausgedrückt.

Wir dürfen weiter annehmen, daß eine ängstliche Mutter weniger gut in der Lage ist, zu unterscheiden, ob ihr Kind wirklich hungrig ist oder ob es aus anderen Gründen schreit, als eine Mutter mit weniger ausgeprägten Schuldgefühlen. Infolgedessen reagiert sie auf das Schreien des Säuglings, indem sie ihn füttert.

An dieser Stelle greifen die konstitutionelle Hypertonie, das körperliche Entgegenkommen des Kindes, und die psychische Überängstlichkeit der Mutter ineinander. Das Verdauungssystem dieser Säuglinge ist aktiver, die Peristaltik rascher, möglicherweise heftiger, und überflüssige Nahrung ruft übermäßige Tätigkeit des Verdauungstrakts hervor. Ein circulus vitiosus ist die Folge: das hypertonische Kind kann seine Spannung während des Stillens nicht normal loswerden. Stattdessen entlädt es sie durch das Schreien nach der Mahlzeit und die motorische Unruhe, die für diese Kinder typisch sind. Die überängstliche Mutter füttert das Kind sofort wieder – in übertriebener Befolgung des „self-demand"-Prinzips. Während dieser unplanmäßigen Fütterung wird durch die orale Tätigkeit und das Schlucken ein Teil der Spannung abgeführt; das Kind beruhigt sich für eine Weile. Die Nahrung, die das Kind wieder zu sich genommen hat, überlastet jedoch von neuem das Verdauungssystem, steigert die Spannung, ruft ein erneutes Auftreten des Unlustzustandes hervor und führt so wieder zu Kolik und Geschrei. Die ängstlich besorgte Mutter kann das Schreien ihres Kindes nur im Rahmen des „self-demand"-Prinzips deuten und wird den Säugling von neuem füttern; so geht der circulus vitiosus immer weiter.

Wie läßt es sich nun erklären, daß das Syndrom verschwindet, sobald das Kind etwa drei Monate alt geworden ist?

Zunächst dürfen wir annehmen, daß nach drei Monaten selbst Mütter mit Schuldgefühlen oder unerfahrene Mütter der ständigen Opfer müde geworden sind, die das übertriebene „self-demand"-Prinzip fordert. Oder vielleicht lernen sie bis dahin ein wenig besser, das Geschrei und die Laute ihres Kindes richtig zu deuten und geben die allzu einseitige Auslegung der Forderungen des Kindes auf.

Aber weit wichtiger ist der Umstand, daß der Säugling im Lauf seines dritten Lebensmonats die ersten gerichteten und intentionalen Reaktionen entwickelt, nämlich ein willensgesteuertes Verhalten gegenüber seiner Umwelt. Dies ist das Alter, in dem die ersten sozialen Reaktionen auftreten, der erste Objekt-Vorläufer erscheint, die ersten Verschiebungen von Besetzungen auf Erinnerungsspuren stattfinden und die geistige Aktivität beginnt. Auch die körperlichen Betätigungen nehmen zu; wir erleben „Experimentier"-Bewegungen, die Anfänge der ersten Fortbewegungsversuche und das aktive Streben des Kindes nach den Dingen, die sich in seiner Reichweite befinden.

Theoretisch ausgedrückt, im Lauf des dritten Monats eröffnet sich dem Säugling zum ersten Mal ein weiter Bereich affektiver, geistiger und körperlicher Aktivitäten. Er ist aber nicht nur fähig, diese Tätigkeiten zu unternehmen, sondern sie dienen ihm auch zur Spannungsabfuhr. Darum dient nun nicht mehr, wie am Anfang, allein die orale Zone dieser Abfuhr. Wenn es dem Kind aber gelingt, durch andere als orale Mittel Triebspannungen zu entladen, nehmen seine durch Laute ausgedrückten Forderungen an die Mutter ab. So wird der circulus vitiosus der Spannung, die zum Stillen auf Verlangen führt, dessen Folge dann die Kolik ist, endlich unterbrochen. Nach dem dritten Monat fließen die Energien des Säuglings in seine Aktivitäten, und der Spannungspegel wird herabgesetzt.

Praktische Erwägungen

Die von Levine und Bell vorgeschlagene Therapie, der vielgeschmähte Schnuller, ist ein einfaches und zugleich geniales Mittel, das den von mir oben beschriebenen Teufelskreis unterbricht. Sie entdeckten es, indem sie von der einfachen Weisheit unserer Großmütter Gebrauch machten. Ich weiß nicht, ob Levine und Bell meiner Theorie vom circulus vitiosus beipflichten würden oder nicht. Aber ich glaube, daß der Schnuller, den man dem an Dreimonatskolik leidenden Säugling gibt, ihn deswegen heilt, weil er ein Mittel zur Spannungsabfuhr bietet, ohne daß das störende Element überflüssiger Nahrung in den Verdauungstrakt eingeführt wird. Unsere Großmütter wußten sehr wohl, daß der Schnuller den Säugling beruhigt; wir haben ihn verdammt, weil wir von den Gefahren der Infektion blind gemacht waren, denn der Schnuller ist angeblich unhygienisch – als ob man einen Gummischnuller nicht auskochen könnte!

Ich bin sicher, daß es auch noch andere Methoden gibt, die Triebspannungen des Säuglings in diesem Alter zur Abfuhr zu bringen, in dem er es aktiv noch nicht kann. Ich vermute, daß ein anderes altmodisches Mittel, das wie der Schnuller der Verachtung anheimgefallen ist, einem ähnlichen Zweck zu dienen hatte. Ich spreche von der Wiege und vom Wiegen des Kindes.

Unsere Großmütter wußten auch, daß ein Säugling, den man in der Wiege schaukelt, sich beruhigt und friedlich einschläft. Trotzdem haben wir die Wiege abgeschafft – ich weiß keinen triftigen Grund dafür. Ist es nicht einleuchtend, daß der hypertonische Säugling viel von seiner Spannung entladen könnte, wenn man ihn während einer relativ langen Zeit in der Wiege schaukelt? Ich glaube, dies wird im dritten Monat von selbst deutlich, wenn es dem Kind gelingt, sich durch die aktiven Bewegungen seines Körpers selbst Abfuhr zu verschaffen, worauf die Dreimonatskolik aufhört.

Ich bin auch überzeugt, daß die Eingeborenen in weniger verfeinerten Kulturen als der unseren, die an dem uralten Brauch festhalten, ihre kleinen Kinder den ganzen Tag auf dem Rücken oder auf der Hüfte mit sich herumzutragen, ihnen damit Wohltaten erweisen, die wir nicht kennen. Sie verschaffen ihren Kindern eine vielseitige Spannungsabfuhr sowie Wahrnehmungsreize auf der dieser Frühzeit des Lebens altersentsprechendsten Stufe: Ich spreche von den ständig auf den Säugling übertragenen Bewegungen, von den Körperkontakten, den Hautkontakten, der Übertragung von Wärmereizen und so fort.

Wir sind so eingenommen von den fragwürdigen Segnungen der Technik, vom Kinderwagen, von dem Kinderbett mit allem Zubehör, vom Flaschenhalter usw., daß wir uns gar nicht fragen, ob der Abstand, den wir zwischen uns und unsere Kinder legen, sie nicht gerade des Hautkontakts, der Muskelreize und der Reize der Tiefensensibilität beraubt, die weniger „fortschrittliche" Völker ihren Kindern verschaffen. Die rasch zunehmende Distanzierung zwischen dem Säugling und seiner Mutter, die in unserem Zeitalter in der Verbannung des Säuglings während der ersten Lebenswoche in eine geschlossene Säuglingsabteilung der Klinik gipfelt, ist in unserer westlichen Kultur eine relativ neue Entwicklung; sie hat vor weniger als hundert Jahren angefangen. Sie wurde unter dem Vorwand eingeführt, man müsse die Neugeborenen vor Infektionen schützen. Aber wir sollten uns fragen, ob wir den Neugeborenen durch den Entzug lebenswichtiger Reize, die die Natur für die Jungen aller Säugetiere vorgesehen hat, nicht Schäden zufügen, die die hypothetische Infektionsgefahr bei weitem übertreffen[3]. Es ist durchaus möglich, daß unser vielgepriesener „Fortschritt“ Folgen nach sich ziehen wird, die sich erst allmählich zeigen, weil eine gewisse Zeit vergeht, bevor neue Bräuche und Methoden sich allgemein durchsetzen.

Um Mißverständnisse zu vermeiden, möchte ich betonen, daß ich das „self-demand“-Prinzip keineswegs verurteile. Ich glaube, daß es nur bei hypertonischen Säuglingen Schaden stiften kann, die ja nur eine Minderheit sind. Für andere Kinder ist die Methode ausgezeichnet, solange die Mutter ihre Anwendung nicht auf Grund ihrer eigenen psychischen Probleme verfälscht. Was diesen letzten Punkt angeht, so ist klar, daß die „self-demand“-Methode nicht die einzige Verhaltensmöglichkeit ist, durch die die Mutter ihre ängstliche Besorgnis auf das Kind überträgt, sei es nun hypertonisch oder nicht.

Schlußbemerkungen über die Dreimonatskolik

Ich glaube deshalb, daß sich die Dreimonatskolik auch bei Kindern finden wird, die nicht nach der „self-demand“-Methode ernährt werden. Andererseits behaupte ich nicht, daß die hier aufgestellte Hypothese sich auf sämtliche Fälle anwenden läßt; es gibt gewiß auch noch andere Bedingungen außer dem Zusammentreffen von Hypertonie des Säuglings mit der ängstlich-übertriebenen Besorgnis der Mutter, die eine Dreimonatskolik hervorrufen können.

---

[3] Siehe auch meine Bemerkungen über die Hautwahrnehmung beim Neugeborenen im 4. Kapitel; besonders die von M. F. Ashley Montagu (1950, 1953) aufgestellten Hypothesen.

Das Zusammenwirken dieser beiden Faktoren und ihre Rolle in der Ätiologie der Dreimonatskolik sind klar. Die Zwei-Faktoren-Ätiologie ist spezifisch für dieses Stadium der kindlichen Entwicklung, in dem die Differenzierung von Psyche und Soma noch unvollkommen ist und die Dynamik in der Seele der Mutter viel ausgeprägter ist als in der des Kindes. Ich habe die Rolle des Säuglings in der Ätiologie der Dreimonatskolik oben als körperliches Entgegenkommen bezeichnet – aber ich betrachte es als mindestens zum Teil psychisch bedingt, denn es besteht aus Spannungszuständen. In diesem Alter sind die Spannungszustände Vorläufer und in gewissem Sinn Äquivalente der Affekte. Diese selbst entwickeln sich erst, nachdem sich ein rudimentäres Ich konstituiert hat.

Was wir bei der Dreimonatskolik beobachten, steht dem Physiologischen näher als dem Psychologischen; jedoch entwickeln sich aus diesen psychophysiologischen Zuständen und aus den Reaktionen, in denen sie sich ausdrücken, später rein psychische Strukturen und Funktionen, beziehungsweise sie kristallisieren sich aus ihnen heraus. Das ist einer der Gründe, warum ich mich mit dieser frühen Störung der Mutter-Kind-Beziehungen so ausführlich auseinandergesetzt habe. Sie hat den Vorzug, eine der archaischsten Formen, einen Vorläufer der Störungen von Objektbeziehungen darzustellen. Es ist lehrreich zu beobachten, wie sehr in diesem Stadium Somatisches und Biologisches bei den vorkommenden Schwierigkeiten in den Mutter-Kind-Beziehungen vorherrscht, während später, nach der Ich-Bildung, Verhaltensstörungen im eigentlichen Sinn überwiegen.

Die eben beschriebene Störung, die Dreimonatskolik, tritt während der ersten Übergangsperiode auf, die vom rein Somatischen unmittelbar nach der Geburt zum Beginn psychischen Funktionierens führt; ihr Erkennungszeichen ist der erste Organisator der Psyche, das soziale Antwort-Lächeln. Erst nach der Konstituierung des ersten Organisators beginnt eine zweite Übergangsperiode, in deren Verlauf die somatischen Funktionen sich von den psychischen trennen.

Im ersten Stadium haben wir es daher mit einem unentwirrbaren Gemisch der beiden Funktionsweisen zu tun, so daß wir Zeugen eines fast fühlbaren Ineinandergreifens körperlicher und seelischer Ätiologie werden. Man könnte sich fragen, ob bei Störungen auf viel späteren

Altersstufen oder selbst beim Erwachsenen Partial-Regression auf solche Frühstadien vorkommen. Sie könnten zudem durch Fixierungen gefördert werden, die vielleicht zu dieser Zeit stattgefunden haben. Diese Fixierungen würden das ermöglichen oder zum mindesten erleichtern, was wir gewöhnlich Somatisierung[4] nennen, das heißt, die Mitwirkung des Organischen im Gefüge der Neurosen oder Psychosen.

Feindseligkeit in Form manifester Ängstlichkeit (Säuglingsekzem)

Feststellungen und klinische Daten

Die bei der Mehrzahl der Mütter, deren Kinder an Säuglingsekzem[5] litten, beobachtete Haltung war die einer manifesten Ängstlichkeit, hauptsächlich in bezug auf das Kind. Es wurde bald deutlich, daß diese manifeste Ängstlichkeit dem Vorhandensein ungewöhnlich starker, unbewußter, verdrängter Feindseligkeit entsprach.

Wir hatten Gelegenheit, 202 Säuglinge in einer Anstalt zu beobachten; von diesen wurden 184 von Geburt an ein Jahr lang oder länger beobachtet. Die übrigen 18 wurden in der gleichen Anstalt nur sechs Monate lang beobachtet, und zwar in der zweiten Hälfte des ersten Lebensjahres. Es fiel uns auf, wie häufig bei den in dieser Anstalt untergebrachten Kindern das Krankheitsbild des Säuglingsekzems vorkam.

---

[4] Man sollte besser sagen, diese Fixierungen fördern eine Re-Somatisierung (Schur, 1955, 1958).

[5] In dieser ganzen Abhandlung werde ich von „Säuglingsekzem" sprechen. In Gesprächen mit verschiedenen Autoritäten der Dermatologie kam keine Übereinstimmung in bezug auf die Ausdrücke Ekzem, atopische Dermatitis usw., zustande. Ich habe deshalb beschlossen, den altmodischen Ausdruck: „Säuglingsekzem" zu benützen. Das Krankheitsbild, um das es hier geht, ist eine Affektion der Haut, die in der zweiten Hälfte des ersten Lebensjahres anfängt aufzutreten. Befallen werden vor allem die Beugeseiten, vorzugsweise Hautfalten (in der Leistenbeuge, Achselhöhle, Kniekehle, Ellbogenbeuge, Falte hinter dem Ohr, usw.); es besteht eine Tendenz zur Weinerlichkeit und in den schwersten Fällen zu einem Nässen und Abschilfern der Haut. Bei den untersuchten Patienten schien die Krankheit von selbst aufzuhören und in der ersten Hälfte des zweiten Lebensjahres zu verschwinden.

Im gewöhnlichen Heimmilieu und bei Kindern, die in der Familie aufwachsen, beträgt der Anteil der Säuglinge, die an diesem Syndrom leiden, etwa 2 bis 3 %. Bei den 202 oben erwähnten Anstaltskindern betrug der Anteil der in der zweiten Hälfte des ersten Lebensjahres Erkrankten etwa 15 %. Später, genauer gesagt, zwischen dem zwölften und fünfzehnten Monat, zeigte das Ekzem die Tendenz, spontan zu verschwinden.

Der Anstaltsarzt versuchte verschiedene Behandlungsweisen, z. B. eine Veränderung der Nahrung, Verordnung von Vitaminen, örtliche Anwendung von Salben, Talcum, mit und ohne medizinische Zusätze usw. Man fahndete sorgfältig nach Allergie erzeugenden Faktoren an den Toilettengegenständen der Kinder, in den Waschmitteln, usw. Die Suche verlief negativ, und das Ekzem dauerte unvermindert an. Schließlich fand man sich resigniert mit dem Zustand ab, da die Kinder auf jeden Fall nach dem Ende des ersten Lebensjahres wieder gesund wurden.

Wir beschlossen zu diesem Zeitpunkt, eine eingehende psychiatrische Untersuchung der über die 28 vom Ekzem befallenen Säuglinge und ihre Mütter gesammelten Daten vorzunehmen. Als *Kontrollgruppe* benützten wir *die übrigen 164 Säuglinge*, die in der gleichen Anstalt untergebracht waren und kein Ekzem bekommen hatten, sowie deren Mütter. Wir verglichen die über diese Kontrollgruppe gesammelten Daten mit denen der an dem Ekzem leidenden Säuglinge. (10 Fälle mit Ekzem wurden aus der Untersuchungsgruppe ausgeschlossen, weil die Diagnose ungesichert erschien oder weil sie vor Abschluß unserer Studie die Anstalt verlassen hatten.) Da wir nach dem Ausschluß akzidenteller somatischer Schädigungsfaktoren immer noch einen so ungewöhnlich hohen Prozentsatz von Ekzemkranken in dieser Anstalt vorfanden, der sehr viel höher lag als in anderen Heimen, sagten wir uns, hier müsse ein nichtsomatischer psychischer Faktor vorliegen.

Für diese Annahme hatten wir gute Gründe, denn wir hatten es hier mit einer Anstalt des Strafvollzugs zu tun, in der straffällige Mädchen untergebracht waren, die ein Kind erwarteten. Diese Mädchen bekamen ihre Kinder in der Anstalt und zogen sie dort auch während des ersten Lebensjahres selbst auf, das heißt, so lange sie in der Anstalt bleiben mußten. Daraus geht hervor, daß die Gruppe der Mütter in dieser Anstalt keine Zufalls-Auswahl aus der Bevölkerung der Stadt darstellt, in der diese Anstalt gelegen ist. Es handelt sich hier vielmehr um eine sehr speziell ausgewählte Gruppe, eine Gruppe von Mädchen zwischen 14 und 23 Jahren, die mit dem Gesetz oder zumindest mit den in ihrem Kulturmilieu anerkannten Sitten in Konflikt geraten waren.

Wir machten uns daran, die große Menge von Daten zu prüfen, die wir über diese Säuglinge von Geburt an gesammelt hatten, sowie diejenigen, die wir über ihre Mütter zur Verfügung hatten.

Von jedem Kind hatten wir folgende Angaben aufgezeichnet: Geburtsgewicht, Körperlänge, Kopfumfang, Art der Ernährung (Brust oder Flasche), Alter der Mutter und Zeitpunkt der Entwöhnung.

Folgende Reflexe wurden von Geburt an geprüft: Moro'scher Reflex, Saugreflex, Greifreflex, Fingerstreckreflex (Spitz, 1950 c) und Cremasterreflex.

In wöchentlichen Abständen beschrieben wir das Verhalten jedes Kindes, mit besonderer Beachtung des Vorhandenseins oder Fehlens von Schaukeln, genitaler Spiele und von Spielen mit Kot. Wir stellten Häufigkeit und Verteilung der Fälle fest, in denen eines oder das andere oder alle diese Phänomene vorkamen und gegebenenfalls Beginn, Häufigkeit und Dauer.

Wir prüften Vorhandensein oder Fehlen der Reaktion des Lächelns und der Achtmonatsangst. Wir berechneten den Entwicklungsquotienten für jedes Kind im Alter von drei, sechs, neun und zwölf Monaten.

Wir vermerkten, ob eine Trennung von der Mutter stattgefunden hatte, wenn ja, in welchem Alter und wie lange. Schließlich untersuchten wir, ob das Kind als Reaktion auf eine solche Trennung eine Depression entwickelt hatte, ob sie schwer oder leicht war, oder ob keine Depression beobachtet worden war; in diesem Fall wurde auch die Art der Mutter-Kind-Beziehung vor der Trennung notiert.

Die statistische Auswertung dieses Materials ergab 87 Tabellen und Kurven. Wir gingen nun daran, zu ermitteln, worin sich die Säuglinge, die in der zweiten Hälfte des ersten Lebensjahres ein Ekzem bekommen, von denen unterscheiden, die im gleichen Milieu symptomfrei bleiben. Erstaunlicherweise ließ sich der Unterschied zwischen den 28 Säuglingen, die das Ekzem bekamen, und den 164, die es nicht bekamen, auf nur zwei Faktoren reduzieren: (1) eine angeborene Disposition, (2) einen psychischen Faktor, der aus der Umwelt stammte, die in dieser Anstalt praktisch ausschließlich aus der Mutter-Kind-Beziehung bestand. Die übrigen Variablen der Umwelt waren für die ganze Gruppe dieser Kinder identisch.

Daraufhin unterzogen wir unsere Daten über die Säuglinge selbst einer gründlichen Prüfung. Dazu gehörten Angaben über Geburtsgewicht und andere Maße, Reflexe nach der Geburt, Ergebnisse der in regelmäßigen Abständen angewandten Tests, klinische Daten, Aufzeichnungen der allwöchentlichen Verhaltensbeobachtungen, usw. Wir stellten fest, daß es (mit Ausnahme der Bereiche des Lernens und der sozialen Beziehungen, siehe unten) zwischen den durchschnittlichen Testergebnissen der Ekzemgruppe und denen der Kontrollgruppe keine wesentlichen Unterschiede gab. Bei der großen Mehrheit der geprüften Daten gab es überhaupt keinen Unterschied, die Mittelwerte waren gleich. Diese identischen Daten sind daher irrelevant für die Ätiologie des untersuchten Syndroms. Auf dem Gebiet der Reflexe jedoch gibt es einen deutlichen und auffallenden Unterschied. Die Reaktion im Bereich der Tiefenreflexe (wie z. B. der Sehnenreflexe) zeigt bei beiden Gruppen den gleichen Mittelwert. Es gibt jedoch einen statistisch relevanten Unterschied zwischen der Kontrollgruppe und der Ekzemgruppe im Bereich der Hautreflexe (wie z. B. des reflexhaften Suchverhaltens, des Cremasterreflexes, usw.).

Im Bereich der Hautreflexe zeigten die Säuglinge, die sechs Monate später ein Ekzem bekamen, einen viel höheren Durchschnittswert der Hauterregbarkeitsreaktionen als die Säuglinge, die kein Ekzem bekamen. Ich möchte mit einem von Michael Balint (1948) entliehenen Begriff sagen, daß die Säuglinge, die in der zweiten Hälfte des ersten Lebensjahres ein Säuglingsekzem bekommen, mit einer „erhöhten Reflexerregbarkeit" zur Welt kommen. Da von Geburt an vorhandene Reflexe ein ungelerntes Verhalten sind, haben wir es hier mit einer angeborenen Disposition zu tun.

Dies könnte ein Hinweis darauf sein, daß die Haut dieser Kinder von Geburt an außergewöhnlich verletzlich ist. Wenn das zuträfe, müßte jedoch das Ekzem schon in den ersten Lebenswochen auftreten oder spätestens ein bis zwei Monate nach der Geburt. Das ist aber nicht der Fall, es tritt in Wirklichkeit erst in der zweiten Hälfte des ersten Lebensjahres auf. Wir können also die Verletzlichkeit der Haut ausschließen und sagen, das Ekzem dieser Kinder beruht eher auf einer erhöhten Reaktionsbereitschaft oder, analytisch ausgedrückt, auf einer erhöhten Besetzung der Empfindlichkeit der Haut. Das ist in Wirklichkeit nur eine andere Ausdrucksweise für die Tatsache, daß die Gruppe der zukünftigen Ekzemkinder von Geburt an eine erhöhte Reflexerregbarkeit hatte. Und man mag sich fragen, ob die von Greenacre (1941) in ihrem Artikel über „The Predisposition of Anxiety" (Die Prädisposition zur Angst) als Folge einer „trockenen Geburt" bezeichneten Phänomene nicht ebensogut durch eine erhöhte Erregbarkeit der Haut beim Neugeborenen erklärt werden können.

In bezug auf den zweiten Faktor, den Einfluß der Umwelt, das heißt, den Einfluß der Objektbeziehungen auf diese Kinder, stellten wir folgendes fest: Ihre Objektbeziehungen wichen in subtiler Weise von denen des Durchschnitts ab. Im Bereich der sozialpsychologischen Funktionen der Kinder, nämlich in den Kundgebungen der Achtmonatsangst, zeigte sich ein statistisch relevanter Unterschied zwischen den beiden Gruppen. Von den an Ekzem leidenden Kindern zeigten 15 % die Achtmonatsangst, bei den Kindern ohne Ekzem trat die Achtmonatsangst in 85 % der Fälle auf.

Dies könnte dem Psychoanalytiker paradox erscheinen, der gewöhnt ist, Angst als ein potentiell pathologisches Symptom anzusehen. Für ihn würde unsere Feststellung darauf hinweisen, daß in der Ekzemgruppe weniger Kinder pathologische Symptome aufweisen als in der Gruppe der Kinder ohne Ekzem. Wie ich jedoch schon im 7. Kapitel erklärt habe, ist die Achtmonatsangst kein pathologisches Symptom. Im Gegenteil, sie ist ein Symptom für einen Fortschritt in der Persönlichkeitsentwicklung: Sie zeigt an, daß der Säugling in der Entwicklung seiner Objektbeziehungen eine höhere Stufe erreicht hat, nämlich die Fähigkeit, zwischen Freunden und Fremden zu unterscheiden. Dies ist ein auffallendes Beispiel für einen der vielen Unterschiede zwischen Säuglings- und Erwachsenenpsychologie. Es ist daher nicht das Vorhandensein, sondern vielmehr das Fehlen der Angstreaktion beim acht Monate alten Kind, das auf Pathologisches schließen läßt. Das Fehlen dieser Reaktion besagt, daß das Kind in seiner Affektentwicklung zurückgeblieben ist. Dieser Rückstand ist offenbar auf eine Störung der Objektbeziehungen zurückzuführen. Darum haben wir in unserer ge-

samten Population die Beziehungen zwischen den Müttern und ihren Säuglingen untersucht.
Die psychiatrische Exploration der Mütter der Ekzemkinder erbrachte aufschlußreiche Ergebnisse. Die Mehrzahl dieser Mütter zeigte in bezug auf ihre Kinder eine Haltung manifester Ängstlichkeit. Es wurde bald klar, daß sich hinter dieser manifesten Ängstlichkeit ein ungewöhnlich großes Quantum unbewußter verdrängter Feindseligkeit verbarg. Man muß damit rechnen, daß straffällige Mädchen, die in einer Anstalt des Strafvollzugs untergebracht sind, keine durchschnittliche Persönlichkeit haben. Ihre Einlieferung in die Anstalt war gesetzlich durch den *Wayward Minors Act* (Gesetzliche Bestimmung zum Schutz Minderjähriger) begründet. Die Gründe ihrer Inhaftierung reichten von Sexualdelikten bis zum Diebstahl und sogar zum Mord. Die meisten dieser Mädchen waren jedoch auf Grund von sexuellen Verfehlungen eingeliefert worden. Diese gelten in unserer Zeit nicht als ernsthafte Verstöße gegen das Gesetz, ja, sie werden – wenn man Kinsey et al. (1953) Glauben schenken darf – als durchschnittliches sexuelles Verhalten unserer unverheirateten weiblichen Bevölkerung angesehen. Aber diese Mädchen waren dabei erwischt worden, noch dazu in einer ländlichen Umwelt, die solche Sittenlosigkeit nicht durchgehen lassen konnte. Darum kann man sagen, daß sie in *ihrem* kulturellen Milieu eine von der Norm abweichende Minderheit darstellten.
Wer mit der Problematik Minderjähriger vertraut ist, die wegen sexueller Verfehlungen eingesperrt werden, weiß, daß sie zum größten Teil geistig auf der Stufe der „stumpfen Normalen" stehen, wenn sie nicht debil sind. Bei solchen Persönlichkeiten ist die Integrierung des Über-Ichs meistens unvollständig geblieben; schließlich haben diese Mädchen nicht einmal eine befriedigende Integrierung des Ichs zustandebringen können. Man darf also erwarten, in einer solchen Gruppe viele infantile Persönlichkeiten zu finden, und unsere Gruppe war keine Ausnahme. Aber es war auffallend, daß unter den 202 von uns untersuchten Müttern die große Mehrzahl der manifest infantilen Persönlichkeiten in der Gruppe der Mütter konzentriert war, deren Kinder an Ekzemen litten.
Diese Mütter zeigten auch noch andere bemerkenswerte Besonderheiten: sie berührten ihre Kinder nicht gern; es glückte ihnen immer, die eine

oder andere ihrer Freundinnen in der Anstalt dazu zu bewegen, ihre Kinder zu wickeln, zu baden, ihnen die Flasche zu geben, usw. Zugleich waren sie besorgt wegen der Zartheit und Verletzlichkeit ihrer Kinder; eine von ihnen – und das ist charakteristisch – pflegte zu sagen: „Ein Baby ist so ein zartes Ding, die kleinste falsche Bewegung könnte ihm schaden.“ Diese übertriebene Besorgnis ist eine überkompensierte unbewußte Feindseligkeit. Die Taten dieser Mütter widersprechen ihren Worten. Unsere Auslegung wird bestätigt durch die zahlreichen Fälle, in denen die gleichen Mütter ihre Kinder unnötigem Risiko, ja ernsten Gefahren aussetzten. Oft vermieden sie es kaum noch, dem Kind ernsthaften Schaden zuzufügen, z. B. wenn eine von ihnen dem Kind mit dem Brei eine offene Sicherheitsnadel einfütterte; einige dieser Mütter überheizten das Schlafabteil des Kindes ständig und unerträglich unter dem Vorwand, es könnte sich erkälten; eine von ihnen schnürte ein Lätzchen so eng um den Hals des Kindes, daß dieses blau im Gesicht wurde und nur mein rechtzeitiges Eingreifen es vor der Erdrosselung bewahrte. Bei dieser Gruppe war man nicht überrascht, wenn man erfuhr, daß das eine oder andere Baby während seines Aufenthaltes in der Anstalt mehr als einmal aus dem Bett und auf den Kopf gefallen war.

Unsere Untersuchung der Säuglinge, die ein Ekzem bekommen hatten, hat also zwei Anomalien ans Licht gebracht. (1) Sie hatten Mütter mit einer infantilen Persönlichkeit, die ihrem Kind gegenüber eine als Ängstlichkeit getarnte Feindseligkeit an den Tag legten, Mütter, die ihr Kind nicht gern berührten, es ungern pflegten und ihm systematisch den Hautkontakt vorenthielten. (2) Das Kind seinerseits weist eine angeborene Disposition für erhöhte Hautreaktionen auf, die zu einer verstärkten Besetzung der psychischen Repräsentation der Hautwahrnehmung führt – was, analytisch ausgedrückt, etwa heißt: zu einer libidinösen Besetzung der Hautoberfläche. Gerade dies ist aber das Bedürfnis, das zu befriedigen die Mutter sich weigert. Demgemäß standen die Bedürfnisse dieser Säuglinge und die Haltungen ihrer Mütter in einem asymptotischen Verhältnis zueinander.

Die auf Grund des Bühler-Hetzer-Tests erstellten Entwicklungsprofile brachten eine weitere Besonderheit der Ekzemkinder zum Vorschein. Anders als Säuglinge, die kein Ekzem bekommen, weisen sie einen cha-

rakteristischen Rückstand in den Bereichen des Lernens und der sozialen Beziehungen auf.
In diesem Test wird der Bereich des Lernens an der Fähigkeit der Nachahmung und der Erinnerung dargestellt. Ein Rückstand in der Nachahmungsfähigkeit wird verständlich, wenn man sich die Bedingungen ins Gedächtnis ruft, unter denen diese Kinder aufgezogen wurden; die ängstlichen Mütter, die während der ersten sechs Monate, also während der primären narzißtischen Phase, ihre Kinder nicht berühren, erschweren ihnen die *primäre* Identifizierung.

Die Rolle der primären Identifizierung

Der Ausdruck „primäre Identifizierung" erscheint in der Literatur nur selten. Er ist ein Konstrukt der psychoanalytischen Theorie, der sich auf den Zustand der Nichtdifferenziertheit (siehe 3. Kapitel, 3) bezieht. In diesem Zustand gibt es keine Differenzierung *in* dem Säugling, und er ist auch nicht fähig, zwischen innen und außen, Ich und Nicht-Ich, zu unterscheiden. Vielleicht kann man diesen Zustand am besten beschreiben, indem man sagt, es fehlt ihm nicht nur die psychische Struktur, sondern es fehlen auch die psychischen und somatischen Begrenzungen. Die Verwendung des Terminus „Identifizierung" in dem Ausdruck stellt eine Maßnahme der Zweckmäßigkeit dar, die sich eignet, die vereinigenden Aspekte aufzuzeigen, die auf den Mangel an Begrenzungen zurückgehen – andere Aspekte des Zustandes der Nichtdifferenziertheit werden nicht berührt.
Der Gedanke von der kindlichen Allmacht paßt gut in dieses Bild hinein. Wenn seine Bedürfnisse den Säugling zwingen, zu schreien oder zu zappeln, werden die Bedürfnisse früher oder später befriedigt. Er hat keinen Grund, zu glauben, dies sei nicht etwas, was er selbst tut; die Nahrung, die seinen Hunger stillt, sei nicht durch sein Agieren hervorgebracht worden.
Die primäre Identifizierung besteht also darin, daß der Säugling alles das in seiner Umwelt, was mit der Bedürfnisbefriedigung (Triebbefriedigung) zu tun hat, als Teil seiner eigenen Person und seines eigenen Körpers erlebt, außerhalb dessen nichts existiert. Glover (1930)

scheint ähnlich zu denken: „Alle Zustände, die in gleicher Weise lustgetönt sind, erzeugen in der primitiven Psyche die Tendenz, eine Identifizierung mit den Objekten herbeizuführen, die mit diesen Zuständen verbunden sind."

Die primäre Identifizierung wird also durch die ängstlichen Mütter erschwert, die ihren Kindern die Bedürfnisbefriedigung vorenthalten, die im Berührtwerden liegt[6].

Dadurch, daß sie dem Kind taktile Erlebnisse vorenthalten, schränken sie seine Gelegenheiten zur primären Identifizierung weitgehend ein. Wenn sich das Kind jedoch von seiner Mutter differenzieren soll, dann müssen diese primären Identifizierungen taktiler und anderer Art vom Kind gehandhabt, gelöst und überwunden werden. Die Mittel des Kindes zur Bewältigung der primären Identifizierung und zur Differenzierung sind zunächst die handlungsgesteuerte Motilität und später die Fortbewegung. Wenn die Differenzierung von der Mutter gelungen ist, kann das Kind die sekundären Identifizierungen bilden, die ihm den Weg zu Selbständigkeit und Unabhängigkeit bahnen.

In Erweiterung des von Mahler (1957, 1960) entwickelten Begriffs von dem „Prozeß der Individuationstrennung" *(process of individuation-separation)* würden wir also sagen, der Weg zur Individuation führt über sekundäre Identifizierungen. Das Kind muß sich die Techniken der Mutter zu eigen machen, es zu versorgen, es zu überwachen (und das kann es nur durch Identifizierung), bevor es fähig wird, sich von ihr zu trennen und ein unabhängiges Individuum zu werden. Ich bin der Meinung, daß der Prozeß der Individuationstrennung, den Mahler in die Zeit nach dem achtzehnten Lebensmonat legt, zwei Vorstadien hat. Das erste dieser Stadien würde ich den Prozeß der *primären Individuation nennen,* in dem das Kind sich mit den primären Identifizierungen auseinandersetzt, sie löst und überwindet. Das zweite Stadium ist das der *sekundären Identifizierung,* das in der zweiten Hälfte des ersten Lebensjahres beginnt. Während dieses Stadiums erwirbt das Kind Techniken und Hilfsmittel, mit deren Hilfe es sich von der Mutter unabhängig macht (Spitz, 1957).

---

[6] Siehe 4. Kapitel, Besprechung der Hypothesen Montagus (1950, 1953) über die Rolle des Erlebens von Wahrnehmungen vermittels der Hautoberfläche in bezug auf Lebenserhaltung und Anpassung beim Neugeborenen.

Diese relative Unabhängigkeit wird um den 18. Lebensmonat erreicht, zu der Zeit, in der das Kind nach Piaget die Reversibilität erwirbt und ebenso die Fähigkeit, sich in der Sprache des Erwachsenen auszudrükken. In diesem Augenblick kann Mahlers Prozeß der Individuationstrennung in Gang gesetzt werden.

Im Gegensatz zur primären Identifizierung (die ein *Zustand* ist), ist die sekundäre Identifizierung ein *Mechanismus*. Sie ist ein unbewußter Prozeß, dessen Ergebnis eine Veränderung des Ichs ist. Die sekundäre Identifizierung setzt daher voraus, daß sich zum mindesten ein rudimentäres Ich schon von der undifferenzierten Ganzheit abgetrennt hat, die zur Zeit der primären Identifizierung wirksam war.

Daraus folgt, daß die Mutter, wenn sie die primäre Identifizierung dadurch erschwert, daß sie dem Kind taktile Erfahrungen vorenthält, zwei wichtige Entwicklungsfortschritte hemmt – die Ich-Bildung und die sekundären Identifizierungen (Spitz, 1957).

Psychodynamische Prozesse

Im Verlauf einer normalen Entwicklung werden sowohl die libidinösen als auch die aggressiven Triebe im Rahmen der physischen Wechselbeziehungen zwischen Mutter und Kind abgeführt. Diesen Interaktionen innerhalb der Dyade liegen dynamische Prozesse zugrunde, zu denen auch die Verschiebung von Besetzungsquantitäten gehört. Unter anderem führen sie schließlich zur Bildung der sekundären Identifizierungen des Kindes. Dem Kind, das an dem Ekzem leidet, steht diese altersadäquate Verarbeitung der libidinösen und aggressiven Triebe nicht so selbstverständlich zur Verfügung, denn wie wir gezeigt haben, gibt seine Mutter ihm nicht genug Gelegenheit zu solcher Abfuhr. Wir können uns überlegen, ob das Säuglingsekzem nicht ein autoplastisches Symptom ist, das an die Stelle des nicht verfügbaren Entwicklungsprozesses der alloplastischen Abfuhr tritt, gefolgt von autoplastischer Identifizierung[7]. Auf Grund unserer Feststellungen haben wir bis jetzt in

[7] Daß die Symptome einer Krankheit gerade an derjenigen Stelle auftreten, an der die lebenswichtige Reizung versagt worden ist, sollte vom psychoanalytischen Gesichtspunkt aus erwogen werden. Theoretisch ausgedrückt, bedeutet

der Ätiologie des Ekzems zwei Faktoren isoliert: der eine ist der angeborene Faktor der erhöhten Hautreflexerregbarkeit, der andere der Umweltfaktor der infantil-überängstlichen Persönlichkeit der Mutter. Diese Erklärung ist jedoch weder vom Gesichtspunkt der Dynamik her, noch in bezug auf die Ökonomie ganz befriedigend.

Eine Erklärung im Sinne Pawlows

Ein von den Reflexologen berichtetes Experiment, das man im Sinn der Lerntheorie auslegen kann, trägt zur weiteren Klärung bei. In Pawlows Institut wurden Versuche unternommen, um die Wirkung zweideutiger Signale bei der Entstehung einer von Pawlow so genannten „experimentellen Neurose" zu erforschen. Bei einem Hund wurde mit Hilfe elektrischer Reizungen innerhalb eines umschriebenen Gebietes auf seinem Hinterbein ein bedingter Reflex hergestellt. Die Aufgabe des Hundes bestand im Erkennen eines bestimmten Sinneseindrucks. Die beiden Punkte der elektrischen Reizung wurden einander immer mehr genähert, so daß der Hund gezwungen war, eine immer schwieriger werdende Aufgabe der Unterscheidung zu lösen.
Die meisten Hunde reagierten wie erwartet: Wenn die Signale aufhör-

---

das: Triebenergien sind aufgestaut worden, weil ihnen kein Abfluß gewährt wurde. Demnach fällt die Manifestation der Krankheit in die Kategorie dessen, was man, weitgefaßt, in der dynamischen Psychiatrie und in der Psychoanalyse als „Somatisierung" bezeichnet hat. Wir haben es absichtlich vermieden, diesen Begriff in unserem begrifflichen Rahmen zu verwenden, denn mit einer einzigen Ausnahme war weder die Dynamik des psychischen Vorgangs noch die Art seiner Verwandlung in somatische Manifestationen klargestellt. Jedoch im letzten Jahrzehnt hat die Arbeit von Max Schur (1955, 1958) auf diesem Gebiet sehr viel zu einer Klärung des ganzen Problems beigetragen. In zwei Abhandlungen unterscheidet er zwischen den Phänomenen der „Desomatisierung" *(desomatization)* und „Resomatisierung" *(resomatization)*. Erstere ist ein Entwicklungsprozeß, in dem psychische Energien immer mehr mit *psychischen* als mit *somatischen* Mitteln beherrscht werden. Wenn eine Regression eintritt, findet eine „Resomatisierung" statt, die in umgekehrter Richtung verläuft. Die Desomatisierung entspricht also einer zunehmenden Anwendung der Regulierung nach Art des Sekundär-Vorgangs, während die Resomatisierung mit einer Rückkehr zur Regulierung nach Art des Primär-Vorgangs verbunden ist.

ten, eindeutig zu sein, entwickelten sie eine „experimentelle Neurose". Ein Hund jedoch erwies sich als Außenseiter; er bekam keine experimentelle Neurose. Stattdessen bekam er, als die Unterscheidung zwischen den Signalen unmöglich wurde, in dem für die elektrische Reizung benützten Gebiet ein Ekzem. Außerdem verschwand das Ekzem, sobald das Experiment unterbrochen wurde. Im weiteren Verlauf dieses Forschungsunternehmens fand der Untersucher noch andere Hunde, die in ähnlicher Weise auf mehrdeutige elektrische Reizung reagierten. Er forschte nach den Unterschieden zwischen den Tieren, die mit einer „experimentellen Neurose" reagierten und denen, die ein Ekzem bekamen. Er stellte fest, die letzteren hätten ein „labiles Temperament".

Ich glaube, es ist zulässig, eine Parallele zu ziehen zwischen dem, was die Mitarbeiter Pawlows bei diesen Hunden als „labiles Temperament" bezeichnen und dem, was ich (nach Balint) bei den Ekzemkindern „Reflexerregbarkeit" genannt habe. Angesichts der Ähnlichkeit zwischen der angeborenen Prädisposition des Hundes (labiles Temperament) und der des Neugeborenen (Reflexerregbarkeit) können wir nun beurteilen, wie der Lernprozeß bei jedem von ihnen dadurch beeinflußt wird, daß sie mit mehrdeutigen Signalen konfrontiert werden.

Der bei diesen Versuchen verwendete Hund ist ein ausgewachsenes Tier. Er ist mit der vollentwickelten seelischen Organisation eines Hundes ausgestattet, die auf dem gewöhnlichen Hundeniveau funktioniert. Infolgedessen ist er fähig, Signale gemäß der Lernfähigkeit eines erwachsenen Hundes wahrzunehmen und zu beachten, das heißt, die Signale dazu zu verwerten, einen bedingten Reflex zu entwickeln. In dem beschriebenen Versuch sieht sich der ausgewachsene Hund mehrdeutigen Signalen in Form elektrischer Reizungen der Haut gegenüber. Die Mitarbeiter Pawlows studieren also in Wirklichkeit einen Zerfall des normalen Lernprozesses. In diesem Fall wurde der Lernprozeß durch eine der beiden folgenden Störungen abgelöst: die Mehrheit der Hunde bekam eine „experimentelle Neurose", die Minderheit (Hunde mit einem „labilen Temperament") bekam ein Ekzem.

Im Gegensatz dazu hatten die Kinder unserer Untersuchung, als wir anfingen, sie zu beobachten, noch keine psychische Organisation und waren erst im Begriff, ein Ich zu bilden. Normalerweise erwirbt das

Kind sein rudimentäres Ich in den vielfältigen Wechselbeziehungen mit seiner Mutter, in deren Verlauf es seine Reaktionen auf die konsequenten Signale einrichtet, die von ihr ausgehen. Es reagiert auf diese Signale mit einer geistig-seelischen Entwicklung, die über diejenige des Hundes hinausgeht. Im ersten Vierteljahr seines Lebens bildet der Säugling eine Reihe von bedingten Reflexen. Danach tritt ein neuer Faktor ins Bild: Statt eines bedingten Reflexes, der auf Grund einer Belohnung gebildet wird, die der richtigen Reaktion auf ein Signal *folgt,* bringt das Kind nun „antizipierende Reaktionen" hervor. Diese führen zu einer Form des Lernens, das ich in Ermangelung eines besseren Ausdrucks den „menschlichen Lernvorgang" genannt habe. Er verläuft parallel der jeweiligen Organisationsebene, auf der das Ich des Kindes gerade steht.

Zwischen dem Lernprozeß des Kindes und dem des Hundes in dem Pawlow'schen Experiment besteht noch ein zweiter wichtiger Unterschied. Die dem Hund gebotenen Signale sind an eine einzige affektive Situation gebunden, und *ausschließlich* an diese eine, nämlich an den Hunger. Die Signale andererseits, die die Mutter ihrem Kind bietet, umfassen eine weite Skala affektiver Bedürfnisse und viele Schattierungen affektiv getönter Situationen. Diese Signale haben ihren Ursprung in der affektiven Einstellung der Mutter. Obwohl sie für den erwachsenen Beobachter kaum wahrnehmbar sein mögen, dienen diese Signale dazu, bei dem Kind antizipierende affektive Reaktionen auszulösen[8].

Die gleichen affektiven Signale sollten auch in dem Austausch der vom Ekzem befallenen Kinder mit ihren Müttern wirksam sein. Das war jedoch nicht der Fall. Die direkte Beobachtung ergab, daß diese Mütter ihren Kindern nur inkonsequente und unzuverlässige Signale boten. Die psychiatrische Exploration der Persönlichkeiten dieser Mütter ebenso wie ihr Rorschach-Test ergaben das Bild eines inadäquat integrierten Ichs sowie einer übermäßig starken unkontrollierten unbewußten Angst. Dies steht in auffallendem Gegensatz zu den bei den 164 Müt-

---

[8] Außer durch eine länger dauernde Beobachtung des Paares Mutter und Kind während des ganzen ersten Lebensjahres kann ein anschaulicher Eindruck von diesen antizipierenden affektiven Reaktionen bei Säuglingen am besten durch Filme vermittelt werden.

tern der Kontrollgruppe getroffenen Feststellungen, die ein viel besser integriertes Ich und keine Anzeichen für überstarke unbewußte Ängste zeigten.

Das unzureichend integrierte Ich der Mütter von Ekzemkindern machte es ihnen besonders schwer, seelische Vorkehrungen zu entwickeln, um ihre unbewußte Angst in konsequenter Weise zu beherrschen und auszugleichen. Diese Schwierigkeit liegt offenbar den chaotischen Signalen zugrunde, die sie ihren Sprößlingen boten.

Daß solche Ängste das Kind wirklich sehr wesentlich beeinflussen, haben Anna Freud und Dorothy Burlingham (1943) bei ihren im Krieg an Flüchtlingskindern durchgeführten Untersuchungen beobachtet. Ihre Beobachtungen zeigten, daß Kleinkinder bis zum Alter von drei Jahren während der Schrecken des „Blitzkrieges" in London nur dann ängstlich wurden, *wenn ihre Mütter von Angst befallen wurden.* Die Kleinkinder blieben *unberührt von äußeren Reizen,* bis ihnen die Bedeutung dieser Reize durch die *affektive Einstellung ihrer Mütter* übermittelt wurde.

Die Wirkungsweise dieser Prozesse wird sehr anschaulich in dem Fall der Mutter, die wir eines Tages beobachteten, als sie ihr Kind mit einem Ausdruck tiefster Besorgnis fütterte. Offensichtlich stopfte sie ihm viel zuviel auf einmal in den Mund. Zugleich zeigten Schluckbewegungen an ihrer Kehle, daß sie sich mit ihrem Kind identifizierte und es gewissermaßen dadurch zum Schlucken ermutigte, daß sie selbst diesen Akt ausführte. Aber es wurde sofort deutlich, daß ihr Schlucken eine verzweifelte Anstrengung darstelle, einen überwältigenden Brechreiz zu bekämpfen, was sich bald in ihrem Gesicht auszudrücken begann. Natürlich empfand das Kind keinen Brechreiz; es war nur die Mutter, der es aus Gründen ihrer eigenen Neurose bei dem Gedanken an das Schlucken von Milch übel wurde. Infolgedessen übertrieb sie die Geschwindigkeit der Fütterung, um schnell damit fertigzuwerden; es gelang ihr schließlich, das Kind zum Erbrechen zu bringen – zu ihrem eigenen gesteigerten Abscheu.

Dies ist ein drastisches Beispiel aus dem Bereich des Fütterungsvorgangs, bei dem man eine Mutter am leichtesten beobachten und ihre Konflikte aufspüren kann. Man sollte sich jedoch darüber im klaren sein, daß bei allen Beziehungen so einer Mutter zu ihrem Kind Konflikte sich störend einmischen. Man stelle sich z.B. jene andere Mutter vor, die ihr Kind wickelte – das Zögern, die außerordentliche Verlangsamung ihrer Bewegungen ließen an einen Film im Zeitlupentempo denken. Sie legte das Kind auf die Waage, als müsse sie ein schweres Gewicht heben, das ihr jeden Augenblick herunterfallen könnte. Und als sie die Windel mit einer Sicherheitsnadel befestigte, mit der sie umgegangen war wie mit einem geladenen Schießeisen, gelang es ihr schließlich, sich zu stechen. Während dieser ganzen Unternehmung wechselte ihr Gesichtsausdruck ständig. Der wohlwollende Ausdruck, mit dem sie sich dem Kind näherte, machte schnell einer starren Angestrengtheit Platz, als sie es auf die Waage hob, wechselte dann zu finsterem Mißmut, der einem gezwungenen Lächeln wich, während sie mit der Sicherheitsnadel herumhantierte.

Diese Einzelbeispiele sind in Wirklichkeit charakteristisch für das gesamte affektive Klima, in dem das Ekzemkind aufwächst. Es ist ständig den affektiven Signalen seiner Mutter ausgesetzt, die dem *Anschein* nach der jeweiligen Situation entsprechen. Aber im nächsten Augenblick macht sich ihr unbewußter Konflikt wieder bemerkbar, die Angst steigt in ihr auf, sie unterdrückt alle Signale, nur um zu einer Überkompensierung des Grundes ihrer Angst überzugehen und Signale auszusenden, die ihren Gefühlen gerade entgegengesetzt sind, obwohl sie bei nächster Gelegenheit ebensogut die Signale übertreiben kann, die zu ihren Gefühlen passen.

Mit einem Wort: das, was von ihr ausgeht, entspricht weder ihrer inneren Einstellung noch ihren Handlungen gegenüber dem Kind. Was sie tut, kann nicht als Signal im gebräuchlichen Wortsinn bezeichnet werden, denn es ist nicht auf den Partner bezogen. Was sie zum Ausdruck bringt, hängt weder von ihrer bewußten Beziehung zu ihrem Kind ab, ja, nicht einmal von der unbewußten, sondern vielmehr von dem veränderlichen Klima ihrer unbewußten Schuldgefühle, Geistern aus ihrer Vergangenheit, die eine Angst hervorrufen, die ihr nicht erlaubt, sich wirklich mit ihrem Kind zu identifizieren. Darum vermeidet sie besonders die elementarste Form der Identifizierung, den unmittelbaren affektiven physischen Kontakt.

Anders ausgedrückt, besagt das: Die Mitteilungen dieser Mütter sind nicht Signale, sondern nur Zeichen oder Symptome. Für den Erwachsenen, den Psychoanalytiker, könnten sie bedeutsam sein. Als Verkehrszeichen am Weg der normalen Entwicklung sind sie für das Kind sinnlos.

Demgemäß wird die Bildung von Objektbeziehungen als Antwort auf doppeldeutige und inkonsequente Signale für das Kind zu einer äußerst mühsamen Aufgabe. Die Bildung von Objektbeziehungen, das Weben des verschlungenen Netzes von gegenseitigem Austausch zwischen Mutter und Kind ist jedoch die Grundlage alles späteren affektiven Lernens, untrennbar verbunden mit der Identifizierung. In den aufeinanderfolgenden Entwicklungsprofilen des Bühler-Hetzer-Tests wiesen die Ekzemkinder Ergebnisse auf, die auf eine Schädigung im Sozialbereich und im Lernbereich hinweisen. Das bedeutet, daß einerseits die sozialen Beziehungen, andererseits Gedächtnis und Nachahmung beeinflußt werden. Wie schon oben erklärt, hatten sowohl die primäre als auch die sekundäre Identifizierung eine selektive Schädigung erfahren. Diese Schädigung ist die unmittelbare Folge einer Störung und Schädigung bei der Bildung der ersten Objektbeziehungen. Sie ist besonders auffallend auf dem Gebiet der zwischenmenschlichen Beziehungen, weniger ausgeprägt in bezug auf die Beziehungen des Kindes zu unbelebten Gegenständen. Daher kommt die Schädigung im Ausbleiben der Achtmonatsangst zum Ausdruck. Da diese Säuglinge keine normalen Objektbeziehungen gebildet haben, sind sie unfähig, gefühlsmäßig zwischen der Mutter und einem Fremden wirklich zu unterscheiden, und zeigen daher auch keine Angst, wenn sich ihnen ein Fremder nähert.

Ich habe im Vorhergehenden eine gewisse Abneigung zum Ausdruck gebracht, den Begriff der „Somatisierung" zum Zweck der Erklärung heranzuziehen. Aber zwei Faktoren – Pawlows Experimente mit doppeldeutigen Signalen einerseits, andererseits die congenitale Disposition (die Hauterregbarkeit) der Ekzemkinder – machen die Annahme einleuchtend, daß die Hautkrankheit als Antwort auf doppelsinnige Signale entstanden ist. Wir wissen natürlich nicht, was für besondere Prozesse in der Psyche des Kindes dieses Hautsymptom hervorbringen. Es ist so, als besetzten diese Kinder die Hautoberfläche (womit ich ihre psychischen Repräsentanten meine) mit vermehrten Libidoquantitäten. Man könnte sich fragen, ob diese Hautreaktion eine Anpassungsbemühung oder gar eine Abwehr darstellt. Die Reaktion des Kindes könnte auch den Charakter einer an die Mutter gerichteten Aufforderung haben, das Kind häufiger zu berühren. Sie könnte auch eine narzißtische Vorkehrung sein, in dem Sinn, daß das Kind sich durch das Ekzem auf somatischem Gebiet selbst die Reize verschafft, die ihm die Mutter vorenthält. Wir wissen es nicht.

Abschließende Bemerkungen über das Säuglingsekzem

Es ist interessant, daß das Säuglingsekzem, genau wie die Dreimonatskolik, auf ein bestimmtes Entwicklungsstadium beschränkt bleibt; die Heilung erfolgt spontan, gewöhnlich nach dem Ende des ersten Lebensjahres. Auch hier können wir uns wieder fragen: Warum hat diese Störung selbstgesetzte Grenzen? Ich glaube, daß diese Grenzen vom Fortschritt der Reifung abhängig sind, genau wie bei der Dreimonatskolik. Nach Beendigung des ersten Lebensjahres erwirbt das Kind die Fähigkeit zur Fortbewegung, dadurch wird es immer unabhängiger von den von der Mutter ausgehenden Signalen. Es kann nun die normalen Objektbeziehungen, die dem an Ekzem erkrankten Kind vorenthalten worden waren, durch Reize ersetzen, die es sich selbst verschaffen kann. Es kann nun ohne die zahlreichen Kontakte mit der Mutter auskommen; es kann von der Mutter ausgehende Reize durch Kontakte mit Dingen oder anderen Personen ersetzen, die es sich aussuchen kann, denn nun hat es die Passivität hinter sich gelassen und hat sich zur gerichteten Aktivität weiterentwickelt. Es ist zu erwarten, daß das Zwischenspiel des Ekzems während des ersten Lebensjahres in der psychischen Entwicklung des Kindes bleibende Spuren hinterlassen wird; welcher Art sie sind, können wir nur mutmaßen.
Da ich diese Feststellungen und Ansichten 1951 veröffentlicht habe, war es mir interessant, daß sie inzwischen ganz unabhängig durch Dermatologen bestätigt worden sind. Im gleichen Jahr hat Donald H. Williams (1951) eine Arbeit über atopische Dermatitis bei 53 Kindern im Alter von 13 Monaten oder mehr veröffentlicht. Einige seiner Feststellungen kamen meinen eigenen Hypothesen nahe: „Bei 46 (von 53) Fällen zeigte sich die atopische Dermatitis zuerst während der ersten 12 Monate nach der Geburt.“ Ein wenig später betont er: „Es stellt sich

heraus, daß die atopische Dermatitis in den meisten Fällen bei *Kindern mit einem charakteristischen Temperament* (Hervorhebung vom Referenten) und mit Müttern vorkommt, deren bewußte oder häufiger unbewußte Einstellung dem Kind gegenüber in Ablehnung besteht." Und er faßt zusammen: „Ein atopisches Kind mit einem übermäßigen Hunger nach Zärtlichkeit findet sich einer Mutter gegenüber, die, ohne es zu wissen, dieses Bedürfnis nicht befriedigt." Zugleich erklärt Williams das Bedürfnis wiederholt als „die täglichen Vollzüge der Liebe zu dem Kind, wie z. B. die umfassenden Arme, die Liebkosung und sanfte Worte."

Auf seiten der Kinderärzte hat Rosenthal (1952, 1953) seine Beobachtungen an einer Reihe von 26 Kindern publiziert, die im ersten Lebensjahr ein Ekzem bekamen; er hebt als auffallendsten psychologischen Faktor hervor, daß die Mutter offensichtlich in ihrem Verhalten den physischen Kontakt mit ihrem Kind vermeidet. Der Autor kommt zu dem gleichen Schluß wie ich: diese Kinder waren „prädisponiert", wie er es nennt. Rosenthal ist ein Kliniker. Meine experimentellen Feststellungen über die Reflexe solcher Kinder unmittelbar nach der Geburt bestätigen seine Annahmen.

Kurzschlägiges Oszillieren zwischen Verwöhnung und Feindseligkeit (Schaukelbewegungen der Kinder)

Klinische und andere Daten

Die sehr weit verbreitete Motilitätsstörung bei Säuglingen, die unter der Bezeichnung „Schaukeln" bekannt ist, kommt besonders im Anstaltsmilieu häufig vor. An sich kann man dieses Verhalten kaum als pathologisch bezeichnen, denn bei fast jedem Kind tritt es gelegentlich auf. Vor dem Alter von sechs Monaten ist das Schaukeln jedoch selten, und wenn es auftritt, wird es in der Rückenlage ausgeführt. Im allgemeinen schaukeln die Kinder nach dem sechsten Lebensmonat in der Knie-Ellbogen-Stellung, also auf allen Vieren. Nach dem zehnten Monat kann das Schaukeln – oder etwas Entsprechendes – im Stehen stattfinden.

Wenn das Schaukeln im Säuglingsalter zum pathologischen Verhalten wird, wird es für die befallenen Kinder zur hauptsächlichen Betätigung und fast alle normalen Aktivitäten, die der gleichen Altersstufe eigen sind, werden durch das Schaukeln ersetzt. Das war bei den von uns systematisch beobachteten Kindern recht auffallend. Außerdem waren wir betroffen von der Heftigkeit, mit der das Schaukeln ausgeführt wurde; es erforderte eine Motorik und einen Energieaufwand, die weit über das hinausgingen, was man bei Kindern dieses Alters für gewöhnlich sieht.

Dieses Syndrom wurde unter Mitarbeit von Katherine M. Wolf bei einer Gruppe von 170 Kindern in der als „Säuglingsheim" (Nursery, beschrieben im 2. Kapitel) bezeichneten Anstalt untersucht. Wir wollten Häufigkeit und Bedeutung von drei autoerotischen Aktivitäten im ersten Lebensjahr feststellen: Schaukeln, Kotspiele und Genitalspiele[9]. Im Verlauf dieser Untersuchung stellten wir fest, daß von den 170 von uns in dieser Anstalt beobachteten Kindern 87 zu irgendeiner Zeit während des ersten Lebensjahres schaukelten, während 83 dieses Verhalten nicht an den Tag legten.

Wir versuchten deshalb aufzuzeigen, was bestimmte Kinder veranlaßte, sich dem Schaukeln hinzugeben, andere aber nicht. Wir suchten zunächst nach möglichen ätiologischen Faktoren, und teilen sie ein in congenitale, erbliche und Umweltfaktoren.

Wir untersuchten die Population im Hinblick auf congenitale Unterschiede. Die Ergebnisse wiesen darauf hin, daß keine groben congenitalen Dysfunktionen vorlagen. In bezug auf die Erbanlagen waren die für unsere Population verfügbaren Informationen nicht ausreichend. Wir waren jedoch der Ansicht, daß bei einem Verhältnis von 50 : 50 ererbte Unterschiede wahrscheinlich auch nicht signifikant waren, weil die Unterschiede bei den durchschnittlichen Entwicklungsquotienten der schaukelnden und der nichtschaukelnden Kinder minimal waren.

Daher bleibt uns nur der Umweltfaktor als der entscheidende übrig. In dem Säuglingsheim standen bestimmte Variable unter der Aufsicht der Anstaltsleitung und wurden für alle Beteiligten konstant gehalten;

---

[9] Unsere Feststellungen und Schlüsse wurden in dem Artikel „Autoerotism" (Spitz und Wolf, 1949) dargelegt.

es waren: Nahrung, Unterbringung, Hygiene, Betten, Spielzeug und der Tageslauf.

In dieser Anstalt blieb also *eine* Umwelt-Variable dem Wechsel unterworfen: das menschliche Element, das für das Kind in diesem Alter von höchster affektiver Valenz ist. Wir haben schon wiederholt darauf hingewiesen, daß im ersten Lebensjahr die Mutter auf dem Weg über die Objektbeziehungen das menschliche Element repräsentiert. Wir haben daher untersucht, in welcher Weise sich Einstellung und Verhalten der Mütter von schaukelnden und nichtschaukelnden Kindern unterschieden.

Die Beziehung zwischen den Schaukelkindern und ihren Müttern ist von besonderer Art. Man kann nicht sagen, sie fehle, aber es ist bei weitem keine wohlausgewogene enge Beziehung. Im allgemeinen waren die Mütter dieser Kinder extrovertiert, schnell bereit zu intensiven, positiven Kontakten und mit eindeutig alloplastischen Tendenzen. Sie waren in ihrer Persönlichkeit meist infantil und fielen auf durch eine mangelhafte Beherrschung ihrer Aggressionen, die sich in häufigen Ausbrüchen negativer Affekte und heftiger manifester Feindseligkeit ausdrückten.

Diese Mütter waren ihren eigenen Affekten ausgeliefert, und auf Grund ihrer Infantilität waren sie nicht in der Lage, die Folgen ihres Verhaltens zu erkennen; gewöhnlich waren sie im Umgang mit ihrer Umwelt wechselhaft. In dem Milieu des Gefängnis-Säuglingsheims waren ihre Kinder notwendigerweise die hauptsächlichen Objekte, an denen sie ihre labilen Affekte auslassen konnten, so daß diese abwechselnd intensiven Ausbrüchen von Zärtlichkeit, von Affenliebe und ebenso intensiven Ausbrüchen von Feindseligkeit und Wut ausgesetzt waren. Mit einem Wort: sie erlebten einen raschen Wechsel zwischen Verwöhnung und Feindseligkeit.

Wie schon erwähnt, wurde jedes Kind in regelmäßigen Abständen getestet; wir sahen dabei, daß die Schaukelkinder ein für sie bezeichnendes eigenes Entwicklungsprofil haben, während die Profile derjenigen Kinder, die nicht schaukeln, nicht viel Übereinstimmung zeigen, ja, sich stark voneinander unterscheiden.

Unabhängig von ihrem allgemeinen Entwicklungsniveau weisen zwei Drittel der schaukelnden Kinder in ihrem Entwicklungsprofil charak-

teristische Tiefpunkte auf. Diese Tiefpunkte stellen entweder einen absoluten Rückstand in einem bestimmten Bereich dar, bezogen auf die altersgemäße Norm in allen Bereichen, oder einen relativen Rückstand, das heißt, die Leistungen in einem Bereich bleiben hinter denen zurück, die in anderen Bereichen der Persönlichkeit erreicht werden.
Die Schaukelkinder waren im Bereich der sozialen Anpassung und im Bereich der Material-Handhabung zurückgeblieben. Der Bereich der Materialbeherrschung zeigt die Art, in der das Kind mit Spielzeug, Werkzeugen und unbelebten Dingen allgemein umgeht und wie es sie beherrscht. Er mißt die Beziehung des Kindes zu den „Dingen". Der Bereich des sozialen Verhaltens andererseits zeigt die Fortschritte des Kindes in seinen mitmenschlichen Beziehungen. Die Rückstände in beiden Bereichen bedeuten in der Kombination, daß die schaukelnden Kinder unfähig sind, *Beziehungen* zu ihrer lebenden und unbelebten Umwelt herzustellen, daß sie nicht mit ihrer Umwelt umgehen können und daß es ihnen auch an der Initiative dazu fehlt.
Wie trägt das Verhalten der Mutter zu dieser Entwicklungsstörung bei? Katherine Wolf hat die These aufgestellt, erst nach der Bildung von Beziehungen zum Objekt der Libido, erst nach Erlangung der Objektkonstanz, sei das Kind fähig, Beziehungen zu unbelebten Dingen herzustellen.
Wir nehmen also an, daß bei den schaukelnden Kindern die Mutter die Bildung des Ur-Objekts, des libidinösen Objekts verhindert hat, so daß alle späteren Objektbeziehungen für das Kind schwierig oder unmöglich wurden. Anders ausgedrückt, das widersprüchliche und inkonsequente Verhalten der Mutter führt dazu, daß das Kind in seinem Gedächtnis widersprüchliche Objektvorstellungen aufbewahrt. Dieser Vorrat von Erinnerungsspuren ist nicht sehr geeignet, durch das Verschmelzen der auf die Mutter gerichteten Triebe zu einem einheitlichen libidinösen Objekt verbunden zu werden. Solche Erfahrungen beeinträchtigen die Bildung eines Objekts, das in Raum und Zeit mit sich selbst identisch bleiben kann. Genetisch ist die Objektvorstellung wegen der Schwankungen, wegen des Auf und Ab im affektiven Klima der Mutter, nicht mit sich selbst identisch. Die ursprüngliche Erfahrung mit dem zukünftigen libidinösen Objekt schafft vor allem ein Erwartungsmodell. Wo dieses fehlt, muß man sich jeder einzelnen Objektvorstel-

lung auf der Grundlage von Versuch und Irrtum nähern; das wird zum Experiment, zum Abenteuer, zur Gefahr.

Dynamische Prozesse

Libidinöse Besetzung des Körpers und seiner einzelnen Teile. Diese Betrachtungen erhellen in gewissem Maß die Dynamik, die diese Kinder dazu treibt, das Schaukeln zu ihrer Hauptbetätigung zu machen. In der normalen Entwicklung würde der Säugling verschiedene Stadien durchlaufen, die zur Bildung des Objekts führen. Diese Entwicklung ist zum Teil das Ergebnis seines Austausch mit der Mutter; die auf diese Weise gewonnene Erfahrung setzt Prozesse in Gang, in deren Verlauf verschiedene Teile des kindlichen Körpers mit Libido besetzt werden. Genauer gesagt, die psychischen Repräsentanzen dieser Körperteile werden besetzt. Einige dieser Regionen, Teile oder Zonen des Körpers sind zweifellos biologisch „prädestinierte erogene Zonen" (Freud, 1905 b); ein Beweis dafür ist die Tatsache, daß der Foetus schon *in utero* manchmal am Daumen lutscht (Hooker, 1939, 1952).
Dementsprechend neige ich dazu, die Hypothese aufzustellen, daß die libidinöse Besetzung spezifischer Körperteile sowie deren Lokalisierung eine biologische Grundlage oder ein biologisches Substrat hat: sie hängt eng zusammen mit dem zeitlichen Ablauf der Myelinisation. Das intrauterine Auftreten des Daumenlutschens hat mit dem Umstand zu tun, daß zu den Zonen, die beim Foetus am frühesten myelinisiert werden, die Zonen von Magen, Mund und Hand gehören (Tilney und Casamajor, 1924). Daher zeigen diese Zonen – oder vielmehr ihre zentralen Repräsentanzen – eine Affinität zueinander. In diesem Sinn könnte man sagen, daß diese Zonen schon im Verlauf der Evolution gegenüber der übrigen, bis dahin noch undifferenzierten Körpermasse bevorzugt worden sind.
Man könnte infolge dieser pränatalen Koordinierung von Hand und Mund erwarten, daß die von Hoffer (1949) beschriebene postnatale – und damit, auf einer späteren Stufe, auch das Saugen an den Fingern – in den autoerotischen Betätigungen des Säuglings eine beherrschende Rolle spielen würde.

Aber eine frühe Myelinisierung ist nicht die einzige Art, in der ein Körperteil bevorzugt werden kann. In Wirklichkeit wählt der Säugling eine ganze Reihe verschiedener Organe als Gegenstände seiner oralen Aufmerksamkeit, z. B. den großen Zeh, die Lippen, die Zunge, usw. – aber erst *nachdem* sie durch Objektbeziehungen mit Libido besetzt worden sind. Die Hand als aktives Mittel zur autoerotischen Befriedigung macht eine ähnliche Entwicklung durch. Wir kennen das offensichtlich autoerotische Spielen der Hand an Teilen des Körpers, meistens am Ohr; es kann an die Stelle des Daumenlutschens treten oder zugleich ausgeführt werden. Aus irgendwelchen Gründen sind Besetzungen, die gewöhnlich der Repräsentanz der oralen Zone angehören, auf die Hand übertragen worden. Die Betätigung selbst hat tatsächlich angeborene Komponenten, denn eine rhythmische Betätigung der Hand kann schon beim Neugeborenen während des Stillens beobachtet werden und hängt wahrscheinlich phylogenetisch mit dem Annäherungsverhalten des an der Mutter trinkenden Säugetieres zusammen. Wenn jedoch die autoerotische Tätigkeit wichtiger wird als die normalen Ventile der anderen Aktivitäten des Kindes (und hier beziehen wir auch das Daumenlutschen mit ein), dann haben wir es mit einem individuell erworbenen Verhalten zu tun. Überdies ist es wahrscheinlich in einer besonderen Art von Objektbeziehungen erworben worden. Das Zupfen am Ohr und selbst das Ziehen an den eigenen Haaren sind relativ harmlose Beispiele solcher Betätigungen, weniger harmlos sind das Kratzen im Gesicht, Kopfrollen und Kopfschlagen.

Aus dieser kurzen Aufzählung wird schon ersichtlich, daß selbst Bezirke des Körpers, die dafür phylogenetisch überhaupt nicht prädisponiert sind, im Verlauf der Entwicklung häufig erotisiert werden. Wie Freud (1905 b, Bd. 5, S. 84) in bezug auf Erogenität bemerkte: „... jede beliebige andere Haut- und Schleimhautstelle kann die Dienste einer erogenen Zone auf sich nehmen ...“, und er führte weiter aus, daß viel mehr die Qualität des Reizes das Lustgefühl erzeugt als die Art des betreffenden Körperteils. Er bezeichnet die Rhythmik als eine der auffallenderen Qualitäten solcher Reize. Obwohl Freud schon vor fast sechzig Jahren ausdrücklich auf die Bedeutung der Rhythmik hingewiesen hat, ist sie einer der in der psychoanalytischen Forschung am meisten vernachlässigten Aspekte der Säuglingsaktivität geblieben. Einer der wenigen psychoanalytischen Autoren, die der Rhythmik ihr Augenmerk schenkten, ist Hermann (1936). Obwohl ich 1937 das Thema aufgegriffen habe, muß ich bekennen, daß ich es vernachlässigt habe, bei meinen eigenen Beobachtungen an Säuglingen weiterhin genügend darauf zu achten, zum Teil aus Mangel an geeigneten technischen Vorrichtungen. Bei der heutigen Vervollkommnung der Aufzeichnungsmittel sollten Beobachter von Kindern keine Schwierigkeiten mehr haben, sich die wichtigen Aufschlüsse zu verschaffen, die in der rhythmischen Aktivität enthalten sind. Ich kann an dieser Stelle nur ein paar Eindrücke wiedergeben; z. B. erscheinen selbst beim Neugeborenen die Rhythmen des Saugens und der Handbewegungen koordiniert, obwohl sie nicht notwendig gleich sind. Das Verhältnis dieser Koordination zu Rhythmen, die in späteren Stadien auftauchen, ist bis jetzt noch unerforscht.

Eine Störung der Objektbildung. Wenn wir uns nun die verschiedenen Formen autoerotischer Betätigung vor Augen führen, die dem Kind im ersten Lebensjahr zur Verfügung stehen, wie Daumenlutschen, Spielen mit den Lippen, Ohren, der Nase, dem Haar, mit bestimmten bevorzugten Gliedern, mit dem Genitale usw., erkennen wir, daß bei jeder dieser Tätigkeiten ein „Objekt“ beteiligt ist und daß jede die Besetzung einer Objekt-Repräsentanz notwendig macht. Dies ist eine sekundäre, narzißtische Besetzung, und die Betätigung, zu der sie führt, hat autoerotischen Charakter. Das ist unter anderem auf die rhythmische Art der Reizung zurückzuführen, derzufolge dieses besondere „Objekt“, dieser Körperteil, vom übrigen Körper unterschieden und bevorzugt wird.

Die einzige autoerotische Betätigung, die keine solche Auswahl, kein solches Hervorheben eines bevorzugten „Objekts“ erfordert, ist das Schaukeln. Denn beim Schaukeln ist der ganze Körper des Kindes Gegenstand der autoerotischen Reizung. Die Betätigung ist objektfrei – oder vielmehr: das Objekt der Betätigung ist das Objekt des *primären Narzißmus.* Das hat hier nicht den Charakter einer Regression; in Wirklichkeit sind die schaukelnden Kinder zurückgeblieben. Sie sind in ihrer Entwicklung aufgehalten worden; sie haben nie die Gelegenheit gehabt (und das muß betont werden), über die primäre narzißtische Besetzung hinauszukommen. Man hat ihnen nicht Gelegenheit gegeben, Erinnerungsspuren eines in Zeit und Raum konstanten und mit sich selbst übereinstimmenden Objekts zu bilden. Sie haben nicht die Möglichkeit gehabt, in der Aktion, Gegenaktion und Interaktion mit dem Körper ihrer Mutter die Repräsentanzen bevorzugter Teile ihres eigenen Körpers mit Libido zu besetzen. Als potentielles Objekt war die Mutter so widerspruchsvoll, daß sie sich nicht als Modell für die Bildung des mit sich selbst in Raum und Zeit identischen Objekts eignete – und darum wurde auch die Bildung von Beziehungen zu anderen Objekten unmöglich, oder, wenn nicht unmöglich, wurden diese Beziehungen doch durch die Mangelhaftigkeit der ursprünglichen Erfahrung gestört. Das Schaukeln hat noch einen anderen Aspekt, der in gewisser Weise diese Annahmen bestätigt: Es ist eine der wenigen autoerotischen Betätigungen, bei denen das Einjährige häufig eine Art orgastischer Lust, ein wildes Entzücken an den Tag legt. Beim Schaukeln gibt es keine Aufteilung des libidinösen Triebes in verschiedene untergeordnete Abfuhrmodi (wie man es beim Genitalspiel und bei spielerischen Betätigungen aller Art erlebt). Der Trieb ist in seiner Totalität auf das primäre narzißtische Objekt, den eigenen Körper des Kindes, gerichtet. Das läßt sich vergleichen mit dem Entstehen des genitalen Primats, wenn die aus den erogenen Zonen abgeleiteten Partialtriebe sich auf das Genitale konzentrieren. Aber beim Schaukeln gibt es keine solche erneute Konzentration, denn der Trieb ist ja noch gar nicht in Partialtriebe geteilt worden. Die Partialtriebe sind in diesem Alter noch nicht ihren entsprechenden Zonen zugeteilt worden; es ist vielmehr der undifferenzierte Trieb, mit dem die psychische Repräsentanz des eigenen Körpers narzißtisch besetzt wird.

Zusammenfassend läßt sich sagen, daß inkonsequentes, widersprüchliches Verhalten der Mutter dem Kind die Bildung adäquater Objektbeziehungen unmöglich macht und es auf der Stufe des primären Narzißmus festhält, so daß sich die Abfuhr seines libidinösen Triebes auf das Schaukeln beschränkt.

Zyklische Stimmungsumschwünge der Mutter
(Fäkalspiele und Koprophagie)

Klinische Beobachtungen

Koprophagie und Fäkalspiele treten selten im ersten Lebensjahr auf. Meines Wissens gibt es keine veröffentlichten Aufzeichnungen über irgendwelche systematischen Untersuchungen dieses Phänomens. Unter der relativ großen Zahl von Säuglingen (393), die wir während ihres ersten Lebensjahres über längere Zeit systematisch untersucht haben, war dieses Verhalten nur in einem bestimmten Milieu, im Säuglingsheim, zu beobachten. Dort gab es 16 solcher Fälle, das sind etwa 10 % der insgesamt bis zu jenem Zeitpunkt beobachteten Säuglingspopulation. Das koprophage Verhalten wurde zwischen dem neunten und fünfzehnten Lebensmonat festgestellt.

Um die Bedingungen zu analysieren, die koprophages Verhalten herbeiführen, begannen wir eine systematische Untersuchung der gesamten bis zu dieser Zeit im Säuglingsheim untergebrachten Population, das heißt von 153 Kindern und ihren Müttern.

Fäkalspiele wurden bei unserer Population schon im Alter von acht Monaten und drei Tagen beobachtet. In den meisten unserer Fälle waren die Kinder zwischen zehn und vierzehn Monate alt. In elf von sechzehn Fällen war der Höhepunkt des Fäkalspiels Koprophagie. Wir werden deshalb die Ausdrücke Koprophagie und Fäkalspiel im gleichen Sinn verwenden. Obwohl das Spielen mit den Faeces als solches über längere Zeiträume auftrat und in vielen Varianten vorkam, ließen die begleitenden Mundbewegungen, der Gesichtsausdruck und die Abfolge der Gesten unschwer erkennen, daß alle diese Spielereien nur ein Vorspiel dazu waren, daß die Faeces in den Mund gesteckt und in mehreren Fällen auch heruntergeschluckt wurden. Wenn nicht beobachtet wurde, daß die Faeces heruntergeschluckt wurden, kann es doch während unserer Abwesenheit vorgekommen sein. Wir kamen daher zu dem Schluß, daß die Fäkalspiele im ersten Lebensjahr eng mit dem Vorgang des Aufnehmens durch den Mund zusammenhängen.

Es ist ein Mangel des geschriebenen Textes, daß ich nicht zugleich die Filme vorführen kann, die von dem Verhalten gemacht worden sind.

Statt dessen werde ich eine möglichst genaue Darstellung des Materials zu geben versuchen, wie es sich in dem gekürzten und zusammengefaßten Protokoll eines unserer Fälle findet. Dieser Bericht ist ein gutes Beispiel der ganzen Variationsbreite von Verhaltensweisen, die bei der Koprophagie zu beobachten sind (siehe Spitz, 1948 b).

Fall 3 (1; 1 + 26). Als sich der Beobachter nähert, bietet sie ihm im Stehen ihre mit Kot gefüllten Hände und versucht, ihm Kot in den Mund zu stecken. Sie ist nicht unfreundlich, erwidert auch die Annäherung und das Lächeln des Beobachters.

Als sich der Beobachter in einige Entfernung zurückzieht, setzt sie sich hin, ihr Gesicht zeigt einen abwesenden Ausdruck. Der Ausdruck ist nicht depressiv. Sie nimmt eine Kotkugel, rollt sie zwischen Daumen und Zeigefinger und schmiert sie dann auf das Laken und auf ihre Beine. Sie nimmt wieder eine Kugel, bearbeitet sie, nimmt sie von einer Hand in die andere. Sie benützt walnußgroße Klumpen zur Bearbeitung. Aus diesen formt sie erbsengroße Kügelchen, die sie in großen Abständen in den Mund steckt und kaut. Da sie sie nicht wieder ausspuckt, schluckt sie sie wahrscheinlich hinunter. Der abwesende Gesichtsausdruck vertieft sich, und sie entleert sich hörbar in die Windel. Sie hebt den Rock hoch und sieht die volle Windel an; ihr Gesicht leuchtet auf vor Vergnügen, während sie auf den Flatus horcht, den sie gehen läßt. Außer wenn sie auf den Flatus horcht, gibt sie viele Laute von sich. Als der Kotvorrat in ihrer Hand erschöpft ist, fängt sie an, mit einer Hand die volle Windel zu bearbeiten, mit der anderen hebt sie den Rock hoch und schaut sich bei ihrer Betätigung zu. Nun beugt sie sich nach vorn, nimmt die volle, nasse Windel zwischen die Zähne und kaut und saugt abwechselnd die uringetränkte Kotmasse durch die Windel. Von Zeit zu Zeit steckt sie zwei Finger seitlich in die Windel hinein, holt etwas Kot heraus, formt eine Kugel und schiebt sie in den Mund.

Dieses Spiel wurde eine Stunde und zwanzig Minuten lang beobachtet. Die Gegenwart des Beobachters störte das Kind nicht; im Gegenteil, sie bezog ihn in koketter, lachender, lautäußernder, kontaktschaffender Weise in ihr Spiel ein, ohne irgendwelche Besorgnis, und bot ihm von Zeit zu Zeit Kot an.

Diese Art des Kontaktschaffens, der Kommunikation ist ebenfalls vorhanden, wenn auch nicht in der gleichen Weise, wenn sie sich ihrer Windel oder den Faeces zuwendet. Ich habe ihre Lautäußerungen schon erwähnt. Wenn sie keine Laute von sich gibt, sondern mit Kot herumschmiert oder ganz versunken die Kotkugel betrachtet, die sie in der Hand hält, dann sind Mundbewegungen zu beobachten, die vermutlich etwas mit oralem Aufnehmen zu tun haben.

Diese Annahme wird bestätigt durch unsere Beobachtungen eines anderen Kindes, das nicht zu dem Beobachter in Beziehung trat, aber über lange Zeit ganz vertieft in seine Beschäftigung mit den Faeces war. Dieses Kind pflegte die

Kotkugeln aufzuheben, sie anzusehen, Mundbewegungen zu machen und sich mit der Zunge über die Lippen zu fahren; es zeigte ein deutliches Eßverhalten, gefolgt von einer Schluckbewegung. Dieser Junge steckte den Kot erst in den Mund, nachdem er lange Zeit das beschriebene Verhalten praktiziert hatte.

Diese Protokolle haben wir wegen ihrer Vollständigkeit vorgelegt. Aber nicht bei jedem koprophagen Kind sind alle diese Verhaltensweisen vorhanden; weder werden in jedem Fall dem Beobachter Faeces angeboten (das kam in drei Fällen vor), noch sind immer Kontaktversuche, Lächeln und Lachen zu beobachten. Andererseits ist das Formen von Kugeln und das Aufessen für das koprophage Kind charakteristisch. Nur ein Kind formte keine Kugeln, obwohl es mit dem Kot herumschmierte wie die anderen, sondern schob statt dessen große Kotstücke in den Mund. Dieses Kind war geistesgestört.

Frühere Feststellungen lassen uns erwarten, daß eine spezifische Form der Verhaltensstörung beim Kleinkind oft eine zugleich vorhandene spezifische Form der Mutter-Kind-Beziehung widerspiegelt und anzeigt. Diese Erwartung bestätigte sich auch bei der Mutter-Kind-Beziehung des koprophagen Kindes.

Hervorstechende Merkmale der mütterlichen Persönlichkeit

Auch hier fangen wir wieder mit einer Schilderung der Persönlichkeit der Mutter an. Wir haben schon gezeigt, daß die Persönlichkeiten der Mütter im „Säuglingsheim" und die Störungen ihrer psychischen Struktur innerhalb einer großen Skala differierten; Psychosen und psychotische Störungen waren jedoch relativ selten. Wir waren überrascht, als wir feststellten, daß der Großteil der in diesem Milieu vorhandenen Psychosen in der Gruppe derjenigen Mütter konzentriert war, deren Kinder Fäkalspiele zeigten. Unter diesen 16 Müttern zeigten 11 die klinischen Symptome der Depression, zwei von ihnen waren paranoisch, von den 3 übrigen hatte eine einen Mord begangen, es wurde aber keine Diagnose gestellt; über 2 gibt es keine Informationen.

Diese Zahlen werden noch bedeutsamer, wenn wir das Vorkommen von Depression bei den Müttern von Kindern, die Fäkalspiele und Koprophagie zeigten, mit dem bei Müttern in der gleichen Anstalt vergleichen, deren Kinder keine Symptome dieser Art zeigten.

TABELLE V

Beziehung zwischen Müttern mit Depression und Fäkalspielen bei Kindern im Säuglingsheim

Mutter	Kind	
	Fäkalspiele (N = 16)	kein Fäkalspiel (N = 137)
Depression	69 %	3 %
keine Depression	31 %	97 %
	100 %	100 %

Tabelle 5 zeigt, daß zwischen der Depression der Mutter und dem Fäkalspiel des Kindes eine signifikante positive Korrelation besteht[10].

Mutter-Kind-Beziehungen

Eine nähere Überprüfung der Beziehung zwischen den depressiven Müttern und ihren Kindern bringt weitere bedeutsame Einzelheiten ans Licht. An erster Stelle fanden wir, daß diese Mütter ihren Kindern gegenüber merkliche zeitweilig alternierende Stimmungsschwankungen zeigten. Die Dauer ein Stimmungslage reichte jeweils von zwei bis zu sechs Monaten. In einigen Fällen stellten wir bis zu viermal in einem Jahr einen Stimmungsumschwung fest. Diese Stimmungen reichten von extremer Feindseligkeit, verbunden mit Ablehnung, bis zur extremen Kompensation dieser Feindseligkeit in Form von „Überbesorgtheit".
Ich habe den Ausdruck „Überbesorgtheit" aus gutem Grund in Anführungsstriche gesetzt. Die Protokolle enthalten bei vielen der Koprophagie-Fälle Bemerkungen des Inhalts, daß die Mutter dem Kind gegenüber zärtlich oder liebevoll ist, aber diese Bemerkungen werden durch die Feststellung eingeschränkt, daß diese Liebe etwas übertriebene Züge hat. Wir haben z. B. eine geradezu hungrige, faszinierte Unfähigkeit der Mutter festgestellt, sich von ihrem Kind loszureißen. Oder eine

[10] Signifikant über dem Vertrauensbereich von 0, 01, unter Verwendung der Chi^2- und der Yates'schen Korrektur.

Mutter sagte: „Ich kann andere Kinder nicht ansehen, nur mein eigenes." Eine solche Mutter kann die anderen Kinder in so hohem Maß verabscheuen, daß sie sie nicht nur vernachlässigt, sondern ihnen tatsächlich Schaden zufügt.

Das ablehnende oder feindselige Verhalten ist in seiner Art ebenso sonderbar. Die offene Ablehnung kam bei den Müttern nicht-koprophager Kinder gewöhnlich in der Form zum Ausdruck, daß eine solche Mutter erklärte, sie wolle ihr Kind nicht und es dann zur Adoption freigab. Diese offene Ablehnung ist bei unseren koprophagen Fällen jedoch selten. Ebenso selten sind bei diesen Müttern offenkundige feindselige Aussagen über ihre Kinder. Eine solche Mutter sagte: „Ich kann es nicht leiden, wenn mein Kind Schätzchen genannt wird." Wie auch die offenkundigen Gefühlsäußerungen sein mochten, wir fanden bei allen 16 Müttern ein unbewußt feindseliges Verhalten gegen ihre Kinder.

Eine erstaunlich große Zahl der koprophagen Kinder (6) erlitt Schäden durch die Schuld ihrer eigenen Mütter. Sie erlitten Verbrennungen, sie wurden verbrüht, eins wurde fallengelassen, so daß es auf den Kopf fiel, eins wurde beim Baden fast ertränkt. Wir hatten den Eindruck, daß ohne die wachsame Aufsicht des Personals wenige dieser Kinder mit dem Leben davongekommen wären. Nebenbei möchte ich hier anführen, daß die beiden einzigen Fälle, in denen Mütter ihre eigenen Kinder tatsächlich genital verführten, die uns bei diesem Untersuchungsprojekt zur Kenntnis gekommen sind, in der Gruppe der depressiven Mütter vorkamen.

Während in 7 Fällen die Liebe der Mutter während der ersten Lebensmonate des Kindes kundgetan wurde und die Feindseligkeit später kam, war bei 5 Fällen das Gegenteil der Fall. In 4 Fällen sind unsere Aufzeichnungen in dieser Hinsicht unvollständig.

Der affektive Zustand des koprophagen Kindes

Wenn wir uns nun einer Beschreibung der Kinder zuwenden, stellen wir fest, daß die Persönlichkeit des koprophagen Kindes außer den Symptomen der Koprophagie noch andere auffallende Sonderbarkeiten

aufweist. Gewiß leiden koprophage Kinder an einer Störung besonderer Art, die ins Gebiet der Psychiatrie gehört und für die wir bis jetzt noch keinen Ausdruck haben. Deshalb sprechen wir von ihnen als von *koprophagen* Kindern. Von den 16 koprophagen Säuglingen *sahen* 10 deprimiert *aus*. Ich mache hier mit Absicht einen scharfen Unterschied zwischen „an einer Depression leiden" und „deprimiert aussehen".
Die koprophagen Kinder zeigen den Affektzustand der Depression. Außer denen, die deprimiert aussahen, zeigten andere zeitweise einen Gesichtsausdruck, der dem des paranoiden Argwohns ähnlich war; eine dritte Gruppe sah so aus, als sei sie in einem katatonen Stupor. Darum betrachte ich dies als ein klinisches Bild *sui generis*, das schon auf einer frühen Stufe der Säuglingsentwicklung anscheinend die Merkmale der Oralität (daher das depressive Aussehen einiger dieser Kinder) mit denen der Analität verbindet.
Im Hinblick auf diese äußeren Erscheinungen möchte ich den Leser davor warnen, das Aussehen (oder das Verhalten) koprophager Kinder mit dem tief deprimierten Aussehen gleichzusetzen, das man bei den Kindern vorfindet, die an einer anaklitischen Depression leiden, über die ich im 14. Kapitel ausführlich sprechen werde. Es gibt viele auffallende symptomatische Unterschiede zwischen koprophagen Kindern, die depressiv aussehen, und Kindern, die an einer anaklitischen Depression leiden.
Koprophage Kinder zeigen ihre oralen Symptome sogar *während* sie den Affekt der Depression manifestieren. Kinder, die an einer anaklitischen Depression leiden, zeigen auffallende orale Symptome erst, *nachdem* sie sich von ihrer Depression erholt haben. Überdies scheinen koprophage Kinder, selbst wenn sie depressiv aussehen, soziale Interessen zu haben — auf ihre eigene seltsame Art und Weise. Drei der koprophagen Kinder z. B. versuchen, ihre Faeces jeder anwesenden Person einzufüttern, sei es ein Beobachter oder ein anderes Kind. Während dieser „sozialen Kontakte" lächelten sie den Beobachter an.
Es ist vielleicht angebracht, darauf hinzuweisen, daß ein nichtkoprophages Kind die Kotkugeln, die ihm ein koprophages Kind zu essen gab, zunächst vertrauensvoll anzunehmen pflegte, sie dann aber ausspuckte und danach weitere Leckerbissen abwehrte, die ihm das koprophage Kind anbot. Anders ausgedrückt, die Vorliebe für Faeces ist nicht eine Eigen-

schaft des Kleinkindalters, sondern ist wahrscheinlich nur dem koprophagen Kind eigentümlich.

Die Dynamik der Mutter-Kind-Beziehung bei der Koprophagie

Die Mütter unserer koprophagen Kinder haben eine durch tiefsitzende Ambivalenz charakterisierte Persönlichkeit. In gewissen Abständen, wenn ihr Über-Ich die Oberhand hat, werden die feindseligen Komponenten verdrängt; es entsteht das Bild der selbstaufopfernden, sich selbst erniedrigenden Mutter, die ihr Kind mit Liebe umgibt. Während dieser Periode können solche Mütter z. B. den Beobachter fortwährend mit Sorgen in bezug auf ihr Kind belästigen, besonders im ersten Monat, in dem sie häufig glauben, das Kind sei taub oder blind. Eine andere Mutter sagte z. B.: „Mein Baby ist so klein (zu der Zeit war es ein Jahr alt), ich fürchte mich, es zu verletzen." Oder in einem weiteren Fall sagte eine naive Beobachterin, eine Schwester, von einer Mutter: „Sie ist so kriegerisch, wie eine Löwin mit ihrem Jungen." Diese „Liebes"-Perioden dauerten immer längere Zeit, nie weniger als zwei Monate lang, dann pflegte ein Umschwung zur Feindseligkeit sie abzulösen. Auch die feindseligen Perioden dauerten wieder längere Zeit.
Dem Kind tritt wirklich ein potentielles libidinöses Objekt gegenüber, das lange genug eine konsequente Einstellung aufrechterhält, um die Bildung von Objektbeziehungen zu ermöglichen. Dieser Zeitraum geht jedoch zu Ende; die zweite Phase des Zyklus beginnt, in der das potentielle Objekt sich in sein Gegenteil verkehrt. Nun bleibt dieses „neue" Objekt lange genug konstant, daß das Kind ein neues System von Objektbeziehungen bilden kann, aber es zwingt das Kind auch, eine kompensatorische Reaktion auf den Verlust des ersten, des „ursprünglichen" Objektes zu bilden.
Wie unterscheidet sich nun die Inkonsequenz, das kurzschlägige Oszillieren der Mutter der schaukelnden Kinder von den Stimmungsumschwüngen der Mütter mit koprophagen Kindern? Die Schaukelkinder wurden von ihren Müttern abwechselnd intensiven, aber *kurzen* Liebesausbrüchen und ebenso intensiven, aber *kurzen* Wutausbrüchen ausgesetzt. Die Mütter dieser Schaukelkinder hatten eine infantile Per-

sönlichkeit, die sie unfähig machte, eine konsequente Haltung tagelang, geschweige denn monatelang durchzuhalten. Ihre Wutanfälle wechselten innerhalb einer Stunde mit Küssereien ab, und das Kind konnte zu keiner Zeit ihr Verhalten vorausahnen. Sein potentielles Objekt der Libido schwankt zwischen entgegengesetzten Polen und durchläuft alle Punkte auf dem Kreis der Emotionen so rasch, daß alle Versuche zur Bildung einer Objektbeziehung fehlschlagen müssen. Aber es wäre ein Irrtum, wollte man dieses Bild mit dem der *langwelligen* Periodizität gleichsetzen, die bei den Müttern der koprophagen Kinder zu beobachten ist.

Sowohl die Schaukelkinder als auch die koprophagen Kinder begegnen bei der Objektfindung und bei den Objektbeziehungen Hindernissen. Es ist darum besonders interessant zu betrachten, was sie an die Stelle des libidinösen Objekts setzen, das das normale Kind gegen Ende des ersten Lebensjahres bildet.

Das Schaukeln ist eine archaische Betätigung, es ist „prä-objektal". Sein Objekt ist das des primären Narzißmus, deshalb erscheint das Schaukeln beim normalen Kind in den ersten acht Lebensmonaten als eine einfache infantile Form autoerotischen Verhaltens, ohne pathologische Bedeutung. Es ist nur dann pathologisch, wenn es für das Kind zur Hauptbetätigung wird und das ganze erste Jahr lang oder noch länger andauert.

Das Spielen mit Fäkalien andererseits besteht im tatsächlichen Handhaben eines „Objekts" oder vielmehr eines „Dings". Darum setzt das Fäkalspiel eine Art von Objektbeziehungen voraus, wenn diese auch pathologisch sein mögen. Es ist bemerkenswert, daß in 5 von 16 Fällen von Fäkalspiel auch Genitalspiele beobachtet wurden, und daß sie auftauchten, bevor sich die Koprophagie entwickelte. Dies ist ein Hinweis darauf, daß schon relativ normale Objektbeziehungen hergestellt, später aber gestört worden waren. Man könnte sagen, daß hier das spätere Fäkalspiel eine Entgleisung[11] der ursprünglichen Objektbeziehungen anzeigt.

---

[11] Eine ausführliche Besprechung des Begriffes der Entgleisung von Objektbeziehungen (wie sie bei den klinischen Bildern der Koprophagie, des Schaukelns und des Ekzems zu sehen ist) findet sich in meiner Arbeit „The Derailment of Dialogue" (1964).

Diese zusätzliche Information liefert uns jedoch noch keine gültige Erklärung, warum diese Kinder die Form des Fäkalspiels und besonders der Koprophagie wählen. Eine solche Erklärung können wir zur Zeit nur in Form einer vorläufigen Arbeitshypothese anbieten.

In seiner Studie über die Melancholie hat Freud (1917 a) gezeigt, daß einer der auffallendsten Aspekte des Depressionssyndroms die orale Einverleibung des verlorenen Objekts ist. Diese Feststellung ist von Abraham (1911, 1924) ausgearbeitet worden, und seitdem sind ihre Gültigkeit und Brauchbarkeit durch ausgedehnte therapeutische Erfahrung bestätigt worden. Dem in der Depression befindlichen Individuum ist die orale Einverleibung unbewußt, obwohl sie für den Beobachter sichtbar ist.

Ich habe über die sonderbare Art der Liebe bei den depressiven Müttern gesprochen, über die hungrige Spannung, in die ihr Kind sie versetzt, die bis zum Cunnilingus gehen kann. In der ursprünglichen Studie habe ich die Vermutung geäußert, daß die koprophagen Kinder sich mit den unbewußten Tendenzen identifizieren, die sich bei ihren Müttern manifestieren, und daß diese Identifizierung das Kind zur oralen Introjektion veranlaßt.

Das „gute" und das „schlechte" Objekt: die Induktion affektiver Zustände im Kind durch die Mutter

In den seither vergangenen fünfzehn Jahren habe ich weiterhin Prozesse, Formen und Stadien der Identifizierung studiert; ich habe mich besonders mit den Umständen beschäftigt, unter denen die Identifizierung bei Kleinkindern gegen Ende des ersten Lebensjahres zustandekommt (1957). Ich bin zu dem Schluß gekommen, daß das Kind sich einerseits nur mit äußeren Verhaltens*eigenschaften* identifizieren kann, andererseits mit gewissen umfassenden affektiven *Haltungen* des Objekts. Dies sind die Einstellungen „für" oder „gegen". Angesichts der grundlegenden Bedeutung, die auf dieser frühen Altersstufe „hineinnehmen" und „ausspucken" haben, neige ich zu der Ansicht, daß diese Modalitäten des Einverleibens und Ausscheidens mit zu den vom Kind empfundenen globalen affektiven Haltungen des Objekts gehören. Diese

Ansicht scheint bei den Symptomen der koprophagen Kinder Bestätigung zu finden, die darauf hindeuten, daß sie sich mit den introjizierenden Tendenzen der Mutter identifizieren.

Diese Überlegungen treffen sich mit einer kürzlich von Anna Freud in das psychoanalytische Denken eingeführten These. In einer Reihe von vier Vorträgen über Kinderanalyse, gehalten 1960 im Rahmen der *New York Psychoanalytic Society*, hat sie bestimmte Aspekte am Verhältnis des Kindes zu seiner depressiven Mutter erörtert. Sie bemerkte, daß das Verhalten des Kindes keinen Prozeß der einfachen Identifizierung widerspiegelt. Die depressive Stimmung der Mutter schafft in dem Kind eine Neigung zu depressiven Tendenzen. Die deprimierte Mutter zieht sich von dem Kind zurück, und das Kind, um es mit Anna Freuds Worten auszudrücken, „folgt ihr in die depressive Stimmung".

Anna Freud hat deutlich herausgestellt, daß sie dieses Phänomen für eine Art „Ansteckung" *(infection)* hält und daß nicht eine Nachahmung der Gesten der Mutter diese Stimmung in dem Kind hervorruft. Das Kind reagiert einfach auf das affektive Klima, nicht auf die Ursache für den Affekt; es wird auf diese Weise durch das affektive Klima angesteckt.

Mir scheint, daß wir in den Symptomen koprophager Kinder ein gutes Beispiel für die These Anna Freuds haben. Vielleicht sollte ich nicht mehr, wie ich es früher getan habe, von einer Identifizierung des koprophagen Kindes mit den unbewußten Tendenzen der Mutter sprechen, sondern von einer „Ansteckung" des Kindes mit den verschlingenden Tendenzen der Mutter. Oder, wie ich heute sagen würde: *Das Kind folgt der Haltung der Mutter, aber es folgt ihr auf ganz grobe Weise, denn nur diese kann es sich vorläufig aneignen. Sie drückt sich aus in den Verhaltensweisen des „Hineinnehmens" und des „Ausspuckens"*. Dies würde das koprophage Kind zur oralen Einverleibung seines Objekts veranlassen.

Diese Mutmaßung stellt eine Brücke dar, die zwei voneinander unabhängige Thesen über das Thema „Depression" miteinander verbindet. Eine dieser Thesen ist die Feststellung Freuds, daß der auffallendste Aspekt des depressiven Syndroms die orale Einverleibung des verlorenen Objekts ist. Die andere ist Anna Freuds Annahme, daß das Kind der Mutter in die Depression folgt, ohne darum notwendigerweise selbst an einer Depression zu leiden.

Angesichts des Umstands, daß das Koprophagie-Syndrom im Gefolge einer radikalen Veränderung der mütterlichen Haltung auftritt, die für das Kind in diesem Alter gleichbedeutend ist mit einem Verlust der Mutter, können wir nun im klinischen Bild der Koprophagie drei Komponenten unterscheiden:

1. Depression führt zur oralen Einverleibung des verlorenen Objekts.
2. Das Kind folgt der Mutter in die Depression.
3. Das koprophage Kind hat etwas erlitten, das dem Verlust des „guten" Objekts gleichkommt (das dazu bestimmt ist, am Ende mit dem „schlechten" Objekt zu dem Objekt der Libido im eigentlichen Sinn zu verschmelzen.)

Der „Verlust" der Mutter, die in der Depression versinkt, ist kein physischer Verlust, wie wenn die Mutter stirbt oder aus irgendeinem Grunde verschwindet. Es ist ein emotioneller Verlust, denn da die Mutter ihre affektive Einstellung verändert, ändern sich auch die Signale von Grund auf, die sie für das Kind als das gute Objekt kenntlich gemacht hatten. Physisch bleibt sie die gleiche Mutter, die sie war. Emotionell geht die gute Mutter, das mit Libido besetzte Objekt, verloren. Das ist ein Verlust, der in dieser Form nur im ersten Lebensjahr, in diesem Entwicklungsstadium erlebt werden kann; anders ausgedrückt, er ist spezifisch für dieses Stadium. In jedem späteren Stadium würde die Veränderung in der Stimmung der Mutter anders erlebt werden. Das Vorschulkind würde z. B. reagieren mit: „Du bist bös' zu mir", das Schulkind mit: „Warum bist du böse auf mich?", der Heranwachsende mit: „Warum magst du mich nicht mehr?" und der Erwachsene mit: „Was ist mit dir passiert?" Aber solche Denkoperationen gehen über die Kapazität der koprophagen Kinder hinaus; sie sind zu unreif. Dem Kind stehen zu diesem Zeitpunkt nur Besetzungsverschiebungen mit affektiven Folgen zu Gebote, denn in dem Augenblick, in dem der emotionelle Verlust eintritt, hat die Verschmelzung von gutem und schlechtem Objekt noch nicht stattgefunden und das Objekt der Libido befindet sich noch *in statu nascendi*. So lange das Objekt noch nicht gebildet ist, sind die Objektvorstellungen des Kindes noch getrennte Vorstellungen von guten und schlechten Objekten. Das potentielle Objekt wird noch nicht an seinen Wahrnehmungsqualitäten erkannt – sondern kraft seiner situativen Merkmale, die emotionelle Valenz besitzen. Demnach bleibt das gute Objekt vom schlechten Objekt getrennt, bis beide infolge zahlloser wiederholter Austauschhandlungen im Rahmen der Objektbeziehungen verschmolzen werden. Erst nachdem diese Verschmelzung mit Erfolg vollzogen worden ist, bildet sich das Objekt im eigentlichen Sinn durch das Zusammenfließen des guten Objekts mit dem schlechten.

Die depressive Mutter blockiert diese normale Entwicklung, wenn sie sich von dem Kind in ihre Depression zurückzieht; die radikale Veränderung ihrer affektiven Haltung verwandelt sie in ein schlechtes Objekt. Während das gute Objekt die Gelegenheiten zum Austausch mit dem Kind herbeiführt, wird die Mutter, die sich in ihre Depression zurückgezogen hat, sie vermeiden und versagen. Das Kind wird so der Gelegenheit beraubt, die Verschmelzung zu vollziehen. In seinem Bedürfnis nach Austausch im Handeln folgt es der Mutter in die depressive Haltung und macht sich so ihre globale introjektive Tendenz zu eigen, in einem Versuch, das, was es schon an Objektbeziehungen hergestellt hatte, aufrechtzuerhalten.

Die Rolle der Entwicklungsstufen-Spezifität

Ein weiterer Aspekt am Bild der Koprophagie ist der, daß ihre Symptome das Kennzeichen der Entwicklungsstufe tragen, auf der sie auftritt. Ich habe diese Stufe bis jetzt als diejenige bezeichnet, in welcher das *Objekt* der Libido gebildet wird. Vom Gesichtspunkt der Libido-*Entwicklung* aus ist jedoch diese am Ende des ersten Lebensjahres liegende Stufe auch die des Übergangs aus der oralen in die anale Phase.

In diesem Zusammenhang, wenn auch in einem anderen Bezugssystem, geben Daten aus der experimentellen Kinderpsychologie weitere Aufschlüsse. Gesell (1954) hat beobachtet, daß das Kind auf dieser Altersstufe kleine Gegenstände, Steinchen, Pillen usw. mit solcher Zuverlässigkeit in eine enghalsige Flasche einfüllt, daß er diese Tätigkeit in einen seiner Tests als Aufgabe zur Messung der präzisen Finger-Koordinierung aufgenommen hat. Charlotte Bühler (1928) berichtet von einer sogar noch relevanteren Beobachtung: Beim Versuch, aus Plastilin einen Ring zu formen, machte ein Kind zunächst *Kügelchen* aus dem

Material und fügte sie dann zusammen, bis sie einen Ring bildeten. Charlotte Bühler nennt dies ein „synthetisches" Vorgehen. Es ist richtig, daß ihre Beobachtungen sich auf eine spätere Altersstufe beziehen als die unserer koprophagen Kinder, aber die Tendenz ist vorhanden. Ich vermute, daß das Formen von Kügelchen eine für die anale Phase charakteristische Tendenz ist, in Übereinstimmung mit dem zonalen Funktionsmodus (Erikson, 1950 a). Genau wie der Funktionsmodus der oralen Zone introjektiv ist und mit Beißen kombiniert, so ist der der analen Zone retentiv-ausscheidend, kombiniert mit dem Formen von Kügelchen.

Die Stadiums-Spezifität der Veränderungen in den Objektbeziehungen der koprophagen Kinder kann möglicherweise auch die Erklärung dafür sein, warum einige der anderen Kinder, die von uns untersucht wurden, nicht koprophag wurden, obwohl sie depressive Mütter hatten. In der nichtkoprophagen Kontrollgruppe gab es 5 Kinder, deren Mütter an Depression litten. Ich nehme an, daß bei diesen 5 entweder die Abfolge „schlechtes Objekt *nach* dem guten Objekt" umgekehrt war oder daß der Übergang zum schlechten Objekt schon vor oder erst nach dem für Koprophagie kritischen Alter eingetreten war.

Diese pathologischen Erscheinungen sind keineswegs auf das Anstaltsmilieu beschränkt. Anstalten haben kein Monopol für mütterliche Depression. Sie ist auch in der privaten Sphäre nicht selten und kommt in allen sozialen Schichten vor.

Die Tatsache der Abhängigkeit vom Entwicklungsstadium macht es verständlicher, daß das koprophage Kleinkind für sein introjektives Verhalten Faeces wählt. Gewiß steht dem Kind kein Material so einfach zur Verfügung wie sein eigener Kot. Aber darüber hinaus lenkt auch noch der Beginn der analen Phase die Aufmerksamkeit des Kindes auf seine Darmfunktionen. In dieser Phase wird also für ein Kind, das gerade einen Objektverlust erlitten hat, ein „Objekt" verfügbar, es ist ein affektiv besetztes Objekt, denn es ist ein Teil des kindlichen Körpers gewesen. Außerdem ist es mit affektiver Besetzung versehen, die zu der erogenen Zone gehört, aus der es ausgeschieden worden ist. Dieses Objekt ist das fäkale Objekt – aber es wird natürlich nur zum Objekt, wenn es ausgeschieden wird.

Bevor ich dieses Kapitel abschließe, komme ich noch einmal zurück auf das Thema von der depressiven Mutter und dem Kind, das ihr in die Depression folgt. Ich möchte diesen Prozeß vom Gesichtspunkt der dyadischen Beziehung her überprüfen und den Unterschied zwischen der Rolle des Kindes und der Rolle der Mutter betrachten. In bezug auf die Struktur hat während des ersten Abschnitts dieser Beziehung das Ich des Kindes gerade seine Funktion der Regulierung von Triebabfuhrprozessen begonnen. Seine regulierende Tätigkeit steht dem Primärvorgang noch näher als dem Sekundärvorgang.

Am Anfang ist ja das Ich des Säuglings eine rudimentäre, äußerst unvollständige Organisation mit großen Abständen zwischen den Ich-Kernen, aus denen es sich zusammensetzt. Viele Ich-Systeme fehlen noch ganz; das Kind kann nur am Leben bleiben, weil seine Mutter ihm als äußeres Ich, als „Hilfs-Ich" (Spitz, 1951) dient, das seine unvollständige, unzureichende psychische Struktur abrundet und das sensumotorische System zur Verfügung stellt, das für Anpassungs- und Regulierungsfunktionen benötigt wird. Beide, Mutter und Kind zusammen, konstituieren die Dyade, und die meisten Handlungen des Säuglings sind abhängig von der Verbindung mit den Handlungen der Mutter und werden durch diese fortgesetzt. Die Art und Weise, in der diese Handlungen ausgeführt, liebevoll in ihrer Vollendung gefördert oder gefühllos blockiert werden, hängt ab von der bewußten oder unbewußten Einstellung der Mutter.

Die Handlungen des Säuglings haben entweder ihren Ursprung in den Handlungen der Mutter und erweitern diese, oder die Lage ist umgekehrt: die Handlungen des Säuglings lösen Handlungen der Mutter aus, die dann die Handlung des Säuglings fortführen und vollenden. Während des ersten Lebensjahres sind diejenigen Handlungen und Einstellungen des Kindes begrenzt, die unabhängig von denen der Mutter stattfinden. Deshalb muß man die Handlungen des Säuglings in der Dyade als Teil einer Kontinuität verstehen, die sie zusammen mit den Handlungen der Mutter bilden. Dieses Ineinandergreifen, das teilweise der Auffassung von Benedek (1938) und Mahler (1952) über die symbiotische Beziehung entspricht, beginnt als Identität von Kind und

Mutter, das heißt als primäre Identifizierung. Aber selbst am Ende des ersten Jahres ist die Differenzierung zwischen Kind und Mutter noch lange nicht vollkommen.

Wenn man sagt, die Handlungen des Kindes innerhalb der Dyade seien eine Erweiterung der Handlungen der Mutter und umgekehrt, ist das nur ein Versuch, Anna Freuds gut gewählte Formulierung: „das Kind folgt der Mutter in die Depression", zu explizieren. Ähnlich hatte ich, als ich im Vorhergehenden feststellte, daß das koprophage Kind „die unbewußte Haltung seiner depressiven Mutter verwirklicht" genau so eine Erweiterung von Triebableitungen (im Kinde) und ihren Zielen vor Augen, wie sie sich in den Handlungen der Mutter ausdrücken.

Zusammenfassend kann man sagen: Im ersten Lebensjahr verläuft die Koprophagie im gleichen Variationsrhythmus wie die Depression der Mutter. Zwei Elemente in dem Bild der mütterlichen Depression rufen die pathologischen Erscheinungen beim Kind hervor:

1. Die periodische Natur ihrer Stimmungsumschwünge,
2. die für die Depression charakteristischen unbewußten oral-einverleibenden Tendenzen.

Beim Kind haben wir drei für die Koprophagie relevante Faktoren gefunden, die alle das Streben des Kindes vorantreiben und fördern, zur Mutter zurückzukommen:

1. Die Erleichterung, die darin besteht, „der Stimmung der Mutter zu folgen". Dies ist ein Vorläufer der Identifizierung; die eigentliche Identifizierung ist in diesem Stadium wegen der Unvollständigkeit des Ichs nicht möglich.
2. Eine dynamische Erleichterung, die aus der Reaktion des Kindes auf den Verlust des „guten" Objekts entsteht.
3. Eine phasenspezifische Erleichterung durch den Umstand, daß das Kind am Übergang von der oralen zur analen Phase angelangt ist.

Der Leser wird bemerkt haben, daß unter 2. das „gute" Objekt verlorengeht, während nach 1. das Objekt, dem das Kind in die Depression folgt, das „schlechte" Objekt ist. Jedoch ist, wie schon erwähnt, in diesem Stadium das Objekt das Ziel der Triebabfuhr. Darum übt das „schlechte" Objekt einen „Zug" aus, der in seiner Art dem des „guten" Objekts vergleichbar ist.

Bewußt kompensierte Feindseligkeit der Mutter
(Das hyperthymische Kind)

Für das klinische Bild der Folgen bewußt kompensierter Feindseligkeit der Mutter haben wir nur sehr wenige Beispielfälle zur Verfügung. Dieser Mangel an beobachteten Fällen hat einen einfachen Grund: Diese Haltung der Mutter fällt wenig auf und wird nur dem geschärften Blick des psychiatrischen Beobachters deutlich. Das gleiche gilt für die Reaktion; außerdem entwickelt sich die Hyperthymie in ihrer ausgeprägten Form erst in einem Alter, das außerhalb der Reichweite der vorliegenden Untersuchung liegt. Demgemäß muß auch die Bestätigung, daß es sich hier um ein festumrissenes klinisches Bild handelt, einer Längsschnittbeobachtung vorbehalten bleiben, in der sowohl die Eltern als auch das Kind sorgfältig überwacht werden. Ich habe die folgende kurze Beschreibung versuchsweise mit aufgenommen, um Leser, die in diesem Bereich arbeiten, auf diese Möglichkeit aufmerksam zu machen, so daß sie feststellen können, ob diese Annahme zu Recht besteht, oder ob sie abgeändert werden muß.

Das Verhalten der Mütter in diesen Fällen ist das Ergebnis eines bewußten Konflikts. Für diese Mütter ist das Kind ein Gegenstand narzißtischer und exhibitionistischer Befriedigung – kein Liebesobjekt. Eine solche Mutter merkt jedoch, daß ihre Einstellung zu ihrem Kind nicht richtig ist, sie bekommt Schuldgefühle und überkompensiert deshalb fortwährend durch eine säuerlich salbungsvolle Sanftheit. Diese mütterliche Haltung ist vor allem in intellektuellen und akademischen Kreisen zu finden.

Die zugehörigen Väter erwiesen sich als aggressiv und in ihrer Arbeit recht erfolgreich. Das könnte daran liegen, daß sie fähig waren, ihre Feindseligkeit offen zum Ausdruck zu bringen. In ihren Beziehungen zu dem Kind sind sie herzhafte, laute, etwas exhibitionistische Typen, die nicht wissen, wo man aufhören muß, und häufig das Kind durch rauhe Behandlung erschrecken, obwohl die besorgte Mutter protestiert.

Die Kinder selbst beeindrucken den Beobachter durch ihre Geschicklichkeit in der Handhabung von Gegenständen. Das ist nicht besonders überraschend; ich erinnere mich an ein paar Fälle, wo die Kinder gewöhnlich durch die Menge des Spielzeugs, das die Eltern dort angehäuft hatten, um sich durch diese Überkompensation von ihren Schuldgefühlen loszukaufen, praktisch aus ihrem Laufstall verdrängt wurden. Es ergab sich von selbst, daß die Kinder mit unbelebten Gegenständen höchst vertraut waren und sehr gut mit ihnen umgehen konnten. Aber im sozialen Bereich der Persönlichkeit wies ihr Entwicklungsprofil einen auffallenden Rückstand auf – in Übereinstimmung mit der Art von mitmenschlichen Beziehungen, die ihnen die Eltern zu bieten hatten. Im zweiten Lebensjahr sind sie dann gewöhnlich überaktiv, nicht sehr gesellig, und machen ihr Spielzeug entzwei. Andererseits sind sie an mitmenschlichem Kontakt uninteressiert und verhalten sich feindselig, wenn man sich ihnen nähert. Nach der Katamnese der Fälle, die wir verfolgen konnten, bin ich zu der Ansicht gekommen, daß die Entwicklung ihrer Persönlichkeit dem Typus der Kinder zuneigt, die John Bowlby (1946) unter der Bezeichnung *aggressive hyperthymic* beschrieben hat.

14. KAPITEL

ERKRANKUNGEN DES KLEINKINDES DURCH DEN ENTZUG AFFEKTIVER ZUFUHR

Im 12. Kapitel habe ich die These aufgestellt, für die affektiven Mangelerkrankungen sei in erster Linie ein *quantitativer* Faktor, für psychotoxische Erkrankungen dagegen ein *qualitativer* Faktor verantwortlich. Deshalb stand bei den psychotoxischen Störungen die individuelle Persönlichkeit der Mutter im Blickpunkt der Untersuchung.

Bei der Ätiologie der affektiven Mangelerkrankungen spielt die individuelle Persönlichkeit der Mutter eine untergeordnete Rolle, denn diese Zustände sind gewöhnlich das Ergebnis einer physischen Abwesenheit der Mutter durch Krankheit oder Tod oder wegen der Einlieferung des Kindes in ein Krankenhaus, wobei zugleich der für die Mutter zur Verfügung gestellte Ersatz entweder unzureichend oder praktisch nicht vorhanden ist[1]. Daraus folgt, daß dem Kind mütterliche Fürsorge und lebenswichtige affektive Zufuhr vorenthalten werden, die ihm normalerweise durch den Austausch mit der Mutter zufließen würden.

Da der krankheitserzeugende Faktor quantitativer Art ist, entspricht der Grad der Schädigung, die das seiner Mutter beraubte Kind erleidet, der Dauer dieses Entzugs. Ich habe daher zwei Kategorien unterschieden: den *partiellen* Entzug affektiver Zufuhr und den *totalen* Entzug affektiver Zufuhr. Die beiden aus dem Entzug affektiver Zufuhr resultierenden Syndrome sind nicht scharf voneinander unterschieden; es gibt Übergänge vom einen zum anderen.

---

[1] Das schließt die Möglichkeit nicht aus, daß eine Mutter, selbst wenn sie anwesend ist, ihrem Kind die normale affektive Zufuhr vorenthält, und es schließt auch nicht aus, daß die Mutter ihr Kind vernachlässigt, weil sie außer Haus beschäftigt ist, entweder aus finanziellen Gründen oder weil sie sich nicht genug für ihr Kind interessiert.

Partieller Entzug affektiver Zufuhr
(Anaklitische Depression)

Das klinische Bild und sein progressiver Charakter

Im Laufe einer über längere Zeit fortgesetzten Studie des Säuglingsverhaltens haben wir 123[2] Kleinkinder beobachtet, das heißt unterschiedslos sämtliche Insassen, die zu jener Zeit in der betreffenden Anstalt lebten, jedes zwölf bis achtzehn Monate lang. Wir trafen in dieser Anstalt, hier Säuglingsheim[3] genannt, ein auffallendes Syndrom an.

TABELLE VI

Population

	Weiße	Farbige	Insgesamt
Männlich	37	24	61
Weiblich	40	22	62
Insgesamt	77	46	123*

* Siehe Fußnote 2

Im allgemeinen hatten diese Säuglinge im Säuglingsheim während der ersten sechs Monate ihres Lebens gute Beziehungen zu ihren Müttern und entwickelten sich gut. In der zweiten Hälfte des ersten Jahres legten jedoch einige von ihnen ein weinerliches Verhalten an den Tag, das in auffallendem Gegensatz zu ihrem früheren fröhlichen und freundlichen Benehmen stand. Nach einer Weile wurde die Weinerlichkeit von einer Kontaktverweigerung abgelöst. Die Kinder lagen dann meist auf

---

[2] Die Zahl 123, wie auch die folgenden Zahlen, die sich auf diese Untersuchung des partiellen Entzugs affektiver Zufuhr beziehen, stammen aus meiner ersten Veröffentlichung über dieses Thema „Anaclitic Depression" (1946 b). Ich weise darauf hin, daß in einer späteren Veröffentlichung (1951) die entsprechende Zahl 170 Fälle ausmacht. Diese Diskrepanz entsteht aus dem Umstand, daß wir im Lauf der Zeit 47 weitere Kinder in unsere Population einbeziehen konnten. Diese zusätzlichen Versuchspersonen gaben uns weitere Bestätigung für früher gemachte Feststellungen und Behauptungen.

[3] Eine ausführliche Beschreibung der Bedingungen, die in dieser Anstalt herrschten, findet sich im 2. Kapitel.

dem Bauch in ihren Bettchen, den Kopf weggewendet und weigerten sich, an dem Leben ihrer Mitwelt Anteil zu nehmen. Wenn wir uns näherten, wurden wir meistens nicht beachtet, obwohl manche Kinder uns mit suchendem Ausdruck beobachteten. Wenn wir auf der Annäherung bestanden, fingen sie an zu weinen, manchmal auch zu schreien. Es machte keinen Unterschied, ob der Beobachter ein Mann oder eine Frau war.

Das weinerliche, zurückhaltende Verhalten pflegte zwei oder drei Monate lang anzudauern; manche dieser Kinder verloren in dieser Zeit an Gewicht, anstatt zuzunehmen. Das Pflegepersonal berichtete, daß einige Kinder an Schlaflosigkeit litten; dies war so störend, daß man das betreffende Kind nicht mit den anderen vier Kindern in einem Raum lassen konnte, sondern es isolieren mußte. Alle Kinder zeigten eine wachsende Anfälligkeit für hinzutretende Erkältungen. Ihre Entwicklungsquotienten zeigten zunächst einen Rückstand in der Persönlichkeitsentwicklung, dann ein allmähliches Absinken.

Dieses Verhaltenssyndrom dauerte etwa drei Monate lang an und wurde immer schlimmer. Dann hörte die Weinerlichkeit auf, an ihre Stelle trat eine „gefrorene“ Starre des Gesichtsausdrucks. Nun pflegten diese Kinder mit weit geöffneten, ausdruckslosen Augen dazuliegen oder dazusitzen, mit erstarrtem, unbeweglichem Gesicht und abwesendem Ausdruck, wie in einer Betäubung; offenbar sahen sie gar nicht, was um sie her vor sich ging. Es wurde immer schwieriger, mit den Kindern, die dieses Stadium erreicht hatten, Kontakt aufzunehmen, schließlich wurde es unmöglich. Dann konnte man bestenfalls nur noch Schreien auslösen.

Unter den 123 Kindern, die wir während des ganzen ersten Lebensjahres beobachteten, fanden wir bei 19 Versuchspersonen dieses deutlich ausgeprägte Syndrom. Es gab individuelle Unterschiede; so konnte z. B. das Weinen ein paar Wochen lang das Bild bestimmen, in manchen Fällen kam auch eine Haltung vollkommener Kontaktverweigerung vor. In anderen Fällen, wo es uns gelang, die anfängliche Ablehnung unserer Annäherung zu überwinden, beobachteten wir ein verzweifeltes Sich-Anklammern an den Erwachsenen. Abgesehen von solchen individuellen Unterschieden, war das klinische Bild so klar ausgeprägt, daß es, als wir erst einmal darauf aufmerksam gemacht hatten, selbst von ungeübten Beobachtern ohne Schwierigkeiten erkannt wurde. Das Folgende ist eine typische Fallgeschichte:

Fall 4 (weiblich, farbig) (Spitz, 1947 b). Während der ersten sechs Monate wurde nichts Ungewöhnliches festgestellt. Sie ist ein besonders freundliches farbiges Kind, das beim Näherkommen des Beobachters strahlend lächelt. Als sie sechseinhalb Monate alt war, bemerkten wir, daß ihr strahlend lächelndes Verhalten aufgehört hatte. Während der folgenden zwei Wochen lag sie die ganzen zwölf Stunden unserer Beobachtungszeit in tiefem Schlaf. Danach trat in ihrem Verhalten eine Veränderung ein, die folgendermaßen protokolliert wurde: Sie lag unbeweglich in ihrem Gitterbett; wenn man sich ihr näherte, hob sie die Schultern nicht, kaum den Kopf, um den Beobachter mit einem Ausdruck tiefen Leidens anzusehen, wie man ihn manchmal bei kranken Tieren antrifft. Sobald der Beobachter anfing, mit ihr zu sprechen, oder sie zu berühren, fing sie an zu weinen. Dieses Weinen war ganz anders als das, was man gewöhnlich bei Kleinkindern erlebt, das von einer gewissen Beimischung von stimmlicher Unlustäußerung und manchmal von Schreien begleitet ist. Statt dessen weinte sie lautlos, die Tränen liefen ihr über das Gesicht hinunter. Wenn man leise und beruhigend mit ihr sprach, fing sie nur noch stärker an zu weinen, vermischt mit Stöhnen und Seufzen, so daß ihr ganzer Körper geschüttelt wurde.
Diese Reaktion verstärkte sich in den folgenden zwei Monaten. Es wurde immer schwieriger, einen Kontakt mit dem Kind herzustellen. In unseren Protokollen findet sich sieben Wochen später eine Notiz, die besagt, daß es uns fast eine Stunde kostete, mit ihr in Kontakt zu kommen. Während dieser Zeit verlor sie an Gewicht und bekam eine schwere Eßstörung; sie hatte Schwierigkeiten, die Nahrung aufzunehmen und bei sich zu behalten.

Dies ist ein ziemlich typisches Bild des Syndroms. Unter den individuellen Unterschieden kann ein Sich-Anklammern an den Beobachter und Weinen in seinen Armen vorkommen oder die schon erwähnte Schlaflosigkeit und Unruhe.
Ich werde nun das allgemeine Fortschreiten des Syndroms Monat für Monat schildern, wie wir es bei dieser ersten Studie an 19 Kindern und später noch einmal an 15 Kindern beobachtet haben.
Erster Monat: Die Kinder werden weinerlich, anspruchsvoll und klammern sich gern an den Beobachter, sobald es ihm gelungen ist, den Kontakt mit ihnen herzustellen.
Zweiter Monat: Das Weinen geht oft in Schreien über. Es kommt zu Gewichtsverlusten. Der Entwicklungsquotient steigt nicht mehr.
Dritter Monat: Die Kinder verweigern den Kontakt. Sie liegen mei-

stens in ihren Bettchen auf dem Bauch – ein pathognomisches Zeichen (siehe Abb. 14). Beginn der Schlaflosigkeit; weitere Gewichtsverluste. Es besteht eine Anfälligkeit für hinzutretende Erkrankungen; die motorische Verlangsamung wird allgemein. Erstes Auftreten des starren Gesichtsausdrucks (siehe Abb. 15).

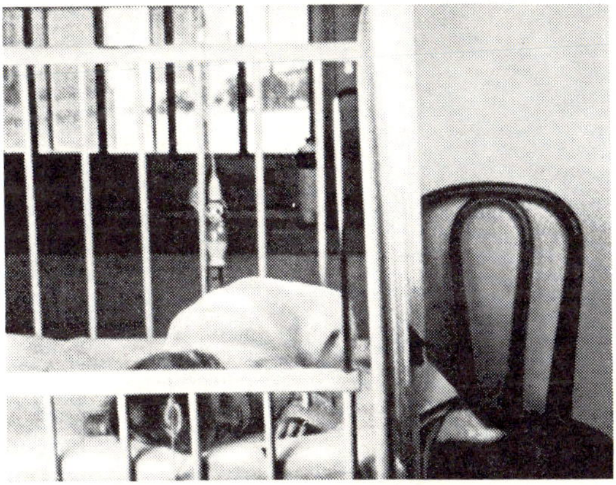

Abb. 14. Pathognomische Stellung.

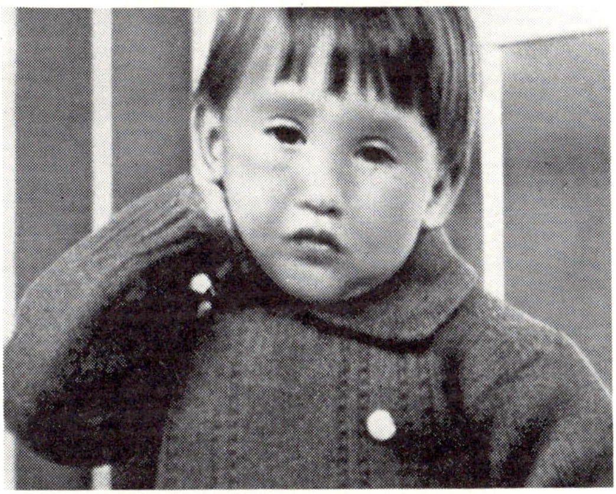

Abb. 15. Anaklitische Depression.

Nach dem dritten Monat: Der starre Gesichtsausdruck wird zur Dauererscheinung. Das Weinen hört auf und wird durch Wimmern ersetzt. Die motorische Verlangsamung nimmt zu und mündet in Lethargie. Der Entwicklungsquotient fängt an zu sinken.

Wir entdeckten, daß *alle* Kinder in unserer Population, bei denen sich dieses Syndrom entwickelte, eine Erfahrung gemeinsam hatten: Zu irgendeinem Zeitpunkt zwischen dem sechsten und achten Lebensmonat wurde ihnen die Mutter während eines praktisch ununterbrochenen Zeitraums von drei Monaten entzogen. Diese Trennung erfolgte aus unvermeidlichen, von außen gegebenen Gründen verwaltungstechnischer Art. Vor der Trennung hatte die Mutter ihr Kind ganz und gar versorgt. Auf Grund der besonderen Umstände, die in dieser Anstalt herrschten, hatte sie mehr Zeit mit dem Kind zugebracht als bei einem Leben im Familienmilieu. Nach der Trennung von ihren Müttern entwickelte sich bei jedem dieser Kinder das oben beschriebene Syndrom. Es erschien bei keinem Kind, dessen Mutter nicht entfernt worden war.
Die Symptome und der Gesichtsausdruck dieser Kinder erinnerten sehr stark an die Symptomatik, die bei Erwachsenen zu finden ist, die an einer Depression leiden. Angesichts des unvollständigen psychischen Apparats der Kinder und angesichts der spezifischen ätiologischen Faktoren, die dieses Syndrom hervorrufen, war es geboten, es klar von dem aus der Krankheitslehre stammenden Begriff der Depression bei Erwachsenen zu unterscheiden. Ich habe deshalb dieses Syndrom als „anaklitische Depression" (1946 b) bezeichnet[4].
Die Störung weist noch mehr bemerkenswerte Besonderheiten auf. Eine besteht darin, daß bei einem Kind, das an anaklitischer Depression leidet und länger als drei bis fünf Monate seine Mutter entbehren muß, ohne daß man ihm einen annehmbaren Ersatz bietet, eine weitere Verschlechterung des Zustands eintritt. Ich habe festgestellt, daß nach dreimonatiger Trennung eine Übergangszeit von etwa zwei Monaten be-

[4] Kürzlich hat Bowlby (1960) auf die Notwendigkeit hingewiesen, „Depression als Begriff der Krankheitslehre" von dem Ausdruck „Depression als Affektlage" zu unterscheiden, der also einen affektiven Zustand bezeichnet. Damit bin ich vollkommen einverstanden; der Ausdruck „Depression" ist häufig ungenau angewendet worden, sowohl auf Zustände, die man bei Erwachsenen beobachtet hat, als auch auf Störungen bei Kleinkindern (siehe Spitz, 1960 a). In meinen Arbeiten habe ich die Bezeichnung „Depression" als einen Begriff der Krankheitslehre benützt, wenn ich von der klinischen Erscheinung gesprochen habe, die ich *anaklitische Depression* nenne. Diese klinische Erscheinung wird später im Hinblick auf Struktur und Dynamik besprochen werden.

ginnt, in deren Verlauf alle schon erwähnten Symptome ausgeprägter werden und sich verfestigen. Umgekehrt genesen die meisten der Kinder, wenn die Mutter während dieser Übergangsperiode zurückkommt. Es ist zu bezweifeln, ob die Genesung vollkommen ist; ich würde annehmen, daß die Störung Narben hinterläßt, die in späteren Jahren sichtbar werden, noch fehlen dafür aber schlüssige Beweise.

Wenn die Trennung jedoch länger dauert als fünf Monate, ändert sich die ganze Symptomatik von Grund auf und scheint mit dem prognostisch ungünstigen Syndrom dessen zu verschmelzen, was ich als „Hospitalismus" (1945 a) bezeichnet habe, von dem noch die Rede sein wird.

Der progressive Verlauf der anaklitischen Depression ist sehr gut an der Entwicklungskurve der Kinder abzulesen. Abb. 16 zeigt den Unterschied zwischen den durchschnittlichen Entwicklungsquotienten von Kindern, die von ihren Müttern getrennt wurden, und von solchen, bei denen das nicht der Fall war.

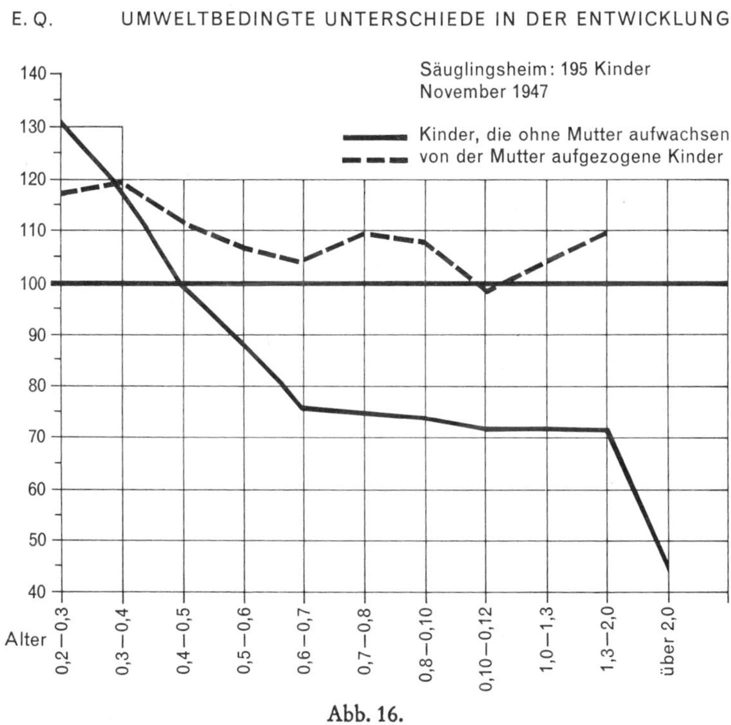

Abb. 16.

Noch eindrucksvoller als dieser Vergleich der E.Q.s der beiden Gruppen von Kindern ist Tabelle VII, die sich nur auf von ihren Müttern getrennte Kinder bezieht.

TABELLE VII

Einfluß der Dauer der Trennung von der Mutter auf das Niveau des Entwicklungsquotienten

Dauer der Trennung in Monaten	Durchschnittliches Absinken des E.Q.* in Punkten
Weniger als 3 Monate	– 12,5
3–4 Monate	– 14
4–5 Monate	– 14
Über 5 Monate	– 25

* Wie schon im ersten Teil dieses Buches erwähnt, betrachten wir den Entwicklungsquotienten nicht als einen ausreichenden Maßstab für die Entwicklung des Säuglings, weder insgesamt noch in den einzelnen Bereichen. Er ist ein bequemes Mittel zum groben Vergleich verschiedener *Gruppen* von Kleinkindern; als solcher kann er zur Unterstützung anderer Beweismittel, gewissermaßen als Veranschaulichung der klinischen Daten und Aufzeichnungen dienen.

Die in Tabelle VIII aufgeführten Zahlen belegen, praktisch mit der Genauigkeit eines *ad hoc*-Experiments, meine Hypothese in bezug auf die Ätiologie der Störung, nämlich, daß sie durch die Trennung des Kindes von seinem Libido-Objekt verursacht wird. In dieser Tabelle haben wir die Dauer der Trennung in Monaten in Beziehung gesetzt zu der durchschnittlichen Zunahme des E.Q. in Punkten – das heißt zu dem quantitativ ausgedrückten Grad der Erholung nach der Wiedervereinigung des Kindes mit seiner Mutter. Es ist besonders eindrucksvoll zu sehen, wie stark der Entwicklungsquotient ansteigt, wenn die Trennung nicht länger dauert als drei Monate, wie eine Trennung von drei bis fünf Monaten eine Übergangsperiode, ein Plateau, darstellt, und wie gar keine Genesung eintritt, wenn die Trennung mehr als fünf Monate lang gedauert hat.

Die Symptomatik der von ihren Müttern getrennten Kinder zeigt eine auffallende Ähnlichkeit mit den Symptomen, die wir bei der Depression der Erwachsenen kennen. Außerdem ist auch in der Ätiologie der Störung bei Erwachsenen wie bei Kindern der Verlust des Liebesobjekts von hervorragender Bedeutung, und zwar so sehr, daß man geneigt ist, ihn als einen bestimmenden Faktor zu betrachten.

TABELLE VIII

Einfluß der Wiedervereinigung mit der Mutter auf den Entwicklungsquotienten

Dauer der Trennung in Monaten	Zunahme des E.Q. nach der Wiedervereinigung, in Punkten
Weniger als 3 Monate	+ 25
3–4 Monate	+ 13
4–5 Monate	+ 12
Über 5 Monate	– 4

Im Hinblick auf Struktur und Dynamik sind jedoch die Depression beim Erwachsenen und die Depression beim Kleinkind nicht miteinander zu vergleichen; sie sind völlig verschiedene psychiatrische Erscheinungen. Die Dynamik der Depression beim Erwachsenen gründet sich auf das Vorhandensein eines sadistisch grausamen Über-Ichs, unter dessen unbarmherziger Verfolgung das Ich zusammenbricht.

Im Kleinkind ist nichts Vergleichbares vorhanden, auf dieser Stufe sind noch nicht einmal die Vorläufer des Über-Ichs zu entdecken. Daher ist das, was wir hier beobachten, nur eine Ähnlichkeit im oberflächlichen Krankheitsbild. Die Symptome sind ähnlich, aber der zugrundeliegende Prozeß ist prinzipiell anders. Aus eben diesem Grund habe ich eine neue psychiatrische Kategorie eingeführt, um die oben beschriebene Störung beim Kleinkind zu bezeichnen, nämlich die der anaklitischen[5]

[5] Anaklitisch = anlehnend. „Die ersten autoerotischen sexuellen Befriedigungen werden im Anschluß an lebenswichtige, der Selbsterhaltung dienende Funktionen erlebt" (Freud, 1914 b, Bd. 10, S. 153). „Die anaklitische Objektwahl wird bestimmt durch die ursprüngliche Abhängigkeit des Säuglings von der Person, die ihn füttert, beschützt und bemuttert. Freud stellt fest, daß der Trieb sich am Anfang anaklitisch, das heißt in Anlehnung an eine Bedürfnisbefriedigung entwickelt, die zur Selbsterhaltung notwendig ist" (Spitz, 1957).

Depression. Sie muß deutlich abgehoben werden von der Depression beim Erwachsenen, von Melanie Kleins Konzept von der „depressiven Position" und von Bowlbys Konzept des Trauerns.

Eine für das Entstehen einer anaklitischen Depression notwendige Bedingung besteht darin, daß das Kind vor der Trennung eine *gute* Beziehung zu seiner Mutter gehabt hat. Es ist auffallend, daß die von ihren Müttern getrennten Kleinkinder Störungen anderer Art zeigten, wenn vor der Trennung *schlechte* Mutter-Kind-Beziehungen bestanden hatten. Ich habe diese Fälle zunächst als „leichte Depression" (1946 b) klassifiziert. Da ich zu der Zeit von den auffallenden Symptomen des schwer depressiven Verhaltens bei den Säuglingen höchst beeindruckt war, glaubte ich, daß die Fälle, die ich als leichte Depression bezeichnete, nur Abweichungen seien.

Angesichts der ziemlich erheblichen Zahl dieser abweichenden Fälle entschloß ich mich, sämtliche verfügbaren Daten über die Mutter-Kind-Beziehungen dieser Population zu untersuchen und setzte sie in Beziehung zur Schwere der Störungen der einzelnen Kinder.

Die Ergebnisse dieser Korrelation sind in Abb. 17 zu sehen.

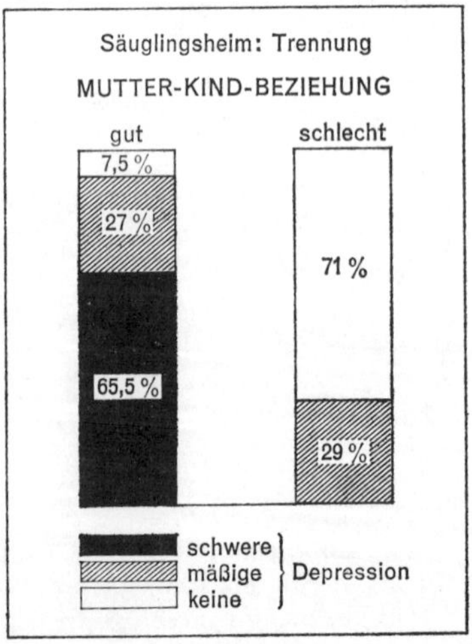

Abb. 17

Die Zahlen sprechen für sich. Es ist offensichtlich schwieriger, ein befriedigendes Liebesobjekt zu ersetzen, als ein unbefriedigendes. Demgemäß tritt dic anaklitische Depression viel häufiger und in viel schwererer Form auf, wo die Trennung auf gute Mutter-Kind-Beziehungen folgt. Bei Kindern mit offensichtlich schlechten Beziehungen zur Mutter haben wir nicht einen einzigen Fall von anaklitischer Depression festgestellt. Bei diesen Kindern hatte man den Eindruck, daß irgendein Ersatz mindestens so gut war wie die unbefriedigende biologische Mutter.
Im Verlauf unserer späteren Untersuchungen stellte sich heraus, daß sich hinter diesen Fällen von „leichter Depression" eine Reihe verschiedener psychotoxischer Störungen verbarg. Diese psychotoxischen Störungen gingen nicht auf einen Objektverlust zurück, sondern entwickelten sich als Folgen der Beziehung, die der Trennung von der Mutter vorangegangen war.

Totaler Entzug affektiver Zufuhr (Hospitalismus)

Bei der anaklitischen Depression tritt eine rasche Genesung ein, wenn man dem Kind innerhalb von drei bis fünf Monaten das Liebesobjekt wiedergibt. Wenn emotionelle Störungen mit bleibenden Folgen eintreten, sind sie zu diesem Zeitpunkt nicht leicht zu erkennen.
Beim totalen Entzug liegen die Dinge ganz anders. Wenn man Kindern im ersten Lebensjahr länger als fünf Monate alle Objektbeziehungen vorenthält, zeigen sie die Symptome eines zunehmend schweren Verfalls, der mindestens zum Teil irreversibel zu sein scheint. Die Art der Mutter-Kind-Beziehung, die vor dem Entzug bestanden hat (wenn überhaupt), scheint auf den Krankheitsverlauf wenig Einfluß gehabt zu haben.
Wir haben den totalen Affektentzug und seine Folgen in einem außerhalb der USA gelegenen Findelhaus beobachtet, in dem 91 Kinder untergebracht waren (Spitz, 1945 a, 1946 a). In dieser Anstalt wurden die Kinder während der ersten drei Lebensmonate von ihren eigenen Müttern oder von einer der anderen Mütter gestillt, falls die eigene Mutter des Kindes nicht zur Verfügung stand. Während dieser drei Monate wirkten die Säuglinge wie der Durchschnitt der normalen Kin-

der in der Stadt, in der sich das Findelhaus befand (und standen im Test auf dem gleichen Entwicklungsniveau wie diese).

Nach dem dritten Monat wurden Mutter und Kind getrennt. Die Säuglinge blieben in dem Findelhaus, in dem sie körperlich in jeder Hinsicht angemessen versorgt wurden. Ernährung, Hygiene, ärztliche und medikamentöse Versorgung usw. waren so gut wie in irgendeiner anderen von uns beobachteten Anstalt oder sogar besser.

Aber da eine einzige Schwester acht Kinder zu versorgen hatte (offiziell; in Wirklichkeit waren bis zu zwölf Kinder der Obhut einer Schwester anvertraut), mußten sie psychisch verhungern. Drastisch ausgedrückt, sie bekamen etwa ein Zehntel der normalen affektiven Zufuhr, die sie in der üblichen-Mutter-Kind-Beziehung bekommen hätten.

Nach der Trennung von ihren Müttern durchliefen diese Kinder zunächst die Stadien des fortschreitenden Verfalls, wie er für den partiellen Entzug charakteristisch ist, den wir vorher beschrieben haben. Die Symptome der anaklitischen Depression folgten rasch aufeinander, und alsbald, nach der relativ kurzen Zeit von drei Monaten, zeigte sich ein neues klinisches Bild: Die Verlangsamung der Motorik kam voll zum Ausdruck; die Kinder wurden völlig passiv; sie lagen in ihren Bettchen auf dem Rücken. Sie erreichten nicht das Stadium motorischer Beherrschung, das notwendig ist, um sich in die Bauchlage zu drehen. Der Gesichtsausdruck wurde leer und oft schwachsinnig, die Koordination der Augen ließ nach. Wenn nach einiger Zeit die Motilität wieder auflebte, geschah es bei manchen Kindern in Form des „spasmus nutans“; bei anderen zeigten sich seltsame Bewegungen der Finger, die an athetotische Bewegungen erinnern (Spitz, 1945 a).

In unseren Tests zeigten diese Kinder ein fortschreitendes Absinken des Entwicklungsquotienten. Am Ende des zweiten Lebensjahres betrug ihr Entwicklungsquotient im Durchschnitt 45 % der Norm. Das entspricht der Stufe des Idioten. Wir haben diese Kinder in größeren Abständen bis zum Alter von vier Jahren weiterbeobachtet (Spitz, 1946 a). Abb. 18 zeigt, daß die Kinder bis zu diesem Zeitpunkt mit wenigen Ausnahmen weder sitzen, stehen, laufen noch sprechen konnten.

Diese Sterblichkeitsziffern heben sich noch erschütternder heraus, wenn man sie mit denen in anderen Heimen vergleicht. Im Säuglingsheim haben wir z. B. durchschnittlich 55 Kinder pro Jahr beobachtet. Wir haben also in einem Zeitraum von vier Jahren 220 Kinder beobachtet, davon 186 von Geburt an während über sechs Monaten, und von diesen wieder mehr als die Hälfte während des ganzen ersten Lebensjahres. Unter all diesen Kindern registrierten wir zwei Todesfälle durch interkurrente Erkrankungen. Von den Kindern aus dem Säuglingsheim,

ENTWICKLUNGSDATEN

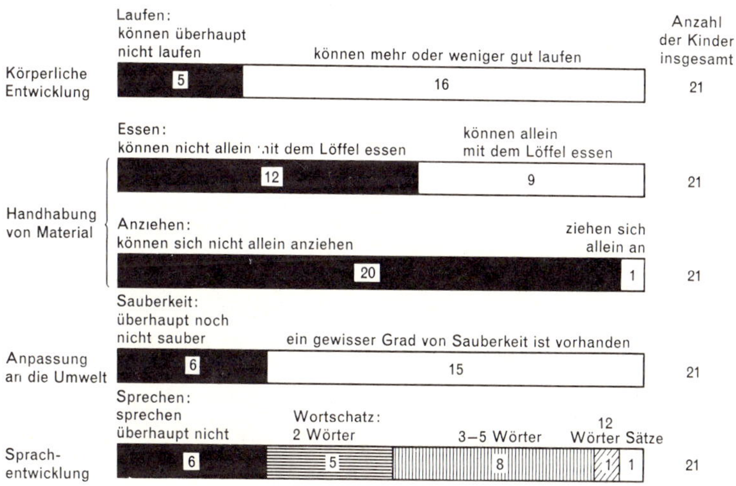

Abb. 18

Der zunehmende Verfall und die gesteigerte Infektionsanfälligkeit dieser Kinder führte zu einem erschreckend hohen Prozentsatz von Marasmus und Todesfällen (siehe Abb. 19 und 20).

deren Ergehen wir noch innerhalb von sechs Monaten verfolgen konnten, nachdem sie die Anstalt verlassen hatten, starben noch zwei weitere. Das zeigt überzeugend, daß der Heimaufenthalt selbst keine hohe Säuglingssterblichkeit hervorruft, sondern daß ein spezifischer Faktor innerhalb des Heims verantwortlich ist. Zwischen dem Säuglingsheim und dem Findelhaus besteht ein Hauptunterschied: im Säuglingsheim wurden die Säuglinge bemuttert, im Findelhaus nicht.

Ich habe in den vorangehenden Kapiteln die Tatsache umrissen, daß die mütterliche Fürsorge dem Kind im Rahmen der Objektbeziehungen die Gelegenheit zu affektiv bedeutsamen Handlungen bietet. Das Fehlen dieser mütterlichen Fürsorge kommt einem emotionellen Verhungern gleich. Wir haben gesehen, daß dieses einen fortschreitenden Verfall herbeiführt, der sich auf die ganze Person des Kindes erstreckt. Dieser Verfall manifestiert sich zuerst in einer Stockung in der psychischen Entwicklung des Kindes; dann setzen psychische Funktionsstörungen ein, mit denen somatische Veränderungen einhergehen. Im nächsten Stadium führt dies zu gesteigerter Infektionsanfälligkeit und schließlich, wenn der Mangel an affektiver Zufuhr bis ins zweite Lebensjahr hinein andauert, zu einer auffallenden Erhöhung der Sterblichkeitsquote.

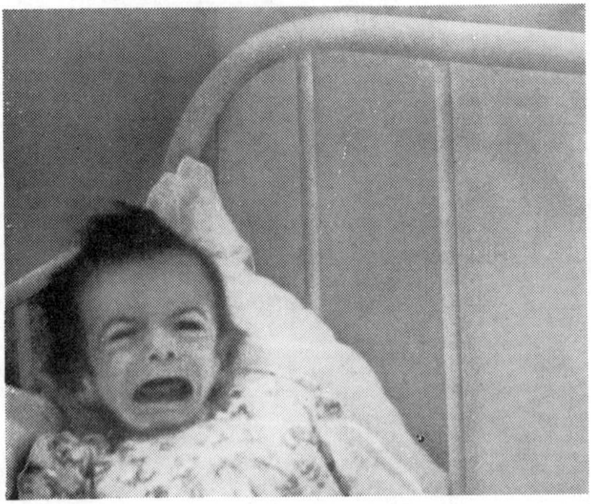

Abb. 19 Marasmus.

Ich habe die Behauptung aufgestellt, daß die Abfolge der Symptome im Syndrom des Hospitalismus weitgehend der Abfolge von Symptomen parallelläuft, wie sie Selye (1950) als Folgen einer länger andauernden Beanspruchung durch Stress beschrieben hat (Spitz, 1954, 1956 b). Tabelle IX veranschaulicht diese Parallelen.

Selye, der von physischen Belastungskomponenten ausging, erkannte bald, daß seelischer Stress besonders die Funktion der Hirnanhangdrüse, die adrenocorticotrope Funktion, in Gang setzt. Ich halte auch

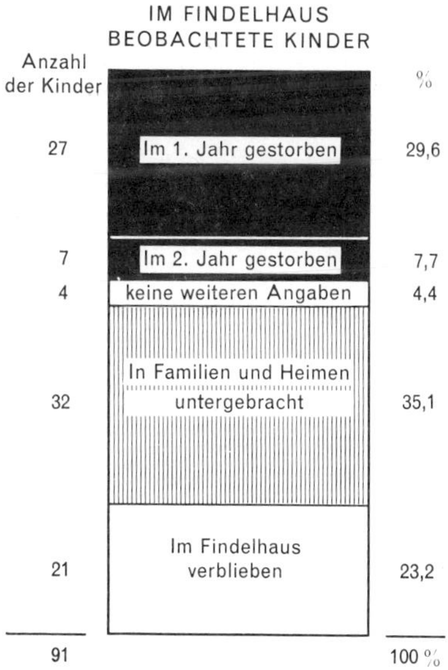

Abb. 20

Von den 91 anfänglich im Findelhaus beobachteten Kindern waren bis zum Ende des zweiten Jahres 34 gestorben, 57 lebten noch. Über das Schicksal von 4 dieser Kinder konnten wir keine Auskunft bekommen; 32 wurden in Familien und Heimen untergebracht – auch über diese konnten wir nichts in Erfahrung bringen. Es ist daher möglich – man sollte lieber sagen, wahrscheinlich – daß der Prozentsatz der Todesfälle insgesamt noch viel höher liegt. Selbst ohne diese Annahme ist dies eine erschreckend hohe Sterblichkeit.

längere Zeit andauernden Mangel an affektiver Zufuhr für eine solche Belastung.

Abschließend mache ich den Leser noch auf die Ausdrücke aufmerksam, die ich bei der Behandlung dieses Themas verwendet habe. Ich habe mit Bedacht vom Entzug *affektiver* (emotionaler) Zufuhr gesprochen. In den letzten Jahren sind viele informative und interessante Arbeiten über die Wirkungen des Entzugs sensorischer Zufuhr bei Tieren und Menschen durchgeführt worden (Hebb, 1949; Bexton, Heron und Scott, 1954; Heron, Bexton und Hebb, 1956; Azima und Cramer-Azima, 1956 a, b; Lilly, 1956; Harlow, 1958; Solomon, 1961). Man sollte sich darüber im klaren sein, daß „Entzug sensorischer Zufuhr" und „Ent-

TABELLE IX

Parallelen zwischen den Syndromen der allgemeinen Anpassung und des Entzugs affektiver Zufuhr

Syndrom der allgemeinen Anpassung (Selye)	Syndrom des Entzugs affektiver Zufuhr (Spitz)
Spannung	Weinerlichkeit
Erregung	Zuwendung heischende Haltung
Appetitverlust	Appetitverlust Gewichtsverlust
Widerstand gegen den Auslösereiz nimmt zu	Sozialbereich nimmt zu
Anpassungsfähigkeit an andere Wirkungen nimmt ab	Stockung und Rückschritt des E.Q.
Libido unternormal	Fehlen autoerotischer Betätigung
Depression des Nervensystems	Kontaktverweigerung Schlaflosigkeit Abnahme der Motilität
Anpassung hört auf	Rückschritt des E.Q., irreversibel
Abwehrbereitschaft des Organismus hört auf	Infektionsanfälligkeit
Arteriosklerose der Hirngefäße	Starre des Gesichtsausdrucks Atypische Bewegungen der Finger
Zusammenbruch	Häufigkeit von Krankheitsfällen nimmt zu
Tod	Auffallend hohe Sterblichkeit

zug affektiver Zufuhr“ keine auswechselbaren Begriffe sind. Ich gebe zu, daß es beim heutigen Stand der Wissenschaft praktisch unmöglich ist, das eine durchzuführen, ohne das andere mit hineinzuziehen. Eine ungeheure Zahl von Experimenten ist in jüngster Zeit mit einer Reihe von Tierarten auf dem Gebiet des Entzugs *sensorischer* Zufuhr durchgeführt worden. Eine aufmerksame Prüfung dieser Experimente zeigt, daß die Folgen desto schwerwiegender sind, je höher die Evolutionsstufe ist, auf der die betreffende Spezies steht. Daraus ergibt sich zwingend die Schlußfolgerung, daß die Schwere des durch die sensorische Isolierung zugefügten Schadens direkt proportional der Stufe der Ich-

Entwicklung zunimmt, die der jeweiligen Art eigen ist, ebenso direkt proportional der Quantität der Objektbeziehungen.
Dementsprechend ist die Genesung nach länger andauerndem Entzug sensorischer Zufuhr bei Vögeln, wie z. B. Enten, schnell und leicht. Schon bei Graugänsen sind die Wirkungen schwer wieder rückgängig zu machen. Bei niederen Säugetieren ist das Bild ähnlich. Aber wenn wir zu Harlows Rhesusaffen kommen, werden die Folgen des Entzugs affektiver Zufuhr vollkommen irreversibel. Harlow stellt fest, diese Folgen äußerten sich vor allem in einer Störung der seelischen Funktionen, der Reaktionen und der sozialen Beziehungen des Tieres[6].
Ich bin überzeugt, daß weitere Experimente und Untersuchungen erforderlich sind, bevor wir die Art der beiden Formen des Entzugs abgrenzen und ihre Wirkungen voneinander isolieren können. In einem Aufsatz habe ich kürzlich einen ersten Versuch in dieser Richtung unternommen (1962).

---

[6] Persönliche Mitteilung, 1961.

15. KAPITEL

DIE WIRKUNGEN DES OBJEKTVERLUSTS: EINE PSYCHOLOGISCHE BETRACHTUNG

Die anaklitische Depression und der Hospitalismus beweisen, daß ein krasser Mangel an Objektbeziehungen die Entwicklung in allen Bereichen der Persönlichkeit zum Stillstand bringt[1]. Diese beiden Störungen werfen ein Schlaglicht auf die ausschlaggebende Rolle der Objektbeziehungen in der Entwicklung des Kindes.

Weniger allgemein ausgedrückt: Die Katamnese unserer von diesen beiden Störungen befallenen Versuchspersonen legt eine Revision unserer Annahmen über die Rolle des Aggressionstriebes in der Säuglingsentwicklung nahe. Die Manifestationen der Aggression[2], wie sie beim normalen Kind nach dem achten Lebensmonat üblich sind, wie Schlagen, Beißen, Kauen, usw., fehlen bei den Kindern, die an einer anaklitischen Depression oder an Hospitalismus leiden, in auffallender Weise. Ich habe schon früher in dieser Studie postuliert, daß die Entwicklung des libidinösen und des Aggressionstriebes eng an die Beziehung des Kindes zum Objekt seiner Libido gebunden ist. Die Beziehung zwischen dem Kind und seinem Liebesobjekt gibt ihm in den durch das Objekt ausgelösten Tätigkeiten ein Ventil für seinen Aggressionstrieb. Im Stadium der infantilen Ambivalenz (das heißt in der zweiten Hälfte des ersten Jahres) macht das Kind keinen Unterschied zwischen der Entladung des aggressiven oder des libidinösen Triebes; sie werden zugleich, einer in Begleitung des anderen oder abwechselnd, als Reaktion

---

[1] In einer Abhandlung über die Entwicklung eines blindgeborenen Kindes haben Fraiberg und Freedman (1963) diese These ausführlich bestätigt und mit eindrucksvollen Filmaufnahmen veranschaulicht.

[2] Meine Anwendung der Begriffe „Aggression" und „Agressionstrieb" hat nichts mit der landläufigen Bedeutung des Wortes „aggressiv" zu tun. Der Aggressionstrieb, kurz „Aggression" genannt, ist einer der beiden in der Psyche wirksamen Grundtriebe, wie sie Freud postuliert hat (1920) – manche englischen Autoren schreiben: *aggressive instinct*. Wenn ich also von „Aggression" spreche, meine ich damit nicht Feindseligkeit oder Destruktivität, obwohl diese manchmal auch zu den Erscheinungsformen des Triebes gehören können.

auf ein und dasselbe Objekt kundgetan, nämlich auf das Objekt der Libido. Wenn das Objekt der Libido fehlt, sind beide Triebe ihres Ziels beraubt. Dies ist es, was den an anaklitischer Depression leidenden Säuglingen geschehen ist.

Nun hängen die Triebe sozusagen in der Luft. Wenn wir das Schicksal des Aggressionstriebes verfolgen, finden wir, daß das Kind die Aggression auf sich selbst zurückwendet, auf das einzige Objekt, das übriggeblieben ist. Klinisch werden diese Säuglinge unfähig, Nahrung zu verdauen; sie leiden an Schlaflosigkeit; später können diese Kinder sich selbst aktiv angreifen, indem sie mit dem Kopf gegen die Gitterstäbe ihres Bettchens schlagen, sich mit den Fäusten auf den Kopf schlagen und sich die Haare büschelweise ausreißen. Wenn der Entzug total ist, wird der Zustand zum Hospitalismus; der Verfall schreitet unerbittlich fort und führt zu Marasmus und Tod.

Solange den Säuglingen ihr Liebesobjekt vorenthalten wurde, konnten sie immer weniger etwas nach außen wenden, nicht nur keine Libido, sondern *auch* keine Aggression. Die Triebschicksale sind natürlich der direkten Beobachtung nicht zugänglich. Aber man darf aus der Symptomatik der anaklitischen Depression schließen, daß der Druck (Drang, Freud, 1915 b) des Aggressionstriebes gewissermaßen der Träger nicht nur der Aggression, sondern auch der Libido ist. Wenn wir annehmen, daß beim normalen Kind dieses Alters (das heißt, in der zweiten Hälfte des ersten Jahres) die zwei Triebe vermischt werden, dürfen wir auch postulieren, daß beim seelisch vernachlässigten Kind eine Entmischung der Triebe eintritt.

Wie geht das zu? Wenn das von seiner Mutter getrennte Kind für die Abfuhr seiner Triebe kein Ziel finden kann, wird es zunächst weinerlich, anspruchsvoll, und klammert sich an jeden Menschen, der sich ihm nähert: Es sieht so aus, als ob diese Kinder versuchten, mit Hilfe des Aggressionstriebes das verlorene Objekt wiederzugewinnen. Etwas später fangen die sichtbaren Kundgebungen der Aggression an abzunehmen; nach zwei Monaten ununterbrochener Trennung erscheinen die ersten festumrissenen somatischen Symptome bei dem Kind. Sie bebestehen in Schlaflosigkeit, Appetitverlust und Gewichtsverlust. Ich habe einen Versuch gemacht, jedes dieser Symptome im einzelnen zu erklären (1953 a).

Wenn bei einer anaklitischen Depression der durch den Entzug der affektiven Zufuhr verursachte Krankheitsprozeß durch die Rückkehr des Liebesobjekts zum Stillstand gebracht wird, kann man schließen, daß das Gegenteil der Entmischung der beiden Triebe stattfindet. Nun wird man in der rasch zurückkehrenden Aktivität dieser Kinder Zeuge dessen, was die Wirkung einer teilweisen Rückverschmelzung der Triebe zu sein scheint. Wenn die Mutter nach einer Trennung von weniger als drei bis fünf Monaten zurückkommt, erscheinen diese Kinder wie vollkommen umgewandelt. Sie werden heiter und lebhaft; sie sind fröhlich mit ihren Müttern und mit Erwachsenen im allgemeinen; sie haben Freude an aktiven Spielen und spielen mit anderen Kindern. Sie werden auch mindestens für eine Zeitlang aggressiver gegen andere als irgendein normales Kleinkind des gleichen Alters. Sie können zur aktiven Zerstörung von Gegenständen, Kleidern, Bettwäsche, Spielzeug, usw. übergehen. Aber diese Zerstörungswut ist nicht mit der kontaktlosen, objektlosen Destruktivität zu vergleichen, die man bei dem Kleinkind und dem Kind im Vorschulalter findet, die am Leben geblieben sind, obwohl ihnen längere Zeit die affektive Zufuhr entzogen gewesen ist.

Ebenfalls unter den Kindern, denen nach einigen Monaten der Abwesenheit die Mütter wiedergegeben worden waren, fanden wir die Kinder, die bissen und den anderen Kindern die Haare ausrissen — nicht sich selbst. Ich habe ein solches Kind gefilmt, wie es systematisch ein Stück Haut vom Spann eines anderen Kindes abriß, so daß eine blutende Verletzung zurückblieb.

Was für ein Schicksal hat der libidinöse Trieb nach der Entmischung der beiden Triebe? Unsere Beobachtungen über die autoerotischen Betätigungen von Kleinkindern im ersten Lebensjahr geben uns in dieser Hinsicht einige Hinweise. Wir haben festgestellt, daß bei den Kleinkindern, denen die affektive Zufuhr längere Zeit hindurch entzogen war, alle autoerotischen Aktivitäten einschließlich des Daumenlutschens aufhören. Theoretisch ausgedrückt, es sieht so aus, als sei das Kind zu einer Existenzform zurückgekehrt, die im Stadium des primären Narzißmus geherrscht hat; es ist nicht einmal in der Lage, seinen eigenen Körper zum Objekt zu nehmen, wie es das im Stadium des sekundären Narzißmus tun würde. Man bekommt den Eindruck, daß bei diesen an

Marasmus leidenden Kindern die einzige Aufgabe, der die Libido noch zu dienen hat, die Erhaltung des Lebens ist; sie soll das flackernde Flämmchen des Lebens so lange wie möglich erhalten.

Die Marasmus-Kinder hatten keine Gelegenheit bekommen, Objektbeziehungen zu bilden. Infolgedessen konnten sie den Libidotrieb und den Aggressionstrieb nie auf ein und dasselbe Objekt richten – die unentbehrliche Voraussetzung für die Vermischung der beiden Triebe. Da ihnen das Objekt in der Außenwelt vorenthalten blieb, wandten sich die noch nicht gemischten Triebe gegen die eigene Person der Kinder, die sie sich zum Objekt nahmen. Die Folgen der Lenkung ungemischter Aggression gegen die eigene Person kommt in der destruktiven Wirkung des Verfalls bei dem Kind zum Ausdruck – in Form des Marasmus. Die Rückwendung der ebenso ungemischten Libido auf das Selbst wirkt dieser Zerstörung entgegen; in einer dem primären Narzißmus ähnlichen Form verbraucht sich der libidinöse Trieb in der Anstrengung, die Erhaltung des Lebens zu sichern.

Nach meiner Meinung spielt die Aggression im normalen Mischungszustand der beiden Triebe eine Rolle, die der einer Trägerwelle vergleichbar ist. Auf diese Weise ermöglicht der Aggressionsdrang die Lenkung beider Triebe auf die Umwelt. Wenn aber der aggressive und der libidinöse Trieb nicht zur Mischung gelangen oder wenn eine Entmischung stattgefunden hat, dann wendet sich die Aggression gegen die Person des Kindes selbst; in diesem Fall kann auch die Libido sich nicht mehr nach außen richten[3].

---

[3] Man könnte fragen, was während des Affektentzugs mit den beiden Trieben geschieht, warum sie sich entmischt haben, warum es den Anschein hat, als ob der Aggressionstrieb ein anderes Schicksal erleidet als die Libido. Im gegenwärtigen Stadium unserer Erkenntnis sind dies rein akademische Fragen. Ich glaube jedoch, daß Freuds Hypothesen in bezug auf die Affinität des libidinösen Triebes zu den inneren Organen (Freud, 1905 b) ein Licht auf diese Fragen werfen. Freud hat später, besonders in „Das ökonomische Problem des Masochismus" (1924 c) vom Muskelapparat als der Abfuhrbahn für den Aggressionstrieb gesprochen. Organsysteme sind in ihrer Abfuhrfunktion erheblich langsamer als die Skelettmuskulatur. Man kann sogar annehmen, daß die ersteren die Fähigkeit haben, Energie in gebundener Form festzuhalten (Breuer und Freud, 1895). Das trifft für die Skelettmuskulatur nicht zu, die Energie rasch und in kurzdauernden Stößen abgibt.

Wir könnten Vermutungen über die Existenz einer organischen, einer physio-

Neutralisierung: Wir können die Triebschicksale nach dem Objektverlust auch unter dem Gesichtspunkt von Hartmanns Begriff der Neutralisierung (Hartmann, 1952, 1953, 1955; Kris, 1955; Hartmann, Kris und Loewenstein, 1949) betrachten, nach dem Triebenergie in neutralisierte Energie umgewandelt werden kann. Eine Neutralisierung könnte wirklich die verderblichen Folgen der Triebentmischung verhüten. Jedoch setzt eine Neutralisierung eine gewisse Stufe der Ich-Organisation voraus, die der Säugling frühestens im letzten Viertel seines ersten Lebensjahres erreicht.

Das ist das Stadium, in dem wir sagen können, das Kind hat eine erste Stufe der wirklichen Ich-Organisation erreicht, die erste integrierte Ich-Struktur, die dem rudimentären, noch nicht ganz integrierten Ich, das wir für den dritten Lebensmonat postuliert haben, ganz unähnlich ist. Wir haben diese beiden Stufen der Ich-Entwicklung den ersten und den zweiten Organisator der Psyche genannt. Der erste größere Schritt zur Ich-Integration wird in den Übergangsmonaten getan, die zwischen den beiden Organisatoren liegen. Damit das Kind die komplexen und schwierigen Prozesse dieses ersten wichtigen Übergangsstadiums erfolgreich durchlaufen, das heißt, auf dem zum zweiten Organisator der Psyche führenden Weg vorwärtsgehen kann, müssen bestimmte Bedingungen erfüllt sein (Spitz, 1960 b).

Unter diesen Bedingungen ist die Atmosphäre der Geborgenheit von hervorragender Bedeutung, die durch stabile und verläßliche Objektbeziehungen zustandekommt. Dem Kind muß ständig ein Zugang zur ungehinderten Triebabfuhr in Form von auf das Objekt der Libido gerichteten Affekten möglich sein, der zur Interaktion zwischen Kind und Objekt führt[4].

---

logischen Grundlage anstellen, die im Fall einer pathologischen Abfuhrhemmung die Entmischung der beiden Triebe herbeiführen könnte. Wenn sich erst einmal der libidinöse Trieb vom Aggressionstrieb durch Entmischung getrennt hat, könnte der Unterschied der Abfuhrrhythmen zwischen inneren Organen und Skelettmuskulatur die Spaltung aufrechterhalten und schließlich zu einem für jeden Trieb verschiedenen Schicksal führen. Vielleicht könnten einige der Annahmen Cannons (1932) in diesem Zusammenhang zur Anwendung kommen. Jede derartige Aussage kann nur auf eine der möglichen Richtungen unseres Denkens hinweisen.

[4] Hiervon unabhängig bringt Erikson (1950 a) diese Ansicht in etwas anderer Form zum Ausdruck, indem er von „dem ersten Stadium des Grundvertrauens

Nach der Ich-Konstituierung gegen Ende des ersten Lebensjahres werden die Vorläufer der Abwehrmechanismen immer stärker ausgebildet. Die Persönlichkeit des Kindes beginnt, sich zu entfalten und individuelle Charakterzüge treten hervor. Im Verlauf dieser Entwicklung werden die Triebe (die sich bei der Konstituierung des Objekts der Libido vermischt hatten) noch vielen weiteren Wechselfällen ausgesetzt, zu denen sowohl die Neutralisierung als auch die Ableitung von größeren oder geringeren Quantitäten der beiden Triebarten in die psychische Repräsentation des einen oder anderen Organs, dieser oder jener Tätigkeit gehören, je nach dem besonderen zonalen Funktionsmodus (Erikson, 1950 a), der gerade herrscht.

Das Ergebnis dieser mannigfaltigen Experimente mit den Trieben ist eine Skala von Triebmischungen, deren Zusammenhang sowohl qualitativ als auch quantitativ wechselt. Wenn ich von Experimenten mit Triebmischungen spreche, setze ich natürlich auch voraus, daß viele dieser Versuche nicht zum Ziel führen, sei das die Befriedigung eines Bedürfnisses[5] oder die Vermeidung von Unlust. Erfolglose Versuche werden aufgegeben; das normale Kind wird relativ leicht auf sie verzichten, weil die Sicherheit und Verläßlichkeit seiner Objektbeziehungen die Unkosten eines solchen Verzichts erträglicher machen. Das bergende affektive Klima erlaubt dem Kind, sich für Enttäuschungen und Frustrationen in einem anderen Bereich der Objektbeziehungen oder auch durch neue Versuche oder durch beides schadlos zu halten.

Hier setzt die Neutralisierung ein, denn sie ist abhängig davon, daß das Realitätsprinzip die Herrschaft angetreten hat. Das Individuum muß fähig sein zu erkennen, daß sein unmittelbar angestrebtes Ziel entweder unerreichbar ist oder zuviel Unlust mit sich bringen würde. Diese Einsicht selbst verlangt Denkoperationen von dem Kind, die eine Stufe der Ich-Integration erfordern, auf der die Befriedigung aufge-

---

(basic trust) (etwa erstes Jahr)" spricht, während Therese Benedek von „Zutrauen" *(confidence)* spricht.

[5] Es wird kaum nötig sein, den psychoanalytisch erfahrenen Leser daran zu erinnern, daß ich den Begriff „Bedürfnisbefriedigung" verwende, um die Folgen einer ausgedehnten Skala psychischer Elebnisse zu umschreiben, zu denen auch masochistische gehören.

schoben und der Trieb in der Schwebe gehalten werden kann[6]. Eine weitere Voraussetzung für die Fähigkeit der Triebneutralisierung ist das oben erwähnte Klima affektiver Geborgenheit, das nur zustandekommen kann, nachdem das Objekt der Libido im eigentlichen Sinn (gegen Ende des ersten Lebensjahres) gebildet worden ist.

Wenn man die wiederholten Versuche und Proben des acht Monate alten Kindes beobachtet, die Art, wie es seine Triebe auf dieses und jenes Ziel richtet, wie Partialtriebe herausdifferenziert, reintegriert und verwendet werden, wird man an die Art und Weise erinnert, wie in den ersten Lebensmonaten Muster und Verhaltensweisen der Motorik erworben werden. Wie in den ersten Monaten ungeeignete *Bewegungen* aufgegeben werden, so gibt auch das Achtmonatskind unzweckmäßiges *Verhalten* auf; wie erfolgreiche Bewegungen dem Repertoire des drei Monate alten Säuglings eingegliedert werden, so werden auch erfolgsspezifische Verhaltensabfolgen gegen Ende des ersten Jahres zur Routine in der Annäherung des Kindes an die Welt. Unter den Zufallsbewegungen wurden diejenigen ausgewählt, die zum Ziel geführt hatten; von den verschiedenen Verhaltenssequenzen und affektiven Reaktionen werden diejenigen beibehalten, die Gewinn bringen.

Ein günstiges affektives Klima ist dem Experimentieren durch Handlungen und Beziehungen und Bestrebungen förderlich, das Ziele auf einem höheren Niveau erreichen möchte. Auf dieser Stufe ist die *unmittelbare* Bedürfnisbefriedigung nicht mehr das ausschließliche Ziel. Die Aufrechterhaltung der Befriedigung in bezug auf die Objektbeziehungen einerseits, des Entwicklungsfortschritts und der Selbständigkeit andererseits gewinnen zunehmend an Bedeutung. Bestrebungen, die mit diesen Zielen nicht übereinstimmen, werden aufgegeben. Man könnte vielleicht sagen, daß motorische Verhaltensweisen in den ersten Lebensmonaten einen *Zweck* haben; der Einsatz der Triebe nach der Konstituierung des Ichs hat dagegen *Ziele*.

Wenn ein Ziel aufgegeben wird, sucht die Energie, die zum Zweck seiner Erlangung aufgewendet worden ist, nach einem Ventil, kann nicht

[6] Nach Piaget entspricht dies einer relativ weit fortgeschrittenen Stufe der Reversibilität, die im vierten Stadium erreicht wird, wo das Kind fähig ist, das versteckte Spielzeug hinter zwei aufeinanderfolgenden, verdeckenden Polstern wiederzufinden. (Siehe aber auch Anhang.)

entladen werden und verlangt Bewältigung. Ungerichtete Erregung und unkoordinierte Aktivität (die ursprünglichen Abfuhrmodi in den ersten Lebenswochen) stehen für das einjährige Kind nicht mehr im Einklang mit seinem Ich, besonders dann, wenn die Fortsetzung guter und verläßlicher Objektbeziehungen die größte Befriedigung verspricht. Es ist zwar richtig, daß die Herrschaft des Ichs noch nicht so gefestigt ist, daß Anfälle von unbeherrschter Wut und Zorn ausgeschlossen sind. In Wirklichkeit sind sie aber bei einem Kind mit guten und befriedigenden Objektbeziehungen selten. Statt dessen entwickeln sich neue Methoden, mit der unverbrauchten Energie fertigzuwerden. Auf der Bewußtseinsebene wird ein Ausgleich akzeptiert. Im unbewußten Bereich des Ichs werden Abwehrmechanismen entwickelt und die Neutralisierung des Triebes wird möglich.

Im Hinblick auf diese Erwägungen bin ich der Meinung, daß die *Neutralisierung im Bereich der Triebe eine Rolle spielt, die der des Realitätsprinzips im Bereich des Handelns vergleichbar ist.* Bevor die Möglichkeit der Neutralisierung zur Verfügung steht, führen die entmischten Triebe zur Destruktion, entweder des Objekts oder des Subjekts oder beider. Aber wenn die Triebenergie neutralisiert werden kann, wird sie so lange in der Schwebe gehalten, bis sich eine günstigere Gelegenheit bietet, um die neutralisierte Energie zur Erreichung eines Zieles zu benützen, das mit dem Ich im Einklang steht. Die Neutralisierung des Triebes stellt also, wie das Realitätsprinzip, eine Umwegfunktion dar.

Wenn wir von den „normalen" Populationen aus, die wir beobachtet haben, verallgemeinern dürfen, dient die Neutralisierung des Triebes der Abwehrfunktion. Also kann man die Neutralisierung der Liste der Abwehrmechanismen hinzufügen; das Realitätsprinzip als Umwegfunktion und Anpassungsmittel wäre dann ihr Vorläufer.

16. KAPITEL

ZUSAMMENFASSENDE SCHLUSSFOLGERUNGEN

Ich habe in dieser Studie versucht, ein abgerundetes Bild meiner Arbeit über die Entstehung der ersten Objektbeziehungen und ihrer Bestandteile, über ihre in der normalen Entwicklung auf einander folgenden Stadien und auch über einige ihrer Störungen im Verlauf des ersten Lebensjahres vorzulegen. Dieses Bild ist nur eine Skizze, in mancher Hinsicht unvollständig. Zukünftige Forscher werden mit feineren Instrumenten arbeiten, und sie werden zweifellos meine Feststellungen erweitern, berichtigen und modifizieren; sie können zu schärferen Definitionen und einem neuen Begriffssystem gelangen. Was ich hier anbiete, ist daher nur eine erste Annäherung, die etwas Licht in eine ganze Reihe von Phänomenen bringt, manchmal ganz unerwartet und überraschend.

Ich habe darauf hingewiesen, daß ein ungehindertes Fortschreiten bei der Herstellung von Objektbeziehungen eine Voraussetzung für die normale Entwicklung und ein normales Funktionieren der Psyche ist – eine notwendige, aber nicht zureichende Bedingung. Ich habe Abweichungen in der Herstellung von Objektbeziehungen besprochen, sowie die Störung der psychischen Entwicklung des Kleinkindes, die häufig mit solchen Abweichungen in Zusammenhang steht. Einige dieser Störungen im frühen Säuglingsalter, mag es sich dabei um psychogene Erkrankungen oder psychosomatische Zustände handeln, haben eine auffallende Ähnlichkeit mit Störungen, die uns auch beim Erwachsenen vertraut sind. Ich habe festgestellt, daß diese Ähnlichkeiten nicht bedeuten, daß die Störung beim Kleinkind und die in den Bereich der Psychiatrie gehörende Erkrankung des Erwachsenen homolog oder sogar analog seien. Im Gegenteil, ich habe betont, daß die pathologischen Zustände, die man im Kleinkindalter antrifft, unabhängige klinische Bilder eigener Art sind, denn sie befallen einen Organismus mit einer psychischen Struktur, die ganz anders ist als die des Erwachsenen. Wenn jedoch so ernste Störungen wie einige der von mir beschriebenen während der Formungszeit der Psyche eintreten, müssen sie in Funktion und Struktur der Psyche Narben zurücklassen. Solche Narben stellen wahrscheinlich einen *locus minoris resistentiae* dar, an dem Störungen, die auf einer späteren Altersstufe vorkommen, eine Ausgangsbasis finden können. Die später erscheinende Krankheit kann zu einer ganz anderen Kategorie gehören oder auch nicht; das sind Fragen, die noch der Erforschung harren. Ich halte es jedoch für höchst wahrscheinlich, daß psychogene Störungen in der frühen Kindheit eine Disposition zur späteren Entwicklung pathologischer Erscheinungen schaffen.

Beim gegenwärtigen Stand unseres Wissens ist das eine Hypothese, jedoch scheinen klinische und experimentelle Studien sowie Beobachtungen von Anna Freud (1958), John Bowlby (1953), Putnam u.a. (1948), Margaret Mahler (1960), Berta Bornstein (1953) und vielen anderen sie zu bestätigen (siehe auch Lebovici und McDougall, 1960). Schlüssige Beweise, das heißt, eine Bestätigung oder Widerlegung meiner Hypothese werden sich zeigen, wenn die Ergebnisse einer ausreichenden Anzahl von Längsschnittuntersuchungen, die mit der Geburt beginnen, zur Verfügung stehen werden.

Bis dahin eröffnet selbst so eine vorläufige Arbeitshypothese Ausblicke sowohl auf das Gebiet der Vorbeugung als auch auf das der Therapie mancher Störungen bei Kindern und Erwachsenen. Ich habe in meiner Arbeit „Psychiatric Therapy in Infancy" (1950 a) einige Gedanken zur Vorbeugung dargelegt.

Auf dem Gebiet der Therapie sind unter der Bezeichnung *anaklitische* Therapie (Margolin, 1953, 1954) schon Versuche gemacht worden. Da die Störungen sowohl bei Kindern als auch bei Erwachsenen anscheinend an psychische Narben gebunden sind, die sich auf krankmachende frühe Objektbeziehungen zurückführen lassen, ist es folgerichtig, daß auch angemessene therapeutische Maßnahmen bis in das vorsprachliche Alter zurückreichen müssen, das sowohl der ödipalen als auch der prägenitalen Phase vorausgeht (Spitz, 1959).

Das, was wir in der vorliegenden Studie aufgedeckt haben, deutet darauf hin, daß Störungen bei der Bildung der frühesten Objektbeziehungen wahrscheinlich zu einer ernsthaften Beeinträchtigung der Fähigkeit des Heranwachsenden und des Erwachsenen führen, in der therapeutischen Situation eine Übertragung herzustellen. Margaret Mahler (1952) hat beim Kleinkind zwei Vorläufer solcher abweichenden Entwicklung entdeckt, die sie das „autistische“ und das „symbiotische“ Kind nennt. Der dem autistischen Kind entsprechende Erwachsene zeigt einen Mangel an Kontakt, starke Zurückhaltung und in extremen Fällen Katatonie. Das symbiotische Kind andererseits findet seine Entsprechung in dem Erwachsenen, der gewisse Formen pathologischer Verliebtheit, extreme Abhängigkeit mit starken Selbstmordneigungen, an den Tag legt.

Ich glaube, daß das Vorherrschen guter Objektbeziehungen während des ersten Lebensjahres die Voraussetzung für die Fähigkeit ist, eine Übertragung herzustellen. Das ist der Grund, warum das Übertragungsphänomen zuerst in der psychoanalytischen Therapie von *Neurotikern* entdeckt wurde. Bei der Neurose tritt der ursprüngliche Konflikt erst Jahre nach der Konstituierung des Objekts auf, was darauf hinweist, daß die frühesten Objektbeziehungen der Neurotiker relativ befriedigend waren.

Im Gegensatz dazu haben wir gewöhnlich einige unserer Patienten für zu narzißtisch gehalten, als daß sie einer psychoanalytischen Behandlung zugänglich wären. Bis vor kurzem glaubte man, sie seien unfähig, eine Übertragung herzustellen. Heute wissen wir, daß das nicht so ist; aber die Behandlung solcher atypischer Übertragungen ist äußerst schwierig und erfordert technische Abwandlungen der Therapie. Diese Abwandlungen können vielleicht aus dem Prozeß deutlich werden, der zur Übertragungsfähigkeit führt, nämlich aus der Geschichte der Entwicklung von Objektbeziehungen; im Einzelfall aus der individuellen Störung der Objektbeziehungen des jeweiligen Patienten. Anders ausgedrückt: Das, was in den Objektbeziehungen des Patienten gefehlt hat, sollte nun der Therapeut liefern. Die Diagnose eines solchen Mangels wird durch das Phänomen der Stadiums-Spezifität erleichtert; man kann die speziellen seelischen Schädigungen, die der Patient erlitten hat, mit Hilfe seiner besonderen Fixierungen aufspüren (Spitz, 1959).

In dieser Studie erheben sich noch eine Reihe anderer Fragen, die ich entweder nur flüchtig berührt oder ganz außer acht gelassen habe. Eine dieser Fragen ist die nach der soziologischen Bedeutung dieser Feststellungen. In den einleitenden Abschnitten dieses Buches habe ich erwähnt, daß Objektbeziehungen im Grunde soziale Beziehungen sind. Ich kann dieses Buch nicht abschließen, ohne eine kurze Anmerkung über die frühesten Objektbeziehungen aus der Perspektive der Soziologie und Geschichte zu machen.

Welche Bedeutung haben die ersten Objektbeziehungen für die Gesellschaftsstruktur? Freud hat in seinem Buch „Massenpsychologie und Ich-Analyse“ (1921) die Antwort umrissen. Ausgehend von den Phänomenen der Hypnose und der Liebe, hat Freud den Begriff einer „Masse zu zweit“ geprägt, deren Ursprung er bis zur Mutter-Kind-Beziehung zurückverfolgte. Er hat deutlich gemacht, daß die vorübergehende Beziehung zwischen dem Hypnotiseur und dem Hypnotisierten der Prototyp der Beziehung der Gruppe zu ihrem Führer ist.

Alle späteren Beziehungen mit Objektqualität, die Liebesbeziehung, die hypnotische Beziehung, die Beziehung der Gruppe zu ihrem Führer, und letzten Endes alle zwischenmenschlichen Beziehungen haben ihren ersten Ursprung in der Mutter-Kind-Beziehung. Unsere Untersuchung bietet daher einen Ausgangspunkt für das Verstehen der Kräfte und Bedingungen, die aus dem Menschen ein soziales Wesen machen. In dieser Konstellation von Kräften und Bedingungen sind die Affekte und der affektive Austausch von zentraler Bedeutung. Die Fähigkeit des Menschen, soziale Beziehungen herzustellen, wird in der Mutter-Kind-Beziehung erworben. Durch diese Beziehung wird die Lenkung der vermischten Triebe auf das Objekt der Libido bewerkstelligt, und so entsteht die Schablone für alle späteren menschlichen Beziehungen.

Die Forschungsarbeiten von Kulturanthropologen wie Margaret Mead (1928, 1935), Ruth Benedict (1934), Kardiner (1939, 1945), Redfield (1930), Montagu (1950) und vielen anderen haben bewiesen, daß zwischen den Mutter-Kind-Beziehungen in einer bestimmten Kultur einerseits und den Formen der kulturellen Einrichtungen der gleichen Gesellschaft andererseits eine enge Verbindung besteht. Diese ist jedoch in keiner Richtung einfach als Ursache und Wirkung zu deuten. Ich habe schon darauf hingewiesen (1935), daß die Art und Weise der Kindererziehung in einer bestimmten Gesellschaft nicht für sich allein die Art der kulturellen Institutionen oder die Form der Beziehungen zwischen ihren erwachsenen Mitgliedern bestimmt. Umgekehrt sind es auch nicht nur die kulturellen Institutionen einer bestimmten Gesell-

schaft, die Form und Tragweite der dort herrschenden Mutter-Kind-Beziehungen bestimmen. Indem sie einander in historischem Fortschreiten wechselseitig beeinflussen, sind beide in einem fortgesetzten Prozeß unentwirrbar verwoben. Sie stellen den Niederschlag der historischen, traditionellen und Umweltkräfte der jeweiligen Gesellschaft dar.
Die Art der kulturellen Institutionen setzt die Grenzen, in denen Objektbeziehungen wirksam werden können. Dafür gibt Kardiner (1945) in seiner Studie über den Alor-Stamm ein gutes Beispiel. In der Gesellschaft von Alor ist es die Rolle der Frau, auf dem Feld zu arbeiten, während der Ehemann sich seinen Geschäften widmet.

Die Frauen arbeiten auf dem Feld, während die Ehemänner Schuldner mahnen. Die Mutter füttert das Kind früh am Morgen, nimmt den Säugling aber nicht mit, sondern überläßt ihn sich selbst oder der Fürsorge eines unwilligen älteren Geschwisters, das kein Interesse an dieser Aufgabe und keine Liebe zu dem Säugling hat. Kleinkinder, die ihren Müttern nachschreien und darum betteln, mitgenommen zu werden, sind in dieser Gemeinde ein alltäglicher Anblick; jeder Alorese beklagt sich, daß seine Mutter ihn in der Kindheit verlassen hat.
... Zu keiner Zeit seines Lebens genießt ein Kind Zärtlichkeit und elterliche Besorgnis. Sobald die Kinder ein wenig größer geworden sind, werden sie, besonders die Mädchen, gezwungen, ihren Müttern zu helfen ...

Was finden wir bei diesen Menschen vor? Sie kennen keine Anhänglichkeit an ihre Eltern ... sie stehen auf einer niedrigen Stufe der Gewissensentwicklung, kennen nur schuldbewußte Furcht. Die Beziehungen zwischen den Geschlechtern sind abscheulich und alle Formen menschlicher Beziehungen sind sehr ernstlich geschädigt.

... Die Aloresen sind mißtrauisch, trauen weder einander noch einem Fremden. Sie sind wachsam und abwehrbereit, scheu, unsicher und fühlen sich ständig bedroht ...

Ihre Fähigkeit zur Zusammenarbeit ist sehr gering ... sie haben keine Ahnung, was im Kopf des anderen vorgeht. Die Zusammenarbeit, die vorkommt, basiert auf der Nützlichkeit und ist unzuverlässig. Beim Austausch von Gefälligkeiten betrügt jeder jeden.

Es existiert nichts Schöpferisches. Die Kunst ist roh und nachlässig. Sie dulden Zerstörung und Verfall, leben nur für den Augenblick und können nicht planen. Ihre Folklore ist durchsetzt mit dem ständig wiederkehrenden Motiv des Hasses auf die Eltern ... Sie haben keinen Tugendbegriff und kennen keine Vorstellung von einer Belohnung für gutes Verhalten.

Von den drei Gründen, die Kardiner für den Fortbestand dieser Gesellschaft angibt, sind die beiden folgenden für unseren Gegenstand relevant: „diese Gesellschaft hat sich nie einer äußeren Gefährdung durch Eroberung oder Hungersnot gegenübergesehen ... ihre Aggression ist merklich unentwickelt; das heißt, die emotionale Tönung der Aggression ist bei ihnen sehr stark, aber ihre Fähigkeit, sie einzusetzen, ist äußerst schwach entwickelt."

Die Sitten und Traditionen der Aloresen zwingen die Mutter, ihr Kind zu verlassen und auf dem Feld zu arbeiten, und sie zwingen den Vater, abwesend zu sein. Dadurch erlegt diese Gesellschaft dem Kleinkind einen Mangel an Objektbeziehungen auf, vergleichbar dem Mangel an affektiver Zufuhr bei den Kindern, die ich im 14. Kapitel beschrieben habe. Dieser Mangel an Gefühlsbeziehungen hindert das Individuum daran, zwischenmenschliche Beziehungen zu anderen Erwachsenen seiner Gesellschaft anzuknüpfen oder aufrechtzuerhalten, die über die Grenzen des unmittelbaren wirtschaftlichen Gewinns hinausgehen. Die beklagenswerten Beziehungen unter den Erwachsenen dieses Stammes bestimmen ihrerseits die Art der kulturellen Institutionen und Einstellungen, die alle und jede zwischenmenschliche Beziehung regulieren, einschließlich der Mutter-Kind-Beziehung. So entsteht ein circulus vitiosus.

Diese Konstellation von Faktoren sichert der starr an Traditionen gebundenen Gesellschaft ohne Lese- und Schreibkultur unveränderliche kulturelle Formen über Jahrhunderte hinweg. Im Gegensatz dazu macht unsere westliche Kultur infolge wirtschaftlicher, ideologischer, technischer und anderer Umformungen relativ plötzliche Veränderungen ihrer gesellschaftlichen Bedingungen durch. Solche willkürlich und oft unvermittelt erzwungenen Umwandlungen verändern unter anderem den Rahmen der Mutter-Kind-Beziehungen. Im Lauf der letzten drei Jahrhunderte sind wir mindestens zwei größeren Umwälzungen dieser Art unterworfen worden:

1. Dem fortschreitenden Verfall der patriarchalischen Autorität als Folge der Einführung des Protestantismus (Spitz, 1952).
2. Der rapiden Verschlechterung der Mutter-Kind-Beziehung seit etwa einem Jahrhundert, die mit dem Beginn der Industrialisierung der Produktion einsetzte. Der entsprechende Wandel der Ideologie macht den Weg dafür frei, die Mutter zur Fabrikarbeit heranzuziehen, so daß sie

ihrem Haushalt und ihrer Familie ebenso wirksam entzogen wurde wie in Alor.

Diese beiden Erscheinungen, der Verfall der väterlichen Autorität und die Abwesenheit der Mutter, haben sich zusammengetan und der raschen Auflösung der traditionellen Form der Familie in unserer westlichen Gesellschaft den Weg geebnet. Die Folgen werden deutlich an dem zunehmend schwerwiegenden Problem der Jugendkriminalität und an der wachsenden Zahl von Neurosen und Psychosen in der westlichen Erwachsenen-Gesellschaft. Diese Entwicklung hat neue Lösungen auf den Plan gerufen; bisher unbekannte kulturelle Institutionen sind entstanden. Ich meine Pflegeheime, Adoptionsvermittlungen, Child-Guidance-Kliniken, Sozialarbeiter, Babysitter, für eine Weile auch die stets wachsende Anzahl von Irrenanstalten für Erwachsene wie auch für Kinder, und den überall ertönenden Ruf nach Ausbildung einer astronomischen Zahl von Psychiatern, um die Störungen zu behandeln, die unsere Zivilisation selbst verursacht hat. Diese Lösungen sind jedoch nur Linderungsmaßnahmen. Es wird unbedingt erforderlich, die Wurzel des Übels selbst anzugehen. Dieses Übel ist die rasche Verschlechterung der Bedingungen, die für die normale Entwicklung der frühesten Objektbeziehungen unerläßlich sind. Wenn wir unsere bestehende Zivilisation vor dieser Gefahr bewahren wollen, müssen wir eine vorbeugende Sozialpsychiatrie schaffen. Das ist eine Aufgabe, die über die Kompetenz des Psychiaters hinausgeht. Wie jede vorbeugende Medizin ist es eine Aufgabe der Gesellschaft. Der Psychiater kann nur seine Erkenntnisse veröffentlichen und die Gesellschaft dringend auffordern, sie praktisch anzuwenden.

Von der Gesellschaft aus gesehen, haben gestörte Objektbeziehungen im ersten Lebensjahr, seien sie abweichend von der Norm, ungeeignet oder unzureichend, Folgen, die das Fundament der Gesellschaft selbst gefährden. Ohne eine Schablone, eine Prägeform, fehlt den Opfern gestörter Objektbeziehungen später selbst die Fähigkeit, Beziehungen herzustellen. Sie sind nicht ausgerüstet für die fortgeschritteneren, komplizierteren Formen des persönlichen und gesellschaftlichen Austauschs, ohne den wir als Art nicht fähig wären, weiter zu existieren. Sie können sich nicht an die Gesellschaft anpassen. Sie sind emotionelle Krüppel; vor mehr als hundert Jahren hat die Jurisprudenz für solche Individuen den heute in Vergessenheit geratenen Begriff *moral insanity* (moralischer Schwachsinn) geprägt. Ihre Fähigkeit zu normalen menschlichen und sozialen Beziehungen ist gestört; sie haben niemals Gelegenheit gehabt, libidinöse Beziehungen zu erleben und das anaklitische Liebesobjekt zu konstituieren. Selbst ihre Übertragungsfähigkeit ist geschädigt, so daß sie auch darin behindert sind, aus einer Therapie Gewinn zu ziehen.

Solche Individuen sind unfähig, die verwickelten und vielfältig getönten Bande der Beziehungen, die sie nie gehabt haben, zu verstehen, geschweige denn zu entdecken und sich ihnen einzufügen. Die Beziehungen, die sie herstellen können, erreichen nur gerade die Stufe der Identifizierung und gehen kaum darüber hinaus, denn sie sind nie in der Lage gewesen, die früheste, die grundlegendste, die anaklitische Beziehung zu ihrer Mutter herzustellen. Das Elend dieser Kinder wird in die Trostlosigkeit der sozialen Beziehungen des Heranwachsenden umgesetzt. Da ihnen die affektive Nahrung vorenthalten wurde, auf die sie Anspruch hatten, ist ihr einziges Hilfsmittel die Gewalt. Der einzige Weg, der ihnen noch offensteht, ist die Zerstörung einer Gesellschaftsordnung, deren Opfer sie sind. Das Kind wurde um die Liebe betrogen, dem Erwachsenen bleibt nur Haß.

ANHANG

DIE GENFER SCHULE DER GENETISCHEN PSYCHOLOGIE UND PSYCHOANALYSE: PARALLELEN UND GEGENSÄTZE

von W. Godfrey Cobliner

In unseren Berichten über das Verhalten des Kleinkindes und in unseren Anmerkungen dazu haben wir mehr als einmal Gelegenheit gehabt, auf die Arbeit von Jean Piaget und seinen Mitarbeiter Bezug zu nehmen. Das ist nicht aus akademischem Interesse oder nur zufällig geschehen. Piagets „Psychologie Génétique" ist neben der Psychoanalyse die einzige Entwicklungspsychologie, der es gelungen ist, ein zusammenhängendes System von Hypothesen zu konstruieren, das die psychische Entfaltung und das Verhalten erklärt.

Die „genetische Psychologie" befaßt sich mit der Entwicklung des Verhaltens als Ganzheit, nicht mit der Entwicklung isolierter Funktionen, Organe oder Fähigkeiten. Sie behauptet, daß diese Entfaltung deutlich erkennbare Stadien durchläuft, die zu einem immer komplexeren Verhalten führen; somit ist die Ontogenese fortlaufend, wenn sie ein Stadium durchläuft, und unterbrochen, wenn sie von einem Stadium zum nächsthöheren übergeht. Daraus folgt, daß die Wirkung früherer Lebenserfahrungen andauert, so daß sie sowohl Gegenwart als auch Zukunft bestimmt.

Wie die Psychoanalyse beschäftigt sich die Genfer Schule neben anderen Themen auch mit den Wirkungsweisen der Anpassung. Beide Schulen behaupten, daß die psychische Entfaltung von dem ausgewogenen Wechselspiel zwischen inneren (Reifungs-) Faktoren und Erlebnisfaktoren abhängt; dieses Wechselspiel liefert den Anreiz für eine Anpassungsleistung. Die psychonalytische Theorie betont, es gebe einen zusätzlichen inneren Faktor, dem sie bei der geistigen Entwicklung große Bedeutung beimißt. Das ist der innerseelische Konflikt, der durch einen Zusammenstoß der verschiedenen einander entgegengesetzten inneren Kräfte hervorgerufen wird; er setzt die Differenzierung und den Aufbau der Psyche in Gang.

Piaget hat sich in seiner Arbeit nur mit einem festumrissenen Bereich der Entwicklung beschäftigt, hauptsächlich mit der Erforschung des-

sen, wie sich die Erkenntnis (Wahrnehmung, Gedächtnis, Problemlösung) aus dem motorischen Handeln entwickelt. Im Zentrum seiner Aufmerksamkeit steht das, was er die psychische *Struktur* nennt, nicht so sehr die psychischen Funktionen. Er sieht die psychischen Strukturen als die *konstituierenden* Elemente der Denkfunktionen an. Ein Konflikt der Kräfte wird nicht in Betracht gezogen, so daß es in diesem System praktisch keine Dynamik gibt. Gerade wegen dieses Nachdrucks haben die Arbeiten Piagets und der Genfer Schule Ergebnisse erbracht, die die Feststellungen von Psychoanalytikern über die Entwicklung des Kindes ergänzen.
Die Psychonalytiker sind sich in all diesen Jahren wohl der Bedeutung bewußt gewesen, die den Beiträgen der Genfer Schule zukommt; aber da sie vollauf mit der Erforschung der Dynamik von seelischen Prozessen bei gestörten Menschen und mit den Gesetzen beschäftigt waren, die die unbewußten Prozesse beherrschen, waren sie weder in der Lage, den Wert der Feststellungen und Annahmen Piagets voll zu würdigen, noch sie bei ihren eigenen Untersuchungen anzuwenden. Dazu kommt die unleugbare Tatsache, daß der Rahmen der Psychoanalyse und ihr Hauptmittel der Untersuchung – die relative Ruhigstellung des Patienten in der Rückenlage, die eine relative Regression zur Folge hat – kaum einer systematischen Erforschung der Erkenntnis und ihrer Entwicklung oder einer Untersuchung von Wahrnehmungsprozessen und ihren Veränderungen förderlich ist. So geschah es, daß Piagets Beitrag vernachlässigt wurde, bis von Psychoanalytikern, die mit der direkten Beobachtung von Kleinkindern oder mit Kindertherapie beschäftigt waren, ein neuer Anstoß ausging. Der Vernachlässigung wird nun abgeholfen, wie das z. B. in den vorhergehenden Kapiteln geschehen ist, sowie in den Arbeiten von Anthony, Leitch, Escalona, Gouin-Décarie, Erikson, Kris, Rapaport, Wolff und anderen.
Die Verzögerung, mit der Psychoanalytiker und andere psychoanalytisch ausgerichtete Wissenschaftler die Arbeiten Piagets studiert haben, sind zum Teil auf die seiner Darlegung innewohnenden Schwierigkeiten zurückzuführen, die er häufig und in vollem Umfang anerkannt hat (siehe z. B. Piaget, 1945, Vorwort), sowie auf eine ziemlich einzigartige, oft verwickelte Terminologie. So sind z. B. die einzelnen Begriffe seiner Terminologie nur skizzenhaft definiert oder ihre Bedeu-

tung ändert sich je nach dem Zusammenhang, in dem sie stehen; außerdem sind die Trennungslinien zwischen Sinneseindruck, Erinnerung, Bild und Vorstellung nicht immer so scharf gezogen, wie man es sich wünschen würde.

Piagets schwieriger Stil spiegelt vielleicht den Umstand wider, daß er ein widerstrebender Psychologe und seinem Temperament nach eher ein Erkenntniswissenschaftler [Epistemologe] ist. Sein Interesse an der Entwicklung des Kindes wurde geweckt, nachdem er eine Stellung angenommen hatte, die das psychologische Testen von Kindern notwendig machte (Flavell, 1962). Als er einmal mit Kindern in Berührung gekommen war, wandte er seine Aufmerksamkeit der Erforschung der Erkenntnisentwicklung zu, und von da an war es sein Bestreben, die Grundlagen für eine genetische Erkenntniswissenschaft zu legen, die auf wissenschaftlichen und Entwicklungsgegebenheiten beruhen sollte, statt auf Philosophie. Piaget ist auf Abstraktion, auf allgemeine Gesetzmäßigkeiten ausgerichtet. Die Feststellungen an Kindern liefern lediglich die Mittel, um dieses Ziel zu erreichen.

Im Gegensatz dazu war Freud mehr am Individuum interessiert, am Menschen und seiner Funktionsweise. Für Freud standen affektive und konative Elemente und Vorgänge im Zentrum der Aufmerksamkeit. Es scheint nun, als seien Freuds Hypothesen über das Denken, seinen Ursprung, seine Rolle und seine Einwirkung auf das Individuum und auf die mitmenschlichen Beziehungen, obwohl sie Piaget zutiefst beeinflußt haben, nur gewissermaßen Nebenprodukte der Hauptströmung seines Denkens. Es wäre eine faszinierende, Einsatz erfordernde und höchst nützliche Studie, die vielen Analogien und Parallelen zwischen den von Piaget aufgestellten und den von Freuds Schülern ausgearbeiteten Hypothesen zu untersuchen. Letzten Endes würde sich herausstellen, daß die beiden Gruppen von Hypothesen im wesentlichen auf den ursprünglichen Formulierungen Freuds beruhen. Es bestehen kaum Zweifel, daß der Einfluß bisher nur einseitig von der Psychoanalyse zur Genfer Schule gegangen ist, aber das kann sich in Zukunft ändern. Viele Tatsachen, die Piaget und seine Mitarbeiter gesammelt haben, bestätigen psychoanalytische Annahmen, die Piagets empirischer Arbeit über das Thema vorangehen, wie hier in früheren Kapiteln gezeigt worden ist.

Im Lichte dieser Erwägungen erscheint es nützlich und an der Zeit, hier eine wenn auch kurze und unvollständige Darlegung der hauptsächlichen Feststellungen und Gedanken Piagets über die Entwicklung der Erkenntnis und die Bildung des konstanten Objekts anzufügen. Das wird ein sehr bescheidener Beitrag zum Thema sein, der sich ungefähr auf die ersten achtzehn Monate im Leben des Säuglings und Kleinkindes erstreckt.

Die meisten anderen grundlegenden Beiträge Piagets über den Aufbau der Wirklichkeit – wie Raum, Zeit und Kausalität – werden weggelassen, ebenso sein wichtiger Beitrag zu unserem Wissen über die Nachahmung, der sich in seinen Schlußfolgerungen grundlegend von den psychoanalytischen Erklärungen unterscheidet; vor allem wird auch keine Darstellung seiner eindrucksvollen Arbeit über die Entwicklung von Symbolik und Sprache gegeben.

Die gestellte Aufgabe hätte auch auf zwei andere Arten gelöst werden können: man hätte erstens auf den vorhergehenden Seiten Fußnoten zu jedem relevanten psychonalytischen Bericht über ein bestimmtes Ereignis oder eine Verhaltensweise machen können; man hätte zweitens den Leser in jedem solchen Fall auf einen bestimmten Absatz in der gelehrten, systematischen Piaget-Darstellung von Anthony, Gouin-Décarie, Rapaport, Wolff und anderen verweisen können. Es scheint uns, als ob beide Arten des Vorgehens Geduld und Bemühungen der Leser ungebührlich in Anspruch genommen hätten. Wir haben uns stattdessen entschlossen, eine zusammenhängende Darstellung vorzulegen, von der wir hoffen, daß sie folgenden Aufgaben gerecht wird: gewisse hervorstechende Konvergenzen zwischen Feststellungen und Postulaten der Psychoanalyse und denen Piagets aufzuzeigen, die den in den vorhergehenden Kapiteln erfaßten Lebensabschnitt betreffen; zu zeigen, wie die Psychoanalyse und die Genfer Schule gewisse Phänomene aus verschiedenen Blickwinkeln erklären, die einander ergänzen, und diejenigen unter unseren Lesern, denen Piagets Beiträge noch unbekannt sind, wenigstens bruchstückhaft mit seinen zentralen Gedanken bekanntzumachen, so daß sie mit neuem Mut selbst das Studium dieses Stoffes aufnehmen können.

Jahrelang hat Piaget behauptet, die Hauptaufgabe der Psyche sei es, die Anpassung des Individuums sicherzustellen. Die psychische Anpassung, sagt er, unterscheidet sich von der organischen oder biologischen Anpassung durch ihre Vielseitigkeit und Wirksamkeit. Bei der organischen Anpassung ist das Individuum auf Veränderungen in seinem System beschränkt, um das Gleichgewicht wiederherzustellen, das im Verlauf seiner Interaktion mit der Umwelt gestört worden ist. Die Wiederherstellung des Gleichgewichts durch den Mechanismus der Homöostase trägt das zwingende Merkmal der Unmittelbarkeit; sie findet statt im Hier und Jetzt. Im Gegensatz dazu erlaubt die psychische Anpassung (weil sie von Wahrnehmung und Gedächtnis Gebrauch macht) dem Individuum, Raum und Zeit für die Herstellung des Gleichgewichts einzuschieben, sei es in Form vorbeugenden Handelns, in Form von Aufschub oder Ortswechsel. Auf diese Weise befreit sich das Individuum dank psychischen Operationen von den Fesseln des Hier und Jetzt, kann seinen Aktionsradius erweitern und ist den somatischen Abläufen nicht länger ausgeliefert.

Die psychoanalytische Modellvorstellung von der Psyche befaßt sich mit ähnlichen Problemen; wo in Piagets Auffassung die Anpassung die Hauptaufgabe der Psyche ist, überträgt das psychoanalytische Modell diese Aufgabe einer der Instanzen der Psyche, dem Ich.

Es gibt jedoch Beweise dafür, daß Piaget einmal ein umfassenderes Modell der Psyche ins Auge gefaßt hatte, in dem er auch darüber Rechenschaft abzulegen versuchte, wie der Organismus innere Kräfte, die psychischen Energien, einspannt. In einer vor zwanzig Jahren geschriebenen Abhandlung (Piaget, 1942), die seitdem sowohl Piaget als auch seine Mitarbeiter und sogar seine Kritiker unberücksichtigt gelassen haben, hat er die Schritte skizziert, durch die die Psyche allmählich eine wachsende Herrschaft über die inneren Kräfte gewinnt und sie in den Dienst des rationalen Handelns stellt; auf Bruchstücke dieses Modells wird in vielen seiner späteren Abhandlungen wiederholt angespielt, aber weil sie im Zusammenhang isoliert sind, erkennt der durchschnittliche Leser ihre Bedeutung nicht (Piaget, 1947, 1954, 1956).

In der Abhandlung von 1942 deutet Piaget an, drei grundlegende

Strukturen von *Mechanismen*[1], wie er sie in einem Abschnitt nennt, steuerten die Aktivität der Psyche und befähigten das Individuum, in zunehmendem Maß die Herrschaft über sein Handeln zu gewinnen; es sind: *Rhythmus*, *Regulierung* und *Gruppierung*.

In den ersten Lebenswochen scheinen die Bewegungen des Säuglings völlig ungeordnet zu sein. An der Oberfläche kann man keine Ordnung, keine Strukturierung der einzelnen Bewegungen erkennen, aber in Wirklichkeit, behauptet Piaget, ist die Tätigkeit als Ganzes nicht zufällig.

Wenn der Säugling den Arm ausgestreckt hat, hat er dadurch eine bestimmte Gruppe von Muskeln gestreckt; er muß den Arm zurückholen, die Gruppe von Muskeln zusammenziehen und beide in ihre Anfangsstellung oder ihren Anfangszustand zurückbringen; in ähnlicher Weise muß er, nachdem er den Finger in den Mund gesteckt hat, ihn schließlich auch wieder herausnehmen, usw. Nun behauptet Piaget, daß die motorische Aktivität des Säuglings durch psychophysiologische Tendenzen in Grenzen gehalten wird, die nicht von der Art der *montages héréditaires* (ererbte Funktionsabläufe oder -pläne) sind. Die Bewegungen des Säuglings, behauptet er, werden von einem *zeitlichen* Element unter Kontrolle gehalten. Dieses zeitliche Element kristallisiert sich durch die Ausführung von Tätigkeiten in Verbindung mit Bedürfnissen und Reflexen. Durch das Üben der Reflexe (in Reaktion auf Bedürfnisse und äußere Reizung) erwirbt der Säugling allmählich neue Aktivitäten und Tätigkeitsmuster. Diese neuen Tätigkeiten zeichnen sich aus durch vier Merkmale: (a) sie wiederholen sich, seien sie nun einfach oder komplex; (b) sie haben zwei aufeinanderfolgende Phasen, eine aufsteigende oder positive, eine zweite absteigende oder negative (wie z. B. bei Muskeln, die zuerst gestreckt und dann kontrahiert werden); (c) das Intervall zwischen den Phasen ist bei gleichbleibenden inneren und äußeren Bedingungen mehr oder weniger gleichmäßig; (d) die Bewegungen schreiten nur in einer Richtung fort, sie sind unumkehrbar. Weil man diese formalen Merkmale gewöhnlich bei rhythmischen Abläufen findet, hat Piaget diesen Kontrollmechanismus „Rhythmus“ genannt.

[1] Der Begriff „Mechanismus“ im Zusammenhang von Piagets System hat wenig Ähnlichkeit mit den psychoanalytischen (Abwehr-) Mechanismen.

Piaget führt seine These aus und erklärt die Wirkungsweise des Rhythmus. Er sagt, folgender Ablauf finde statt: Zuerst steigt in dem Baby eine Tendenz auf, die es veranlaßt, eine bestimmte Bewegung auszuführen; diese Bewegung zerstört das bestehende Gleichgewicht, daraus ergibt sich eine zeitweilige Desorganisation; nun steigt eine zweite Tendenz gleicher Stärke auf, die das Baby veranlaßt, Bewegungen auszuführen, die den ursprünglichen, denen der ersten Phase, diametral entgegengesetzt sind. Allmählich kehrt dann der Körper des Kindes zum Anfangszustand zurück, das Gleichgewicht ist wiederhergestellt und der Zyklus ist abgeschlossen. Wegen des Zeitverlusts, wegen der vorübergehenden Desorganisation ist der Kontrollmechanismus, den der „Rhythmus" darstellt, offensichtlich primitiv. Das Baby ist ganz damit beschäftigt, mit seinem eigenen Körper fertigzuwerden, es ist unfähig, auf die Umgebung einzuwirken. Man könnte sagen, daß die Unzulänglichkeit der „Rhythmus"-Kontrolle auf ihren *Phasen-* oder *Reihen-*Charakter zurückzuführen ist, sie ist synchronisiert mit dem Körper des Kindes, der in ihrem Mittelpunkt steht.

Zur Stützung seiner These, daß der Rhythmus wirklich das Hauptelement dieses Mechanismus beim Neugeborenen ist, führt Piaget weder aus seiner eigenen Arbeit noch aus Arbeiten anderer Beobachtungsdaten oder experimentelle oder Messungsdaten an. Rhythmus ist weit verbreitet im Kosmos, gleichermaßen in der mechanischen Bewegung des Unbelebten wie des Belebten. Es gibt wirklich unzählige Tätigkeiten des Menschen, bei denen der Rhythmus eine zentrale Rolle spielt, z. B. bei Tätigkeiten, die mit körperlicher Anstrengung verbunden sind oder bei denen, die mit Erholung zu tun haben, wie Musik und Tanz (siehe Spitz, 1937)[2]. Angesichts dieser Tatsache erscheint es etwas riskant, ohne angemessene Beweise einem bestimmten Bewegungsablauf beim

---

[2] Rhythmische Verhaltensweisen sind beim Säugling schon sehr früh zu beobachten. In einem vorhergehenden Kapitel ist schon ein Beispiel dafür angeführt worden. In der Situation des Trinkens an der Mutterbrust – das heißt, in der Konstellation der Dyade – krümmt sich der Säugling zusammen und bewegt seine Hände rhythmisch am Körper seiner Mutter. Der Zyklus dieser Bewegungen kann der gleiche sein wie der, der das Schlucken beherrscht, oder der anderer Vorgänge in seinem Organismus, oder er kann auch der gleiche sein wie der von der Mutter ausgehender Bewegungen. Um Art und Abhängigkeit dieser Erscheinung zu bestimmen, sind weitere eingehende Beobachtungen notwendig (siehe 3. Kapitel).

Neugeborenen rhythmische Qualität zuzuschreiben; ebenso, zugleich zu behaupten, eben diese rhythmische Qualität sei ein grundlegender psychischer Mechanismus, der das Handeln lenkt und zur Erhaltung des Gleichgewichts dient. Das eben Gesagte bestreitet jedoch nicht die Gültigkeit der allgemeinen These Piagets über das Vorhandensein psychischer Steuerungen im Neugeborenen.

Nach Piaget wirken in dem vom Rhythmus beherrschten Stadium nacheinander zwei entgegengesetzte Tendenzen, und eben durch diese Aneinanderreihung gelingt es dem Säugling, eine primitive Art von Gleichgewicht zu erlangen.

Je mehr das Baby wächst, desto größer werden seine Mittel. Seine Tätigkeiten erweitern und vermehren sich. Die beiden einander entgegengesetzten Tendenzen treten nun gleichzeitig auf; sie stehen einander gegenüber und schaffen dadurch in den jeweils betroffenen psychischen Bereichen ein statisches Gleichgewicht. Dieses hebt sich von dem labilen, amorphen Gleichgewicht ab, das durch den Rhythmus erlangt wurde. Man darf jedoch die frühere Labilität nicht fälschlich für eine flexible Beweglichkeit halten. Beispiele für das statische, starre Gleichgewicht finden sich bei der primitiven Wahrnehmung (die nicht der Korrektur durch intellektuelle Fähigkeiten unterworfen ist), es wirkt auch bei der Müller-Lyer'schen Täuschung, im Delboeuf-Phänomen und bei anderen, die die Gestaltpsychologen beschrieben haben. Piaget bemerkt dazu, daß bei diesen Phänomenen eine bestimmte Tendenz eine sensorische Verzerrung des Bildes hervorbringt, die ungehindert fortbestehen würde, wenn das Auftreten einer umgekehrten Gegentendenz ihr nicht Einhalt geböte. Die Tendenz und die Gegentendenz, die da aufeinandertreffen, schaffen nun ein starres, statisches Gleichgewicht, belegt durch das Beispiel des entstellten Bildes, das für die genannten Phänomene charakteristisch ist. Die Starrheit des Gleichgewichts wird offenbar, wenn es zerstört wird: das Bild „zerbricht" einfach, es kann nicht wiederhergestellt werden; die Balance der Konstellation verschiebt sich und ein neues Gleichgewicht wird an anderer Stelle in einer neuen Konstellation errichtet. Diesen Typus der Erlangung des Gleichgewichts nennt Piaget „Regulierung". Ich wiederhole: die beiden einander entgegengesetzten Tendenzen, die wir in der Phase des Rhythmus antrafen, sind in der Phase der Regulierung *synchron;*

kraft dieses Umstandes werden die Tendenzen in *Strukturkomponenten* innerhalb des Gebäudes eines statischen Gleichgewichts umgewandelt.

Piaget hat die Allgegenwärtigkeit der Regulierung als eines psychischen Mechanismus nicht bewiesen, außer an ein paar oben angeführten Beispielen. Trotzdem behauptet er, daß die Regulierung ein grundlegender Mechanismus ist, genau wie der Rhythmus in einem vorhergehenden Stadium.

Mit fortschreitender Reifung und Entwicklung treten unzählige organische und psychische Tendenzen auf, immer komplizierterer Art, in ihrem Wirken wechselseitig voneinander abhängig. Nun hat das Kind nicht mehr mit ein paar Tendenzen und Gegentendenzen zu tun, sondern mit ganzen Bündeln. Sie werden zu Reihen, zu Netzen und Systemen zusammengeschlossen, und die entstehende Organisation ist den Gesetzen der Komposition unterworfen. Die psychische Steuerung dieser Kräftekonstellationen nennt Piaget „Gruppierung", mit einem aus der Mathematik entliehenen Begriff. Dank der Gruppierung kann das Kind seine inneren Tendenzen in den Dienst des (willentlichen) Handelns stellen. Sein Handeln und seine Denkoperationen werden *umkehrbar (reversible)*. Wegen dieser *Umstellungsfähigkeit – der Fähigkeit, eine Operation im Geist* (oder in der Tat) *umzukehren, der Fähigkeit, eine Aufgabe aus zwei entgegengesetzten Gesichtspunkten zu prüfen* – ist das Gleichgewicht, das das Kind nun erlangt, flexibel und höchst beweglich. Noch einmal sei darauf hingewiesen: dieses verfeinerte Gleichgewicht ist ganz anders als das fließend-amorphe des rhythmischen Stadiums; das Kind kann seine Kräfte nun verteilen, es kann sie lenken und ihre Stärke einem bestimmten Zweck anpassen. Daher ist es auch fähig, sein Handeln zeitlich zu bestimmen, es kann Mittel und Zweck koordinieren. Kurz gesagt, sein Handeln wird *rational* statt *impulsiv*. Offensichtlich beherrscht das Gruppieren ein gut Teil der Handlungen des Erwachsenen und ist tatsächlich in den Bemühungen der Menschen ziemlich allgegenwärtig. Piaget deutet nicht an, daß das Gruppieren willentlich erworben wird, es geschieht einfach, als sei es im Organismus vorgebildet.

Wie schon früher aufgezeigt, geht es Piaget hauptsächlich um den Erkenntnis-Bereich der Psyche und die Abfolgen seiner Entwicklung; er betont jedoch, daß die drei grundlegenden Strukturen der Psyche, deren Existenz er nacheinander in der Motorik, in der Wahrnehmung und im rationalen Handeln aufsucht, auch im Bereich der affektiven Entfaltung wirksam sind (1942, 1947, 1954, 1956).

So stellt er fest, daß in der adualistischen oder psychophysiologischen Phase Affekte und somatische Erregung eng verwoben sind und beide durch den Rhythmus im Gleichgewicht gehalten werden.

Später, wenn Emotionen auftreten und sich eingliedern, werden sie die Regulatoren des Gefühlslebens. Janet folgend, stellt Piaget fest, daß Emotionen die einzelne Handlung durch Beschleunigung, Verlangsamung oder durch den Vorgang der Verleihung von Stoßkraft lenken.

Das gleichzeitige Erscheinen von zwei entgegengesetzten Emotionen erzeugt ein statisches Gleichgewicht in der Gefühlsökonomie, genau wie zwei entgegengesetzte Wahrnehmungs-Tendenzen es im kognitiven Bereich zustandebrachten. Daher wird die Regulierung erreicht, indem zwei einander entgegengesetzte Emotionen einander gegenübergestellt werden. Die höchste Form der Lenkung, die der Gruppierung im kognitiven Bereich entspricht, ist die Nutzbarmachung psychischer Energien durch den Einfluß von *Werten und Gefühlen.* Das Handeln ist nur dann ganz umkehrbar *(reversible),* wenn Werte herauskristallisiert und wirksam werden (Piaget, 1947).

Piagets Auffassung von der Psyche, umrissen in der aufeinanderfolgenden Einsetzung dieser drei Strukturen oder Mechanismen, zeigt unverkennbare Parallelen zu gewissen Aspekten des psychoanalytischen Modells, die einer weiteren Erörterung wert sind.

Die erste ist die allgemeine Idee der psychischen Energie. Wie schon früher aufgezeigt, hat sich Piaget im wesentlichen mit Strukturen beschäftigt, die er als Komponenten des psychischen Funktionierens auffaßt (1956), und er ist der Ansicht, daß der Energiefluß durch die Psyche selbst bestimmt wird, statt durch physische Wirkkräfte innerhalb oder außerhalb des Organismus' des Individuums.

Zweitens läuft Piagets Gedanke von der Regulierung psychischer Energien der Annahme Freuds bezüglich des Lust-Unlust-Prinzips und des Realitätsprinzips parallel. Diese Prinzipien erklären die Nutzbarmachung psychischer Energien und den Verlauf des menschlichen Handelns allgemein. Wenn das Lust-Unlust-Prinzip das psychische Leben beherrscht, beeinflußt eine unmittelbare Abfuhr der Triebe und ihrer Abkömmlinge (manifestiert in der Impulsivhandlung) das individuelle Verhalten; wenn das Realitätsprinzip seine Steuerungsfunktion ausübt, kann die Abfuhr von Trieben und Triebabkömmlingen aufgeschoben und umgeleitet und so in den Dienst rationalen Handelns gestellt werden. Dieses rationale Handeln kennzeichnet den Umgang des Individuums mit der Umwelt.

Drittens: der Umstand, daß Impulse durch Wertvorstellungen in Schach gehalten werden, ist ein Phänomen, das im psychoanalytischen Modell dem Über-Ich zugeschrieben wird.

Der hervortretende Unterschied zwischen Piagets *Strukturen* und Freuds *Prinzipien* ist ihr verschiedener Abstand zum Belebten. Piagets Strukturen bleiben trotz ihrer zunehmenden Beweglichkeit physikalistisch, mechanistisch. Während sie Verschiebungen des Gleichgewichts in vollem Umfang berücksichtigen, lassen sie die Umwandlung der Energie außer acht. Freuds Prinzipien passen weit besser in ein biologisches Universum; sie haben die Aufgabe, die zunehmende Anpassung des Individuums an das Leben zu erklären, die in der Elastizität und Beweglichkeit seines Austauschs mit der Umwelt zutage tritt; sie tragen auch dem Spiel der Kräfte ganz und gar Rechnung, die im inneren Milieu ein Optimum an Kontinuität sicherstellen.

Obwohl Piagets Formulierungen über die zentrale Rolle des Rhythmus im Leben Einwände zulassen, verdient doch das Phänomen des Rhythmus in stärkerem Maß die Aufmerksamkeit der Psychologen und Psychoanalytiker, als sie ihm bisher zuteil geworden ist. Es ist eine wohlbekannte Tatsache, daß Rhythmus die Leistungsfähigkeit steigert und subjektiv selbst der Anstrengung den Charakter des Vergnügens verleiht. Obwohl diese scheinbar selbstverständliche Tatsache der Erforschung gut zugänglich ist, wird der Rhythmus nirgends in der psychonalytischen Literatur als ein grundlegender Mechanismus untersucht[3]. Die lexikalische Definition des Begriffes „Rhythmus“ erwähnt „Bewegung, gekennzeichnet durch regelmäßige Wiederkehr oder regel-

[3] Siehe jedoch Spitz (1937) und in neuerer Zeit Jacobson (1953) sowie die Diskussionsbeiträge von Greenacre (1954) und Anna Freud (1954 b).

mäßige Abwechslung von Elementen usw., daher Periodizität". Es gibt in „Jenseits des Lustprinzips" (1920) eine selten beachtete Bemerkung von Freud, die in seiner Abhandlung „Das ökonomische Problem des Masochismus" (1924 c) wiederkehrt, des Inhalts, daß die Lust, die man aus Anstieg und Abnahme der Spannung gewinnt, von dem Grad der Veränderung abhängig sein kann, die *innerhalb einer bestimmten Zeiteinheit* eintritt. Obwohl Freud das Wort „Rhythmus" nicht verwendet hat, weist die Bezugnahme auf das Element der Zeit unmißverständlich auf rhythmische Phänomene hin. Da eine periodische Zu- und Abnahme von Spannung alle Abfuhrphänomene kennzeichnet, gewinnen auch Eriksons (1950 a) Annahmen über zonale Funktionsmodi und ihr Abwechseln in diesem Zusammenhang zusätzliche Bedeutung. Daraus folgt, daß die isolierten Aussagen Freuds, Piagets und Eriksons über das Thema der zeitlichen Elemente, ob sie sich nun auf Rhythmus beziehen oder nicht, zum unmittelbaren Studium neuer Bereiche psychischer Tätigkeit auffordern. Vielversprechend ist z. B. die systematische Erforschung, Aufzeichnung und Messung von Arten der Abfuhr bei verschiedenen Prozessen, seien sie zonaler oder rein psychischer Art, wie z. B. Emotionen; darüber hinaus führt eine Untersuchung, wie zeitliche Elemente in verschiedenen Entwicklungsstadien verschiedene kognitive und konative Prozesse beeinflussen; man könnte untersuchen, ob diese zeitlichen Elemente Veränderungen unterworfen sind, und schließlich: ob und wie zeitliche Elemente das Wirken von triebeinschränkenden Funktionen wie z. B. Abwehr beherrschen, usw.[4]

Die obigen Erwägungen weisen darauf hin, daß man in der Erscheinung des Rhythmus zwei Hauptelementen begegnet. Das eine ist das der Ordnung, Harmonie, Organisation, Strukturierung, die alle mit rationalen Eigenschaften ausgestattet sind; das andere ist offensichtlich von subjektiverer Färbung. Es ist erregend, Lust gewährend, irrational und hat etwas dämonische Qualitäten. Beide Elemente sind anscheinend in gewissem Maß in Musikwerken enthalten, und vielleicht auch in künstlerischen Schöpfungen, die sich an andere Wahrnehmungsweisen als das Gehör wenden. Dem musikempfänglichen Leser wird es

---

[4] Aspekte dieser Phänomene werden zur Zeit unter der Leitung von J. Kestenberg untersucht (persönliche Mitteilung).

nicht schwerfallen, zu erkennen, ob ein bestimmtes Musikstück mehr dem einen oder dem anderen der in Frage stehenden Elemente des Rhythmus zuneigt. Ja, man kann sich kaum des Eindrucks erwehren, daß ganze Richtungen der Musik oder sogar die Musikschöpfungen spezifischer ethnischer Gruppen zu einer Betonung des einen oder des anderen rhythmischen Elements neigen. Schließlich kann diese vermutete einseitige Betonung ein charakteristisches Merkmal eines bestimmten Komponisten sein und auf eine hohe Spezialisierung (oder auch auf eine begrenzte Wendigkeit) hinweisen, vorausgesetzt, daß seine schöpferische Tätigkeit nicht plötzlich unterbrochen wurde.

Kehren wir zu dem zweiten grundlegenden Mechanismus zurück, zur Regulierung psychischer Energien. Der hervorragendste Unterschied zwischen den von der Psychoanalyse in der Theorie vom Realitätsprinzip vorgelegten Ansichten und den von Piaget vertretenen liegt in diesem Fall in der Diskontinuität der Mechanismen Piagets. Er nimmt an, daß mit dem Auftreten der Regulierung der Rhythmus als ein Mittel zur Verteilung seelischer Energie abtritt; ebenso verschwindet die Regulierung ihrerseits, wenn die Gruppierung (die Steuerung des affektiven Lebens, belegt durch das Beispiel der Hegemonie von Werten und Gefühlen) sich durchgesetzt hat.

Die psychoanalytische Theorie andererseits betont, daß das Lustprinzip, obwohl es durch das Realitätsprinzip aus seiner Vormachtstellung verdrängt wird, *das ganze Leben lang* wirksam bleibt und Seite an Seite mit dem Realitätsprinzip herrscht. Ja, gerade auf Grund dieser Annahme kann die Psychoanalyse viele Aspekte des menschlichen Verhaltens erklären, wie z. B. das Fehlen von Vernunft in Dingen, die mit Triebbefriedigung, mit Idealen, mit Glaubensfragen und selbst mit politischem Handeln zu tun haben — und tut es auch. Das kann man von Piagets Modell nicht behaupten.

Es erübrigt sich, die Parallele zwischen Piagets allgemeinem Modell der Psyche und dem der Psychoanalyse noch weiter zu verfolgen, und zwar deshalb, weil Piagets Erklärung der Gefühlsentwicklung und ihrer Wechselfälle unvollständig und etwas veraltet ist. Sie leidet an einem gewissen Mangel an Forschungsergebnissen (die Piaget an anderen Stellen reichlich anbietet), die seine Schlußfolgerungen stützen könnten; die Hauptbestandteile der Belege sind den Beiträgen entnommen, die am Beginn dieses Jahrhunderts von solchen berühmten Psychologen wie Claparède und Janet geliefert wurden, sowie von anderen, die den heutigen Studenten relativ unbekannt sind (Piaget, 1954).

Der Begriff der Stufen in der Ontogenese

Seine über lange Zeit durchgeführten Studien an Kindern brachten Piaget zu dem Schluß, daß die psychische Entfaltung weder ein gleichmäßiger, kontinuierlicher Prozeß ist, noch ein im strengen Sinn diskontinuierlicher Prozeß, den plötzliche Errungenschaften kennzeichnen, und auch kein ungeordneter Prozeß. Er bemerkte, daß beim Kind eine strenge Reihenfolge im Erwerb neuer Fähigkeiten herrscht, die bei *allen* Kindern unveränderlich ist, ganz gleich, welcher Herkunft sie sind, was für frühere Erfahrungen sie gemacht haben, wie sie motiviert sind und wo ihre Begabungen liegen. So gelangte er zu seinem Begriff der Stufen psychischer Entwicklung; dieser Terminus bezeichnet die folgenden Übereinstimmungen (Piaget, 1955, 1956):

A. Eine Stufe ist durch vorherrschende Merkmale gekennzeichnet, die wechselseitig voneinander abhängig sind und eine *Ganzheit*, ein Strukturganzes bilden.

B. Stufen heben sich ab durch Absätze in der Entfaltung der Psyche. An ihrem Anfang steht ein *plötzlicher* Erwerb; diese Errungenschaft wird konsolidiert und mit früheren integriert. Später bereitet sich eine neue Errungenschaft vor. Demgemäß ist der Übergang von einer niederen zu einer höheren Stufe eine Integration – daher die Vorstellung, daß psychisches Wachstum zugleich kontinuierlich und diskontinuierlich ist.

C. Der Zeitpunkt des Erwerbs psychischer Fähigkeiten, Fertigkeiten oder Mechanismen, die für die betreffende Stufe charakteristisch sind, schwankt von Population zu Population erheblich, ebenfalls innerhalb der Populationen von Individuum zu Individuum. Diese Schwankungen werden von einer Reihe innerer und äußerer Faktoren und durch frühere individuelle Lebenserfahrungen bestimmt.

D. Die Reihenfolge der Errungenschaften bleibt jedoch *konstant;* sie ist bei allen Populationen gleich, sie ist universal.

Piaget betont, daß die Elemente einer bestimmten Stufe *stets in die der nächsthöheren einbezogen werden;* hier liegt in der Tat das Zentrum seines Stufenbegriffs. Es ist eben diese Hypothese, die seinem psychologischen System die genetische Qualität verleiht, die man in den meisten anderen begrifflichen Erklärungen der psychischen Entwicklung vermißt.

Piaget ist der Ansicht, daß ein stufenweises Fortschreiten in allen Bereichen der psychischen Entfaltung, des Werdens, herrscht, obwohl er nur für einen Bereich, den Bereich der Intelligenz, Einzelheiten ausgearbeitet hat. Er betont jedoch, daß spezifische Einzelheiten, die für die Intelligenz gelten, sich z. B. nicht auf den Bereich der Wahrnehmung anwenden lassen (1956). Im Bereich der Intelligenz unterscheidet Piaget drei hauptsächliche *Perioden:*

1. Sensumotorische Intelligenz (0–24 Monate).
2. Periode der begrifflichen Intelligenz: konkrete Operationen (2 bis 10/11 Jahre).
3. Periode der begrifflichen Intelligenz: formale Operationen (11/12 bis 13/14 Jahre).

Diese Perioden werden dann in Unterabschnitte und schließlich in Stufen unterteilt.

Piagets Stufenbegriff, seine scharfe Einteilung der psychischen Entfaltung in deutlich unterscheidbare Episoden findet in der klassischen psychoanalytischen Theorie keine entsprechende Parallele. Die These von den Phasen der Libido erklärt zwar die psychosexuelle Entwicklung, diese Phasen sind aber keine wirklichen Stufen wie die in Piagets System vorgestellten. So können orale Elemente in der analen Phase des Kindes hervortreten; anale und genitale Tendenzen können sich beim normalen Erwachsenen überschneiden. Auch Eriksons (1950 a) Stufen fehlt die scharfe Abgrenzung.

Die unbestreitbare Tatsache plötzlich auftauchender geistiger Errungenschaften in den Jahren der Kindheit ist in neuerer Zeit in einer Erweiterung der klassischen psychoanalytischen Theorie auf begrifflicher Ebene geklärt worden. Man hat angedeutet, daß die Entfaltung, die Reifung, die Entwicklungen solcherart vor sich gehen, daß verschiedene Entwicklungslinien[5] zu gewissen Zeiten konvergieren und Knotenpunkte oder *Organisatoren der Psyche* (Spitz, 1954, 1957, 1959, sowie frühere Kapitel der vorliegenden Studie) bilden. Die Folgerung aus dieser Reihe von Hypothesen, die These von der abhängigen Entwicklung, ist eine echte Parallele zu Piagets Vorstellung von den Stufen, sowohl hinsichtlich formaler Aspekte (Unterbrechung eines im übrigen kontinuierlichen Prozesses) als auch hinsichtlich des Inhalts (Bereiche des Denkens und Fühlens). Es ist bemerkenswert, daß Spitzs Reihe von Hypothesen gewissermaßen einen größeren Bereich von Phänomenen erklärt als Piagets.

Die Spitz'schen Annahmen umfassen aufeinanderfolgende kumulative Wirkungen bestimmter Errungenschaften; sie ziehen eine mangelhafte Synchronisierung der Errungenschaften innerhalb der verschiedenen Entwicklungslinien in Betracht, die ein *mangelndes Gleichgewicht der Entwicklung* zur Folge haben. Schließlich schafft Spitz begrifflichen Raum für Stillstand, Rückstand und Fehlentfaltung; diese sind faktisch in Piagets Begriffsschema nicht vorhanden.

Piaget nimmt an, daß das Fortschreiten von Stufe zu Stufe und innerhalb der Stufen selbst außer von den drei klassischen Faktoren – Vererbung (Reifung), physischer (äußerer oder innerer) Umwelt und sozialem Einfluß – von einem vierten Element, vom Gleichgewichtsstreben *(equilibration)* bestimmt wird. Dieses letztere sei eine dem Organismus innewohnende Tendenz, die ein immer beweglicheres und stabileres[6] Gleichgewicht der Kräfte im Organismus und in der Psyche anstrebt. Der Begriff des Gleichgewichts ist im Anklang an die Lehren des zweiten Gesetzes der Thermodynamik gebildet (wenn auch mit einer umgekehrten Richtung der Vektoren, nämlich mit zunehmender Differenzierung); er läßt sich ebenfalls mit Cannons Begriff der *homeostasis* und Bertalanffys *steady state* (Stetigkeit) vereinbaren.

Piaget glaubt nun, daß das Streben zur größeren Komplexität, zur Differenzierung und Integrierung, veranschaulicht in den Stufen, unveränderlich, teleologisch, und ein finalistisches Phänomen ist. Diese Ten-

[5] Dieser von Anna Freud (1963 b) eingeführte Begriff bezeichnet einen fortlaufenden Fortschritt in getrennten psychischen Bereichen und betont ihre Kontinuität und ihren kumulativen Charakter.

[6] Stabilität und Beweglichkeit des Gleichgewichts sind durchaus miteinander vereinbar; ja, je größer die Beweglichkeit, desto unerschütterlicher das Gleichgewicht. Das Gegenteil von „stabil" ist gewiß „unbeständig", „labil", nicht „beweglich".

denz wird am besten bezeichnet als „das aktive und dynamische Gleichgewicht, das für das Leben charakteristisch ist" (1956).

Die Psychoanalyse enthält den Keim einer Idee, die in bezug auf die menschliche Spezies dem Gleichgewichtsstreben ähnlich ist. Sie findet sich in den langfristigen Triebzielen. Freud und die klassische psychoanalytische Theorie sind der Meinung, daß der Eros, der Sexualtrieb, ganz abgesehen von einer spezifischen Funktion bei der Paarung und der Fortpflanzung, hinter jener Tendenz des menschlichen Lebens steht, die aufbaut, ordnet, organisiert, bindet und Synthesen bildet. Sie offenbart sich in (sozialen) Objektbeziehungen, in Denkprozessen, in schöpferischen Bestrebungen, selbst im Gemeinschaftsleben. Es gibt jedoch keine psychoanalytische Annahme, die die vorwärtsgerichtete Tendenz der ontogenetischen Abläufe im Individuum erklärt; das periodische Ansteigen der Spannung im Organismus ruft ein Bedürfnis nach ihrer Entladung auf verschiedenen Betätigungsgebieten hervor, und eine solche Entladung sichert Stabilität und Gleichgewicht. Aber die psychoanalytische Theorie zeigt nicht ausdrücklich, wie dieser Zyklus die Entwicklung des Individuums beeinflußt. Er wird als eine sich selbst begrenzende Episode aufgefaßt.

Piagets Vorstellung von dem Gleichgewichtsstreben, von der Tendenz zu einem immer stabileren Gleichgewicht, hängt eng zusammen mit seinem Begriff der Reversibilität *(réversibilité)*, die in seiner Erklärung der Entwicklung eine Schlüsselstellung einnimmt. Der Begriff von der Reversibilität ist verankert in Piagets Betrachtungsweise psychischer Phänomene, die er vorzugsweise in mathematischen Begriffen ausdrückt. Das Gleichgewicht ist in der Gleichung von Le Châtelier veranschaulicht, wo sie den Verlauf des Geschehens in einer chemischen Mischung darstellt, die sich im Übergangsstadium befindet. In Le Châteliers Gleichung ist das Gleichgewicht an seine Umkehrbarkeit gebunden, wie das Verhalten der Balken einer Waage. Piaget glaubt, daß die Reversibilität in ähnlicher Weise alle höheren geistigen und intellektuellen Prozesse beherrscht. Er führt verschiedene Formen der Reversibilität – der Fähigkeit, die Denkoperation umzukehren – an, und jede von ihnen kennzeichnet den Beginn einer bestimmten Entwicklungsstufe[7].

[7] Psychoanalytisch geschulte Leser werden durch Piagets analogische Denk-

Piaget deutet an, daß Prozesse des Gleichgewichtsstrebens alle Bereiche der Persönlichkeit, kognitiver und affektiver Art, beherrschen, und daß die drei Grundstrukturen der Psyche – Rhythmus, Regulierung und Gruppierung – alle dem Zug zum Gleichgewicht dienen. Letzten Endes ist das Streben nach Gleichgewicht ein Aspekt der Anpassung, aber einer, der gewissermaßen in der Anlage verankert ist.

Piagets Methode

Piagets Methode der Datengewinnung ist eine einzigartige Mischung aus experimentellem und klinischem Vorgehen. Zuerst verließ er sich ausschließlich auf verbale Methoden, aber infolge der einschneidenden und konstruktiven Kritik aus verschiedenen Kreisen, besonders von amerikanischen Kollegen (Anthony, 1957), ging er zum Experiment über und ließ seine Versuchspersonen mit verschiedenen Materialien umgehen. Bezüglich des vorsprachlichen Alters sind folgende Hauptmerkmale zu erkennen (Inhelder, 1962):

A. Man gibt dem Kind ein Material, auf das es reagiert und das es handhabt.

B. Man beobachtet dann, wie es sich Hindernissen und Konflikten (Entscheidungen in bezug auf Wahlvorgänge) gegenüber benimmt, die sich aus seiner Betätigung und der Art des Materials ergeben.

C. Der Versuchsleiter stellt die Leistung des Kindes nicht nur dadurch fest, daß er ein gegebenes Resultat aufzeichnet, wie es nach der (standardisierten) experimentellen Methode üblich ist, sondern indem er Variationen einführt und eine hauptsächlich untersuchende Haltung einnimmt, so daß Beständigkeit und Umfang der Leistung des Kindes erfaßt werden.

Wo es möglich und praktisch durchführbar ist, läßt man eine gründliche Untersuchung folgen, die die klinische Dimension beisteuert. Claparède hat in seiner Einführung zu einem der früheren Werke Piagets (1923) die Methode folgendermaßen beschrieben:

---

weise nicht überrascht sein. Sie werden sich daran erinnern, daß ein großer Teil des psychoanalytischen Seelenmodells, besonders derjenige Teil, der die dynamischen Prozesse erklärt, auf Analogien beruht, auf Begriffen, die der Hydraulik entlehnt sind.

Die klinische Methode ... die Kunst des Befragens, beschränkt sich nicht auf oberflächliche Beobachtungen, sondern ist darauf gerichtet, das zu erfassen, was hinter der unmittelbaren Erscheinung der Dinge verborgen ist. Sie zergliedert die geringste kleine Bemerkung, die die jungen Versuchspersonen machen, bis zu ihren letzten Bestandteilen. Sie gibt den Kampf nicht auf, wenn das Kind unverständliche oder widersprüchliche Antworten gibt, sondern bleibt ihm nur um so näher auf den Fersen, auf der Jagd nach dem sich stets zurückziehenden Gedanken, treibt ihn aus seinem Versteck, verfolgt ihn und spürt ihm nach, bis sie ihn ergreifen und sezieren kann und imstande ist, das Geheimnis seiner Zusammensetzung aufzudecken.

Die Analyse des so gewonnenen Materials besteht in einer Klassifizierung der verschiedenen Arten kognitiver Tätigkeit (des Denkens), in einer Analyse, ausgedrückt in logischen Modellen; einer Analyse der Häufigkeit von Reaktion und Streuung nach dem Alter; das heißt, einem bestimmten Kind wird das gleiche Material auf verschiedenen Altersstufen mehrmals geboten, so daß der Zeitpunkt des Beginns einer gelungenen Leistung (nach vorherigem totalem oder teilweisem Versagen) festgehalten wird, sowie die aufeinanderfolgenden Verfeinerungen, die das Kind mit fortschreitender Entwicklung und Reifung vornimmt. Schließlich werden die Daten mit Hilfe von Rangreihen gedeutet.

Diese allgemeine Methode erlaubte es Piaget, eine enorme Anzahl von Fakten über die Entwicklung zusammenzutragen. Sie hat ihm auch gestattet, die Daten in einer höchst bewundernswerten Weise zu ordnen, die er noch durch die Errichtung eines wissenschaftlichen Systems aus ineinandergreifenden und wechselseitig voneinander abhängigen Hypothesen krönte. Dieses System erklärt eine große Vielfalt von sensorischem Verhalten und Denkweisen und deren Entwicklung; keine andere psychologische Richtung außer der Psychoanalyse war jemals so umfassend. Der erklärende und heuristische Wert vieler Hypothesen Piagets muß erst erkannt werden; sie regen zu Versuchen an, die versprechen, unerforschte Bereiche des Seelenlebens zu erschließen.

Die Entwicklungsmechanismen in Piagets System

Die Antriebskräfte, die die psychische Entfaltung und Integration vorantreiben, stammen aus vielfältigen Quellen innerhalb und außerhalb des Organismus. Die hervorragendste Kraft unter den angeborenen ist die allgegenwärtige Tendenz zum Gleichgewicht.

Diese Antriebskräfte werden in wachsendem Maße in verschiedene Richtungen gelenkt und üben ihren Einfluß aus durch die Zwillingsmechanismen – oder -prozesse – der Assimilation und Akkomodation. Nach Piaget sind diese beiden Mechanismen tatsächlich die Hauptwerkzeuge der Anpassungstendenz. Ein dritter Mechanismus, der im System Piagets der Integrierung von Entwicklungsenergien dient, ist das *Schema*.

Ein Schema im Sinn Piagets ist eine geistige Struktur (das heißt, eine als Erinnerungsspur niedergelegte Handlungs- oder Denkweise), die das Individuum durch die Ausübung von Bewegungen erwirbt, die durch Reflexmechanismen ausgelöst werden; später werden diese Verhaltensweisen *(patterns)* in ähnlichen Situationen angewendet, wie die, in der sie zuerst erworben wurden. Das Schema ist ein psychisches Element, das der Gattung der Vorstellungen angehört; es entsteht infolge von enterozeptiven oder propriozeptiven Reizen globaler, konkreter Natur; es erscheint vor dem geistigen Erinnerungsbild, der Idee und der abstrakten Repräsentation[8].

Das Neugeborene ist z. B. von Geburt an mit dem Such- und Saugreflex ausgestattet, die vorbereitet („geladen") sind und auf die richtige Auslösung hin in Aktion treten. Nachdem das Kind das Suchen und das Saugen praktisch ausgeführt hat, werden beide als Handlungsweisen *(action patterns)* in Form von Erinnerungsspuren niedergelegt. Diese Spur stellt ein motorisches *Schema* dar. Wenn das Kind später mit seinen saugenden Lippen auf seinen Finger trifft und beginnt, daran zu lutschen, dann stellt das eine Verallgemeinerung dar. Eine Anpassung hat stattgefunden, ein vorhandenes Schema ist benützt worden, um einen abgewandelten Reiz zu bewältigen. Die Verhaltens-

---

[8] Es ist bemerkenswert, daß das Schema als Niederschlag der motorischen Handlung sich sehr gut zur Wieder-Darstellung dessen eignet, was es vertritt. Dieses Merkmal unterscheidet es scharf von anderen Vorstellungen, die wegen ihrer äußeren Quelle im bewußten Leben lediglich die Empfindung wieder hervorrufen können, die das Erlebnis begleitet hat, nicht jedoch die Reize selbst. Genetisch sollte man das Schema deshalb besser als ein Element bezeichnen, das auf der Grenze zwischen Motorischem und Psychischem liegt, analog dem Begriff des Triebes, der auf der Grenzlinie zwischen Somatischem und Psychischem liegt.

weise des Saugens war bei der Geburt ein *Reflexschema.* Aber sobald das Kind willentlich am Finger saugt, hat das Schema einen *psychischen Inhalt* bekommen; es ist zum Schema *im eigentlichen Sinn* geworden. Das Kind hat eine Einverleibung zustandegebracht; das Schema ist verallgemeinert worden, während seine Zusammensetzung sich nicht verändert hat.

Die Akkomodation ist eine geistige Tätigkeit, die dazu dient, ein ursprüngliches *Schema* so zu verändern, daß es einer neuen Situation angepaßt wird. Dies geschieht unter zweierlei Bedingungen: (a) das ursprüngliche Schema erfüllt seinen Zweck nicht mehr, weil in der Reifung des Kindes ein Fortschritt eingetreten ist (Ausdehnung des Bereiches seiner Aktivität); das Kind ist seiner Brauchbarkeit entwachsen, wie es aus Kleidungsstücken einer bestimmten Größe nach einer Weile herauswächst: sie passen nicht mehr; (b) die äußere Situation ist so neuartig, daß das ursprüngliche Schema sie nicht bewältigen kann.

Assimilation ist eine geistige Tätigkeit des Kindes, durch die eine äußere Situation so *wahrgenommen oder gehandhabt* wird, daß sie mittels eines vorhandenen Schemas bewältigt werden kann. Wenn das Kind z. B. gelernt hat, eine Klapper zu bewegen, die an einem Haken aufgehängt ist, und diese motorische Handlung auf eine aufgehängte Puppe anwendet, ist diese *Verallgemeinerung* ein Akt der Assimilation.

Obwohl sich Piaget über den fließenden Charakter des Entwicklungsvorgangs sehr wohl im klaren ist, drängen seine „Antriebskräfte" nur in einer Richtung – vorwärts. Die Möglichkeit eines Stillstands der Bewegung, ihrer Verlangsamung, ihres Rückschritts, ihrer Entgleisung, wird nie erörtert. Es wird stillschweigend unterstellt, daß diese Möglichkeiten ein Problem der Differentialpsychologie seien.

Jedoch trägt Piagets System, im Gegensatz zu den meisten anderen psychologischen Richtungen, der historischen Kontinuität der Psyche vollkommen Rechnung. Er betont, daß das Denken und der Intellekt sich nicht nur dem Inhalt nach entfalten, sondern auch der Zusammensetzung nach, und es ist das Schema, das bei dieser Erweiterung als wichtigstes Bindeglied dient. Das Schema spielt eine Rolle, analog der des Stehsatzes beim Drucken von immer wiederkehrenden Einzelheiten in periodisch erscheinenden Druckerzeugnissen. Es sichert die Kontinuität der psychischen Zusammensetzung des Individuums, so daß frühere Erfahrungen das Verhalten und die Anpassung beherrschen. „Die Entwicklung des Denkens" stellt Piaget (1919) fest, „zeigt gewisse getrennte Systeme oder ‚Schemata', deren Entstehung und Geschichte zurückverfolgt werden kann und die den ‚Komplexen' der Psychoanalyse entsprechen."

Akkomodation und Assimilation sind tatsächlich psychische Mechanismen, die bei der Wandlung und beim Wachsen der Psyche mitwirken; sie sind Träger des Lernens und dienen dem Individuum zur Bemeisterung seiner Umwelt; sie fördern die Mobilisierung von Mitteln wie früher erworbene Handlungs- oder Denkweisen *(patterns, schemas)*; schließlich schaffen sie neue Schemata, wo und wann immer sie gebraucht werden.

Demgemäß ist Piaget, wie er selbst zugibt, bei seiner Bildung des Begriffs „Schema" von den psychoanalytischen „Komplexen" beeinflußt, ebenso von dem Triebbegriff (siehe Fußnote 8). Im psychoanalytischen Modell gibt es für die Mechanismen der Assimilation und Akkomodation kein genau entsprechendes Gegenstück, da die Probleme der Anpassung bis etwa ein Jahrzehnt nach dem Erscheinen der Ich-Psychologie (Hartmann, 1939) am Rande der psychoanalytischen Theoriebildung blieben. Den Begriffen Assimilation und Akkomodation steht der von Freud (1924 a) und Ferenczi (1919) geprägte Begriff von den *autoplastischen* und *alloplastischen* Veränderungen am nächsten, und diese Ausdrücke weisen darauf hin, daß Psychoanalytiker sogar schon viel früher auf die Bedeutung dieses Problems aufmerksam geworden waren.

Der tiefgreifende Einfluß, den die Psychoanalyse auf das System Piagets ausgeübt hat, tritt hervor in seinen Gedanken über das Denken und seine Entwicklung und in erweiterter Form über die des Objekts. Man kann diesen Einfluß am besten in einer chronologisch angeordneten Darstellung aufzeigen.

Piagets Kontakt mit der Psychoanalyse

Schon am Beginn seiner Karriere geriet Piaget durch umfassendes Studium der Literatur und durch persönlichen Austausch mit Analytikern unter den Einfluß der Psychoanalyse, und dieser Einfluß ist in seinen frühen Veröffentlichungen (1919, 1923, 1933) deutlich erkennbar. Er hat z. B. 1922 dem Internationalen Psychoanalytischen Kongreß in Berlin eine Abhandlung mit dem Titel: „Symboldenken und das Denken des Kindes" vorgelegt, für die, wie er es ausdrückte, „Freud sich interessierte". Darin deutete Piaget an, daß das Denken der Kinder ein „Zwischending zwischen dem Symboldenken und dem rationalen Denken" zu sein scheine (1945, S. 170).

Dieses Thema sollte der Keim für viele seiner späteren Ideen und empirischen Arbeiten werden. Es ist allgegenwärtig in seinen Ansichten über die Realitätskonstruktion des Kindes, über Raum und Zeit, das Objekt und die Entwicklung der Sprache, die in diesem Zusammenhang die Kommunikation des Kindes mit der Außenwelt und den Objekten darstellt. Der Eindruck der Psychoanalyse war so mächtig und dauerhaft, daß er Piaget veranlaßte, ein Jahr nach dem Kongreß im Vorwort zu seinem ersten Buch (1923) zu schreiben:

„Es wird ... offenbar, wieviel ich der Psychoanalyse verdanke, die meiner Ansicht nach die Psychologie des primitiven Denkens revolutioniert hat" (S. 21). In diesem Text stellt er fest: „Janet, Freud, Ferenczi, Jones, Spielrein, usw., haben verschiedene Theorien über die Sprache von Wilden, Schwachsinnigen und jungen Kindern vorgelegt, die alle für eine Untersuchung, wie wir sie vom Geist des sechsjährigen Kindes machen wollen, von höchster Bedeutung sind" (S. 26 f.).

Die auf Grund dieser experimentellen Arbeit formulierten Hypothesen tragen das Kennzeichen des psychoanalytischen Einflusses, da sie sich auf Eigenschaften des Primär- und Sekundärvorgangs beziehen. „Die Psychoanalytiker sind dahin gelangt, zwei fundamental verschiedene Denkweisen zu unterscheiden: das *gerichtete* oder *intelligente Denken,* und das *ungerichtete,* oder wie Bleuler vorschlägt, es zu nennen, das *autistische* Denken ... Diese zwei Formen des Denkens nun ... unterscheiden sich hauptsächlich in bezug auf ihre Herkunft, da die eine ... durch die zunehmende Anpassung der Individuen aneinander gelenkt wird, während die andere individuell bleibt und nicht mitgeteilt wird" (Piaget, 1923, S. 63 f.).

Er fährt fort und nimmt ein verwandtes Thema auf, nämlich das der Verbindung zwischen Gedanken, Bildern und Worten im Bereich der Vorstellung: „Die Intelligenz wird, gerade weil sie einem allmählichen Sozialisationsprozeß unterliegt, durch die in der Sprache zwischen Gedanken und Worten bestehende Verbindung in die Lage versetzt, sich zunehmend der Begriffe zu bedienen, während der Autismus, gerade weil er individuell bleibt, immer noch an die Bildersprache, an die organische Betätigung und sogar an organische Bewegungen gebunden ist. Also muß die reine Tatsache, ob man seine Gedanken mitteilt, anderen mitteilt, oder ob man schweigt und sie nur sich selbst mitteilt, von ungeheurer Bedeutung sein ..." (S. 64).

Es wird nicht sofort deutlich, ob diese Anordnung von Gedanken, die an ähnliche Ansichten erinnert, die Freud schon früher und in seinem damals neuesten Buch (1923) geäußert hatte, ausschließlich die Frucht von Piagets laufenden Arbeiten mit seiner Kindergruppe war oder ob sie ebenso sehr durch seinen früheren Kontakt mit der Psychoanalyse angeregt worden war. Diese Frage setzt in keiner Weise die Originalität und schöpferische Qualität von Piagets Beiträgen herab. Sie deutet lediglich an, daß wahrscheinlich ein Einfluß der Psychoanalyse besteht, und zeigt, ganz davon abgesehen, den Umstand auf, daß Piaget mit seiner ganz anderen Orientierung, mit einer anderen Art des Vorgehens, mit anderen Versuchspersonen und mit anderen Verfahren zu Hypothesen gelangt, die eine nahe Parallele zu den von der Psychoanalyse vorgelegten bilden.

Diese Konvergenz von Ergebnissen und Hypothesen, ihre wechselseitige Bestätigung, hebt ihren wissenschaftlichen Wert beträchtlich; weil sie durch verschiedene Arten des Vorgehens und aus verschiedenen Blickwinkeln gewonnen worden sind, bekommen sie ein größeres Maß an Objektivität.

Piagets Ansichten über den Abschnitt der Kindheit, der der Konsolidierung des konstanten Objekts vorausgeht, sind im folgenden Abschnitt enthalten:

„Madame Spielrein ... hat versucht zu beweisen, daß die Babysilben *mama,* die in so vielen Sprachen geäußert werden, um die Mutter zu rufen, durch die Lippenlaute gebildet werden, die nichts weiter bedeuten als eine Verlängerung des Saugakts. ‚Mama' wäre daher ein Schrei des Begehrens, und dann ein Befehl an das einzige Wesen, das imstande ist, dieses Begehren zu befriedigen. Aber andererseits hat der bloße Ruf ‚mama' auch ein besänftigendes Element; soweit er eine Fortsetzung des Saugakts ist, ruft er eine Art halluzinatorischer Befriedigung hervor. Befehl und unmittelbare Befriedigung sind daher in diesem Fall fast ununterscheidbar" (1923, S. 27).

Der Leser wird erkennen, daß Piaget, während er die Aussage von Frau Spielrein umschreibt, sich der Hypothese Freuds bedient, daß der Säugling die Befriedigung halluziniere, wenn er sie in der Wirklichkeit nicht bekommen kann. Diese Annahme und andere, die mit ihr eng zusammenhängen (Allmacht, usw.), haben Piaget zweifellos bei der Formulierung seiner Auffassung von der Egozentrizität des Kindes beeinflußt.

In diesen Passagen erkennt Piaget an, daß er der Psychoanalyse Dank schuldig ist. Da er sich nach 1933 allmählich von der Psychoanalyse entfernt, ist er über ihre weiteren Fortschritte nicht mehr informiert. Wo immer er von da an die Psychoanalyse kritisiert, bezieht er sich auf die Strömungen der frühen dreißiger Jahre und auf das, was damals im Vordergrund stand. So argumentiert er etwa zwanzig Jahre später in seinen Vorlesungen an der Sorbonne (1954, S. 65), die Psychoanalyse übersehe die Reichweite der Leistung, die das Kind mit der Überwindung seines Narzißmus vollbringt. Dazu gehört mehr, sagt er, als eine einfache Verschiebung in der Verteilung der Besetzung, wie Freud annimmt. Er kennt die Ergebnisse der Psychoanalyse auf dem Gebiet der Ich-Psychologie nicht, die seine Kritik entkräften!

Es ist wirklich ein großer Verlust für den Fortschritt der Psychologie, daß der Kontakt zwischen der Psychoanalyse und der Genfer Schule vor etwa dreißig Jahren abgerissen ist. Der Verlust kann heute durch ein intensives Studium der Beiträge Piagets wettgemacht werden; das erscheint um so mehr geboten angesichts des Umstandes, daß einige der Feststellungen Piagets in Wirklichkeit Hypothesen der Ich-Psychologie erhärten und sie in vielen Fällen ergänzen.

Die drei Auffassungen vom Objekt in der zeitgenössischen Psychologie

Die Bemerkung über das Dahinschwinden des Narzißmus stellt einen natürlichen Übergang zur Besprechung des letzten Themas in diesem Kapitel dar, dem Thema vom Objekt und der Objektbildung im System Piagets und in der psychoanalytischen Theorie.

In der zeitgenössischen psychologischen Literatur treten drei Auffassungen vom Objekt auf: das Objekt der Schulpsychologie, das „permanente Objekt" (Dauerobjekt) Piagets und das Objekt der Libido der Psychoanalyse. Einige der Unterschiede zwischen der letzten und der ersten Konzeption sind in einem vorangehenden Kapitel schon kurz umrissen worden (siehe 3. Kapitel); eine umfassendere Beschreibung aller drei Konzeptionen soll nun folgen.

Das Objekt der Schulpsychologie, wie es in den zahllosen Laborprojekten der Experimentalpsychologen erscheint, wird definiert durch die Koordinaten von Raum und Zeit. Da es existentieller Natur ist, kann es mit den einfachsten Mitteln registriert werden und ist zweifellos ohne jeglichen psychologischen Inhalt. Es ist eine ahistorische „Ausstattung", die besser in ein physikalisches Modell paßt als in das Verhalten des Menschen.

Piagets „permanentes Objekt" geht einen Schritt weiter. Es hat eine Geschichte, eine sensumotorische Geschichte. Piaget postuliert, daß es allmählich im Geist des Individuums aufgebaut wird; es ist eher das Produkt kumulativer sensumotorischer Erfahrungen als das Ergebnis der bloßen Reifung der somatischen oder psychischen Funktionen des Säuglings. Im Milieu eines normalen somatischen Funktionierens und einer relativ beständigen Umwelt (die Piaget beide stillschweigend voraussetzt), ist das Erlangen eines Objekts unlösbar an die Erfahrung gebunden, spezifisch an das motorische Handeln, das dafür sorgt, daß sich in der Psyche ontogenetische Elemente in der Form von Erinnerungen anhäufen. Diese Erwerbung und Ansammlung von Erfahrungselementen faßt Piaget auf als einen Aufbau von Schemata. Eine Vielfalt von Schemata taucht gleichzeitig auf und hilft dem Kind, sich in den vier Grundkategorien der Realität – Raum, Zeit, Objekt und Kausalität – zu orientieren. Die Bildung und Verfestigung der Objektkategorie ist eng verknüpft mit der Kristallisation der anderen grundlegenden „Kategorien". Wenn es jedoch erst einmal konstituiert ist, ist das Dauerobjekt nicht mehr an seine Geschichte gebunden; es trägt nicht die Spuren der *vorangehenden* Interaktion des Individuums mit seiner Umwelt, mit dem bestimmten Objekt oder mit Objekten im allgemeinen. Das Schema und die Dimension der Kausalität sind von dem konstanten Objekt nicht zu trennen, und sie unterscheiden es von dem Objekt der Schulpsychologie. Piaget erwähnt gelegentlich, daß das konstante Objekt natürlich eine affektive Komponente hat; manchmal benützt er diesen Umstand, um ein Verhalten zu erklären; er hat jedoch bis jetzt in seinem System begrifflich nicht dafür gesorgt, daß man die Folgerungen ablesen kann.

Das Libido-Objekt enthält sowohl Elemente des „akademischen“ Objekts als auch Elemente des konstanten Objekts von Piaget. Ja, es wird später gezeigt, daß seine Konsolidierung davon abhängt, daß das Baby gewisse Aspekte des Piaget'schen konstanten Objekts erlangt hat. Trotz dieses Umstandes trennt ein breiter Graben den Begriff des Objekts der Libido von den anderen oben erwähnten Begriffen.

Das Objekt der Libido stammt im Gegensatz zu dem „akademischen“ Objekt und Piagets konstantem Objekt aus den Sinneseindrücken des Säuglings, die aus seiner ständig wiederkehrenden Interaktion mit dem menschlichen Partner, das heißt mit seiner Mutter oder ihrer Vertreterin, entstehen. Das Libido-Objekt ist daher von Anfang an mit dynamischen Zügen ausgestattet. Das ist so, weil die wichtigste bedeutsame Eigenschaft des menschlichen Partners darin besteht, daß er fähig ist, angemessen und zur rechten Zeit zu reagieren, das heißt in seiner Fähigkeit, sich auf die lebenswichtigen Bedürfnisse des Säuglings einzustellen. Immer mehr synchronisiert die Mutter ihre „Dienstleistungen“ mit den Bedürfnissen des Kindes; zwischen dem Säugling und seinem zukünftigen Objekt (der Mutter) entsteht ein „Dialog“ (Spitz, 1963 a, b, c, d). Daraus ergibt sich ein „Strom“ von gemeinsamen Interaktionen, der alsbald in wiederkehrenden zeitlichen Abständen stattfinden wird, die der Säugling immer mehr vorausfühlt. Dieser Austausch aktiviert Schritt für Schritt sich entwickelnde Funktionen und Fähigkeiten in dem Kind. Gleichzeitig dient die häufige und wiederholte Interaktion dazu, in dem sich entfaltenden Geist des Kindes Erinnerungsbilder aufzubauen, die den Niederschlag interaktiver enterozeptiver und propriozeptiver Reize bilden. Das sind z. B. Reize, die bei Tätigkeiten wie der des Greifens, bei Haut- und Lippenberührungen, beim Saug- und Schluckakt, bei Erlebnissen, die die Spannung herabsetzen und bei solchen, die sie steigern, das rudimentäre „Gewahrsein“ des Kindes erreichen.

Später entstehen bruchstückhafte Bilder vom menschlichen Partner, werden ausgebaut und kristallisieren sich im Geist des Kindes. Sie gelangen auf dem Weg über die Kinästhesie, die Haut, das Gehör und auf andere Weise in sein Gedächtnis, aber allmählich beginnen die optischen Eindrücke vorzuherrschen. Diese fragmentarischen Bilder danken ihre Existenz dem nahen Kontakt zwischen dem Säugling und dem zukünftigen Objekt. In diesem engen Kontakt drückt auch der Partner, bedingt durch die Sachlage, seine Affekte aus, die ihrerseits ähnliche affektive Zustände in dem Säugling „induzieren". Sie sind begleitet von dem Erleben intensiver somatischer Veränderungen, die notwendig im Gedächtnis des Säuglings Eindrücke hinterlassen müssen, nachdem sie auf propriozeptiven und enterozeptiven Bahnen dorthin gelangt sind.

Daraus ergibt sich, daß das anfängliche Bild des menschlichen Partners, des zukünftigen Objekts, sehr labil ist, wenn es nicht durch begleitende innere Bilder von erlebten Affekten verstärkt wird. Aus dieser Vielfalt von enterozeptiven, propriozeptiven und exterozeptiven Reizen entsteht ein globales Bild von dem menschlichen Partner, dem zukünftigen Objekt, das fortwährend differenziert und kristallisiert wird. Man nimmt an, daß das erste Bild vom Objekt sich von Sinneseindrücken herleitet, vermittelt durch Außenwahrnehmung, *deren Beständigkeit und Intensität einem Satz von gleichzeitigen und ergänzenden Erinnerungsspuren zu danken sind,* die enterozeptiver und propriozeptiver Herkunft sind.

Die Matrix des Libido-Objekts wird also aus erinnerten Bruchstücken von Interaktionen mit dem menschlichen Partner – der Mutter oder ihrer Stellvertreterin – im ersten Lebensabschnitt des Säuglings geformt. Sie ist ein durch Erfahrungen aufgebautes Bild, in dem das sensorisch Aufgenommene, motorische und später symbolische Elemente gemeinsam kombinierte Erinnerungsspuren hinterlassen.

Während das „akademische" Objekt und das konstante Objekt in erster Linie kognitiver Art sind, zeichnet sich das Objekt der Libido durch seine affektive Natur aus. Es ist fest verbunden mit dem Bild des Individuums von seinen affektiven Erlebnissen, die in seinen Begegnungen mit dem ersten menschlichen Wesen entstanden sind, als dieses ihm zu Diensten war und seine körperlichen, emotionalen und anderen Bedürfnisse befriedigte.

Auf Grund all dieser Besonderheiten trotzt das Objekt der Libido, im Gegensatz zu dem „akademischen“ und dem permanenten Objekt, einem der Gesetze der klassischen Logik: es bleibt nicht identisch mit sich selbst. In Übereinstimmung mit den wechselnden emotionalen Bedürfnissen des Individuums, in Übereinstimmung mit dem unaufhörlichen Wachsen und Sich-Ändern seiner Vorstellungen von affektiven Erlebnissen, verändert sich das Objekt der Libido im Lauf eines individuellen Lebens. Vereinfachend könnte man sagen, das Libido-Objekt ist eine Vorstellung, die aus individuellen Bedürfnissen, Trieben und Triebabkömmlingen aufsteigt und das ganze Leben lang eng an sie gebunden bleibt. Die Bedingungen, unter denen diese Bedürfnisse usw. befriedigt (oder versagt) werden, unterliegen im Verlauf des Lebens bestimmten Veränderungen, und diese wiederum formen die Art des Libido-Objekts entsprechend um. Dieser Umstand bewirkt die ausgeprägte subjektive Qualität des Objekts ebenso wie die Tatsache, daß es über längere Zeit nicht mit sich selbst identisch bleibt. Das Objekt der Libido kann daher nur in bezug auf das Subjekt definiert werden; es wird bestimmt durch die Triebkonstellation des Subjekts, die auf das Objekt gerichtet ist, durch die libidinöse Besetzung, die ihm zuteil wird. Diese Konstellation ist recht komplex und fließend; und zwar so sehr, daß sie mit den heute zur Verfügung stehenden Elektronenrechnern nicht hinreichend programmiert werden kann.

Der Vergleich der drei „Objekte“ ist keineswegs abfällig gedacht. Man kann nicht oft genug wiederholen, daß die Entstehung des Libido-Objekts ohne den gleichzeitigen Erwerb gewisser Aspekte des konstanten Objekts undenkbar ist. Darum wäre es naiv, wollte man behaupten, der Begriff des Libido-Objekts gehe als begriffliches Werkzeug zur Erklärung und Ergründung des menschlichen Verhaltens über das permanente Objekt hinaus oder sei ihm „überlegen“. Die beiden Objekte ergänzen einander. Die Psychoanalyse hat es bis vor kurzem vernachlässigt, sich um kognitive Dimensionen zu kümmern und ihr heute gültiger Begriff vom Objekt der Libido ist daher bei theoretischen Betrachtungen eine tote Last. Um ihres wissenschaftlichen Erbes willen muß die psychoanalytische Theorie diese Lücke in ihrem begrifflichen Rahmen ausfüllen.

Es erscheint daher angezeigt, jetzt einen kurzen Abriß der aufeinanderfolgenden Stufen zu geben, die zu Piagets konstantem Objekt einerseits und zur Erlangung des Objekts der Libido andererseits führen. Da unser Wissen um den genauen Zeitpunkt im Leben des Säuglings, an dem er die einzelnen markanten Punkte in dieser Entwicklung erreicht, noch unvollständig ist, werden nur wenige chronologische Angaben gemacht und diese werden sich auf wichtige Ereignisse beschränken.

Die Entdeckung des Nicht-Ich

Durch unzählige Versuche, durch seine vielen Beobachtungen an Kindern hat Piaget zu dem Vorrat an Tatsachen und Daten wesentlich beigetragen, die angeben, wie der Säugling Schritt für Schritt seine Vorstellung von der Außenwelt aufbaut. Aber ehe der Säugling das tun kann, muß er, nach Piaget, seiner eigenen Reaktionen gewahr werden. Seine Gedanken gründen sich auf rekonstruktive Annahmen und auf Intuition[9]. Am Anfang, sagt er, „sieht", „hört", „fühlt" usw. der Säugling nichts, was außerhalb seiner selbst ist. Seine Außenwelt besteht aus einer Reihe von bewegten sensorischen „Darbietungen"[10], die um seine eigene Aktivität kreisen. Sie haben keine Stetigkeit, sie kommen und gehen, bilden sich und lösen sich wieder auf; es fehlt ihnen an Dauerhaftigkeit, sie nehmen keinen objektiven Raum ein und es gibt natürlich keine Kausalität (Piaget, 1954). Das Bild entspricht ziemlich genau einigen Facetten der psychoanalytischen Auffassung von der Undifferenziertheit oder Nichtdifferenziertheit.

Das Kind befindet sich im sensumotorischen Stadium: Es empfindet und erfaßt die Welt vermittels seiner eigenen motorischen Betätigung, und je mehr diese sich ausdehnt und sich organisiert, desto mehr erweitert sich auch der Eindruck des Kindes von der Welt ringsum. Unmittelbar nach der Geburt bewegt sich der Säugling, streckt sich, verändert die

---

[9] Piaget folgt hier einer Tradition, die Freud und Ferenczi etabliert haben. Diese Piaget'schen Hypothesen haben erst ein gewisses Maß empirischer Bestätigung bekommen, als Spitz (1957) das durch von Senden (1932) zusammengestellte Material interpretiert hatte.

[10] Der Ausdruck „sensorische Darbietungen" wird hier verwendet, um Piagets *tableaux sensoriels* wiederzugeben. In der Literatur wird dieser Ausdruck meistens als „sensorische Bilder" *(sensory pictures)* übersetzt, was eine falsche Bezeichnung ist und irreführend wirkt.

Lage seiner Glieder und kehrt dann in die Ausgangslage zurück; er streckt seine Muskeln und zieht sie wieder zusammen, er übt seine Reflexe. Die primitive Wahrnehmung wird aus dieser Art von Motorik gewonnen, behauptet Piaget. Allmählich, mit zunehmender Erfahrung, werden die Bewegungen synchronisiert; verschiedene Bewegungen werden zu einer Abfolge geordnet, um ein bestimmtes Ziel zu erreichen. In Reihen geordnete Bewegungen werden zu einem System zusammengestellt, das dazu dient, Neuland zu erforschen.

Der Säugling beginnt mit den Fingern, den Händen, nach den sensorischen Darbietungen zu greifen und sie zu berühren. Nun merkt er, daß die sensorischen Darbietungen von dem „Irgendetwas da draußen“ mit Eindrücken zusammenfallen, die ihm durch seine eigene Muskeltätigkeit (oder motorische Betätigung) über das „Etwas“ mitgeteilt werden. Beide verschmelzen immer häufiger, sie lassen einen gewissen Erinnerungseindruck zurück. Diese Eindrücke vereinigen sich mit anderen, die aus verschiedenen sensorischen Wahrnehmungsweisen gewonnen werden. Dieser Prozeß gipfelt in der Bildung des konstanten Objekts.

Piagets Beobachtungen weisen darauf hin, daß das Kind, bevor es „Dinge“ erkennt, lange bevor es eine Vorstellung von dem konstanten Objekt hat, auf Reize reagiert und daß es sich offensichtlich an sie „erinnert“. Und doch geschieht dies in Abwesenheit jeglicher Erkenntnis. Piaget erklärt: das Neugeborene, der Säugling, kann zu einem äußeren „Objekt“ ohne Erkenntnis „eine Beziehung herstellen“, und das, woran es sich erinnert, sind nicht exterozeptive Reize oder eine Gruppe von exterozeptiven Reizen, sondern vielmehr ein Bündel von propriozeptiven und enterozeptiven Reizen. In diesem Zusammenhang behauptet Piaget, daß der Säugling lernt, zu seinem eigenen Finger „eine Beziehung herzustellen“; dies geschieht, nachdem er den Finger zufällig in den Mund gesteckt hat, als er hungrig war, und nach der Art des Reflexes zu saugen begonnen hat. Natürlich erkennt der Säugling den Finger noch nicht als Teil seines eigenen Körpers. Er empfindet ihn nur als etwas, das bewegt werden kann. Ebenso ist das Drehen des Kopfes in die Stillage (in den ersten Lebenswochen) noch kein Erkennen einer Wahrnehmungsdarbietung, sondern das Kind „tritt nur in Beziehung“ zur Mutter[11].

[11] Spitz (1955 b) drückt sich genauer aus: er weist darauf hin, daß das Phä-

Seine Erklärung dieser Phänomene ist von größter Bedeutung:

Wir wollen ... die Art und Weise untersuchen, in der das Kind die Brustwarze wiederfindet. Schon seit dem dritten Tag (Beob. 3) scheint Laurent die Brustwarze von den umgebenden Häuten zu unterscheiden; er versucht zu trinken und nicht bloß zu saugen ... Natürlich konnte nicht die Rede ... vom Erkennen eines „Objekts“ sein, schon aus dem offenbaren Grund, daß es in den Bewußtseinszuständen eines neugeborenen Kindes nichts gibt, das es befähigen könnte, eine äußere Welt mit einer inneren Welt zu vergleichen ... Es konnte auch nicht die Rede von einem rein perzeptiven (wahrnehmenden) Wiedererkennen oder einem Wiedererkennen von sensorischen Bildern (Darbietungen) sein, die aus der Außenwelt kamen ... Für das neugeborene Kind kann es im Gegenteil nur ein Gewahrsein von Haltungen, von Emotionen oder Empfindungen von Hunger und von Sättigung geben. Weder Sehen noch Hören ruft Wahrnehmungen hervor, die von diesen allgemeinen Reaktionen unabhängig sind ... Wenn der Säugling zwischen der Brustwarze und der übrigen Brust, Fingern oder anderen Gegenständen unterscheidet, erkennt er weder ein Objekt noch ein sensorisches Bild (Darbietung). Er entdeckt lediglich einen sensumotorischen, besonders durch die Haltung bestimmten Komplex wieder (eine Kombination von Saugen und Schlucken), der mit mehreren analogen Komplexen seine Welt bildet, und dieser Umstand zeigt ein absolutes Fehlen von Differenzierung zwischen Subjekt und Objekt auf (Piaget, 1936, S. 36 f.).

Daß das Kind auf diese Weise zu der Brustwarze „in Beziehung tritt“, später dann zum Finger, läßt allmählich durch die Einübung der Reflexe und angereizt durch innere Bedürfnisse und durch Interaktion mit der Umwelt eine *Empfindung* der eigenen Reaktionen entstehen. Am Anfang sind viele Funktionen des Säuglings, die an Reflexe gebunden sind, wie z. B. das Saugen oder die Drehung des Kopfes, *vorbereitet* [*primed*, ein gefälliger Ausdruck, den Wolff kürzlich (1963) vorgeschlagen hat]. Sobald die Bedürfnisse dringend werden (z. B. Durst und Hunger), wird das Saugen durch eine geeignete Reizung der Lippen ausgelöst. Das wiederholte Erleben dieses Zyklus bringt in dem Säugling allmählich ein Gewahrsein seiner wechselnden Zustände hervor, so daß neue Betätigungen selbstauslösend werden.

Nachdem der Säugling seiner eigenen Reaktionen gewahr geworden ist, kann er anfangen, die Existenz eines „Nicht-Ich“, zu spüren, zu begrei-

---

nomen der „Hinwendung“ beim Säugling sich von Empfindungen in den Organen des Innenohrs herleitet, die auf jede Veränderung der Schwerkraftverhältnisse reagieren.

fen und schließlich zu erkennen; anscheinend dadurch, daß Veränderungen seiner inneren Zustände mit der Gegenwart oder Abwesenheit seiner Mutter zusammenfallen. Piaget (1954) räumt ein, und hier kommt noch einmal der Einfluß seiner Berührung mit der Psychoanalyse zum Vorschein, daß die hervorragende „Einzelheit" im „Nicht-Ich" die Person ist, die für den Säugling sorgt, die Mutter oder ihre Stellvertreterin. An ihrem Körper erwirbt der Säugling die ersten Raumvorstellungen, und sie ist das erste Objekt, ein Einzelteil in seinem „Nicht-Ich".

Im ersten Kapitel seines Buches „Die Konstruktion der Realität beim Kinde" (1937, *La construction de réel chez l'enfant)* zeigt Piaget, wie das Kind die Vorstellungen von einem Einzelteil im „Nicht-Ich" bekommt, nämlich von dem Objekt oder von *Dingen, die Dauer, Substanz und beständige Dimensionen haben.* (Piaget behauptet, daß die Entwicklung der Vorstellungen des Säuglings vom konstanten Objekt untrennbar sei von der parallel verlaufenden Entwicklung der anderen drei *Kategorien der Realität, Raum, Zeit und Kausalität.* Die vorliegende Darstellung wird auf diese drei Kategorien nicht eingehen.)

Nach Piagets Auffassung wird das permanente Objekt in sechs Entwicklungsstadien (0–18 Monate) „nach und nach" aufgebaut wie folgt:

In den ersten zwei Stadien (denen der Reflexe und der frühesten Gewohnheiten) besteht die Welt des Säuglings aus sich bewegenden und wieder verschwindenden sensorischen Darbietungen, die zu erkennen sind, aber keine wesentliche Dauer räumlicher Organisation besitzen.

Im dritten Stadium (dem Stadium der sekundären Kreisreaktionen) wird den sensorischen Darbietungen ein gewisses Maß von Dauer verliehen, die sich, wie Piaget behauptet, in den Nachbewegungen des Säuglings (beim Greifen usw.) widerspiegelt, wenn die Darbietung schon verschwunden ist. Diese Bewegungen haben einen deutlich passiven Charakter.

Im vierten Stadium dieser Entwicklungsreihe (Anwendung bekannter Mittel auf neue Situationen) sucht der Säugling aktiv nach Dingen, die aus seinem Gesichtskreis verschwunden sind; dieses Suchen ist systematisch geworden, steht jedoch nicht in Beziehung zum Ort des Verschwindens, das der Säugling gerade mitangesehen hat. Er sucht das Ding eher an einer bestimmten Stelle, z. B. dort, wo er es das letztemal versteckt gefunden hat.

Im fünften Stadium richtet der Säugling seine Suche nach den Dingen genau auf die Stelle, wo er sie hat verschwinden sehen. Er rechnet jedoch nicht damit, daß sie außerhalb seines Gesichtsfeldes geraten.

Schließlich, im sechsten Stadium, geht der Säugling ohne Rücksicht auf die Art des Verschwindens, ob sichtbar oder unsichtbar, auf die Suche nach dem Ding. Piaget (1954) schließt, daß „ein Bild von abwesenden ‚Dingen' und ihrer Ortsveränderung existiert". Das permanente Objekt ist entstanden; Piaget erklärt es folgendermaßen: „Es ist ein polysensorischer Komplex, den man sehen, hören, berühren kann usw., und der vom Gesichtspunkt der Versuchsperson aus auch in Abwesenheit aller Wahrnehmungskontakte weiterbesteht."

Die von Piaget skizzierte Stufenfolge, die darin gipfelt, daß das Kind das permanente Objekt erlangt, trägt den Stempel eines geordneten, strukturellen Aufbaus, ähnlich der Errichtung eines Gebäudes nach einem detaillierten Bauplan. Schon allein die Stabilität und Dauerhaftigkeit des Gebäudes zeigen an, daß man die Schwerkraft angemessen berücksichtigt hat, ebenso Spannungs- und Belastungstoleranz und die durch Kräfte der Umwelt und durch die Elemente hervorgerufene Abnutzung. Da es in dem Gebäude keine beweglichen Teile gibt, die wechselseitig aufeinander einwirken, gibt es innerhalb seiner Strukturteile keinen Kräftefluß. Diese Analogie vom fertiggestellten Gebäude vermittelt ungefähr die Auffassung Piagets von den kognitiven Funktionen des Kindes und von der Art und Weise ihrer Aktivierung. Seine Vorliebe für das Genaue, das Kategorische, das Mathematische, macht aus dem menschlichen Geist ein bloßes Bauwerk aus Strukturelementen.

Es ist jedoch erwiesen, daß das Erkennen ohne affektive Beteiligung ein Kunstprodukt ist, wie wir in früheren Kapiteln gesehen haben. Das Erkennen und die Erkenntnisvorgänge werden ausgelöst von affektiven Prozessen und Erlebnissen und sind mit ihnen verknüpft. Diese innerseelischen Kräfte üben auf die Erkenntnis einen mächtigen Einfluß aus, wirken mit an ihrer Entfaltung und treiben im allgemeinen die ontogenetische Entwicklung ebenso stark voran, wie äußere Einflüsse es tun.

Piaget übersieht nicht die Bedeutung, die die affektiven „Aspekte" des Dauerobjekts haben. Immer wieder hat er bei der Besprechung der Objektbildung auf konkreter Ebene anerkannt, daß affektive Elemente zur Entstehung des Objekts beitragen, und er hat angedeutet, daß der Begriff des konstanten Objekts vorzugsweise an Beziehungen zu einer Person gebunden ist. So stellt er in einer seiner regelmäßigen Vorlesungen an der Sorbonne im Jahr 1954 fest:

Die andere Person ist ein Gefühlsobjekt erster Ordnung, aber zur gleichen Zeit ist sie das interessanteste kognitive Objekt ... und ich betone, auf dieser Stufe das lehrreichste, die Quelle der Wahrnehmung ... Darum ist die andere Person ein Objekt, das eine Vielzahl von Austauschvorgängen zustandebringt, in die sowohl kognitive als auch affektive Faktoren eingehen ...

An keiner anderen Stelle spricht Piaget so deutlich von den affektiven Elementen des Objekts und von den formenden Einflüssen des Austauschs mit dem menschlichen Partner.

Deshalb ist es um so überraschender, wenn man feststellt, daß Piaget in keinem seiner entscheidenden Experimente, die die Erlangung des konstanten Objekts erforschen, dieser privilegierten Rolle des menschlichen Partners Rechnung getragen hat, sondern sie nur auf die Art und Weise beschränkt hat, in der das Kind „Dinge" handhabt. Dadurch hat Piaget seine eigenen Prämissen über die Gleichberechtigung der affektiven und der kognitiven Sphäre und ihre synchrone Entwicklung außer acht gelassen.

Objektbildung und Objektbeziehungen

Piagets Theorie der Objektbildung befaßt sich mit dem fortschreitenden Erkennen der Umwelt durch das Kind, aufgefaßt als ein Aspekt der Anpassung. Piaget unterscheidet – man erinnert sich – zwischen der niederen Form biologischer Anpassung (Homöostase) und der fortgeschrittenen Form psychologischer Anpassung – der Intelligenz[12].

Die Objektbildung stellt bei dieser Zunahme der Intelligenz nach Pia-

[12] Intelligenz „ist die höchste Form der geistigen Anpassung ... das unentbehrliche Instrument der Verbindung zwischen Subjekt und Welt, sobald diese Verbindung die unmittelbaren und augenblicklichen Beziehungen überschreitet und einen räumlich und zeitlich ausgedehnten und dauerhaften Charakter annimmt ... ihre Ursprünge sind diejenigen der sensumotorischen Anpassung im allgemeinen und darüber hinaus diejenigen der biologischen Anpassung überhaupt." (Piaget, 1947, dt. Übers. Zürich 1948, S. 12)

get eine bedeutsame Stufe dar. Er versetzt den Leser gewissermaßen an die Stelle des Säuglings und gestattet ihm, Schritt für Schritt auf dem Weg voranzugehen, der zur Bildung des konstanten Objekts führt. Unweigerlich entsteht der Eindruck, daß diese Bewegung unabhängig von den Umwelteinflüssen vor sich geht. Spielt z. B. das zukünftige konstante Objekt, der menschliche Partner, bei dieser Entfaltung eine wenn auch noch so unbedeutende Rolle? Piaget kümmert sich nicht um dieses Problem. Aber es geht einfach nicht, daß das konstante Objekt ein vorgefertigtes Element ist, ein *deus ex machina*, der plötzlich in das Universum des Kindes eingeführt wird und sofort die Steuerung seines Verkehrs mit der Umwelt übernimmt.

Das Übel liegt darin, daß das permanente Objekt eine allgemeine Kategorie ist, die sich gut in Piagets logisches System objektiver Elemente einfügt, statt das natürliche spezifische Element zu sein, das ein Bestandteil des subjektiven Erlebens des Säuglings ist.

Welches sind nun die psychoanalytischen Hypothesen in bezug auf die Objektbildung? Wie wird die Interaktion zwischen dem Subjekt und dem zukünftigen Objekt formuliert? Die psychoanalytischen Hypothesen in bezug auf die Entstehung des Libido-Objekts stammen aus der Auffassung von den psychosexuellen Stadien und den Veränderungen in der Verteilung von Besetzungsquantitäten. Mit dem Aufkommen der Ich-Psychologie und der gleichzeitigen Betonung der Objektbeziehungen wurden diese Annahmen später beträchtlich erweitert. Piaget, dem diese Entwicklung, die in den dreißiger Jahren begann, unbekannt blieb, behauptete in seinen Vorlesungen (1954) an der Sorbonne, die psychoanalytische Auffassung von den Objektbeziehungen sei eng und unvollständig, da sie an die Entfaltung der Triebe und der psychosexuellen Stadien gebunden sei[13].

Piagets Kritik ist schon seit einiger Zeit überholt. In Wirklichkeit ist ein beträchtlicher Teil der psychoanalytischen Ich-Psychologie speziell mit der Anpassung des Individuums an die Umwelt und deren Rückwirkung auf seine geistige Entwicklung beschäftigt. Die Objektbeziehungen – Beziehungen zu Menschen, zur Gesellschaft – stehen in dieser Erforschung an hervorragender Stelle. Die Objektbeziehungen werden so-

---

[13] Diese Vorlesungen sind auch in den letzten paar Jahren in der gleichen Form gehalten worden.

wohl als Anlässe zur Anpassung als auch als ihr Produkt angesehen. Die Wechselbeziehung zwischen Anpassung und Objektbeziehungen wurde demonstriert, als sich auf Grund von Untersuchungen an größeren Gruppen von Kindern herausstellte, daß ein Mangel oder eine Funktionsstörung in ihren Objektbeziehungen sowohl ihre physische als auch ihre seelische Entfaltung beeinträchtigten (Ainsworth et al., 1962).

Die erweiterte klassische psychoanalytische Theorie zieht den Austausch in Betracht, der zwischen dem Säugling und seinem menschlichen Partner stattfindet, und zwar zunächst auf der Stufe des biologischen Austausches. Nach diesen Annahmen wird diese biologische Interaktion immer mehr mit psychischen Inhalten versehen, so daß der rein biologische Austausch allmählich in eine psychische Interaktion verwandelt wird (Spitz 1957).

Durch die Verlagerung des Schwergewichts von der biophysiologischen Ebene (psychosexuelle Stadien) auf die psychosoziale Ebene (Objektbeziehungen) ist die psychoanalytische Ich-Psychologie über den begrifflichen Rahmen Piagets hinausgegangen. Wie wir schon früher festgestellt haben, kümmert sich Piaget nicht um den Einfluß der Umwelt auf das geistige Wachstum des Kindes; er betrachtet vielmehr die Erkenntnis der Umwelt durch das Individuum als ein Anzeichen für geistiges Wachstum und schließt die Möglichkeit aus, daß sein Stillstand oder seine Entgleisung auf die Art der interindividuellen Beziehungen des Kindes zurückgeführt werden könnte.

Es trifft jedoch zu, daß sich die Beiträge der Ich-Psychologie in bezug auf die Entwicklung des Kindes auf die affektive Entwicklung konzentriert haben, und daß sie sich im Bereiche der kognitiven Entwicklung mit wenigen Ausnahmen auf Theorien und Schlüsse beschränken.

Uns bleibt nun noch die parallele Darstellung der Folgerungen Piagets und der Folgerungen aus psychoanalytischen Untersuchungen in bezug auf ein spezifisches Gebiet der Errungenschaften des Kindes: seine Kristallisation des „Objekts". Diese Wahl erschien deswegen angezeigt, weil zahlreiche Beobachtungen zur Verfügung stehen und weil unter den verschiedenen Forschern eine relativ weitgehende Übereinstimmung über ihre Bedeutung herrscht.

Auf den vorhergehenden Seiten ist ein Versuch gemacht worden, die zentrale Rolle des Objekts in der geistigen Leistung und im menschlichen Verhalten zu skizzieren. Selten jedoch begegnet man in der wissenschaftlichen Literatur einer Feststellung, in der zugegeben wird, daß all unser Wissen von der Außenwelt, unser Bild vom Universum, unseren fortgeschrittenen Methoden der Aufdeckung und vervollkommneten Meßverfahren zum Trotz, letzten Endes im Erkennen von Objekten verankert ist. Der Begriff des Objekts ist wirklich ein Eckstein aller wissenschaftlichen Bestrebungen, ganz gleich, ob man sich mit den „exakten" oder „harten" Wissenschaften oder mit den Verhaltenswissenschaften befaßt.

Piaget hat gezeigt, wie die mechanischen Aspekte dieser Erkenntnis des Objekts entstehen, welche Stadien sie durchläuft, bevor sie ganz zur Wirkung kommen kann. Da er sich hauptsächlich mit dem formalen Denken und der rationalen Sphäre beschäftigt hat, neigte er dazu, das menschliche, subjektive Element in diesem Phänomen zu übersehen oder zu bagatellisieren.

Die psychoanalytischen Untersuchungen der Objektbildung haben sich auf die dynamischen Aspekte dieses Vorgangs konzentriert. Sie wurden unternommen, um die Kräfte hinter dem Streben des Säuglings nach Kontakt mit der Umwelt aufzudecken, um die psychischen Faktoren zu finden, die zur Objektbildung führen, und schließlich, um das Spiel der inneren psychischen Elemente zu erforschen, das vor sich geht, wenn das Kind in einen Austausch mit Objekten eintritt, sei es in der Form von Handlung, Kommunikation oder bloßer geistiger Tätigkeit.

Diese zwei verschiedenen Ausrichtungen oder Arten des Vorgehens gegenüber der Objektbildung sind ihrer Art nach komplementär, da es Piaget hauptsächlich um das „Ziel" selbst geht, während sich die psychoanalytische Forschung hauptsächlich mit den psychischen Kräften, die auf das „Ziel" gerichtet sind, beschäftigt. Demgemäß hat sich jede Methode auf spezifische Aspekte dieser Entwicklungsepisode konzentriert.

Piaget hat aufgezeichnet, wie die kognitive Leistung des Säuglings fortschreitet und schließlich im Erwerb von Vorstellungen gipfelt. In bezug auf das Kind ist Piaget der Ansicht, daß eine Vorstellung vorhanden ist, *wenn ein „Ding“ in seinem Geist fortbesteht, während es für seine Sinne nicht mehr vorhanden ist.*

Psychoanalytische Forscher haben daran gearbeitet, das zu bestimmen, was im Verhalten der *Ausbreitung der Besetzung in zentrifugaler Richtung vom Subjekt zum Sinneseindruck, zum Bild vom entstehenden Libido-Objekt,* entspricht. Sie haben ebenfalls die gleichzeitige fortschreitende Kristallisation des Libido-Objekts erforscht. Ihrer Ansicht nach ist diese Entwicklung verbunden mit dem wechselnden Charakter der Beziehung des Säuglings zu seiner Haupt-Versorgungsperson.

Empirische Arbeiten – Beobachtung von Kindern und Versuche mit ihnen – haben es ermöglicht, den Verlauf der Objektbildung und seine Haupt-Orientierungspunkte darzustellen. Diese Arbeit haben Piaget und seine Mitarbeiter, Kinderpsychologen und Lehrer und psychoanalytisch orientierte Forscher unternommen. Die Methode der Wahl war es dabei, das Verhalten einer geeigneten Gruppe von Kinden in zwei spezifischen Situationen zu protokollieren: (1) wenn der Säugling sensorische Darbietungen erkennt, die seine Aufmerksamkeit fesseln, wenn sie auf sein Wahrnehmungssystem treffen, (2) seine Reaktion, besonders sein antizipatorisches (Erwartungs-)Verhalten, wenn diese Darbietungen verschwinden, während seine Aufmerksamkeit auf sie gerichtet ist.

Trotz der intensiven Forschungsarbeit haben wir noch immer unzureichend Kenntnis von dem genauen zeitlichen Augenblick, in dem „der Säugling“ einen bestimmten Orientierungspunkt der Entwicklung erreicht. Dementsprechend werden hier chronologische Daten nur in bezug auf wichtige Ereignisse genannt[14].

Piaget stellt in bezug auf den Säugling fest, daß während der ersten zwei Stadien „das Erkennen (eines äußeren ‚Dinges‘) das Hervorrufen eines geistigen Bildes nicht notwendig macht ... es genügt, daß die dem

---

[14] Piagets Versuche zur Erforschung des kindlichen Verhaltens in Reaktion auf ein verschwindendes Objekt während des Zeitraums vom 1. bis 18. Monat sind in jüngster Zeit in einer gelehrten Studie von Gouin-Décarie (1962) wiederholt, und ihre Reichweite ist stark ausgedehnt worden. Die Autorin konnte im großen ganzen Piagets Ergebnisse in bezug auf die Reihenfolge, in der die verschiedenen Fertigkeiten bei den Kindern erscheinen, bestätigen.

Ding früher entgegengebrachte Einstellung wieder in Gang gesetzt wird ... das Subjekt erkennt seine eigene Reaktion, bevor es das Objekt als solches erkennt" (1937, S. 6). So sucht das Kind etwa um den zehnten Tag, nachdem es eine Weile an seiner Decke gesaugt hat, „nach etwas Nahrhafterem", nach der Brust. Piaget erklärt, daß das Kind lediglich seine eigene Entspannung empfunden hatte, als es die Brustwarze erwischt hatte, und wenn es nun die Decke erwischt, bemerkt es das Fehlen der Entspannung, an die es sich erinnert (1936, S. 36 f.).

Psychoanalytische Beobachter haben in dieser Situation Einzelheiten bemerkt, die Piaget nicht betont: Nicht immer sucht der Säugling nach etwas Nahrhafterem, sein „Wiedererkennen" ist noch unsicher; es ist von dem Bedürfnisdruck abhängig, der in dem Säugling herrscht (siehe 3. Kapitel). Dieses Phänomen hat Anna Freud (1946) sehr schön beschrieben:

> Wenn es (das Kind) unter dem Druck dringender körperlicher Bedürfnisse steht, wie z. B. Hunger, stellt es periodische Verbindungen zur Umwelt her, die wieder abgebrochen werden, nachdem die Bedürfnisse befriedigt worden sind und die Spannung aufgehoben ist. Bei diesen Gelegenheiten macht das Kind zum ersten Mal die Erfahrung der Wunscherfüllung und der Lust. Sie errichten Zentren des Interesses, an die sich libidinöse Energie heftet. Ein Säugling, der mit Erfolg saugt, „liebt" das Erlebnis des Saugens (narzißtische Liebe). (S. 124)
>
> (Neun Jahre später formuliert die gleiche Autorin ihre Deutung begrifflich:)
>
> Es zeigt sich, daß die libidinöse Besetzung zu dieser Zeit nicht an die Vorstellung von dem Objekt gebunden ist, sondern an das lustvolle Erlebnis der Befriedigung (1954 a, S. 12).

Schritt für Schritt erweitert sich die Erkenntnis des Kindes, je älter es wird. Es beginnt, Dinge „draußen" zu bemerken, zunächst diejenigen, die mit dem Erlebnis der Befriedigung zusammenhängen (siehe 4. Kapitel). Zum Beispiel, wenn am Anfang des dritten Monats der Blick des Säuglings auf ein menschliches Gesicht fällt, folgt er seinen Bewegungen mit konzentrierter Aufmerksamkeit. „Kein anderes ‚Ding' kann auf dieser Altersstufe ein solches Verhalten des Kindes hervorrufen" (3. Kapitel, siehe auch Abb. 3). Spitz (1955 b) erklärt, dieses Interesse werde durch die häufigen affektiven Erlebnisse des Säuglings in Gegenwart des menschlichen Gesichts erzeugt.

Dieser Fortschritt in Richtung auf die Objektbildung erreicht einen Höhepunkt im Antwort-Lächeln (siehe 5. Kapitel; Spitz, 1948 a, 1954; Spitz und Wolf, 1946). Spitz unterstellt, daß dieses Phänomen am Beginn der *Vorobjekt-Stufe* steht. Das Baby erkennt noch nicht die Person oder das menschliche Gesicht, sondern nur die Zeichen-Gestalt aus Stirn, Augen und Nase in Bewegung. Nach Spitz scheinen viele Säuglinge, wenn das Gesicht ins Profil gedreht wird, in der Nähe des Ohrs nach dem Wiedererscheinen der Gestalt zu suchen.

In seinem Kommentar zu dem gleichen Phänomen (Verschwinden einer Darbietung) stellt Piaget fest, daß der Säugling zunächst nur verletzt dreinschaut. Später beginnt er auch eine aktive Suche (motorische Handlung) nach der verschwundenen Darbietung. Piaget macht das *Fehlen aktiven Suchens nach dem verschwundenen „Ding"* zum Merkmal einer Stufe. Das „Ding" ist noch kein konstantes Objekt, stellt er fest. Selbst später, wenn mit etwa vier Monaten das Kind zu weinen anfängt, wenn das Gesicht verschwindet, faßt er es noch nicht als ein Objekt auf; die sensorische Darbietung hat keine *objektive* Dauer *(permanence)*, sie ist nur mit subjektiver oder affektiver Dauer ausgestattet worden:

> ... es genügt, daß das Kind auf die Rückkehr des interessanten Bildes (seiner Mutter, usw.) hofft, damit es ihm eine Art affektiver oder subjektiver Dauer zuschreibt, ohne Lokalisierung oder Verkörperung; das verschwundene Bild bleibt gewissermaßen „zur Verfügung", ohne daß es vom räumlichen Gesichtspunkt aus irgendwo gefunden wird (1937, S. 13).

Piaget macht hier einen Unterschied zwischen affektiver und kognitiver Permanenz (das heißt: Gedächtnisleistung); daraus entstehen drei Hauptprobleme, die eine kurze Erörterung erfordern.

1. Im allgemeinen gibt Piaget zu verstehen, daß der Erwerb der Wahrnehmung und der Gedächtnisaufbau Hand in Hand gehen; von dem Augenblick an, in dem der Säugling „sehen" kann, (das heißt, einige unterscheidende Merkmale eines „Dings" angemessen auffassen), kann er auch behalten, was er gesehen hat. Es gibt keinen Beweis für diese Annahme Piagets. Versuche über das Antwort-Lächeln (Kaila, 1932; Spitz und Wolf, 1946; Ahrens, 1954; Polak, Emde und Spitz, 1965) lassen darauf schließen, daß der Erwerb der Wahrnehmung beim Säugling allmählich vor sich geht. Das Kind geht dabei, vereinfachend ausgedrückt, nach einer Methode vor, die der Errichtung eines Gebäudes

mit konventionellen Mitteln ähnelt: zuerst entsteht ein Gerüst, das dazu dient, die äußere Struktur aufzuführen, in die dann nach und nach die anderen Teile eingefügt werden. Um zu belegen, daß dies wirklich in der Wahrnehmung geschieht, verlassen wir uns immer noch auf das Wiedererkennen des Kindes (Erinnerung in der Form unterstützter Zurückrufung ins Gedächtnis). Aber das schließt nicht notwendig in sich, daß Wahrnehmung und Gedächtnis zugleich entstehen. Es ist keineswegs erwiesen, daß dem allmählichen Aufbau des Sinneseindrucks eine gleichlaufende oder identische Abfolge auf dem Sektor der Erinnerung entspricht. Um so bedenklicher erscheint es, wenn man wie Piaget annimmt, daß eine Erinnerung (Permanenz) besteht, *bevor* ein konsolidierter Sinneseindruck vorhanden ist.

2. Diese letztere Annahme Piagets ist – erstaunlicherweise – die allgemein übliche Erklärung der Wahl bei unterschwelligen visuellen Experimenten mit Erwachsenen, wo sie als Abwehrmechanismus erklärt wird (Klein, 1959). Im Fall des Säuglings ist natürlich keine Abwehr (Verdrängung) am Werk, die sein unvollständiges Erkennen erklären könnte.

3. Piagets Definition des Begriffs „Objekt“ in seiner Verbindung mit „Vorstellung“ *(representation)* ist unglücklich gewählt und gibt Anlaß zu Mißverständnissen (siehe seine Definition im Vorhergehenden). Man ist sich darüber einig, daß die erste Erinnerungsspur die Form eines Gedächtnisbildes hat, einer einfachen Ab-Bildung eines sensorischen Eindrucks. „Vorstellung“ im herkömmlichen Sinn des Wortes bedeutet andererseits eine begriffliche Errungenschaft. Das Kind ist dann z. B. schon fähig, zu trennen, hervorragende Merkmale einer Reihe von Gesichtern zu abstrahieren und sie in einer gleichsam „objektiven“ Aufzeichnung zu einer Vorstellung „Gesicht“ in seinem Gedächtnissystem zusammenzufügen, die eine kategorische Einheit ist, eine höhere Form von Erinnerungsspeicherung.

Piagets allgemeine theoretische Erklärung dafür, warum der Säugling nach dem verschwundenen Ding sucht, ist zweifach: (1) die selbst-anregende Tätigkeit, die durch das Wirken der Reflexe in Gang gesetzt wird; (2) die Tendenz zur Wiederherstellung des Gleichgewichts, das durch die Interaktion mit der Umwelt gestört worden ist. In diesem besonderen Fall erschien ihm eine solche Erklärung unzureichend – insbesondere: warum sollte durch einen ungenügend erfaßten Reiz ein Gleichgewicht gestört werden? Affektive Dauer wurde deswegen als Grund des Verhaltens herangezogen.

Zur Zeit gültige psychoanalytische Hypothesen erklären das Verhalten des Säuglings weit einfacher. Sie besagen, daß ein bestimmter Sinneseindruck in Form einer Konfiguration (einer Gestalt), gebildet durch Augen, Nase, Stirn – in Bewegung – allmählich von dem Säugling mit einem Erlebnis der Befriedigung assoziiert wird, das heißt, mit der Abfuhr von Spannung, die ihr Zentrum im Mund hat (Spitz, 1955 b und 3. Kapitel). Anders ausgedrückt, das verschwindende Gesicht der Mutter wirkt lediglich als ein Auslöser, das Schreien des Kindes wird ausgelöst, wenn das Erinnerungsbild einer propriozeptiven Erfahrung aktiviert wird. Der Einfluß des verschwindenden Gesichts auf das Verhalten des Säuglings ist deshalb indirekt, ihm fehlt die Eigenschaft einer kausalen Wirkkraft.

Damit ist die psychoanalytische Erklärung aber noch nicht erschöpft. Sie fügt hinzu, daß die propriozeptive Erfahrung (Befreiung von Spannung) eine deutliche Erinnerungsspur hinterlassen kann, weil der Säugling sie libidinös besetzt hatte. Das gleiche trifft für den exterozeptiven Reiz (das Gesicht der Mutter) nicht zu. Der Mangel an Besetzung läßt das Gesicht noch als eine undeutliche Konfiguration erscheinen, von der gesagt wird, sie gehöre zur angeborenen Ausstattung des Säuglings (siehe 3. Kapitel). Weil sie kein durch Erfahrung erworbenes Element ist, hat sie auch keine ihr entsprechende Erinnerungsspur, wenigstens nicht im landläufigen Sinn des Wortes, der diese an das Lernen knüpft (English und English, 1958).

Die Annahmen der Psychoanalyse erklären ferner, wie es dazu kommt, daß einige Zeit später das Gesicht der Mutter für das Kind zur Sinneswahrnehmung (*percept*) wird und dann auch eine entsprechende Erinnerungsspur zurückläßt. Allmählich ist die Besetzung vom Erlebnis der Befriedigung auf den Spender dieser Befriedigung (Nahrung, die vom Hunger befreit und die orale Spannung herabsetzt) übertragen worden. Der Spender ist die Mutter oder ihre Stellvertreterin (A. Freud, 1946, S. 124). Einige Jahre später erklärt Anna Freud diesen Fortschritt begrifflich folgendermaßen: „Die libidinöse Besetzung verschiebt sich allmählich von dem Erlebnis der Befriedigung auf das Bild des Objekts, ohne das die Befriedigung nicht zustande gekommen wäre" (A. Freud, 1954 a, S. 13). „Ich würde denken, daß das gegen die Mitte des ersten Jahres eintritt, und daß es allmählich vor sich geht" (1954 b, S. 59).

Die psychoanalytische Theorie nimmt daher an, daß im Säugling der Fortschritt auf zwei Wegen gleichzeitig vor sich geht – einmal im Übergang von propriozeptiver Wahrnehmung zur Tastwahrnehmung und schließlich zur Fernwahrnehmung; gleichzeitig durch Verschiebung von libidinöser Besetzung (dem Streben nach, dem Interesse an, dem Drang, nahe zu sein, sich in Beziehung zu setzen) vom eigenen Körper auf den des menschlichen Partners. Man kann also sagen, daß die Theorie feststellt, daß das *Erkennen zentrifugal vom Gewahrsein inneren Empfindens über die Peripherie (orale Zone, Hautoberfläche) zum Erfassen der Umwelt geht,* beginnend mit dem Erkennen des menschlichen Partners. Der Fortschritt wird eingeleitet durch ein Transponieren der Besetzung (Besetzungsverschiebung).

Mit dem allmählichen Erwerb sensumotorischer Koordination unternimmt der Säugling eine aktivere Suche nach einem „Objekt"[15], das vor seinen Augen verschwindet. Die Einzelheiten dieses Fortschritts sind uns dank den peinlich genauen Studien Piagets und seiner Mitarbeiter bekannt. Bei diesen Beobachtungen hat sich herausgestellt, daß der Säugling zunächst nur nach dem „Objekt" sucht, wenn die Suche eine Erweiterung seiner gegenwärtigen sensumotorischen Betätigung darstellt: (1) er sucht nach dem verschwundenen „Objekt", wenn er es gerade in der Hand gehalten hat; (2) er schaut sich nach ihm um innerhalb der Reichweite seiner Hand-Bewegung; (3) er sucht nach einem „Objekt", das er bis zum Augenblick des Verschwindens eine Zeitlang ununterbrochen gesehen hatte; (4) später sucht er auch nach einem „Objekt", das er nur einen Augenblick lang gesehen hatte, bevor es verschwand.

Die Suche nach dem verschwundenen „Objekt" schreitet fort vom Suchen an einem bekannten Ort (wo das „Objekt" vorher war) zur Lokalisierung innerhalb des Gesichtskreises. Diese ganze Entwicklung hat ihr Gegenstück in der Erweiterung des „Bettbereichs" (*crib space,* siehe 10. Kapitel). Nach Piaget geht das Erkennen des Objekts Hand in Hand damit, daß es zum Raum in Beziehung gesetzt wird.

---

[15] „Objekt" bedeutet das zukünftige konstante Objekt.

Piaget (1937) gibt folgenden Kommentar zu der ersten Serie von Versuchen, die sich um das Suchen des Kindes nach dem verschwundenen Objekt bemühen, dessen Verschwinden sich vor seinen Augen abgepielt hat:

(Diese Versuche) zeigen uns, daß die Anfänge der Permanenz, die den sensorischen Darbietungen zugeschrieben wird, die das Kind wahrnimmt, aus der Handlung des Kindes entstehen, die in Bewegungen der Akkomodation besteht ... das Kind sucht das Objekt nicht mehr nur dort, wo es vor kurzem zu sehen war, sondern sucht auch an einer neuen Stelle danach. Es sieht die Wahrnehmung aufeinanderfolgender Stellungen des sich bewegenden Objekts voraus und rechnet gewissermaßen mit seinem Ortswechsel. (Er fährt fort, indem er auf den Bereich dieser Suche hinweist:) Es ist darauf beschränkt, ... mit den Augen oder mit der Hand die Bahn zu verfolgen, die durch die Akkomodationsbewegungen bestimmt wird (S. 18) ... die Ortsveränderung, die dem Objekt zugeschrieben wird, hängt im wesentlichen vom Handeln des Kindes ab (Akkomodationsbewegungen, die durch Schauen erweitert werden) und davon, daß die Permanenz selbst weiterhin in Beziehung zu eben diesem Handeln steht (S. 19).

Die beiden Systeme der Entwicklungspsychologie, die Psychoanalyse und die Genfer Schule, verbinden also den Ursprung der äußeren Wahrnehmung mit propriozeptiv wahrgenommenen Erlebnissen. Die psychoanalytische Theorie vertritt die Ansicht, daß das Erkennen des menschlichen Partners sich an die Triebdynamik „anlehnt", die sich als affektiver Vorgang mit gleichzeitiger Besetzung manifestiert und Aufmerksamkeit zur Folge hat. Piaget und die Genfer Schule weisen darauf hin, daß das Erkennen sich an das propriozeptive Empfinden der eigenen Motorik „anlehnt".

Der spätere Fortschritt in Richtung auf die Konstituierung des permanenten Objekts wird von Piaget in weiteren Versuchen erforscht, die darin gipfeln, daß man das „Objekt" hinter einer und später zwei Abdeckungen versteckt, das heißt, daß man es durch Ortsveränderung unsichtbar macht.

In Übereinstimmung mit seiner Hypothese (die von Piaget nicht ausdrücklich so formuliert wird), daß die intellektuelle Leistung sich an die sensumotorische Betätigung „anlehnt", die gerade im Gang ist, fängt das Kind mit der Fähigkeit an, ein „Objekt" wiederzufinden, das vor seinen Augen nur teilweise versteckt wird; später erwirbt es die Fähigkeit, das „Objekt" wiederzufinden, wenn es ganz hinter der Abdeckung verborgen ist. Gerade dieses Beispiel, die Suche nach dem verschwundenen Spielzeug, veranschaulicht besonders deutlich, wie das psychoanalytische Modell und das theoretische System der *École de Psychologie génétique* einander bei der Erklärung des kindlichen Verhaltens ergänzen.

Die psychoanalytische Theorie vertritt die Ansicht, daß die Suche des Kindes nach dem Spielzeug durch einen Wunsch (ein Interesse) in Gang gesetzt wird, aber dieser Wunsch wird getragen von der positiven Besetzung, mit der das Spielzeug – oder vielmehr das endopsychische (geistige, Vorstellungs-) Bild des Spielzeugs – versehen worden ist.

Dieser Erklärung des kindlichen Impulses, nach dem fehlenden Spielzeug zu suchen, liegt eine stillschweigende, aber trotzdem entscheidende Annahme zugrunde. Es ist die logische Folgerung, die in der heutigen psychoanalytischen Literatur selten ausgesprochen wird, daß *die Entstehung des Erinnerungsbildes sich auf die Konsolidierung, auf die Beständigkeit der ihm entsprechenden Sinneswahrnehmung gründet.* Dieser Schluß gilt auch für das libidinöse Objekt, eine Tatsache, die wichtige theoretische Folgerungen einschließt, von denen später noch die Rede sein wird.

Zwei andere Fragen, die die psychoanalytische Theorie aufwirft, verdienen unmittelbare Beachtung. Nach Lage der Dinge bleibt die Suche des Kindes nach dem Spielzeug oft vergeblich, zumindest ganz am Anfang. Wenn es die Suche trotz solchen vorübergehenden Rückschlägen fortsetzt, reicht die Stärke der positiven Besetzung allein nicht aus, obwohl sie eine notwendige Bedingung ist. Angesichts solcher Mißerfolge und unter im übrigen gleichen Bedingungen würde das Kind seine Suche bald aufgeben, wenn es durch Erfahrung und Reifung nicht schon die *Fähigkeit* erworben hätte, *die vorübergehende Versagung zu ertragen,* die ihm bei seiner Anstrengung begegnet. Anders ausgedrückt, es muß gelernt haben, ein plötzliches Ansteigen der Spannung zu ertragen.

Seine Such-Anstrengung hängt ebenfalls ab von dem Erwerb der Rudimente der *Erwartung.* Die Erwartung des Erfolges einer bevorstehenden Befriedigung verleiht seiner Suche Nachdruck – ebenso vielen anderen Betätigungen (Kris, 1951, S. 97).

Die heute gültigen Annahmen der Psychoanalyse verbinden auf diese

Weise Erkennen und Streben *(cognition and conation)* mit intrapsychischen Prozessen, was in der Genfer Schule nirgends vorgesehen ist. Gerade diese angenommene Fähigkeit zum Warten befähigt das Kind dazu, seinen Trieb in gewissem Maß zu beherrschen. Diese Triebeinschränkung befähigt es, die Befriedigung seiner Bedürfnisse aufzuschieben. Dadurch ist sein Abtasten der Umwelt, seine Erkenntnis der „Dinge" in der Außenwelt frei geworden und wird nicht mehr andauernd durch den Druck seiner Bedürfnisse gestört. Es ist nicht länger den homöostatischen Mechanismen des *hic et nunc* ausgeliefert, von denen schon die Rede war. Wenn dies eintritt, beginnt der Säugling, Einzelheiten in der Erscheinung und in den Handlungen des bevorzugten menschlichen Partners zu unterscheiden, der sowohl Befriedigung als auch Versagung austeilt. „In zunehmendem Maße", schreibt A. Freud (1954b, S. 59), „wird die Mutter als die Quelle von Lust und Unlust erkannt und als solche besetzt."

Die psychoanalytische Theorie nimmt an, daß der Säugling wegen seiner im Bedürfnis verankerten primitiven Wahrnehmung eine Periode durchläuft, in der er zwei Bilder von seiner Mutter aufbaut: die Mutter, die befriedigt (das gute Objekt), und diejenige, die frustriert (das schlechte Objekt). Der Säugling besetzt das Bild von dem guten Objekt mit Libido, die seinen Wunsch trägt, der Mutter nahe zu sein, sich ihr zu nähern; das Bild des schlechten Objekts wird mit Aggression besetzt, die den Wunsch trägt, die Mutter zu beseitigen (sie zu stoßen, zu schlagen), um jede ihrer versagenden Tätigkeiten zu stören; oder umgekehrt: das Bild des schlechten Objekts taucht auch dann auf, wenn die Mutter durch Unaufmerksamkeit frustriert. Diese innerlich noch uneingeschränkten Impulse verhindern die Bildung von stabilen Erinnerungsbildern beim Säugling. Das Gedächtnisbild vom guten Objekt wird sofort aufgelöst, wenn der Säugling sensorische Eindrücke bekommt, die Versagung bedeuten; das gleiche gilt umgekehrt für das schlechte Objekt.

Erfahrung und gleichzeitige Reifung im sensumotorischen Bereich und Fortschritte in den anderen Bereichen verschmelzen die beiden Erinnerungsbilder und bereiten den Weg für die Bildung des Libido-Objekts. Wenn dies zwischen dem achten und zehnten Lebensmonat geschieht, hat eine Neuverteilung der Besetzung stattgefunden. Infolgedessen

überdauert das Erinnerungsbild des Kindes vom Objekt der Libido *den vorübergehenden Sinneseindruck (sensory impression), es wird durch die aktuelle Sinneswahrnehmung (percept) nicht mehr aufgelöst.* Wenn das zutrifft, dann folgt daraus, daß das Libido-Objekt auf die vorherige Konsolidierung des Sinneseindrucks von der Mutter gegründet ist. Mit anderen Worten: *Der Konstanz des Libido-Objekts muß die Bildung des entsprechenden Dauerobjekts vorausgehen* (das heißt, das Bild der Mutter muß im Geist des Kindes fortbestehen, wenn sie nicht da ist).
Wenn das Kind heranreift, wird es fähig, immer länger abwesende Objekte mit libidinöser Besetzung zu versehen (A. Freud, 1952, S. 44 f.). Das Objekt der Libido ist konstituiert worden; es ist, wie wir gesehen haben, auf Abbildung im Gedächtnis und auf die Fähigkeit gegründet, Versagung zu ertragen, Befriedigung zu antizipieren.
Diese These, daß der Säugling zuerst das Dauerobjekt herauskristallisieren muß, bevor er das Objekt der Libido erlangen kann, kann den Experimentator leicht irreführen, der allein nach der Schulpsychologie oder nach Piagets Begriffssystem ausgerichtet ist. Der Umstand, daß im Fall der Mutter das Dauerobjekt schon konstituiert ist, bedeutet nicht zugleich, daß der Säugling schon allgemein die Stufe des Dauerobjekts erreicht hat. Die psychoanalytische Theorie behauptet, und Piaget stimmt mit dieser Annahme teilweise überein, daß der menschliche Partner in der geistigen Entwicklung des Kindes als Bahnbrecher dient. Es kann daher sehr wohl sein, daß der Säugling um den achten bis zehnten Monat das Dauerobjekt in bezug auf viele „Dinge" nicht konstituiert hat, besonders für diejenigen, die nicht mit ihm in Interaktion treten, wenn er sie handhabt.
Wenn das Dauerobjekt erst einmal konstituiert ist und das Kleinkind das Objekt der Libido erlangt hat, kann es sich unbehindert geistigen Operationen und dem Denken hingeben. Es ist nun in der Lage, Dinge (Dauerobjekte) nicht nur mit den Händen zu bearbeiten, sondern auch im Geist. Sein Fortschritt kann in einer Reihe von Experimenten eingeschätzt werden, die noch einmal mit dem verschwindenden „Objekt"[16] zu tun haben.

[16] Es sei hier darauf hingewiesen, daß das verschwindende „Objekt" schon Freud (1920) bei seinen Formulierungen über die psychische Entwicklung des Kindes nützlich war.

1. Im Alter zwischen sechs und neun Monaten zeigt das Verhalten des Kindes an, daß es in der Lage ist, im Geist ein „Objekt“ wiederherzustellen, das nur teilweise zu sehen ist. Wenn man z. B. in seiner Gegenwart sein Lieblingsspielzeug allmählich unter ein Kissen steckt und rechzeitig anhält, so daß es teilweise unbedeckt bleibt, wird das Kind das Spielzeug mit Leichtigkeit wiederfinden. Wenn man zu dieser Zeit jedoch fortfährt, bis das Spielzeug vor den Augen des Kindes ganz verschwindet, breitet sich auf seinem Gesicht ein Ausdruck höchster Bestürzung aus, als ob das Spielzeug aufgehört hätte zu existieren, und es macht keinen Versuch, das Kissen wegzuschieben. Das Universum des Kindes besteht noch aus Bildern, nimmt Piaget an (1937, S. 43), die im Augenblick der Handlung aus dem Nichts auftauchen und bei ihrer Beendigung ins Nichts zurückkehren.

2. Einige Zeit nach dem achten Monat findet das Kind sein Spielzeug wieder, selbst wenn es zugedeckt ist, vorausgesetzt, daß es, wie in der vorigen Episode, Zeuge dessen war, was der Versuchsleiter gemacht hat. Die Initiative des Kindes ist jedoch eine Sache der Erweiterung einer schon in Gang befindlichen Handlung. Dies wird bestätigt durch den Umstand, daß das Kind *nicht* nach dem Spielzeug sucht, wenn der Versuchsleiter zu dieser Zeit das Spielzeug zuerst in ein Handtuch wikkelt und dieses dann unter eine zweite Hülle steckt (Piaget, 1937, S. 50).

3. Eben dazu (zum Wiederfinden des „Objekts“ hinter zwei Abdeckungen) wird es auf der fünften Stufe fähig, um den elften Monat, vorausgesetzt, daß der Vorgang in seiner Gegenwart stattfindet. Zu diesem Zeitpunkt, so nimmt Piaget an, ist das „Objekt“ im Geist des Kindes schon mit einer eigenen Existenz ausgestattet; es hat eine Dauersubstanz erworben. Das Kind sucht zu dieser Zeit jedoch nicht nach dem Spielzeug (oder nach einem anderen Lieblings-„Objekt“), obwohl es die Art der Betätigung des Versuchsleiters zu bemerken scheint, wenn es nicht Zeuge aller Einzelheiten des Versteckens war.

Piaget (1937) ist der Ansicht, daß das Kind auf dieser Stufe im Zusammenhang mit einer früher *beobachteten* Tätigkeit sucht; daher ist sein Suchen nun nicht mehr bloße Erweiterung einer Handlung, die noch im Gang ist (S. 77). Offenbar hat ein gewisser Grad von Internalisierung stattgefunden.

4. Auf der letzten, der sechsten Stufe (nach dem siebzehnten Lebensmonat) wird das Kind fähig, ohne Rücksicht auf die Art des Verbergens, sichtbar oder unsichtbar, hinter einer oder zwei Abdeckungen, nach dem „Objekt“ zu suchen. Das „Objekt“ ist nun ein System von Wahrnehmungsbildern geworden, das durch seine aufeinanderfolgenden Ortsveränderungen hindurch mit einer konstanten räumlichen Form ausgestattet ist; es konstituiert einen einzelnen Gegenstand, der in der sich in der Zeit entfaltenden Kausalreihe isoliert werden kann (S. 72, 93).

In Piagets System bezeichnet diese Leistung – das Wiederfinden des Spielzeugs unter diesen komplexen Umständen – das Erscheinen der Reversibilität *(reversibility)*. Um diese Leistung auszuführen, folgert er, hat das Kind ein Erinnerungsbild von dem Spielzeug. Es kann eine Denkoperation ausführen, die ihm erlaubt, (im Geist) die Abdeckungen zu entfernen, die das Spielzeug verbergen. Mit anderen Worten: es kann die vorhergehende Handlung gewissermaßen umkehren. Das Kind läßt einfach in seiner Vorstellung das Spielzeug wieder erscheinen, und eben diese Leistung versetzt es in die Lage, auf die Suche zu gehen, was es noch vor einiger Zeit nicht konnte. Das ist gewiß kein Akt des bloßen Lernens oder der Erfahrung[17].

Piaget behauptet, die Suche des Kindes nach dem verschwindenden Spielzeug könne einfach durch die Entstehung und die wachsende Stabilität seines Erinnerungsbildes erklärt werden, das er nacheinander mit der motorischen Handlung, dem wachsenden räumlichen Erfassungsvermögen des Kindes, und schließlich mit der Entstehung seines Kausaldenkens in Verbindung bringt. In Piagets Vorstellung ist kein Platz für ein gesondertes Element der Motivation. Kann man einfach annehmen, daß das, was das Kind veranlaßt, das Spielzeug zu wollen, was immer es auch sei, von Anfang an existiert und lediglich erst dann zum Aus-

[17] Piaget (1957) hat kürzlich eine Unterscheidung zwischen *renversabilité* (einfachem Umkehren) und *réversibilité* (Auflösen, eine Handlung im Geist umkehren, unter Berücksichtigung von Raum, Zeit, Kausalität und komplexen Beziehungen zwischen diesen, was auf ein Operieren mit Begriffen schließen läßt) eingeführt, die zwischen dem zwölften und vierzehnten Lebensjahr erreicht wird. Das erstere soll sich auf eine einfache Umkehrung einer Handlung beziehen, ohne daß das Kind dessen gewahr ist, daß es das tut. In diesem Sinn hat das Kind, das mit etwa achtzehn Monaten das zweite Kissen entfernt, nur *renversabilité* erreicht.

druck kommt, wenn die sensumotorische Koordination es erlaubt? Ist es nicht wahrscheinlicher, daß das Wollen, ebenso wie andere Bereiche des Geistes, Wachstum und Ausbreitung aufzuweisen hat? Und wenn es so ist, welche spezifischen Stufen und psychischen Prozesse sind mit einer solchen Entwicklung verbunden?

Dieses Gebiet wird in einigen psychoanalytischen Hypothesen besonders betont, die Spitz formuliert hat (1953 a, 1960 b, 1963 a). Der Gegenstand der psychoanalytischen Theorienbildung ist die Dynamik der entstehenden innerseelischen Kräfte des Säuglings, die ihn zur Suche nach dem vermißten Spielzeug antreiben. Es wird zunächst festgestellt, daß das Verschwinden des Spielzeugs in dem Kind eine Versagung hervorruft, die man an dem Ausdruck der Bestürzung in seinem Gesicht ablesen kann. Wenn das Kind nicht lernen kann, diese vorübergehende Frustration zu bemeistern, fällt es einer zeitweiligen Desorganisation zum Opfer und kann sich kaum die sensumotorische Koordination zunutze machen, die ihm zur Verfügung steht, um sie in zielgerichtetes Handeln überzuführen. Um unter diesen Umständen (Versagung) zu handeln, genügt es aber nicht, ein Erinnerungsbild zu haben (eine Vorstellung vom Ziel, wenn es kein Sinneseindruck mehr ist), wie Piaget andeutet; das Kind muß auch imstande sein, es gewissermaßen in den Bereich des Gewahrseins zu „ziehen". Offensichtlich sind die Existenz des Erinnerungsbildes und seine Eigenschaft, sich im Bereich des Gewahrseins zu befinden, nicht dasselbe, wie viele Versuche gezeigt haben. Der psychische Prozeß, der die Verlagerung eines existierenden Erinnerungsbildes an die Schwelle des Gewahrseins bewerkstelligt, ist an Besetzungsverschiebungen gebunden. Daraus folgt, daß das Kind seine Suche nach dem Spielzeug nur dann durchführen kann, wenn es die „Repräsentanz" oder das Bild von dem Objekt libidinös besetzen kann.

Besetzung ist, man wird sich erinnern, in Analogie zu einer elektrischen Ladung aufgefaßt, mit der ein Bild durchsetzt oder versehen wird (Freud, 1926 a). Die Energie der Ladung entspringt aus den Trieben, aber sie wird in gewissem Maß nutzbar gemacht. Die libidinöse Besetzung (der Drang, nahe zu sein, sich einem Objekt zu nähern) entspringt aus dem Sexualtrieb und wird entsexualisiert; die aggressive Besetzung (der Drang, ein Objekt zu ergreifen, zu beseitigen, zu zerstören), die aus dem Aggressionstrieb entspringt, wird neutralisiert und kann einem

Menschen sehr wohl bei vielen konstruktiven Aufgaben helfen (besonders bei denen, die Selbständigkeit und Selbstbehauptung erfordern).

Spitz (1953 a) hat postuliert, daß zum Zeitpunkt der Geburt die beiden Triebe undifferenziert, also vermischt sind. Daraus folgt, daß das Kind sich am Anfang z. B. kein Erinnerungsbild des Spielzeugs vergegenwärtigen kann, denn es hat keine libidinöse Besetzung zur Verfügung, selbst wenn zu diesem Zeitpunkt der Sinneseindruck von dem Spielzeug schon Konstanz erlangt hat. Die beiden Entwicklungslinien müssen synchronisiert werden.

Sobald sich die beiden Triebe trennen, stehen die entsprechenden Besetzungsquantitäten dem Kind nicht automatisch zu Gebote. Es muß zuerst ein gewisses Maß an Versagungstoleranz erwerben. Im ersten Versuch zeigte das Kind Bestürzung, konnte aber nicht zweckmäßig handeln. Es konnte seinen Drang nicht unterdrücken (das Spielzeug auf der Stelle, *hic et nunc*, zu haben); es wurde wütend und war darum nicht ruhig genug, zu *warten*, bis die libidinöse Besetzung dem Bild des Spielzeugs zufließen konnte. *Seine Versagungstoleranz und seine Fähigkeit, zu antizipieren, waren unzureichend.*

Einige Zeit später kann es beides, und dann wird das Erinnerungsbild von dem verschwundenen Spielzeug durch libidinöse Besetzung aus der „Bibliothek seines Geistes" *(library of his mind*, Cobliner, 1955) wieder hervorgeholt. Wenn dies zutrifft, hilft das „Ziel in seinem Geist" bei der Suche nach dem versteckten Spielzeug.

Wenn das Kind sich zwei Abdeckungen gegenübersieht – das heißt, wenn das Spielzeug vor seinen Augen zuerst in, sagen wir, eine Baskenmütze eingewickelt und die Mütze ihrerseits hinter ein Kissen gesteckt wird – wird eine komplexere Leistung von ihm gefordert. In diesem Fall könnte man annehmen, daß das Bild des Spielzeugs positiv und die Baskenmütze negativ besetzt sei. Im Geist des Kindes sind die beiden Besetzungen noch miteinander verbunden. Wenn die Baskenmütze nun unter das Kissen gesteckt wird, wird dieses seinerseits negativ besetzt. An diesem kritischen Punkt gibt das Kind eines gewissen Alters die Suche auf.

Was das Kind braucht, um fortzufahren, wird von Spitz (1960 b) in seiner unveröffentlichten Abhandlung erklärt. Das Kind muß zuerst die positive Besetzung, mit der das Spielzeug versehen ist, in zwei Teile spalten; einer bleibt bei dem Spielzeug, der andere muß abgelöst und dem Erinnerungsbild der Baskenmütze verliehen werden, das, wie gezeigt wurde, schon in gewissem Grad negativ besetzt ist. Mit anderen Worten, nur das Kind kann die Suche fortsetzen, das positive und negative Besetzungen nebeneinander, auf dem gleichen Erinnerungsbild, ertragen und aufrechterhalten kann.

Die Spaltung der Besetzungsquantitäten und die Fähigkeit, einander entgegengesetzte, einander widersprechende Besetzungen auf dem gleichen Bild aufrechtzuerhalten – Ertragen der Doppelsinnigkeit *(tolerance of ambiguity)* – ist deshalb die Voraussetzung dafür, daß das Kind die komplexe Aufgabe lösen kann, das Spielzeug hinter zwei Abdeckungen verschiedenen Aussehens wiederzufinden. Diese Fähigkeit kennzeichnet nicht nur die Bildung des konstanten Objekts; sie ist auch ein großer Schritt vorwärts in der Erkenntnis der Welt, wie sie ist: einer Welt, die nicht nur gut und schlecht, weiß und schwarz ist, sondern viele Zwischentöne, viele graue Schattierungen hat. Die Bedeutung dieser Wegmarke im Leben des Kindes ist kaum zu überschätzen.

Die Diskussion der in diesem Buch untersuchten psychischen Entwicklung ist nun beendet. Die Genfer Schule der Psychologie kümmert sich nicht um abnorme Erscheinungen im Denken, Erkennen usw., aber es ist aus dem vorher Gesagten schon klargeworden, daß es ziemlich leicht wäre, sie mit den auf den verschiedenen, von Piaget angedeuteten Entwicklungsstufen vorherrschenden Beschränkungen in Verbindung zu bringen. Auf die Rolle der Stufenspezifität als Hilfsmittel der Diagnose und der Therapie ist an anderer Stelle hingewiesen worden (Spitz, 1959).

Der Vergleich der Theorien von Piaget und Freud in bezug auf ungefähr die ersten zwei Lebensjahre hat ihre verschiedenen Standpunkte gegenüber dem menschlichen Leben aufgedeckt. Piaget setzt den Ursprung der geistigen Funktionen mit dem Ortswechsel des Individuums in der objektiven Umwelt in Verbindung. Freud vertritt die Ansicht, die psychischen Funktionen verdankten ihre Entstehung interindividuellen Beziehungen einerseits und Abkömmlingen innerer Prozesse andererseits.

Die beiden Systemgründer umfassen mit ihren Theorien die Gerüste sämtlicher anderen Schulen der Psychologie, und die Reichweite ihres panoramischen Überblicks über die psychischen Funktionen und die psychische Entwicklung sind bis heute unübertroffen. Freuds System ist das umfassendere, da es psychische Sphären einschließt, die jenseits der Grenzen des Bewußten und außerhalb der normalen Funktionen liegen.

Schlußbemerkung

Anthony (1957) hat die Vermutung geäußert, Freud und Piaget seien vielleicht die letzten beiden Theoretiker, die das Denken des Westens bestimmt haben. In unserer demokratischen und egalitären Epoche hegen die Wissenschaftler eine starke Abneigung dagegen, von einem Genie beherrscht zu werden, vielleicht, weil jahrhundertelang die Verehrung der Autoritäten wirklich dem wissenschaftlichen Fortschritt zum Unheil gereichte. Die Abneigung ist in den USA besonders stark, wo sie ein Bestandteil der Tradition und des politischen Denkens ist.
Die Abneigung gegen die Autorität gilt nicht für Piaget, da sie allein nicht erklären kann, warum bis vor kurzer Zeit ein gleichmäßiges Interesse an seinen wissenschaftlichen Beiträgen vollkommen gefehlt hat. Aber sie traf für Freud zu, und ihm ist es keineswegs besser ergangen. Seine angeblichen Lehren sind populär, der großen Masse des gebildeten Publikums oberflächlich bekannt und sind ein beliebtes Thema für Unterhaltungen nach Tisch. Er wird selten im Original studiert, obwohl sein Stil und seine Faßlichkeit mühelos die seiner Interpreten übertreffen; von den einen wird er wegen seiner Starrheit, von den anderen wegen seiner wechselnden Standpunkte angegriffen; eine dritte Gruppe nennt ihn veraltet, eine vierte schilt ihn, weil er nichts von kulturellen Einflüssen wisse, und eine fünfte Gruppe wirft ihm vor, er übertreibe die Rolle des Determinismus. Die Beispiele lassen sich *ad infinitum* fortsetzen. Tatsache ist, daß er von denen, die wissenschaftliche Objektivität für sich in Anspruch nehmen, selten ohne Vorurteil gelesen wird.
Es ist vielleicht eine begrüßenswerte Entwicklung, daß die Verehrung der Autorität vom wissenschaftlichen Kampfplatz ausgeschlossen worden ist, aber es scheint, als ob das Pendel zu weit in die andere Richtung ausgeschlagen hat. Die Abwendung von den Autoritäten hätte zum Erblühen eines Geistes der schöpferischen Unabhängigkeit führen sollen, zum

individuellen Streben nach Vortrefflichkeit mit einem Minimum an Wiederholung. Leider ist das nicht geschehen.

Stattdessen werden wir seit einiger Zeit Zeugen einer Einschränkung des Gesichtskreises in der wissenschaftlichen Forschung. Talent und Zeitaufwand werden auf ein paar Themen konzentriert, die beliebt oder modern sind, und die werden *ad nauseam* erforscht; eine Prämie wird dafür ausgesetzt, daß man unbedeutende Einzelheiten aufspürt, in der Hoffnung, sie würden zur Offenbarung großer Erkenntnisse führen. Aber es bleibt eine Tatsache, daß trotz dieser Ausrichtung vielfältiger Talente auf die Untersuchung einer begrenzten Anzahl von Phänomenen, trotz einer massiven Konzentration von Zeit und Mitteln keine brillanten Einsichten gewonnen und keine allgemeinen Grundsätze formuliert worden sind. Es sind keine Tore geöffnet worden, die einen plötzlichen Aufstieg zu höheren Perspektiven versprechen. Wir leben anscheinend von Prinzipien, die in der Vergangenheit aufgestellt worden sind, und alles, was wir getan haben, hat sich darin erschöpft, Strukturen, die schon länger als eine Generation bestehen, mit einem vergänglichen Gewebe zu bekleiden. Es ist vielleicht nicht übertrieben, wenn man sagt, die heutigen Bemühungen der Psychologie ertrinken in einem Ozean von Daten. Diese werden elegant und glänzend mit Ad-hoc-Formulierungen gedeutet. Das veranschaulicht die Bemerkung T. S. Eliots: „Wo ist das Wissen, das in der Information verlorengegangen ist, und wo ist die Weisheit, die sich im Wissen verloren hat?" Gewiß, es besteht kein Mangel an Begabungen; vielleicht fehlt es an Charakter. Von der Verehrung der Autorität sind wir zur Verehrung der Kollektivität übergegangen. Statt Mannigfaltigkeit zu erwerben, haben wir uns in die Konformität treiben lassen.

Vielleicht besteht eine Möglichkeit, sich diesem Strom entgegenzustellen, in einer wohlausgewogenen Rückkehr zum Studium der Systemgründer, mit der offen eingestandenen Absicht, dadurch den naturwissenschaftlichen Drang wiederzubeleben, Daten zu synthetisieren, statt sie nur zu sammeln. Es ist ein langer Weg dahin; das Errichten von Systemen verspricht keine unmittelbaren Belohnungen oder Gewinne und schenkt dem, der es auf sich nimmt, selten sofortige oder weitverbreitete Anerkennung. Wir müssen lernen, unsere Versagungstoleranz als Wissenschaftler neu aufzubauen.

Vor mehr als einem Jahrhundert hat Alexis de Tocqueville in seinem Buch „Über die Demokratie in Amerika“ eine Bemerkung gemacht, die sich offensichtlich auch auf die heutige Situation anwenden läßt: „Eine falsche Vorstellung“, schreibt er, „die klar und präzise ist, wird mehr Macht haben, als ein wahres Prinzip, das unklar und verwickelt ist.“ Dieses Kapitel ist dem Kampf um eine zeitweilige Aufhebung dieser Regel gewidmet.

New Jersey College of Medicine
Psychiatrische Abteilung
24 Baldwin Avenue
Jersey City, N. Y.

BIBLIOGRAPHIE

ABRAHAM, K. (1911): Ansätze zur psychoanalytischen Erforschung und Behandlung des manisch-depressiven Irreseins und verwandter Zustände. In: Klinische Beiträge zur Psychoanalyse aus den Jahren 1907—1920, Leipzig 1921.

— (1916): Die erste prägenitale Organisationsstufe der Libido. In: Klinische Beiträge zur Psychoanalyse aus den Jahren 1907—1920, Leipzig 1921.

— (1924): Versuch einer Entwicklungsgeschichte der Libido auf Grund der Psychoanalyse seelischer Störungen, Leipzig.

AHRENS, R. (1954): Beitrag zur Entwicklung des Physiognomie- und Mimikerkennens, Z. exp. angew. Psychol., 2.

AINSWORTH, M. D. et al. (1962): Deprivation of Maternal Care: A Reassessment of Its Effects, Public Health Papers, 14, Geneva (World Health Organization).

AJURIAGUERRA, J., DIATKINE, R., & BADARACCO, G. (1956): Psychanalyse et Neurobiologie. In: Psychanalyse d'Aujourdhui, Paris (Presses Universitaires de France).

ALARCON, A. G. (1929): Dyspepsie des Nourrissons, Paris (Baillière).

— (1943): Conceptos Nuevos sobre Dietetica Infantil, Pediatricas de las Americas, 1.

ANTHONY, E. J. (1956): Six Applications de la Théorie Génétique de Piaget à la Théorie et à la Pratique Psycho-dynamique, Rev. Suisse Psychol. Pure Appliquée, 15.

— (1957): The System Makers: Piaget and Freud. Symposium on the Contribution of Current Theories to an Understanding of Child Development, Brit. J. Med. Psychol., 30.

APPELL, G. & DAVID, M. (1961): Case Notes on Monique. In: Determinants of Infant Behavior, Hrsg. B. M. Foss, London (Methuen).

AUGUSTINUS: Bekenntnisse, 11. Buch, Kap. 26, Frankfurt/Hamburg (Fischer), 1957.

AUSUBEL, D. (1950): Negativism as a Phase of Ego Development, Amer. J. Orthopsychiat., 20.

AZIMA, H. & CRAMER-AZIMA, F. J. (1956 a): Effects of Decrease in Sensory Variability on Body Scheme, Canad. Psychiat. Assn. J., 1.

— (1956 b): Effects of Partial Perceptual Isolation in Mentally Disturbed Individuals, Dis. Nerv. Syst., 17.

BAERENDS, G. P. (1950): Specializations in Organs and Movements with a Releasing Function, Symp. Soc. Exp. Biol., 4, Cambridge (University Press).

BAKWIN, H. (1938): Pure Maternal Overprotection, J. Ped., 33.

BALDWIN, J. M. (1940): Dictionary of Philosophy and Psychology, New York (Peter Smith).
BALINT, A. (1954): The Early Years of Life, New York (Basic Books).
BALINT, M (1937): Early Developmental States of the Ego: Primary Object-Love, Int. J. Psycho-Anal., 30, 1949, dtsch. in: Die Urformen der Liebe und die Technik der Psychoanalyse, Stuttgart (Klett) 1966.
— (1948): Individual Differences of Behavior in Early Infancy, and an Objective Method for Recording Them. I. Approach and the Method for Recording. II. Results and Conclusions, J. Genet. Psychol., 73.
BATESON, G., JACKSON. D. D., HALEY, J., & WEAKLAND, J. (1956): Toward a Theory of Schizophrenia, Behav. Sci, 1.
BEAUMONT, H. & HETZER, H. (1929): Das Schauen und Greifen des Kindes: Untersuchungen über spontanen Funktionswandel und Reizauslese in der Entwicklung, Z. Psychol., 113.
BELL, C. (1833): The Hand: Its Mechanism and Vital Endowments as Evincing Design. In: The Bridgewater Treatises on the Power, Wisdom and Goodness of God as Manifested in the Creation, Philadelphia (Carcy, Lea & Blanchard).
BENDER, M. B. (1952): Disorders in Perception, Springfield (Thomas).
BENEDEK, T. (1938): Adaptation to Reality in Early Infancy, Psychoanal. Quart., 7.
— (1949): The Psychosomatic Implication of the Primary Unit: Mother-Child, Amer. J. Orthopsychiat., 19.
— (1952): Psychosexual Functions in Women, New York (Ronald Press).
— (1956): Psychobiological Aspects of Mothering, Amer. J. Orthopsychiat., 26.
BENEDICT, R. (1934): Patterns of Culture, Boston (Houghton, Mifflin).
BENJAMIN, J. D. (1959): Prediction and Psychopathological Theory. In: Dynamic Psychopathology in Childhood, Hrsg. L. JESSNER & E. PAVENSTEDT, New York (Grune & Stratton).
— (1961): Some Developmental Observations Relating to the Theory of Anxiety, J. Amer. Psychoanal. Assn., 9.
BERGMAN, P. & ESCALONA, S. (1949): Unusual Sensitivities in Very Young Children, The Psychoanalytic Study of the Child, 3/4.[1]
BERNFELD, S. (1925): Psychologie des Säuglings, Wien (Springer).
— (1935): The Psychoanalytic Psychology of the Young Child, Psychoanal. Quart., 4.
BERNSTEIN, L. (1957): The Effects of Variations in Handling upon Learning and Retention, J. Comp. Physiol. Psychol., 50.
BEXTON, W. H., HERON, W., & SCOTT, T. H. (1954): Effects of Decreased Variation in the Sensory Environment, Canad. J. Psychol., 8.
BIBRING, E. (1947): The So-called English School of Psychoanalysis, Psychoanal. Quart., 16.

[1] The Psychoanalytic Study of the Child, z. Zt. 19 Bde., Hrsg. R. S. EISSLER, A. FREUD, H. HARTMANN, M. KRIS, New York (International Universities Press) 1945—1964.

BIBRING, G. L., et al. (1961): A Study of the Psychological Processes in Pregnancy and of the Earliest Mother-Child Relationship, The Psychoanalytic Study of the Child, 16.
BIERENS DE HAAN, J. A. (1929): Animal Language in Its Relation to That of Man. In: Proceedings of the Cambridge Philosophical Society, Cambridge (University Press).
BORNSTEIN, B. (1953): Fragment of an Analysis of an Obsessional Child, The Psychoanalytic Study of the Child, 8.
BOWLBY, J. (1946): Forty-Four Juvenile Thieves, London (Ballière, Tindall & Cox).
— (1951): Maternal Care and Mental Health, Geneva (World Health Organization, 2).
— (1953): Critical Phases in the Development of Social Responses in Man, New Biology, 14, London (Penguin Books).
— (1960): Grief and Mourning in Infancy, The Psychoanalytic Study of the Child, 15.
BRAZELTON, T. B. (1962): Observations of the Neonate, J. Amer. Acad. Child Psychiat., 1.
BREUER, J. & FREUD, S. (1895): Studien über Hysterie, Ges. W., Bd. I.[2]
BRIDGER, W. N. & REISER, M. F. (1959): Psychophysiological Studies of the Neonate, Psychosom. Med., 21.
BRIDGES, C. M. B., (1932): Emotional Development in Early Infancy, Child Development, 3.
— (1936): The Development of the Primary Drives in Infancy, Child Development, 7.
BRODY, S. (1956): Patterns of Mothering, New York (International Universities Press).
— (1960): Self-Rocking in Infancy, J. Amer. Psychoanal. Assn., 8.
BRUNER, J. S. & GOODMAN, C. C. (1974): Value and Need as Organizing. Factors in Perception, J. Abn. Soc. Psychol., 42.
BÜHLER, C. (1928): Kindheit und Jugend, Leipzig (Hirzel).
— (1937): The First Year of Life, London (Kegan, Paul).
— & HETZER, H. (1932): Kleinkindertest, Leipzig (Barth).
— (1935): Testing Children's Development from Birth to School Age, New York (Farrar & Rinehart).
BÜHLER, K. (1934): Sprachtheorie, Jena (Fischer).
BYCHOWSKI, G. (1956): The Ego and the Introjects, Psychoanal. Quart., 25.
CALHOUN, J. B. (1962): Population Density and Social Pathology, Sci. American, 206.
CANNON, W. B. (1929): Bodily Changes in Pain, Hunger, Fear, and Rage, New York (Appleton).
— (1932): The Wisdom of the Body, New York (Norton).
— (1936): The Role of Emotion in Disease, Ann. Int. Med., 9.

[2] FREUD, SIGMUND, Gesammelte Werke, chronologisch geordnet, 18 Bde. Hrsg. A. FREUD, E. BIBRING, W. HOFFER, E. KRIS, O. ISAKOWER, London (Imago Publishing Co.), 3. Aufl. 1955.

CAPLAN, G., Hrsg. (1955): Emotional Problems of Early Childhood, New York (Basic Books).

CAPPON, D. (1961): Perceptual Organization in Infancy and Childhood, Canad. Psychiat. Assn. J., 6.

CHRISTOFFEL, H. (1939): Einige foetale und frühkindliche Verhaltensweisen, Int. Z. Psychoanal., 24.

COBLINER, W. G. (1955): Intracommunication and Attitude: A Methodological Note, J. Psychol., 39.

COLEMAN, R. W., KRIS, E., & PROVENCE, S. (1953): The Study of Variations of Early Parental Attitudes, The Psychoanalytic Study of the Child, 8.

CRAIG, W. (1918): Appetites and Aversions as Constituents of Instinct, Biol. Bull., 34.

— (1922): A Note on Darwin's Work. The Expression of the Emotions in Man and Animals, J. Abn. Soc. Psychol., 16.

DARWIN, C. (1873 a): Der Ausdruck der Gefühle bei Mensch und Tier, Düsseldorf (Rau) 1964.

— (1873 b): A Biographical Sketch of an Infant, Mind, 2.

DAVID, M. & APPELL, G. (1962): Étude des Facteurs de Carence Affective dans une Pouponnière, Psychiat. Enfant., 4.

DEARBORN, G. V. N. (1910): Motor Sensory Development: Observations on the First Three Years of a Child, Baltimore (Warwick & York).

DEUTSCH, F. (1947): Analysis of Postural Behavior, Psychoanal. Quart., 16.

— (1949): Thus Speaks the Body, 1. An Analysis of Postural Behavior, Trans. N. Y. Acad. Sci., Series 2, XII, No. 2.

— (1952): Analytic Posturology, Psychoanal. Quart., 21.

ENGEL, G., REICHSMAN, F., & SEGAL, H. (1956): A Study of an Infant with a Gastric Fistula, Psychosom. Med., 18.

ENGLISH, H. B. & ENGLISH, A. C. (1958): A Comprehensive Dictionary of Psychological and Psychoanalytical Terms, New York (Longmans, Green).

ERIKSON, E. H. (1950 a): Kindheit und Gesellschaft, Stuttgart (Klett) 1965.

— (1950 b): Wachstum und Krisen der gesunden Persönlichkeit, Stuttgart (Klett) 1953.

ESCALONA, S. (1947): A Commentary upon Some Recent Changes in Child-Rearing Practices, Child Development, 20.

— (1953): Emotional Development in the First Year of Life, In: Problems of Infancy and Childhood, Hrsg. M. J. E. SENN, New York (Josiah Macy, Jr. Foundation).

— (1962): The Study of Individual Differences and the Problem of State, J. Amer. Acad. Child Psychiat., 1.

FANTZ, R. L. (1957): Form Preferences in Newly Hatched Chicks, J. Comp. Physiol. Psychol., 50.

— (1958 a): Depth Discrimination in Dark-Hatched Chicks, Percept. Motor Skills, 8.

— (1958 b): Pattern Vision in Young Infants, Psychol. Rec., 8.

— (1961): The Origins of Form Perception, Sci. American, 205.

FENICHEL, O. (1945): The Psychoanalytic Theory of Neurosis, New York (Norton).
FERENCZI, S. (1913): Entwicklungsstufen des Wirklichkeitssinnes, Int. Z. Psychoanal., 1, 62 ff.
— (1919): Hysterische Materialisationsphänomene. In: Hysterie und Pathoneurosen, Leipzig (Int. Psychoanal. Verlag).
FINKELSTEIN, H. (1938): Säuglingskrankheiten, Amsterdam (Elsevier).
FISCHER, L. K. (1952): Hospitalism in Six-Month-Old Infants, Amer. J. Orthopsychiat., 22.
FLACH, A. (1928): Die Psychologie der Ausdrucksbewegungen, Arch. f. d. ges. Psychol., 65.
FLAVELL, J. H. (1962): Historical and Bibliographical Note. In: Thought in the Young Child, Monographs of the Society for Research in Child Development.
FOWLER, W. (1962): Cognitive Learning in Infancy and Childhood, Psychol. Bull., 59.
FRAIBERG, S. H. & FREEDMAN, D. A. (1963): Observations on the Development of a Congenitally Blind Child: A Contribution to the Study of Ego Formation. Vortrag gehalten bei der Jahresversammlung der American Psychoanalytic Association, St. Louis.
FREEDMAN, D. A. (1961): The Infant's Fear of Strangers and the Flight Response, J. Child Psychol. Psychiat., 2.
FREUD, A. (1936): Das Ich und die Abwehrmechanismen, München (Kindler) 1964.
— (1946): The Psychoanalytic Study of Infantile Feeding Disturbances, The Psychoanalytic Study of the Child, 2.
— (1950): The Significance of the Evolution of Psycho-analytic Child Psychology, Congrès International de Psychiatrie, 5:29-36, Paris (Hermann).
— (1951): The Contribution of Psychoanalysis to Genetic Psychology, Amer. J. Orthopsychiat., 21.
— (1952): The Mutual Influences in the Development of Ego and Id: Introduction to the Discussion, The Psychoanalytic Study of the Child, 7.
— (1954 a): Psychoanalysis and Education, The Psychoanalytic Study of the Child, 9.
— (1954 b): In: Problems of Infantile Neurosis: A Discussion, The Psychoanalytic Study of the Child, 9.
— (1958): Child Observation and Prediction of Development: A Memorial Lecture in Honor of Ernst Kris, The Psychoanalytic Study of the Child, 13.
— (1963 a): Regression as a Principle in Mental Development, Bull. Menninger Clin., 27.
— (1963 b): The Concept of Developmental Lines, The Psychoanalytic Study of the Child, 18.
— & BURLINGHAM, D. (1943): War and Children, New York (International Universities Press).
— — (1945): Infants without Families, New York (International Universities Press).

— & DANN, S. (1951): An Experiment in Group Upbringing, The Psychoanalytic Study of the Child, 6.
FREUD, S. (1895): Entwurf einer wissenschaftlichen Psychologie. In: Aus den Anfängen der Psychoanalyse, London 1950.
— (1900): Die Traumdeutung, Ges. W., Bd. 2 u. 3.
— (1905 a): Bruchstück einer Hysterie-Analyse, Ges. W., Bd. 5.
— (1905 b): Drei Abhandlungen zur Sexualtheorie, Ges. W., Bd. 5.
— (1905 c): Der Witz und seine Beziehung zum Unbewußten, Ges. W., Bd. 6.
— (1909): Bemerkungen über einen Fall von Zwangsneurose, Ges. W., Bd. 7.
— (1910): Über den Gegensinn der Urworte, Ges. W., Bd. 8.
— (1911): Formulierungen über die zwei Prinzipien des psychischen Geschehens, Ges. W., Bd. 8.
— (1912): Einige Bemerkungen über den Begriff des Unbewußten in der Psychoanalyse, Ges. W., Bd. 8.
— (1914 a): Über Fausse Reconnaissance *(Déjà raconté)* während der psychoanalytischen Arbeit, Ges. W., Bd. 10.
— (1914 b): Zur Einführung des Narzißmus, Ges. W., Bd. 10.
— (1915 a): Das Unbewußte, Ges. W., Bd. 10.
— (1915 b): Triebe und Triebschicksale, Ges. W., Bd. 10.
— (1916—1917): Vorlesungen zur Einführung in die Psychoanalyse, Ges. W., Bd. 11.
— (1917 a): Trauer und Melancholie, Ges. W., Bd. 10.
— (1917 b): Metapsychologische Ergänzung zur Traumlehre, Ges. W., Bd. 10.
— (1919): Das Unheimliche, Ges. W., Bd. 12.
— (1920): Jenseits des Lustprinzips, Ges. W., Bd. 13.
— (1921): Massenpsychologie und Ich-Analyse, Ges. W., Bd. 13.
— (1922): Traum und Telepathie, Ges. W., Bd. 13.
— (1923): Das Ich und das Es, Ges. W., Bd. 13.
— (1924 a): Der Realitätsverlust bei Neurose und Psychose, Ges. W., Bd. 13.
— (1924 b): Kurzer Abriß der Psychoanalyse, Ges. W., Bd. 13.
— (1924 c): Das ökonomische Problem des Masochismus, Ges.W., Bd. 13.
— (1925 a): Die Verneinung, Ges. W., Bd. 14.
— (1925 b): „Selbstdarstellung", Ges. W., Bd. 14.
— (1926 a): Hemmung, Symptom und Angst, Ges. W., Bd. 14.
— (1926 b): Die Frage der Laienanalyse, Ges. W., Bd. 14.
— (1926 c): Psycho-Analysis, Ges. W., Bd. 14.
— (1927): Die Zukunft einer Illusion, Ges. W., Bd. 14.
— (1930): Das Unbehagen in der Kultur, Ges. W., Bd. 14.
— (1931): Über die weibliche Sexualität, Ges. W., Bd. 14.
— (1932): Die okkulte Bedeutung des Traumes, Ges. W., Bd. 1.
— (1938): Die Ichspaltung im Abwehrvorgang, Ges. W., Bd. 17.
— (1940): Abriß der Psychoanalyse, Ges. W., Bd. 17.
FURFEY, P. & MUEHLENBLEIN, J. (1929): The Validity of Infant Intelligence Tests, J. Genet. Psychol., 40.
GAMPER, E. (1926): Bau und Leistung eines menschlichen Mittelhirnwesens, II, Z. ges. Neurol. Psychiat., 104.

Gardner, R., Holzman, P. S., Klein, G. S., Linton, H., & Spence, D. P. (1959): Cognitive Control: A Study of Individual Consistencies in Cognitive Behavior [Psychological Issues, Monogr. 4], New York (International Universities Press).
— & Long, R. I. (1962 a): Control, Defence and Centration Effect: A Study of Scanning Behaviour, Brit. J. Psychol., 53.
— — (1962 b): Cognitive Controls of Attention and Inhibition, Brit. J. Psychol., 53.
Gastaut, H. (1958): Données Actuelles sur les Mécanismes Physiologiques Centraux de l'Emotion, Psychol. Franç., 3.
Gentry, E. F. & Aldrich, C. A. (1948): Rooting Reflex in Newborn Infants. Incidence and Effect on It of Sleep, Amer. Dis. Child., 75.
Gesell, A. L. (1940): The First Five Years of Life., New York (Harper).
— (1952): Infant Development. The Embryology of Early Human Behavior, New York (Harper).
— (1954): The Ontogenesis of Infant Behavior. In: Manual of Child Psychology, Hrsg. L. Carmichael, 2. Aufl. New York (Wiley).
— & Amatruda, C. S. (1947): Developmental Diagnosis: Normal and Abnormal Child Development, 2. Aufl. New York (Hoeber).
— & Ilg, F. L. (1937): Feeding Behavior in Infants, Philadelphia, London, Montreal (Lippincott).
— — (1949): Child Development: An Introduction to the Study of Human Growth, New York (Harper).
Gibson, E. R. & Walk, R. D. (1960): The "Visual Cliff", Sci. American, 202.
Gibson, J. (1963): The Useful Dimensions of Sensitivity, Amer. Psychologist, 18.
Gifford, S. (1960): Sleep, Time and the Early Ego: Comments on the Development of the 24-Hour Sleep-Wakefulness Pattern as a Precursor of Ego Functioning, J. Amer. Psychoanal. Assn., 8.
Glover, E. (1930): Grades of Ego-Differentiation. In: On the Early Development of Mind, New York (International Universities Press) 1956.
— (1932): A Psycho-Analytical Approach to the Classification of Mental Disorders. In: On the Early Development of Mind, New York (International Universities Press) 1956.
— (1933): The Relation of Perversion-Formation to the Development of Reality-Sense, Int. J. Psycho-Anal., 14.
— (1935): The Developmental Study of Obsessional Neuroses, Int. J. Psycho-Anal., 16.
— (1943): The Concept of Dissociation. In: On the Early Development of Mind, New York (International Universities Press) 1956.
— (1945): Examination of the Klein System of Child Psychology, The Psychoanalytic Study of the Child, 1.
— (1947): Basic Mental Concepts: Their Clinical and Theoretical Value, London (Imago).
— (1953): Psycho-Analysis and Child Psychiatry, London (Imago).
— (1961): Some Recent Trends in Psychoanalytic Theory, Pyschoanal. Quart., 30.

GOLDFARB, W. (1943): Effects of Early Institutional Care on Adolescent Personality, J. Exp. Educ., 12.
— (1945): Effects of Psychological Deprivation in Infancy and Subsequent Stimulation, Amer. J. Psychiat., 102.
— (1955): Emotional and Intellectual Consequences of Psychologic Deprivation in Infancy: A Re-evaluation. In: Psychopathology of Childhood, Hrsg. P. H. HOCH & J. ZUBINN, New York (Grune & Stratton).
— (1958): Reactions to Delayed Auditory Feedback in Schizophrenic Children. In: Psychopathology of Communication, Hrsg. P. H. HOCH & J. ZUBINN, New York (Grune & Stratton).
GOUIN-DECARIE, T. (1962): Intelligence et Affectivité chez le Jeune Enfant. Neuchâtel: Delachaux & Niestlé, Engl. Übers.: Intelligence and Affectivity in the Young Child, New York (International Universities Press, im Druck).
GREENACRE, P. (1941): The Predisposition to Anxiety, Psychoanal. Quart., 10.
— (1954): In: Problems of Infantile Neurosis: A Discussion, The Psychoanalytic Study of the Child, 9.
GREENSON, R. R. (1949): The Psychology of Apathy, Psychoanal. Quart., 18.
GRUNEBAUM, H. (1960): Sensory Deprivation and Personality, Amer. J. Psychiat., 116.
GUEX, G. (1948): Aggressivité Réactionelle dans l'Angoisse d'Abandon, Rev. Franç. Psychanal., 12.
GUNTHER, M. (1955): Instinct and the Nursing Couple, Lancet, 1.
HALDANE, J. B. S. (1955): Animal Communication and the Origin of Human Language, Sci. Prog., 43.
HAMMETT, F. S. (1922): Studies of the Thyroid Apparatus, Endocrin., 6.
HARLOW, H. F. (1958): The Nature of Love, Amer. Psychologist, 13.
— (1959): Love in Infant Monkeys, Sci. American, 200.
— (1960 a): Primary Affectional Patterns in Primates, Amer. J. Orthopsychiat., 30.
— (1960 b): Affectional Behavior in the Infant Monkey. In: Central Nervous System and Behavior, Hrsg. M. A. B. BRAZIER, New York (Josiah Macy, Jr., Foundation).
— (1960 c): Development of the Second and Third Affectional Systems in Macaque Monkeys (im Druck).
— (1960 d): The Maternal and Infantile Affectional Patterns (im Druck).
— (1960 e): Nature and Development of the Affectional Systems (im Druck).
— (1962): The Heterosexual Affectional System in Monkeys, Amer. Psychologist, 17.
— & ZIMMERMANN, R. (1959): Affectional Responses in the Infant Monkey, Science, 130.
HARTMANN, H. (1939): Ich-Psychologie und Anpassungsproblem, Stuttgart (Klett) 1960.
— (1950): Comments on the Psychoanalytic Theory of the Ego, The Psychoanalytic Study of the Child, 5.
— (1952): The Mutual Influences in the Development of Ego and Id, The Psychoanalytic Study of the Child, 7.

— (1953): Contribution to the Metapsychology of Schizophrenia, The Psychoanalytic Study of the Child, 8.
— (1955): Notes on the Theory of Sublimation, The Psychoanalytic Study of the Child, 10.
— Kris, E., & Loewenstein, R. M. (1946): Comments on the Formation of Psychic Structure, The Psychoanalytic Study of the Child, 2.
— — — (1949): Notes on the Theory of Aggression, The Psychoanalytic Study of the Child, 3/4.
Hebb, D. (1946): On the Nature of Fear, Psychol. Rev., 31.
— (1949): The Organization of Behavior, New York (Wiley).
Hecaen, H. & Ajuriaguerra, J. (1952): Méconnaissances et Hallucinations Corporelles: Intégration et Désintégration de la Somatognosie, Paris (Masson).
Hermann, I. (1936): Sich-Anklammern — Auf-Suche-Gehen, Int. Z. Psychoanal, 22.
Heron, W., Bexton, W. H., & Hebb, D. O. (1956): Visual Disturbances after Prolonged Perceptual Isolation, Canad. J. Psychol., 10.
Herring, A. (1937): An Experimental Study of the Reliability of the Buehler Baby Tests, J. Exp. Educ., 6.
Hess, E. H. (1959): Imprinting: An Effect of Early Experience; Imprinting Determines Later Social Behavior in Animals, Science, 130.
Hetzer, H. & Jenschke, M. T. (1930): Nachprüfung von Testgutachten im 2. Lebensjahr, Z. Kinderforsch., 37.
— & Reindorf, B. (1928): Sprachentwicklung und soziales Milieu, Z. angew. Psychol., 29.
— & Wislitzky, S. (1930): Experimente über Erwartung und Erinnerung beim Kleinkind, Z. Psychol., 118.
— & Wolf, K. (1928): Baby Tests, Z. Psychol., 107.
Hill, A. et al. (1958): Virus Disease in Pregnancy and Congenital Defects, Brit. J. Prevent. Soc. Med., 12.
Hoffer, W. (1949): Mouth, Hand and Ego-Integration, The Psychoanalytic Study of the Child, 3/4.
— (1950): Development of the Body Ego, The Psychoanalytic Study of the Child, 5.
Hooker, D. (1939): Fetal Behavior, Res. Publ., Assn. Nerv. & Ment. Dis., 19.
— (1942): Fetal Reflexes and Instinctual Processes, Psychosom. Med., 4.
— (1943): Reflex Activities in the Human Fetus. In: Child Behavior and Development, Hrsg. R. G. Barker et al. New York (McGraw Hill).
— (1952): The Prenatal Origin of Behavior, Lawrence (University of Kansas Press).
Hubbard, R. M. (1931): A Study of the Reliability and Validity of the Buehler Infant Scale, J. Genet. Psychol., 47.
Hug, Hellmuth, H. (1913): Aus dem Seelenleben des Kindes. Eine psychoanalytische Studie, Leipzig u. Wien (F. Deuticke).
Inhelder, B. (1956): Die affektive und kognitive Entwicklung des Kindes, Schweiz. Z. Psychol., 15.

— (1962): Some Aspects of Piaget's Genetic Approach to Cognition. In: Thought in the Young Child, Monograph of the Society for Research in Child Development.
Isakower, O. (1936): Beitrag zur Pathopsychologie der Einschlafphänomene, Int. Z. Psychoanal., 22.
— (1954): Spoken Words in Dreams, Psychoanal. Quart., 23.
Jacobson, E. (1953): The Affects and Their Pleasure-Unpleasure Qualities in Relation to Psychic Discharge Processes. In: Drives, Affects, Behavior, Hrsg. R. M. Loewenstein, New York (International Universities Press).
— (1954): The Self and the Object World, The Psychoanalytic Study of the Child, 9.
— (1964): The Self and the Object World, New York (International Universities Press).
James, W. T. (1952): Observations on the Behavior of Newborn Puppies. II: Summary of Movements Involved in Group Orientation, J. Comp. Physiol. Psychol., 45.
Jensen, K. (1932): Differential Reactions to Taste and Temperature Stimuli in Newborn Infants, Genet. Psychol. Monogr., 12.
Kaila, E. (1932): Die Reaktionen des Säuglings auf das menschliche Gesicht, Ann. Univ. Aboensis, 17, und Z. Psychol., 135.
Kanner, L. (1957): Child Psychiatry, 3. durchges. Aufl., Springfield (Thomas).
Kardiner, A. (1939): The Individual and His Society, New York (Columbia University Press).
— (1945): The Alorese: Analysis of Alorese Culture. In: The Psychological Frontiers of Society, New York (Columbia University Press).
— (1954): The Emotional Effects of Social Stress and Deprivation. II. The Road to Suspicion, Rage, Apathy and Societal Disintegration. In: Beyond the Germ Theory, 1, Hrsg. I. Galdston, New York (Health Education Council).
Kennard, M. A. (1948): Myelinization of the CNS in Relation to Function. In: Problems of Early Infancy, Hrsg. M. J. E. Senn, New York (Josiah Macy, Jr., Foundation).
Kestenberg, J. S. (1956): On the Development of Maternal Feelings in Early Childhood: Observations and Reflections, The Psychoanalytic Study of the Child, 11.
Kinsey, A. C. (1953): Das sexuelle Verhalten der Frau, Berlin/Frankfurt a. M. (G. B. Fischer) 1954.
Kirman, B. H. (1955): Rubella as Cause of Mental Deficiency, Lancet, 26.
Klein, G. S. (1959): On Subliminal Activation, J. Nerv. Ment. Dis., 128.
Köhler, O. (1954): Das Lächeln als angeborene Ausdrucksbewegung, Z. menschl. Vererb.- & Konstitutionslehre, 32.
Köhler, W. (1925): The Mentality of Apes, New York (Harcourt, Brace).
Kris, E. (1934): Zur Psychologie der Karikatur, Imago, 20.
— (1951): Some Comments and Observations on Early Autoerotic Activities, The Psychoanalytic Study of the Child, 6.
— (1953): Discussion Remarks on L. S. Kubie's Paper, Modern Concepts of the Organization of the Brain, Psychoanal. Quart., 22.

— (1955): Neutralization and Sublimation, The Psychoanalytic Study of the Child, 10.
KUBIE, L. S. (1953): The Distortion of the Symbolic Process in Neurosis and Psychosis, J. Amer. Psychoanal. Assn., 1.
LABARRE, W. (1947): The Cultural Basis of Emotions and Gestures, J. Pers., 16.
LAFORGUE, R. (1930): On the Eroticization of Anxiety, Int. J. Psycho-Anal., 11.
LEBOVICI, S. (1960): La Relation objectale chez l'Enfant. In: Psychiatrie de l'Enfant, Paris (Presses Universitaires de France).
— (1962): The Concept of Maternal Deprivation: A Review of Research. In: Deprivation of Maternal Care: A Reassessment of Its Effects, Geneva, World Health Organization, Publ. Health Papers, 14.
— & et al. (1956): La Psychanalyse des Enfants. In: Psychanalyse d'aujourd-hui, Paris (Presses Universitaires de France).
— & MCDOUGALL, J. (1960): Un Cas de Psychose Infantile: Étude Psychanalytique, Paris (Presses Universitaires de France).
LEITCH, M. A. (1948): A Commentary on the Oral Phase of Psychosexual Development, Bull. Menninger Clin., 12.
LEVINE, M. L. & Bell, A. (1950): The Treatment of Colic in Infancy by Use of the Pacifier, J. Ped., 37.
LEVINE, R., CHEIN, I., & MURPHY, G. (1942): The Relation of the Intensity of a Need to the Amount of Perceptual Distortion, J. Psychol., 13.
LEVY, D. M. (1934): Experiments on the Sucking Reflex and Social Behavior of Dogs, Amer. J. Orthopsychiat., 4.
— (1943): Maternal Overprotection, New York (Columbia University Press).
LEWIN, B. D. (1946): Sleep, the Mouth and the Dream Screen, Psychoanal. Quart., 15.
— (1948): Inferences from the Dream Screen, Int. J. Psycho-Anal., 29.
— (1950): The Psychoanalysis of Elation, New York (Norton).
— (1953 a): Reconsideration of the Dream Screen, Psychoanal. Quart., 22.
— (1953 b): The Forgetting of Dreams, In: Drives, Affects, Behavior, Hrsg. R. M. LOEWENSTEIN, New York (International Universities Press).
LEWIS, H. (1954): Deprived Children, London (Oxford University Press).
LEZINE, I. (1956): Recherches sur la Psychologie du Premier Age, Schweiz. Z. Psychol. & ihre Anwendungen, 15.
LILLY, J. C. (1956): Mental Effects of Reduction of Ordinary Levels of Physical Stimuli in Intact, Healthy Persons, Psychiat. Res. Rep., 5.
LIPTON, E. L., STEINSCHNEIDER, A., & RICHARD, J. B. (1960): Autonomic Function in the Neonate. II. Physiologic Effects of Motor Restraint, Psychosom. Med., 22.
LORENZ, K. (1935): Der Kumpan in der Umwelt des Vogels. In: Über tierisches und menschliches Verhalten, Ges. Abh. Bd. 1, München (Piper) 1965.
— (1950): Ganzheit und Teil in der tierischen und menschlichen Gemeinschaft. Eine methodologische Erörterung. In: Über tierisches und menschliches Verhalten, Ges. Abh. Bd. 2, München (Piper) 1965.
LOURIE, R. (1949): The Role of Rhythmic Patterns in Childhood, Amer. J. Psychiat., 105.

MacFarlane, J. W. (1953): The Uses and Predictive Limitations of Intelligence Tests in Infants and Young Children, Bull. World Health Organ., 9.
Mahler, M. S. (1952): On Child Psychosis and Schizophrenia: Autistic and Symbiotic Infantile Psychoses, The Psychoanalytic Study of the Child, 7.
— (1957): On Two Crucial Phases of Integration Concerning Problems of Identity: Separation-Individuation and Bisexual Identity. Abstracted in Panel, Problems of Identity, Ref. D. Rubinfine, J. Amer. Psychoanal. Assn., 6, 1958.
— (1960): Symposium on Psychotic Object Relationships, III. Perceptual Dedifferentiation and Psychotic "Object Relationship", Int. J. Psycho-Anal., 41.
Margolin, S. G. (1953): Genetic and Dynamic Psychophysiological Studies of Pathophysiological Processes. In: The Psychosomatic Concept in Psychoanalysis, Hrsg. F. Deutsch, New York (International Universities Press).
— (1954): Psychotherapeutic Principles in Psychosomatic Practice. In: Recent Developments in Psychosomatic Medicine, Hrsg. E. D. Wittkower & R. A. Cleghorn, Philadelphia (Lippincott).
Mead, G. H. (1934): Mind, Self and Society, Chicago (University of Chicago Press).
Mead, M. (1928): Coming of Age in Samoa, New York (Morrow).
— (1935): Geschlecht und Temperament in primitiven Gesellschaften, Hamburg (Rowohlt), 1959 (gekürzt).
— & McGregor, F. C. (1951): Growth and Culture, New York (Putnam).
Meili, R. (1953): Beobachtungen über charakterologisch relevante Verhaltensweisen im dritten und vierten Lebensmonat, Schweiz. Z. Psychol. & ihre Anwendungen, 13.
— (1957): Anfänge der Charakterentwicklung, Bern (Hans Huber).
Minkowski, M. (1922): Über frühzeitige Bewegungen. Reflex und muskuläre Reaktionen beim menschlichen Foetus und ihre Beziehungen zum foetalen Nerven- und Muskelsystem, Schweiz. med. Wschr., 52.
— (1924—1925): Zum gegenwärtigen Stand der Lehre von den Reflexen in entwicklungsgeschichtlicher und anatomisch-physiologischer Beziehung, Schweiz. Arch. Neurol, Psychiat., 15/16.
— (1928): Neurobiologische Studien am menschlichen Foetus. In: Abderhaldens Handbuch d. biol. Arbeitsmethoden, 5. Berlin (Urban).
Moltz, H. (1960): Imprinting: Empirical Basis and Theoretical Significance, Psychol. Bull., 57.
Montagu, M. F. A (1950): Constitutional and Prenatal Factors in Infant and Child Health. In: Problems of Infancy and Childhood, Hrsg. M. J. E. Senn, New York (Josiah Macy, Jr., Foundation).
— (1953): The Sensory Influences of the Skin, Texas Rep. on Biol. & Med., 11.
— (1963): Prenatal Influence, Springfield (Thomas).
Morris, G. (1946): Signs, Language and Behavior, New York (Prentice Hall).
Müller, F. (1864): Facts and Arguments for Darwin, übers. W. S. Dallas, London (Murray).

Murphy, L. B. (1957): Psychoanalysis and Child Development, Bull. Menninger Clin., 21.

Needham, J. (1931): Chemical Embryology, London (Macmillan).

Novikoff, A. B. (1945): The Concept of Integrative Levels and Biology, Science, 101.

Nunberg, H. (1930): Die synthetische Funktion des Ichs, Int. Z. Psychoanal., 16.

Orsten, Per-Ake & Mattson, A. (1955): Hospitalization Symptoms in Children, Acta Paediatrica, 44.

Peiper, A. (1951): Instinkt und angeborenes Schema beim Säugling, Tierpsychol., 8.

— & Thomas, H. (1953): Leerlaufendes Brustsuchen, Mschr. Kinderheilk., 101.

Piaget, J. (1919): La Psychanalyse dans ses Rapports avec la Psychologie de l'Enfant. Bull. Société Alfred Binet de Paris, 20.

— (1923): The Language and Thought of the Child, New York (Meridian Books) 1955.

— (1933): La Psychanalyse et le Développement Intellectuel, Rev. Franç. Psychanal., 6.

— (1936): The Origins of Intelligence in Children, New York (International Universities Press) 1952.

— (1937): The Construction of Reality in the Child, New York (Basic Books) 1954.

— (1942): Les Trois Structures Fondamentales de la Vie Psychique: Rhythme, Régulation et Groupement, Rev. Suisse Psychol. Pure Appliquée, 1.

— (1945): Play, Dreams and Imitation in Childhood, New York (Norton) 1951.

— (1947): Psychologie der Intelligenz, Zürich (Rascher) 1948.

— (1954): Les Relations entre l'Affectivité et l'Intelligence dans le Développement Mental de l'Enfant, Paris (Centre de Documentation Universitaire).

— (1955): Les Stades du Développement Intellectuel de l'Enfant et de l'Adolescent. In: Le Problème des Stades en Psychologie de l'Enfant, Paris (Presses Universitaires de France).

— (1956): The General Problems of the Psychobiological Development of the Child (and Discussion Remarks). In: Discussions on Child Development, 4, Hrsg. J. M. Tanner & B. Inhelder, New York (International Universities Press) 1960.

— (1957): Logique et Équilibre dans le Comportement du Sujet. In: Études d'Épistemologie Génétique, 2: Logique et Équilibre, Hrsg. L. Apostel. Paris (Presses Universitaires de France).

— & Inhelder, B. (1951): Die Psychologie der frühen Kindheit. In: Handbuch der Psychologie, Hrsg. D. Katz, Basel (Schwabe).

Pichon, E. (1953): Le Développement Psychique de l'Enfant et de l'Adolescent. Évolution Normale, Pathologique, Traitement, Paris (Masson).

Polak, P., Emde, R., & Spitz, R. A. (1964): The Smiling Response to the Human Face: I. Methodology, Quantification, and Natural History, J. Nerv. Ment. Dis., 139.

— — — (1965): The Smiling Response to the Human Face: II. Visual Discrimination and the Time of Depth Perception (im Druck).
PORTMANN, A. (1951): Biologische Fragmente zu einer Lehre vom Menschen, Basel (Schwabe).
— (1953): Das Tier als soziales Wesen, Zürich (Rhein Verlag).
PRECHTL, H. F. R. (1952): Angeborene Bewegungsweisen junger Katzen, Experientia, 8.
— (1956): Die Eigenart und Entwicklung der frühkindlichen Motorik, Klin. Wschr., 34.
— & KLIMPFINGER, S. (1955): Entwicklung der frühkindlichen Motorik (Film), Max Planck Institut f. Verhaltensforschung.
— & SCHLEIDT, W. M. (1950): Auslösende und steuernde Mechanismen des Saugaktes, Z. vergl, Physiol., 32.
PUTNAM, M. C., RANK, B., PAVENSTEDT, E., ANDERSON, A. N., & RAWSON, I. (1948): Case Study of an Atypical Two-and-a-Half-Year-Old, Amer. J. Orthopsychiat., 18.
RANGELL, L. (1954): The Psychology of Poise, with a Special Elaboration on the Psychic Significance of the Snout or Perioral Region, Int. J. Psycho-Anal., 35.
RANK, O. (1924): Das Trauma der Geburt und seine Bedeutung für die Psychoanalyse, Leipzig.
RAPAPORT, D. (1958): Die Struktur der psychoanalytischen Theorie. Versuch einer Systematik, Stuttgart (Klett) 1961.
— (1960 a): Psychoanalysis as a Developmental Psychology. In: Perspectives in Psychological Theory, Hrsg. B. KAPLAN & S. WAPNER, New York (International Universities Press).
— (1960 b): On the Psychoanalytic Theory of Motivation. In: Nebraska Symposium on Motivation, Hrsg. M. R. JONES, Lincoln (University of Nebraska Press).
— & GILL, M. (1959): The Points of View and Assumptions of Metapsychology, Int. J. Psycho-Anal., 40.
REDFIELD, R. (1930): Tepoztlan: A Mexican Village, Chicago (University of Chicago Press).
REICHENBERG, W. (1937): The Buehler Test as an Index of Environmental Influence on Child Development, Bull. Menninger Clin., 1.
RENCH, B. (1960): Evolution above the Species Level, New York (Columbia University Press).
REYNIERS, J. A. (1946, 1949): Germ-Free Life Studies, Lobund Reports, 1 & 2.
RIBBLE, M. A. (1938): Clinical Studies of Instinctive Reactions in Newborn Babies, Amer. J. Psychiat., 95.
RICHARDS, T. W. & NELSON, V. L. (1939): Abilities of Infants during the First Eighteen Months, J. Genet. Psychol., 55.
RIESEN, A. H. (1947): The Development of Visual Perception in Man and Chimpanzee, Science, 106.
— (1950): Arrested Vision, Sci. American, 183.
RIPIN, R. & HETZER, H. (1930): A Study of the Infant's Feeding Reaction during the First Six Months of Life, Arch. Psychol., 18.

Ritvo, S. & Solnit, A. J. (1958): Influences of Early Mother-Child Interaction on Identification Processes, The Psychoanalytic Study of the Child, 13.
Robertson, J. (1953): A Two-Year-Old Goes to Hospital (Film), Tavistock Child Development Research Unit, London.
— (1958): Young Children in Hospital, London (Tavistock Publication).
Robertson, W. O. (1961): Breast Feeding Practices. Some Implications of Regional Variations, Ann. Publ. Health, 51.
Rosenblith, W. A. (1961): Sensory Communication, New York (Wiley).
Rosenthal, M. J. (1952): A Psychosomatic Study of Infantile Eczema, I. The Mother-Child Relationship, Pediatrics, 10.
— (1953): Neuropsychiatric Aspects of Infantile Eczema (Special References to the Role of Cutaneous Pain Receptors), Arch. Neurol. Psychiat., 70.
Rosner, A. (1959): Psychoanalysis and Modern Learning Theory, Psychoanal. Quart., 28.
Rubinow, O. & Frankl, L. (1934): Die erste Dingauffassung beim Säugling: Reaktionen auf Wahrnehmung der Flasche, Z. Psychol., 133.
Ruegamer, W. R., Bernstein, L. & Benjamin, J. D. (1954): Growth, Food Utilization and Thyroid Activity in the Albino Rat as a Function of Extra Handling, Science, 120.
Sand, E. A. (1962): Le Régime Alimentaire du Nourrisson, son Sevrage: Étude d'un Échantillon de Population Urbane Belge, Courrier, 11.
Sander, L. W. (1962): Issues in Early Mother-Child Interaction, J. Amer. Acad. Child Psychiat., 1.
Sandler, J. (1961): The Hampstead Index as an Instrument of Psycho-Analytic Research, Int. J. Psycho-Anal., 42.
Sanford, R. N. (1936): The Effects of Abstinence from Food upon Imaginal Processes: A Preliminary Experiment, .J Psychol., 2.
— (1937): The Effects of Abstinence from Food upon Imaginal Processes: A Further Experiment, J. Psychol., 3.
Schleidt, W. M. (1960): Über angeborene Verhaltensweisen des Menschen, Therap. Berichte, 32.
Schur, M. (1955): Comments on the Metapsychology of Somatization, The Psychoanalytic Study of the Child, 10.
— (1958): The Ego and the Id in Anxiety, The Psychoanalytic Study of the Child, 13.
Scott, J. P., Fredericson, E. & Fuller, J. L. (1951): Experimental Exploration of the Critical Period Hypothesis, Personality, 1.
— & Marston, M. V. (1950): Critical Periods Affecting the Development of Normal and Maladjustive Social Behavior of Puppies, J. Genet. Psychol., 77.
Seitz, A. (1940): Die Paarbildung bei einigen Cichliden, Z. Tierpsychol., 4.
Selye, H. (1950): The Physiology and Pathology of Exposure to Stress, Montreal (Acta Inc.).
— & Fortier, C. (1950): Adaptive Reaction to Stress, Psychosom. Med., 12.
Shannon, C. E. & Weaver, W. (1949): Mathematical Theory of Communication, Urbana (University of Illinois Press).

SHIRLEY, M. (1931): The Sequential Method for the Study of Maturing Behavior Patterns, Psychol. Rev., 38.

SILBERER, H. (1911): Symbolik des Erwachens und Schwellensymbolik überhaupt, Jb. Psychoanal. & psychopath. Forsch., 2.

SIMMEL, G. (1908): Soziologie: Untersuchungen über die Formen der Vergesellschaftung, München-Leipzig (Duncker & Humblot).

SIMMEL, M. L. (1961): The Absence of Phantoms for Congenitally Missing Limbs, Amer. J. Psychol., 74.

SIMONSEN, K. M. (1947): Examination of Children from Children's Homes and Day Nurseries by the Buehler-Hetzer Developmental Tests, Copenhagen (Arnold Busk).

SODDY, K. (1956): Mental Health and Infant Development, 2 Bd., New York (Basic Books).

SOLOMON, P., Hrsg. (1961): Sensory Deprivation, Cambridge (Harvard University Press).

SOTO, R. (1937): Porque en la casa de cuna no hay dispepsia transitoria? Rev. Mex. de Puericultura, 8.

SPELT, D. K. (1948): The Conditioning of the Human Foetus in Utero, J. Exp. Psychol., 38.

SPITZ, R. A. (1935): Frühkindliches Erleben und Erwachsenenkultur bei den Primitiven, Imago, 21.

— (1936 a): Integrierung und Differenzierung, Vortrag vor der Wiener Psychoanalytischen Gesellschaft.

— (1936 b): Vom Einschlafen und Aufwachen, Vortrag vor der Wiener Psychoanalytischen Gesellschaft.

— (1937): Wiederholung, Rhythmus, Langeweile, Imago, 23.

— (1945 a): Hospitalism: An Inquiry into the Genesis of Psychiatric Conditions in Early Childhood, The Psychoanalytic Study of the Child, 1.

— (1945 b): Diacritic and Coenesthetic Organizations, Psychoanal. Rev., 32.

— (1946 a): Hospitalism: A Follow-Up Report, The Psychoanalytic Study of the Child, 2.

— (1946 b): Anaclitic Depression: An Inquiry into the Genesis of Psychiatric Conditions in Early Childhood, II, The Psychoanalytic Study of the Child, 2.

— (1947 a): Birth and the First Fifteen Minutes of Life (Film), New York University Film Library.

— (1947 b): Grief, a Peril in Infancy (Film), New York University Film Library.

— (1948 a): The Smiling Response (Film), New York University Film Library.

— (1948 b): Autoerotism in Infancy (Film), New York University Film Library.

— (1950 a): Psychiatric Therapy in Infancy, Amer. J. Orthopsychiat., 20.

— (1950 b): Anxiety in Infancy: A Study of Its Manifestations in the First Year of Life, Int. J. Psycho-Anal., 31.

— (1950 c): Digital Extension Reflex, Arch. Neurol. Psychiat., 63.

— (1951): The Psychogenic Diseases in Infancy: An Attempt at Their Etiologic Classification, The Psychoanalytic Study of the Child, 6.
— (1952): Authority and Masturbation: Some Remarks on a Bibliographical Investigation, Psychoanal. Quart., 21.
— (1953 a): Aggression: Its Role in the Establishment of Object Relations. In: Drives, Affects, Behavior, Hrsg. R. M. LOEWENSTEIN, New York (International Universities Press).
— (1953 b): Anxiety (Film), New York University Film Library.
— (1953 c): Shaping the Personality (Film), New York University Film Library.
— (1954): Die Entstehung der ersten Objektbeziehungen, Stuttgart (Klett) 1957.
— (1955 a): Childhood Development Phenomena: 1. The Influence of the Mother and Child Relationship and Its Disturbances. 2. The Case of Felicia. In: Mental Health and Infant Development, Hrsg. K. SODDY, London (Routledge & Kegan Paul).
— (1955 b): Die Urhöhle. Zur Genese der Wahrnehmung und ihrer Rolle in der psychoanalytischen Theorie, Psyche 9, 641, 1955/56.
— (1955 c): A Note on the Extrapolation of Ethological Findings, Int. J. Psycho-Anal., 36.
— (1956 a): Countertransference: Comments on Its Varying Role in the Analytic Situation, J. Amer. Psychoanal. Assn., 4.
— (1956 b): Some Observations on Psychiatric Stress in Infancy. In: Fifth Annual Report on Stress, Hrsg. H. SELYE & G. HEUSER, New York (M. D. Publications).
(1957): Nein und Ja, Stuttgart (Klett) 1960.
— (1958): On the Genesis of Superego Components, The Psychoanalytic Study of the Child, 13.
— (1959): A Genetic Field Theory of Ego Formation (With Implications for Pathology), New York (International Universities Press).
— (1960 a): Discussion of Dr. Bowlby's Paper, Grief and Mourning in Infancy and Early Childhood, The Psychoanalytic Study of the Child, 15.
— (1960 b): Dawn of the Mind: On the Genesis of Ideation, unveröffentlicht.
— (1961): Early Prototypes of Ego Defenses, J. Amer. Psychoanal. Assn., 9.
— (1962): Autoerotism Re-examined: The Role of Early Sexual Behavior Patterns in Personality Formation, The Psychoanalytic Study of the Child, 17.
— (1963 a): Ontogenesis: The Proleptic Function of Emotion. In: The Expression of Emotions, Hrsg. P. H. KNAPP, New York (International Universities Press).
— (1963 b): Life and the Dialogue. In: Counterpoint, Hrsg. H. GASKILL, New York (International Universities Press).
— (1963 c): The Evolution of the Dialogue, In: Drives, Affects, Behavior, Bd. 2, Hrsg. M. SCHUR, New York (International Universities Press) (im Druck).
— (1964): The Derailment of Dialogue (Stimulus Overload, Action Cycles and the Completion Gradient), J. Amer. Psychoanal. Assn., 12, 1964.

— & WOLF, K. M. (1946): The Smiling Response, Genet. Psychol. Monogr., 34.
— — (1949): Autoerotism: Some Empirical Findings and Hypotheses on Three of Its Manifestations in the First Year of Life, The Psychoanalytic Study of the Child, 3/4.
STENDLER, C. B. (1950): Sixty Years of Child Training Practices, J. Ped., 36.
STERN, M. M. (1961): Blank Hallucinations: Remarks about Trauma and Perceptual Disturbances, Int. J. Psycho-Anal., 42.
STONE, L. J. (1952): Some Problems of Filming Children's Behavior: A Discussion Based on Experience in the Production of Studies of Normal Personality Development, Child Development, 23.
— (1954): A Critique of Studies of Infant Isolation, Child Development, 25.
SWAN, C. (1949): Rubella in Pregnancy as Aetiological Factor in Congenital Malformation, Stillbirth, Miscarriage and Abortion, J. Obstet & Gyn. Brit. Emp., 56.
SZEKELY, L. (1954): Biological Remarks on Fears Originating in Early Childhood, Int. J. Psycho-Anal., 35.
THORPE, W. H. & ZANGWILL, O. L. (1961): Current Problems in Animal Behavior, London (Cambridge University Press).
TILNEY, F. & CASAMAJOR, L. (1924): Myelinogeny as Applied to the Study of Behavior, Arch. Neurol. Psychiat., 12.
— & KUBIE, L. S. (1931): Behavior and Its Relation to the Development of the Brain, Bull. Neurol. Inst., N. Y., 1.
TINBERGEN, N. (1951): Instinktlehre, Berlin/Hamburg (Parey) 1956.
U.S. Children's Bureau (1938): Infant Care. Washington (U.S. Government Printing Office).
— (1942): Infant Care, Washington (U.S. Government Printing Office).
VOLKELT, H. (1929): Neue Untersuchungen über die kindliche Auffassung und Wiedergabe von Formen, Berichte über den 4. Kongreß für Heilpädagogik, Berlin (Springer).
VON FRISCH, K. (1931): Aus dem Leben der Bienen, Berlin (Springer).
VON HOLST, E. (1950): Das Reafferenzprinzip (Wechselwirkungen zwischen Zentralnervensystem und Peripherie), Naturwissenschaften, 37.
VON SENDEN, M. (1932): Raum- und Gestaltauffassung bei operierten Blindgeborenen vor und nach der Operation, Leipzig (J. A. Barth).
VOSBURG, R. (1960): Imagery Sequence in Sensory Deprivation, Arch. Gen. Psychiat., 2.
WAELDER, R. (1936): Zur Frage der psychischen Konflikte im frühen Lebensalter, Int. Z. f. Psychoanal., 22.
— (1960): Die Grundlagen der Psychoanalyse, Bern/Stuttgart (Huber-Klett) 1963.
WALLACH, H. (1959): The Perception of Motion, Sci. American, 201.
WARREN, H. C. (1935): Dictionary of Psychology, London (Allen & Unwin).
WATSON, I. B. (1928): Psychological Care of Infant and Child, New York (Norton).

WEIDEMANN, F. (1959): I. Das Kind im Heim: Untersuchungen über die Entwicklung des Heimkindes. II. Heimkind und Heimmilieu: Untersuchungen über die Ursachen der heimkindlichen Entwicklungsverzögerung, Z. Kinderpsychiat., 26.

WEIL, E. & PEHU, M. (1900): Un Syndrome Gastrique Particulier chez le Nourrisson, Lyon Méd. Gazette, 95.

WHITING, J. W. M. (1953): Child Training and Personality: A Cross-Cultural Study, New Haven (Yale University Press).

WIESER, S. & DOMANOWSKY, K. (1959): I. Zur Ontogenese und Pathologie des Schreckverhaltens. II. Schreckverhalten des Säuglings: Schreck und Moro-Reflex, Arch. Psychiat. & Z. ges. Neurol., 198.

WILLIAMS, D. H. (1951): Management of Atopic Dermatitis in Children. Control of the Maternal Rejection Factor, Arch. Dermatol. & Syphilology, 63.

WINDLE, W. F. (1950): Asphyxia Neonatorum, Springfield (Thomas).

WINNICOTT, D. W. (1953): Transitional Objects and Transitional Phenomena, Int. J. Psycho-Anal., 34.

WOHL, W. (1960): Developmental Studies of Perception, Psychol. Bull., 57.

WOLF, M. (1935): Erprobung der Bühlerschen Entwicklungsteste an Kindern aus gehobenem sozialen Milieu, Arch. ges. Psychol., 94.

WOLFF, P. H. (1959): Observations on Newborn Infants, Psychosom. Med., 21.

— (1960): The Developmental Psychologies of Jean Piaget and Psychoanalysis (Psychological Issues, Monogr. 5), New York (International Universities Press).

— (1963): Developmental and Motivational Concepts in Piaget's Sensorimotor Theory of Intelligence, J. Amer. Acad. Child Psychiat., 2.

YERKES, R. M. & YERKES, A. W. (1936): Nature and Conditions of Avoidance (Fear) Response in Chimpanzees, J. Comp. Psychol., 21.

ZEIGARNIK, B. (1927): Über das Behalten von erledigten und unerledigten Handlungen, Psychol. Forsch., 9.

ZULLIGER, H. (1932): Zur Psychologie des Kinderspieles, Z. psychoanal. Päd., 6.

NAMENVERZEICHNIS

SACHVERZEICHNIS